四十七军在朝鲜

王世泰◎著

辽宁人民出版社

© 王世泰　2018

图书在版编目（CIP）数据

四十七军在朝鲜 / 王世泰著. —沈阳：辽宁人民出版社，2018.8（2020.8重印）
ISBN 978-7-205-09317-4

Ⅰ.①四… Ⅱ.①王… Ⅲ.①中国人民志愿军—抗美援朝战争—史料 Ⅳ.①E297.5

中国版本图书馆CIP数据核字（2018）第131420号

出版发行：	辽宁人民出版社
	地址：沈阳市和平区十一纬路25号　邮编：110003
	电话：024-23284321（邮　购）　024-23284324（发行部）
	传真：024-23284191（发行部）　024-23284304（办公室）
	http://www.lnpph.com.cn
印　　刷：	天津中印联印务有限公司
幅面尺寸：	170mm×240mm
印　　张：	23.5
字　　数：	375千字
出版时间：	2018年8月第1版
印刷时间：	2020年8月第3次印刷
责任编辑：	娄　瓴
封面设计：	未末美书
版式设计：	留白文化
责任校对：	常　昊
书　　号：	ISBN 978-7-205-09317-4
定　　价：	68.00元

目 录
MULU

第一章 001

三千里锦绣江山起惊雷
新中国单独出兵援朝鲜

平静的朝鲜半岛爆发战争，美国以遏制共产主义为由武装大韩民国，李承晚集团在美国的支持下不断制造军事摩擦事件；美国纠集16个国家组成所谓"联合国军"入侵朝鲜，麦克阿瑟就任"联合国军"总司令；中国政府再三警告，组建东北边防军应对局势；出兵朝鲜一波三折，彭大将军挂帅出征。

第二章 025

猛进部队奉命入朝参战
昼夜施工急造军用机场

受领抗美援朝作战任务；就地收拢集结；跨过鸭绿江，夜行晓宿，长途行军；到达顺安、顺川、永柔、南阳里地区；担负第五次战役预备队；在敌机轰炸、扫射下修建顺川、永柔、南阳里机场。

第三章　051

美骑一师磨刀霍霍为北犯
四一九团抗敌发明坑道战

受领作战任务，开赴临津江阵地；四一九团战士为抗击敌炮火轰炸，发明坑道战雏形；美骑一师磨刀霍霍准备大举北犯；内外石桥，痛击侵略者；美军"王牌师"再次遭到失败。

第四章　077

杜鲁门解除"远东王"兵权
缓冲区侦察兵设伏歼敌

杜鲁门解除麦克阿瑟职务，李奇微雄心勃勃走马上任；毛泽东确定持久作战方针，采取"零敲牛皮糖"的办法打小歼灭战，彭德怀在空寺洞排兵布阵；展开杀敌竞赛活动，消耗敌人有生力量。

第五章　101

美一师轮番攻击遭惨败
红一连首次强攻获大捷

志愿军突然发起进攻，一举占领大马里、夜月山、天德山、418高地、大光里、272高地；美骑一师发动轮番攻击，四一九团八连奋勇抗击，三班荣获"夜月山英雄班"称号。

第六章　125

李奇微兴兵发动新攻势
杨宝山岿然不动天德山

"联合国军"开始向"詹姆斯敦线"前进，"秋季攻势"作战开始；夜月山六班坚守九昼夜，歼敌400多人；美"王牌师"屡战屡败施放毒气；一级战斗英雄杨宝山连长、顽强的政治指导员闫成恩身先士卒。

第七章　151
得"喀秋莎"助力四十七军如虎添翼
听"金日成大嗓门"美国兵惊恐万状

第四十七军得到一个团的"喀秋莎"火箭炮的支援；美骑七团和希腊营连续进攻6天，第四二二团一连血战312.8高地，坚决抗击寸土不让；特功五连指战员喊着"只要还有一个人也要坚守住阵地，不消灭来犯之敌决不下山"的口号奋勇杀敌。

第八章　179
半月坚守志愿军寸土未丢
鱼积里山"王牌师"再遭惨败

被俘美军哀叹，这是美军骑兵第一师历史上最暗淡的日子；敌集中兵力发动更大规模进攻，我坚守分队顽强抗击给予沉重打击；连续作战反击鱼积里山，美军"王牌"部队再次遭到惨败。

第九章　203
坦克分队首次参战显神威
两次反击正洞西山传捷报

李奇微的秋季攻势失败，加剧了美国国内的反战情绪；侵略者在付出惨重代价无可奈何的情况下，不得不再次坐在谈判桌前；为了迫使敌人接受我方谈判条件，彭德怀下令实施局部反击；正洞西山连续反击，两战两捷。

第十章　235
李伪军来凤庄破坏和谈
姚庆祥为和平以身殉职

美国看不到战场上胜利的希望，杜鲁门的美梦方醒；第一三九师奉命进抵开城，警卫停战谈判；大韩民国军蓄意破坏停战谈判，姚庆祥为和平以身殉职；美军飞机轰炸中朝代表团驻地，颠倒黑白不承认事实，却因自己的飞机再次"光临"而无言以对。

第十一章　263
罗盛教勇救少年彰显国际精神
侵略者穷途末路发动细菌战争

移交防务，后撤整训；根据作战需要，调整编制装备；根据志愿军党委的统一部署，组织开展了"三反"运动；罗盛教勇救落水朝鲜少年，彰显"国际主义精神标志"；李奇微听从其远东空军司令建议，发动了震惊世界的细菌战。

第十二章　287
一营强攻老秃山获辉煌胜利
哥伦比亚营被打得一败涂地

第二次接防，坚守临津江东西两岸；高旺山西南夜袭战，歼敌150人；敌人吹嘘的"铜墙铁壁"老秃山，第四二三团仅用5分钟就突破敌前沿；老秃山战斗的胜利加剧了侵略者的内部矛盾，相互指责推脱责任。

第十三章　327
老舍慰问前线英雄深受感动
毛烽记录战斗点滴创作剧本

贺龙率第三届赴朝慰问团到朝鲜慰问，接见了攻打老秃山的有关干部和功臣；文学大师老舍先生随贺龙赴朝鲜慰问，任慰问团副总团长；慰问期间听了老秃山战斗情况介绍非常感动，慰问结束时决定留下来战地采风。

第十四章　339
构筑海防阵地粉碎敌人企图
医治战争创伤英雄凯旋归国

接替海防任务，粉碎敌登陆企图；落实设防部署，完善海防工程；调整部队编制，补充武器弹药；开展文化教育，进行军政整训。

后　记　367

主要参考书目　369

第一章
三千里锦绣江山起惊雷
新中国单独出兵援朝鲜

平静的朝鲜半岛爆发战争，二战后期的《开罗宣言》和《波茨坦公告》对朝鲜问题的确定，大国政治交易、瓜分弱国的荒谬而又刻板的"三八线"；大韩民国的建立和朝鲜民主主义人民共和国的成立，美国以遏制共产主义为由武装大韩民国，李承晚集团在美国的支持下不断制造军事摩擦事件；朝鲜劳动党为争取半岛和平统一的努力，金日成秘密访问苏联；美国积极支持李承晚集团"北进"；朝鲜人民军势如破竹攻入汉城，美国决定支持李承晚集团并武装侵略我国台湾海峡；中国的严正警告美国不予理睬，美国纠集16个国家组成所谓"联合国军"入侵朝鲜，麦克阿瑟就任"联合国军"总司令；中国政府再三警告，组建东北边防军应对局势；出兵朝鲜一波三折，彭大将军挂帅出征，连续组织5次战役把侵略者赶到"三八线"附近，中央决定国内部队轮番到朝鲜作战。

1950年，是新中国诞生后的开局之年。

这是中国人民扬眉吐气的年代！这是中国人民激情燃烧的年代！这是中国人民意气风发斗志昂扬的年代！这是令无数中国人至今难以忘怀的年代！

中国共产党的主要领导人毛泽东和他的战友们，在指挥人民解放军肃清大陆上国民党残余武装的同时，领导刚刚翻身当家做主的中国人民，正以百倍的热情投入到恢复国家经济建设的洪流中。

毛泽东，这位改变了中国人民命运，同时也改变了世界的伟大巨人，自从他站在天安门城楼庄严宣告中华人民共和国中央人民政府成立了那刻起，就一直在思考如何争取世界的和平稳定，使新中国能有更多的时间搞建设，以便医治战争创伤，改善人民群众的生活，实现富强、民主、独立的国家。正当毛泽东和他的战友们以极大的热情、满怀希望地组织建设的时候，一件震惊世界的大事情，发生在中国的邻国朝鲜，使他们不得不把目光和精力投向那里。

1950年6月25日凌晨4时，在朝鲜半岛中部的"三八线"地区，沉寂的大地笼罩在厚重的云层下，往日这时夜色会渐渐地退去，一轮红日便会从大海深处冉冉升起，新的一天便开始了。但今天，云层却越压越低，如同一块巨大的黑布，要把大地紧紧地包裹起来，捂得让人透不过气来。突然，天空一道闪电劈开厚重的黑云，随即就是一阵滚雷的轰鸣，霎时暴雨如注，天地浑然一体。接着，伴随着电闪雷鸣，骤然响起了激烈的枪炮声，顿时地动山摇，轰隆隆的枪炮声被淹没在雷鸣电啸之中了。一声惊雷，打破了平静的三千里锦绣河山，一场惊动世界的朝鲜南北内战在这个电闪雷鸣、倾盆暴雨的凌晨爆发了。

这声惊雷，震动了全世界，也震动了中共中央，震动了毛泽东和他的战友们。朝鲜战局将如何发展，对新中国将会产生什么影响，他们在密切地关注着、思考着。

朝鲜半岛地处东北亚，西临黄海，南隔一道朝鲜海峡与日本隔海相望，往北有一条鸭绿江、一条图们江，与中国东北的辽宁省、吉林省隔江相望，半岛总面积 22 万多平方公里。朝鲜内战爆发前，居民总人数 2000 余万人。

朝鲜是一个有着几千年历史的文明古国。在古代的封建社会时就出现过高句丽、百济、新罗 3 个小国，分别统治着朝鲜半岛，直到公元 10 世纪初时建立起的王氏高丽，渐次统一了朝鲜半岛，定都开城。继后而起的李氏王朝取代了高丽王朝的统治，并将都城定在汉城，仿照中国唐朝长安大明宫的风格，在汉城修建了十分华丽的高丽宫。李氏王朝统治朝鲜有 26 代国君，是朝鲜历史上比较有名的盛世时期之一。但往后，朝鲜的国势便日渐衰落，到 1897 年，李氏王朝将国号改为大韩。

进入近代，由于朝鲜封建王朝的腐败无能，朝鲜政府被迫与帝国主义列强先后签订了一系列的不平等条约。1910 年，日本帝国主义完全侵占了朝鲜国土，朝鲜沦为日本的殖民地。后来日本帝国主义正是以朝鲜为跳板，侵占了中国东北。1907 年，日本强迫朝鲜皇帝退位，解散朝鲜军队。至此，由日本统治，朝鲜名存实亡，变成了日本的附属国，朝鲜人民沦为亡国奴。朝鲜人民为了争取民族的独立和解放，进行了长期的不屈不挠的顽强斗争，直到第二次世界大战结束后，才从日本帝国主义的铁蹄下挣脱出来。

实际上，在第二次世界大战后期，随着世界反法西斯战争形势越来越趋于明朗，朝鲜问题引起了反法西斯盟国的关注。1943 年 12 月 1 日，在美国、英国、中国（国民党政府）联合发表的《开罗宣言》中明确表示："我三大盟国稔知朝鲜人民所受之奴隶待遇，决定在相当的时期，使朝鲜自由独立。"1945 年 7 月 17 日至 8 月 2 日，苏联部长会议主席斯大林、美国总统杜鲁门、英国首相丘吉尔（后为克莱门特·艾德礼），在柏林西南的波茨坦再次举行会议，发表了《波茨坦协定》和促令日本投降的《波茨坦公告》。公告重申了《开罗宣言》中朝鲜问题的内容。会议期间，苏联方面遵守原先的承诺，通报了准备出兵对日宣战，并探询美国政府是否有同苏联在朝鲜联合登陆的意向。而事实上，美国人有自己的打算，就是企图独占朝鲜。杜鲁门说："国务院极力主张在整个朝鲜的日本部队应由美国受降，但将我们的军队运送到朝鲜北部的速度，无法保证抢先日本登陆。"美国政府还估计到攻占朝鲜将要付出重大代价，因而想把攻占朝鲜的战役连同"可能遭到的重大伤亡"留给苏联去承担，自己坐收渔利。因此，美国虽然知道苏联对日宣战，但并未准备美军近期内在朝鲜实施登陆作战。会议期间，美苏两国只是划定了空中和海上对日作战的分界线，而没有划定地面部队作战的分界线。

8月6日，美军在日本长崎投掷了原子弹。8月8日，苏联对日宣战。9日，苏联红军对日本关东军发起进攻，并以摧枯拉朽之势迅速击败了在中国东北的日本关东军，日军的战略机动部队被完全消灭，这是美国政府没有料到的。接着，由契斯季亚科夫上将指挥的苏联红军第二十五集团军突入朝鲜，对驻在朝鲜的日本军队发起凌厉攻势，用武士道精神支撑的日本军队，很难敌久经苏德战场考验的苏联装甲雄师，苏联红军不断在地面猛烈攻击，而且还连续实施登陆作战，迅速占领了雄基，解放了罗津和清津这两个重要北方港口。

日本法西斯穷途末路，既挨了原子弹，又遭到苏联红军的强大攻击，其精锐部队已完全丧失，败局已定，于8月10日决定无条件投降，并退出朝鲜。消息传到华盛顿，美国政府的决策者们手忙脚乱一片慌乱，他们没有预料到日本投降得这么快。当时，美军远在西太平洋，及时赶到已经是不可能的事情，而苏联红军已经进入朝鲜，随时都可以席卷整个半岛。只要苏联红军占领朝鲜半岛，美军是根本无法在朝鲜半岛有立足之地的。美国总统杜鲁门知道，美苏只在空中和海上划定了作战分界线，而地面上的作战和占领区域，在讨论战后问题时，美苏并没有任何讨论，当时双方没有人想到，地面部队会在短期内进入朝鲜。为阻止苏联独占朝鲜，美国政府在鞭长莫及的情况下，唯一的办法就是限制苏联红军的进攻行动，争取实现美苏军队共同占领朝鲜，同苏联在朝鲜划出一条接受日军投降的分界线。

为达到这一目的，美国政府使出花招，命令马歇尔将军手下的一个名叫迪安·腊斯克的年轻上校和另一位参谋搞个折中方案，作为两国军队受降的分界线，要求必须在半小时内完成。两位年轻的参谋知道，既能满足国务院的政治要求，又能符合美军的军事现状，还要考虑到苏联方面能否接受，这的确是一个比较难解决的问题。

两位年轻参谋接受任务后，来到会议厅隔壁的第三休息室，将一张朝鲜地图铺在桌上。看着这张地图，两位参谋是一阵发呆，不知该如何动作，因为他们两个人没有一个人去过朝鲜，也没有关注过朝鲜，二人冥思苦想也没有想出个办法，迪安烦躁地在地上不停地走动，绞尽脑汁还是想不出任何办法，时间在一分一秒地过去，眼看时间就要到了，迪安拿起红蓝铅笔在地图上死死地盯着看，突然他的目光落在了朝鲜半岛版图的蜂腰部位，"在这里画一条线，美国在以南受降是比较合适的，它可以把朝鲜半岛大体上分成两半，最为重要的是，朝鲜首都汉城在美国受降区内。"说着用右手指向地图朝鲜半岛的中部，另一位参谋闻声察看，表示完全赞同，于是迪安将手中的红色铅笔随意在朝鲜半岛地图上的蜂腰部画了一道直线，便将地图交了上去算是完成了任务。这条线刚好在地图上与北纬38度线重叠，更为巧合的是，这条线正好与日俄1905年分割这个国家势力范围的那条线一致，同样是北纬38度线。美国政府的决策者们看到地图后，经过一番紧张的研究，认可了迪安画的这条线。8月15日，杜鲁门就战后接受日军投降安排问题给斯大林写信，提出朝鲜受降以38度线为界。斯大林对以"38度线作为在朝鲜的美苏军队受降分界线"没有提出任何异议。协商决定：此线以北为苏联红军受降区，此线以南为美军受降区，并相约时机成熟，再建立统一的朝鲜国家。就这样，一个完整的主权国家的命运就在这两个从未去过朝鲜的美军参谋手里改变了，一个小小参谋，用一条荒谬又刻板的直线将一个完整的国家一分为二，这便是人们习惯称的"三八线"。

朝鲜人民在经历了35年的日本殖民统治之后，终于迎来了解放的时日。在庆祝解放的欢呼声中，成千上万的朝鲜人民涌上街头，迎接南下、北进的苏、美军队。但是，美、苏军队进入朝鲜半岛后，以"三八线"为界，根本没有考虑地理上的特点及水路与陆路贸易上的需要，就连美国人自己也承认，这条横穿朝鲜的刻板的纬度线，是任意武断的，有悖于自然的国界。而事实上，这是一条不顾实际情况臆造出来的分界线，截断了朝鲜半岛75条小溪和12条江河，以不同的角度越过了山脉，穿过181条小路、104条乡村土路、15条公里、8条等级公路和6条南北铁路线。此后不久，冷战爆发，美苏对立，切断了朝鲜南北交通和电信联系，随后又封锁了"三八线"。朝鲜半岛以38度线为界，分别建成一南一北两个并立的政权，形成了在线北是实行社会主义制度的朝鲜民主主义人民共和国（简称朝鲜）；线南是实行资本主义制度的大韩民国（今称韩国），两个政权制度不一，分别得到美、苏支持，而且双方都认为自己才是正统，有权统一对方，这样朝鲜被人为地一分为二，成了两个对立的国家。这是第二次世界大战遗留下来的孽根，是大国政治交易、瓜分弱国的罪证，是朝鲜民族的无奈和耻辱，也是南北朝鲜战争的根源。

早在1945年12月，苏、美、英三国外长在莫斯科举行会议，决定"重建朝鲜成一独立国家"，"设立一临时朝鲜民主政府"，商定由苏、美两国军事代表组成联合委员会，就建立一个独立的朝鲜国家具体实施办法进行讨论，而后提交苏、美、中、英四国政府审议。但是，美国为了其称霸世界的野心，很快就破坏了这些协议。

随着第二次世界大战的胜利结束，一些新的人民共和国的不断诞生，严重地威胁了美国称霸世界的战略目标的实现。1947年3月12日，美国总统杜鲁门就在国会特别会议上公开叫嚣，美国不能再对"自由世界"的"领导方面举棋不定"，"必须采取果断的行动"，向某些国家提供"财政援助和物资援助"，"选派美国文职和军事人员"帮助某些国家结束"混乱和无秩序状态"，坚决遏制"共产主义的扩张"，尽全力挽救"自由制度的崩溃"。杜鲁门领导的美国政府以遏制"共产主义扩张"为借口，以干涉别国的内部事务来扩展美国的自身利益，坚决反对社会主义革命和民族民主革命运动，实现其称霸世界的野心。美国从自身利益出发，尽力阻挠和破坏朝鲜半岛独立统一的实现，图谋把朝鲜半岛纳入自己的势力范围，以此作为威胁和遏制新中国建设发展的基地及桥头堡。

按照原来的协议，苏、美两国本来是要建立一个统一的朝鲜民主国家，但是1948年5月10日，美国在朝鲜半岛南方率先导演了单独的选举，组成"国民议会"。紧接着，在美国的操纵下，南方"国民议会"于7月12日通过了"大韩民国宪法"，选举李承晚为"总统"，正式成立了"大韩民国政府"。在此种情况下，朝鲜北方也于8月25日选举最高人民会议议员。9月8日，最高人民会议议员通过了朝鲜民主主义人民共和国宪法，成立了朝鲜民主主义人民共和国政府，金日成为首相。这样，朝鲜半岛南北两个不同政权、两种不同政治制度，围绕国家统一问题展开了激烈尖锐的斗争，紧张局势日益严重。

1949年8月，李承晚在美国的支持下，在汉城成立了大韩民国，任大韩民国总统，并制定了"北进统一"的政策，决定用武力统一朝鲜半岛。

李承晚生于1875年，出身官宦之家，自幼受到中国儒家教育，后留学美国，在普林斯顿大学攻读哲学，获博士头衔。此时李承晚已是年过古稀之人，又是一介书生，却并不满足于"三八线"以南的一隅之地，自恃南方人口多于北方，又有美国作为后盾，常思谋武力北进，越过"三八线"，消灭朝鲜民主主义人民共和国，统一朝鲜半岛全境。

1949年10月31日，李承晚在美国发表演说，大喊大叫地说"南北分裂是必须用战争来解决的"，并在美国的帮助下，抓紧进行战争准备。面对咄咄逼人的架势，为了应付可能出现的情况，朝鲜也相应地做了必要的准备，加强了人民军的建设。

从1949年年初开始，大韩民国军队不断在"三八线"地区制造军事摩擦事件，挑起军事冲突。自1949年1月1日至4月15日，在4个半月时间内，大韩民国就动用连至营规模的兵力，沿"三八线"向北进犯37次。5月，大韩民国军队出动4100余人，在炮火支援下，猛攻驻守"三八线"以北开城附近松山的人民军警备部队阵地。7月，大韩民国军队再次出动旅级规模的部队，进攻朝鲜北部的松山阵地。"三八线"以北的银波山、国寺峰等要点，多次遭到大韩民国军队的进攻。据朝鲜北方统计，1949年1月至12月，大韩民国在"三八线"上进行军事挑衅共计1836次。同时，大韩民国方面还派遣了大量间谍潜入北方，从事情报和各种破坏活动。进入1950年，大韩民国开始向"三八线"地区大规模集结武装部队。火药味越来越浓，战争随时都可能爆发。

美国政府加快了对大韩民国的军事援助。1950年1月，美国与大韩民国政府再次签订军事援助协定，确定美国向大韩民国提供价值1097万美元的军事援助。另外，美国还提供了1.1亿美元的经济援助。至6月，大韩民国军队已达到15万余人，其中包括陆军9.8万余人，编为8个步兵师，另有海岸警卫队6145人、空军1965人、警察4.8万人。装备有27辆装甲车、700余门各种火炮、140门反坦克炮、1900余具火箭筒、2100余辆军用车辆、71艘作战舰船和22架各种飞机。

美国驻大韩民国军事顾问团团长威廉·罗伯茨准将，称大韩民国军队为

"亚洲之雄"。1950年6月20日，他在向美国参谋长联席会议主席布莱德雷汇报朝鲜半岛局势时断言："大韩民国军队完全经得住朝鲜人施加的任何压力。"布莱德雷说："我对他的话深信不疑，我们没有必要为朝鲜半岛局势担忧。"

李承晚更是踌躇满志，对"北进"的胜利充满信心。美国和大韩民国双方曾多次召开"高级会议"，详细讨论了"有关完成战斗准备的问题"和"北伐计划"，并调整部署，将陆军8个师分两个梯队，第一梯队在"三八线"沿线展开5个师，组成两个战斗司令部，配备了陆军总部直属的炮兵部队和技术兵种部队，主力集中于开城和议政府地区。第二梯队展开3个师，集中于汉城附近。

面对日趋紧张的局势，朝鲜进一步加强了军事准备。1949年8月，朝鲜劳动党中央发出致全体党员信，要求保持高度警惕，大力开展同反革命分子、敌间谍和破坏分子的斗争。同时，命令人民军严惩对北方进行武装挑衅的大韩民国军队，保卫胜利果实。

1949年10月，中华人民共和国成立，到1950年5月，人民解放军解放了除西藏外的整个大陆，以及海南岛、舟山群岛等沿海大部分海岛。蒋介石政权困守台湾，惶惶不可终日。新中国的诞生，给美帝国主义沉重打击，新中国"一边倒"的政策，完全改变了世界格局。山姆大叔无法抑制自己的失望，只能垂头丧气地承认对华政策的失败，酸溜溜地看着中苏开始共度"蜜月"。毛泽东以胜利者的姿态发表著名的《别了，司徒雷登》的文章，美国在中国大陆的残余势力只好收拾铺盖回家，从此告别中国大陆近30年，美国国内的各种政治力量也陷入了"为何失去中国"的争吵声中。社会主义阵营的空前强大，使朝鲜民主主义人民共和国有不少人认为实现朝鲜半岛统一的时机已经到来，开始考虑如何尽快实现国家统一的问题。但李承晚集团有美国政府的支持，朝鲜民主主义人民共和国要实现国家统一，需要争取中国和苏联的理解和支持。在这种形势下，1950年4月，金日成、朴宪承等朝鲜领导人访问苏联，与斯大林等苏联领导人讨论朝鲜半岛局势和朝鲜半岛统一的方式问题。

金日成原名金成柱，1912年4月出生在万景台一个佃农家里，少年时因家境贫困，放牛打柴，捕鱼采菇，凡是农家子弟幼时吃的苦他都经历过，但他十分机智，读书过目不忘，稍长时全家迁到中国吉林省谋生，在中国求学。抗日战争期间，他动员旅居中国的朝鲜爱国志士，组成抗日游击队，树立起朝鲜人民武装抗日的大旗，后又旅居苏联，率朝鲜爱国志士参加苏联卫国战争，后随苏联红军杀回朝鲜。1949年9月建立朝鲜民主主义人民共和国，定都平壤，并出任首相，以归国的朝鲜支队为骨干，建立朝鲜人民军，任人民军总司令官。

金日成满怀信心地抵达莫斯科后，连日来与苏共中央总书记和部长会议主席斯大林密谈，说明南进统一的意图。但是，让金日成没有想到的是，斯大林听完他的来意后，竟然没有明确表态。斯大林从苏联国家自身利益出发，认为"三八线"名义上是南北双方的分界线，实际上是美国与苏联在亚洲的势力范围分界线。若反对金日成南进统一，与社会主义和支持民族解放运动的旗号颇为不合；若支持南进统一，则美国因失去大韩民国基地，必不甘休，且美国必然认定苏联违背协议，支持金日成破坏"三八线"现状。如果出兵干预，便使苏联进退两难，退则是有损国威，进则又势必引起美苏战争，甚至引发第三次世界大战，他因而向金日成提出，朝鲜方面是否南进统一，应与中国同志商谈，他特别强调"中国同志"4个字，想把球踢给中国，苏联隔岸观火，怕引火烧身。

随后5月中旬，金日成、朴宪承等便访问中国，向毛泽东和周恩来等中国领导人通报了与斯大林会谈的情况，并说明请中国帮助南进之意。当时新中国刚刚成立，百废待兴，且台湾、西藏都未解放，中国尤其需要集中力量准备解放台湾。朝鲜半岛爆发战争，国际形势肯定更加复杂，显然会使中国难以实现上述目标，中国是不愿意看到自己家门口发生战争，影响既定目标的实现。但是，从无产阶级国际主义观点看，中国确实难以对金日成的统一要求提出反对意见，只是不希望战争立即爆发，中国一旦完全了统一大业，那么情况就不同了。

在此期间，朝鲜政府加快了人民军的扩编速度。苏联政府应朝鲜政府的请求，继续向朝鲜人民军提供武器装备援助，并任命瓦西里耶夫为人民军总顾问。

朝鲜革命者与中国革命有着长期的渊源，解放战争期间，几万名朝鲜人在东北参加了中国人民解放军，仅第四野战军就编有两个以朝鲜同志为主的独立师。毛泽东曾亲自评价："中华人民共和国灿烂的五星红旗上，染有朝鲜革命烈士的鲜血。"说中朝两国、两党是用鲜血凝结成友谊，在朝鲜战争爆发前这一点儿也不过分。为了帮助朝鲜的防御，中国人民解放军总参谋部根据毛泽东的批示，命令军队中的现役朝鲜籍官兵数万人，立即解除现役，携带军队中调拨的最好武器，移交给朝鲜人民军。这可以看成是中国方面对金日成统一要求给予了同志式的理解与支持。

得到中国、苏联的帮助，朝鲜人民军军威大振。已有正规军13.5万人，编为步兵10个师、装甲兵1个旅、摩托化兵1个团、边防军5个旅；拥有新式T-34坦克250辆、新式飞机180架，另外有重炮、火箭炮若干。正规军之外，还有后备军若干。南北朝鲜双方都在加紧备战，剑拔弩张，似乎已经能听到战争时针的走动声。

1950年6月7日，在朝鲜劳动党的建议下，朝鲜祖国统一民主主义战线中央委员会发表《关于促进和平统一祖国方针的呼吁书》，建议1950年8月15日朝鲜解放5周年时，根据民主原则，在朝鲜半岛进行普选，建立统一的最高立法机关。同时建议6月中旬在海州或开城召开朝鲜各政党、社会团体代表会议，具体商讨和平统一的条件、普选程序、建立指导普选中央委员会等问题，为和平统一再次进行努力。

然而，这一呼吁不仅遭到了大韩民国政府的拒绝，而且祖国统一民主主义战线派往汉城向大韩民国方面递交呼吁书的3名代表，也遭到大韩民国方面的逮捕。大韩民国政府下令在"三八线"地区和大韩民国全境实施"非常警戒"，禁止一切大韩民国政党和社会团体代表前往北方。

6月中旬，朝鲜最高人民会议常任委员会考虑到大韩民国方面害怕普选的情况，再次提出建议：把朝鲜民主主义人民共和国最高人民会议和大韩民国国民议会联合起来，以建立全朝鲜的立法机关方式，实现朝鲜的和平统一。但这一建议再次被大韩民国政府拒绝，和平统一的大门因此而关闭。

美国积极支持李承晚集团的"北进"准备，进行战争挑唆。1950年6月中旬，美国国务院顾问约翰·福斯特·杜勒斯到大韩民国活动。作为美国总统的私人代表来到朝鲜半岛的杜勒斯，在图片中留下了这样的形象：头戴一顶黑色礼帽，身穿一身黑色西装，眼镜片反射出阴沉的寒光，不顾酷暑火热，风尘仆仆，驱车来到"三八线"，他登上一处高地，用望远镜观察北方情况，他的面前是一幅据说是大韩民国"北进统一"计划的地图，正用手在指指点点，比比画画，一副活脱脱战争贩子模样。这幅照片被朝鲜作为罪证流传至整个世界。这时距离战争开始还剩7天时间，美国政府说这是"纯属巧合"。杜勒斯马不停蹄，看到"三八线"以北，地势高耸，奇峰插天，以南地势平缓，南北双方对峙，各自的阵地上设置了大量雷场、铁丝网，隘口高地皆是明碉暗堡。接着，又视察大韩民国军队守卫的战壕、碉堡、火力点，竭力鼓动说："没有任何敌人，能够挡得住你们，不论它多么强大。可是我希望你们将进一步努力，因为你们显示你们巨大力量的时候已经不远了。如果向共产主义妥协，那就等于选择导致灾难的道路……""……美国准备给予正在如此英勇与共产主义作斗争的大韩民国以一切必要的精神上和物质上的援助。"

这还不够，被称为"大韩民国教父"、极端反共的杜勒斯在返回美国前，在汉城发表了更具煽动性的演讲："你们处于自由世界的最前线。你们的形势既充满危险又激动人心，你们面临一种十分的危险，这危险来自共产主义的苏联，它那冷酷的怀抱笼住了'三八线'以北的朝鲜人民……同时它是用恐怖主义、欺骗宣传、渗透和颠覆性煽动来削弱和诋毁新的大韩民国。"末了还信誓旦旦地保证："你们并不是孤立的。只要你们继续担负起自己为实现人类自由而应负的责任。"连美国国务院的高级官员也承认：杜勒斯的这次大韩民国之行和"三八线"的活动，肯定会使朝鲜感到极为不安。与此同时，美国国防部长路易斯·约翰逊和参谋长联席会议主席奥马尔·布莱德雷也在日本活动，并同麦克阿瑟讨论朝鲜半岛问题，直到6月24日才离开日本返回美国。在约翰逊和布莱德雷访问日本期间，意外地得到一份备忘录，详述台湾的战略重要性。

杜勒斯返回美国向总统报告说，"三八线"上虽然有战事，但只有心理战意义，无关大局。大韩民国的军队训练有素，士气旺盛，能够守住大韩民国防地，朝鲜军队突破不了"三八线"，半岛局势无须多虑。杜鲁门得报后，心里一下轻松起来，早把一丝忧虑抛到脑后去了，6月24日又是周末，便丢开一切工作，放心地搭乘"独立号"总统专机，飞往故乡马里兰州独立城与家人团聚去了。

这个周末，大韩民国军队的军官们像往日一样，前往汉城的司令部庆祝军官俱乐部的开业，从乡村招来的士兵已放假15天去帮助家人收割庄稼，这样大韩民国军队的防线一下子就失去了三分之一的力量。

美军远东司令部最高军事司令官麦克阿瑟，此时在东京的美国大使馆内正睡得香甜。而在大韩民国的美国大使则流连于舞池、美酒、美女之间，正在那里大显身手呢。

此时的约翰逊和布莱德雷正飞返美国途中，约翰逊即与布莱德雷议定，待国家安全委员会开会时，呈请杜鲁门改变政策，积极保卫台湾，阻止中国人民解放军解放台湾。没有料到飞机还在空中飞翔，还没有降落到美国的国土，便传来了朝鲜半岛突然发生的战争。约翰逊大喜过望，认定时机已到，欲借朝鲜半岛战事，指责艾奇逊的对台政策主张，要挟杜鲁门改变不保台湾的政策。

乌云笼罩着大地，突然间，一道电闪雷鸣劈开了漆黑的天空。"三八线"上长期的武装冲突和摩擦，终于发生了质变。6月25日拂晓，朝鲜半岛爆发了全面内战。

在"三八线"上爆发的朝鲜半岛内战，通过无线电波传向世界各地。如同晴天一声惊雷，一时成为世界舆论的中心，成为全世界关注的焦点。

6月26日，金日成发表广播演说，号召全体朝鲜人民："坚决保卫朝鲜民主主义人民共和国及其宪法，推翻南半部的李承晚傀儡政权，将祖国南半部从李承晚匪帮的统治下解放出来，并恢复南半部真正的人民政权——人民委员会。在朝鲜民主主义人民共和国的领导下，完成祖国统一，以建设强大的民主独立国家。我们为反对李承晚卖国匪帮所发动的内战而进行的战争乃是争取祖国统一、独立自由与民主的正义之战。"

同一天，朝鲜民主主义共和国最高人民会议常任委员会命令：任命金日成、朴宪承、洪命熹、金策、崔庸健、朴一禹、郑准洋等7人组成军事委员会，金日成为委员长，国家一切权力集中于军事委员会。随后又颁布了战时动员令，任命金日成为人民军最高司令官。

朝鲜人民军迅速发起汉城战役（第一次战役）。被美国军方称为"亚洲之雄"的大韩民国军队，在朝鲜人民军的猛烈攻击下，迅速土崩瓦解。大肆叫嚣"武力统一"的大韩民国总统李承晚惊慌失措，于26日带几名高级幕僚仓皇逃到大田。大韩民国陆军总部也丢下部队，撤往始兴。失去统一指挥的大韩民国军队各自为战，毫无斗志，纷纷溃逃。朝鲜人民军发展迅速，至28

日，解放了汉城，第一次战役结束。

人民军的胜利，大大振奋了民心和士气。6月28日，金日成发表演说，就汉城解放向朝鲜人民、人民军官兵致以热烈的祝贺，号召全体人民支援人民军部队，早日结束李承晚政府发动的"同族相残"的战争。人民军最高司令部决定，继续南进，迅速解放整个南方，取得祖国解放战争的最后胜利。大韩民国方面此时则完全丧失了斗志，政府官员手足无措，部队官兵溃不成军。

6月28日上午，汉江桥被大韩民国部队炸毁。当时，桥上部队车辆排着长队和难民混杂在一起南逃；桥北的公路上，军车和炮车、民车混在一起，拥挤得连身体都无法移动。

这次爆破桥梁，难民、车辆和两节桥梁一起被炸飞，夺去无数人的生命，同时也切断了大韩民国军队主力自己的退路。

汉城陷落，汉江大桥被炸毁，大韩民国军队的主力第二、第三、第五、第七师和首都师在汉城外围防线，还有相当战斗力。上午6时，美军顾问丢下还在利用汉城周围的高地进行有组织抵抗的大韩民国部队不管，乘渡船仓皇逃出汉城。

28日上午11时30分左右，朝鲜军队完全突破汉城周围的防线。

大韩民国军队的主力以令人难以置信的速度迅速土崩瓦解了，其原因固然是受到朝鲜军队的强大攻势，但失去指挥，丧失信心是其必然的结果。血的事实再次证明，正义必定会战胜邪恶。

美国在第二次世界大战中发了横财，成为当时世界头号资本主义强国。当过银行职员、炮兵连长，没有雄厚资本，但善于投机钻营的杜鲁门，竟依靠黑帮当选为参议员。1944年，又成为美国民主党副总统候选人。俗话说，运来铁似金，运去金成铁。也是咸鱼翻身，杜鲁门仅当了82天副总统，1945年4月总统罗斯福便得了脑溢血逝世，杜鲁门理所当然地当上了美国总统。

杜鲁门不仅是一个政客，而且是一个权术家，也是一个极端的民族利己主义者。他上台后，常以实用主义的态度对待国际事务，经常出尔反尔，自食其言，当面说得天花乱坠，背后却给你下刀子，可以说是一个地道的流氓政客。他当上美国总统后，依仗其雄厚的经济和国防力量，野心急剧膨胀，声称"美国有领导自由世界……包揽全球事务"的责任。他不仅仅是说说，而是采取了具体的行动，以出钱、出设备，武装一些傀儡政权，挑起别国内战,以便坐收渔利。先后在越南武装吴庭艳,在大韩民国扶持李承晚,特别是在中国武装蒋介石集团,企图借蒋介石之手消灭中国共产党。真是人算不如天算,国民党的800万军队被人民解放军消灭,蒋介石仓皇出逃到台湾,杜鲁门的如意算盘没有打成,不想放弃,但又找不到借口,只能灰溜溜地退出中国。

杜鲁门当然不甘心在中国就这样退出,新生的中华人民共和国刚刚诞生,百废待兴,美国政府为了将新生的人民政权扼杀在摇篮里,杜鲁门便施行毒计,在政治上打压,不让新中国进入联合国恢复合法地位,在经济上实行封锁,在军事上实行包围,他在等待时机,准备随时出击,消灭他眼中钉、肉中刺的中国共产党及其领导的人民政府。

朝鲜战争爆发后,当国务卿艾奇逊向远在密苏里州独立城度假的杜鲁门报告时,这位总统不仅有些吃惊,心想不是说大韩民国军队是亚洲首屈一指的吗,怎么一夜之间成了乌合之众?但转念一想便暗暗自喜,麦克阿瑟说过"占领日本第一、占领朝鲜第二、占领中国第三",这是否正是打击中国的绝佳时机?想到这里,他提高了声音对艾奇逊说:"你通知有关人员,立即到布莱尔大厦开紧急会议,我马上回华盛顿。"

美国总统杜鲁门急匆匆地赶回布莱尔宫召开紧急会议商讨对策。会议在一片紧张的气氛中开始,杜鲁门首先请迪安·艾奇逊宣读国务院收到美国驻大韩民国汉城大使穆乔发来的第一个报告:"根据驻朝鲜军队的报告,朝鲜的部队今天清晨已向大韩民国领域的好几个据点进犯。……从进攻的性质和发动这次进攻的方式看来,这似乎是对大韩民国的一场全面攻击。"

参加会议的美军参谋长联席会议主席布莱德雷将军,此人本是二战名将,曾统帅百万大军远征北非,强攻西西里,登陆诺曼底,横扫半个欧洲。此时他清清嗓子,宣读起了他前一天刚从远东返回时带来的麦克阿瑟的一份备忘录。麦克阿瑟急切地呼吁杜鲁门总统改变关于美国不承担保卫台湾责任的政策,并要求对台湾实施军事援助。

脾气暴躁的杜鲁门对麦克阿瑟狂妄自大的做法早就不满,闻听备忘录,骤然脸色大变,高声喊道:"这是总统和国务院的事情,身为远东地区美军司令的麦克阿瑟有什么权力说三道四!"

国务卿艾奇逊看到总统勃然变化的脸色,赶紧发言说道:"美国当前不应该和蒋介石靠得太近，不能把朝鲜问题和台湾问题拉在一起，应重点解决朝鲜问题。"

国防部长约翰逊在是否保卫台湾问题上与国务院常常唇枪舌剑，但他也受够了麦克阿瑟独断专行、目空一切的霸道行径，早就想找个机会治治这个狂人，当他听到国务卿艾奇逊的话后，立即说道："不要让麦克阿瑟行使总统的权力。他这个人爱火上浇油，借题发挥，把事态扩大到不可收拾的地步。"

总统杜鲁门看国务院和国防部两大机关在这个问题上意见一致，不由得点头称是，他断然地说道："给麦克阿瑟的指示要尽可能地详尽具体，以免他借题发挥，随意扩大行使职权。"少顷，他下了最后的决心："……速给李承晚部队提供武器弹药和给养……美国驻远东空军和海军支持李承晚部队……美国第七舰队开进台湾海峡。"

由杜鲁门策划的一系列行动，使朝鲜半岛内战迅速变成了美帝国主义进行侵略，朝鲜人民进行反侵略的民族战争。冲动而性格暴躁的杜鲁门做这些决策时，有自己的如意算盘，雄心勃勃地想在总统的第二任期内干出名堂来，作出了派美军入侵朝鲜的决策，标志着美国战略的转折。美国的共和党人称这是"本世纪对外政策的妄动蠢举"。美国舆论界评论说："杜鲁门和艾奇逊是一对最不可思议的政治搭档，他们先行动起来，以后再论后果，就是这样鲁莽轻率作出重大决策，把美国拖进了朝鲜战争。"

正当大韩民国军队溃不成军、军政要员慌乱逃窜之际，他们的靠山——山姆大叔并没有像人们想象中的那样抛弃他们，而正在为武装干涉策划着一系列的阴谋。要武装干涉半岛内战，首要的是要取得出兵的合法性。要取得合法性，必须要联合国通过出兵的决议才行。于是，布莱尔大厦的一阵紧急策划，在联合国安理会，在美国国会都是一路绿灯。杜鲁门的阴谋得逞了，中华人民共和国成立后，联合国的席位仍然由美国支持的国民党集团占据，苏联为了抗议美国的这一行径，支持中华人民共和国恢复在联合国安理会的合法席位，拒绝出席安理会会议，因此也缺席，这就为美国操纵联合国提供了良好的机会。而6月份正是蒋介石的代表担任"联合国朝鲜委员会"主席的"良机"，又巧妙地事先不征求盟国的意见，而以安理会的所谓决议事后强加给他的盟国，在国内避开了国会纠缠，为了掩人耳目，美国把这一不得人心的武装侵略粉饰成维护"国际和平"的"警察"行为。这样，布莱尔大厦造成的既成事实，通过新闻媒介摆在了美国人的面前。

这样，朝鲜人民为争取国家统一的国内战争，随之演变成了抵抗侵略的民族解放战争。

这是华盛顿的一个炎热之日。美国驻大韩民国大使发往华盛顿的电报尽管一封比一封沮丧，但杜鲁门心情仍然出奇地好，他还沉浸在操纵联合国通过非法决议的兴奋之中。杜鲁门面对乔治·华盛顿的画像，扬扬自得地说："这可是一连串绝妙的大手笔。"然而，他高兴得未免太早了些，他未能预料到自己的"绝妙"被后来证明是最为愚蠢透顶的"绝妙"。就在朝鲜战争爆发的第三天，6月27日，杜鲁门在白宫新闻发布厅对新闻记者说："我已命令美国的海空部队给予韩国政府部队以掩护及支持。""因此我已命令第七舰队阻止对台湾的任何进攻。作为这一行动的应有结果，我已要求台湾的中国政府停止对大陆的一切所有攻击。第七舰队将监督此事的实行。台湾未来地位的决定必须等待太平洋安全恢复，对日和约的签订或经由联合国的考虑。"云云。虎视眈眈地注视着新生的中国，阻挠人民解放军解放台湾。

还在几个月前，这位美国总统还信誓旦旦地说："美国对台湾或中国其他领土从无掠夺的野心。现在美国无意在台湾获取特别权利或特权或建立军事基地。美国亦不拟使用武装部队干预现在的局势。"

杜鲁门对记者的谈话震惊了世界，一个世界上最强最大的国家怎么如此出尔反尔，要是德国纳粹宣传部长戈培尔复生也会甘拜下风的！就连美国著名的历史学家亚历山大后来在其著作中也不得不承认，这的确是一个"外交史上最无耻的声明"。

亚历山大指出："在这种情况下，中国的领袖们一定会感到，他们所面对的国家是一个既无信用，又不可靠的国家。这难道还有什么奇怪吗？本来红色中国就没有派过一兵一卒，中国政府也没有说过一声威胁的话，然而中国就被扣上了'侵略者'的帽子，而且第七舰队又被安插到中国大陆与台湾省之间。红色中国人……把它看作是对中国主权的直接挑衅，并且担心，这只是美国帮助国民党阴谋重新夺回大陆的第一步。"

消息立即在无线电广播中播出，引起世界爱好和平国家和人民的极大关注。来自欧美各大通讯社的电讯，来自亚洲各国的新闻媒体的强烈反应，世界各国政要纷纷发表讲话或谈话，对朝鲜半岛战局表示深切关切。

杜鲁门所领导的美国政府武装侵略我国，是可忍孰不可忍？

以毛泽东同志为首的中国共产党人，从来也不屈服于外来的压力，更不会屈服于帝国主义的压力。作为战略家的毛泽东，一眼便洞悉了侵略者的心思，杜鲁门不仅意在朝鲜，而且还意在窥伺中国。毛泽东感到有必要给美国警告，充分揭露杜鲁门独霸世界的野心，激起全世界爱好和平人民的极大愤慨。

6月28日，毛泽东在中央人民政府第八次会议上庄严宣告："……全世界各国的事务应由各国人民自己来管，亚洲的事务由亚洲人民自己来管，而不应由美国来管。美国对亚洲的侵略，只能引起亚洲人民广泛和坚决的反抗。""中国人民既不受帝国主义的利诱，也不怕帝国主义的威胁。"并号召："全国和全世界的人民团结起来，进行充分的准备，打败美帝国主义的任何挑衅。"

中华人民共和国政务院总理兼外长周恩来在同一天发表声明，正告美国政府："我现在代表中华人民共和国中央人民政府声明：杜鲁门27日的声明和美国海军的行动，乃是对于中国领土的武装侵略，对于联合国宪章的彻底破坏……我代表中华人民共和国中央人民政府宣布：不管美帝国主义者采取任何阻挠行动，台湾属于中国的事实，永远不能改变；这不仅是历史的事实，且已为《开罗宣言》《波茨坦宣言》及日本投降后的现状所肯定。我国全体人民，必将万众一心，为从美国侵略者手中解放台湾而奋斗到底。战胜了日本帝国主义和美帝国主义走狗蒋介石的中国人民，必能胜利地驱逐美国侵略者，收复台湾和一切属于中国的领土。"

美国总统杜鲁门执意要扩大战争，在操纵联合国安全理事会通过非法决议后，便急匆匆地纠集了16个国家组成所谓的"联合国军"，任命其远东军总司令、战争狂人麦克阿瑟为总司令，支援韩军。此时，朝鲜人民军连续发起4次战役，一路直下打到洛东江，在此与韩军、美军形成胶着状态。

朝鲜战争的局势更加复杂化。

新中国领导人始终关注着朝鲜战局的发展，时刻对周边的形势保持着警惕，当朝鲜人民军与美、韩军队呈胶着态势时，毛泽东高瞻远瞩，未雨绸缪，组建了东北边防军，以应对形势变化。

美国侵略朝鲜战争一开始，就派空军在朝鲜倾泻了成千上万吨的弹药，实施惨无人道的"饱和轰炸""地毯式轰炸"，使得朝鲜满目疮痍。侵略者还

1950年8月27日,美国侵朝空军空袭中国安东。图为安东市民宅被炸后的情景

不罢手,猖狂地连续出动曾在第二次世界大战中使用的B-29重型轰炸机,越过边境对中国进行野蛮空袭,残杀无辜的中国人民。中国人民刚刚结束战火灾难,现在却又要面对战争,恢复国民经济、改善人民生活的愿望能否实现令国人揪心。

麦克阿瑟就任"联合国军"总司令后就像吸了鸦片烟一样兴奋,这个长于指挥登陆作战的将军,乘朝鲜人民军战线拉长后方空虚之际,在朝鲜半岛蜂腰部的仁川实施登陆作战。他赌赢了。在血洗仁川后,准备在朝鲜南方把人民军歼灭。

杜鲁门这时完全相信麦克阿瑟的能力,似乎胜利在望了,一直将战线推到"三八线",并积极准备向北进攻。

面对复杂的局势,毛泽东和周恩来多次商量朝鲜战争问题,如果美军越过"三八线",中国就要出兵,这是底线。在庆祝中华人民共和国第一个国庆节时周恩来就发出了严重警告:"中国人民在解放自己的全部国土以后,需要在和平而不受威胁的环境下来恢复和发展自己的工农业生产和文化教育工作。但是,美国侵略者如果以为这是中国人民软弱的表示,那就要重犯与国民党反动派同样的严重错误了。中国人民热爱和平,但为了保卫和平,从不也永远不害怕反抗侵略战争。中国人民决不能容忍外国侵略,也不能听任帝国主义者对自己的邻国肆行侵略而置之不理。谁要是企图把中国近五万万人口排除在联合国之外,谁要是抹杀和破坏这四分之一人类的利益而妄想独断地解决与中国人民有直接关系的任何东方问题,那么,谁就一定要碰得头破血流。"这个声明中的"中国人民决不能容忍外国侵略,也不能听任帝国主义者对自己的邻国肆行侵略而置之不理"一句,是毛泽东亲自加上去的,而"置之不理"一句成了"新中国外交风格"的体现。

10月3日,周恩来紧急召见了印度驻华大使潘尼迦说:"朝鲜战争应该立刻停止,外国军队应该撤退,这对东方和平是有利的。我们主张和平解决,使朝鲜事件地方化,我们至今仍主张如此。如果美军越过'三八线',我们将出兵参战。我们希望大使先生向贵国总理尼赫鲁先生报告,并请转告美国和英国政府。"

先礼后兵,中国已仁至义尽。如果侵略者仍然置若罔闻,就不得不以另外一种语言——一种侵略者能够听得懂的语言与美国对话。朝鲜战争的历史已经向世界人民证明,中国说话是负责任的,是算数的,是不受任何欺骗和威胁的。

然而,美国政府十分麻木不仁,不顾中国政府的再三警告,执意要扩大战争,把中国的警告看成是"讹诈"。美国国务卿艾奇逊说:"越过'三八线'会有危险。但是,目前我相信,犹豫不决和胆小怕事的表现会招致更大的危险。""如果中国人打算参加扑克游戏的话,他们就应该比现在亮出更多的牌,我们不应该对大概是中国共产党的一个恫吓过分惊恐。"云云。而美国总统杜鲁门则认为,印度大使潘尼迦"在过去就是经常同情中国共产党的家伙,因此他的话不能作为一个公正观察家的话来看待,充其量不过是一个共产党宣传的传声筒罢了"。

战争狂人麦克阿瑟听到中国的警告后,不但置若罔闻,而且他确信中国无力大规模出兵朝鲜,至多能有几千人参战而已。他将要为自己的狂妄付出惨痛的代价。

新中国的领袖毛泽东，这位集思想家、政治家、军事家与诗人于一身的世界伟人，有人这样评价他：既风趣幽默、含蓄温和，又严肃认真、咄咄逼人；他坦诚、外向，激情四溢，率真自然，"性不好束缚"，可也有时腼腆内敛，隐含不露；他既谦虚、豁达，又高傲、敏感，他做事细致严谨、明察秋毫，但作风却粗犷洒脱、不拘小节；具有成就大业的忍让包容，一旦需要则当机立断，穷追猛打不留余地……作为20世纪最伟大人物之一，毛泽东在他辉煌的一生中都在不断超越自己，向别人所认为不可能挑战，并且以此为乐趣。经过国内革命战争锻炼的毛泽东军事艺术在另一个战场上得到检验，并上升到一个世人难以企及的高度。

朝鲜局势危在旦夕，出兵援朝却一波三折。这也许是毛泽东这位世界伟人一生中最难的一次决策。

在国内，毛泽东未雨绸缪地组建了东北边防军后，又根据代总参谋长聂荣臻的建议，将准备用于解放台湾的宋时轮的第九兵团和在西北地区刚刚结束剿匪作战的杨得志的第十九兵团分别集结在津浦、陇海铁路线上，以作为东北边防军的二线部队。但在出兵还是不出兵这个问题上，中央高层的意见并不一致。在中央政治局讨论出兵朝鲜的会议上，有人认为，我军打蒋介石军队是有把握的，但美军有庞大的陆海空军，有空海军优势，有原子弹，还有雄厚的工业基础。朝鲜只有几百万人口，而中国近5亿人口，打烂一个5亿人口的国家拯救一个几百万人的朝鲜，是不划算的。不到万不得已的时候，最好不打这一仗。这是大多数人的意见。也有人反对，也有人不置可否。

毛泽东赞成出兵朝鲜，但有人对出兵朝鲜胆战心惊，于是急召坐镇西北的彭德怀回京。当彭总急匆匆地走进会议室时，与会者已讨论了很长时间，但闻毛泽东说："你们说得都有理由，但是别人处于国家危急时刻，我们站在旁边看，不论怎么说，心里也难过。"当天晚上，住惯了茅屋、草房、土坑、窑洞，忧国忧民的"彭大将军"，在北京饭店的309号房间怎么也睡不着，脑海里反复回荡着毛泽东的话，事隔十几年后，他在自述中写道："美国占领朝鲜与我隔江相望，威胁我东北，又控制我台湾，威胁我上海、华东。它要发动侵略战争，随时都可以找到借口。老虎是要吃人的，什么时候吃，决定于它的肠胃，向它让步是不行的。它既要来侵略，我就反侵略。不同美帝国主义见个高低，我们要建设社会主义是困难的。我把主席的四句话，反复念了几十遍，体会到这是一个国际主义和爱国主义相结合的指示。我想到这里，认为出兵援朝是正确的，是必要的，是英明决策，而且是迫不及待的，我想通了，拥护这一英明决策。"第二天的会议上，当彭总发言后，毛泽东问道："彭老总，你是赞成出兵援朝了？"

彭德怀简洁地回答："我赞成。"

毛泽东又追问道："若请你挂帅出征，如何？"

彭总闻言，赶紧起身，正色道："如主席信任，当效命疆场，万死不辞。"

毛泽东的一颗心总算落地了，当即决定，立即动员，以中国人民志愿军的名义派兵赴朝参战，任命彭德怀为志愿军司令员兼政治委员，统一指挥参战部队。

国内的决策算是尘埃落定了，志愿军厉兵秣马，积极准备出国作战，可苏联方面却出尔反尔了。

早在此之前，中共中央曾与苏共中央进行了初步的协商，中国出兵朝鲜，苏联即出动空军支持志愿军地面部队作战，并答应给中国20个师的装备。为了协商落实这些问题，毛泽东派周恩来访问苏联。经过会谈，斯大林答应先装备中国10个师，并同意苏联空军进驻安东（今丹东）一带沿海大城市驻防。然而，当天晚上苏联方面就通知周恩来说："苏联空军没准备好，要暂缓出动。"

苏联的临阵退缩，使毛泽东再次陷入了痛苦的决策和抉择中。对于出兵援朝，毛泽东早就想到了最坏的情况，就是与美国全面进行战争，这也是在与苏联一起出兵的基础上考虑的，现在，苏联不派空军支援，这实际上意味着中国要单独出兵，自己干了，要同世界头号资本主义军事强国直接较量！而苏联提供的装备又一时半会儿不能到位。中国单独出兵，只能用当年缴获的日本和国民党的杂式武器加炒面，去同装备现代化飞机大炮坦克的机械化部队作战，美军占有制空权、制海权，倚仗其空中优势，对我志愿军会造成多么大困难啊！

毛泽东一旦下定决心，是绝不会改变的。但他作为领袖，要对前线千万将士的生命负责，他必须把新出现的情况同前线司令员以及政治局的同志再次进行商议。

沧海横流，方显英雄本色。就在这一波三折之中，毛泽东及其他新中国领导人最终敲定了20世纪中国最重要的决策。

10月12日，毛泽东给远在莫斯科的周恩来发去电报："与高岗、彭德怀同志及其他政治局委员商量结果，一致认为我军还是出兵到朝鲜为有利。……而我们不出兵让敌人压至鸭绿江边，国内国际反动气焰增高，则对各方都不利，首先是对东北更不利，整个东北边防军将被吸住，南满电力将被控制。……总之，我们认为应当参战，必须参战。参战利益极大，不参战损害极大。"

当周恩来把中国政府的决定告诉斯大林时，据说斯大林潸然泪下。作为一位伟大的军事家，斯大林当然知道，心里也十分清楚，中国人这么做，将会付出多么大的牺牲……

边城安东已经充满了紧张的战争气氛。大马路上各式各样的车辆在匆忙地奔驰着，神情惶惶的市民在往市北郊区疏散。盘旋在鸭绿江对岸上空的美军野马式飞机，常常低飞几乎掠动江边树梢，肆无忌惮地对江对面的新义州进行狂轰滥炸。燃烧在朝鲜国土上的大火，映红了鸭绿江的流水，浓烟弥漫了鸭绿江上空，遮天的灰烬，飘落在安东的大街上，飘落在中国的土地上。

在苍茫的暮色里，志愿军从驻地向江边集结。一支支部队行进在安东的大街上。夜渐渐沉下来，城市实行灯火管制，街道上黑洞洞的，使人越发感受到战争空气的重压。部队源源不断地开过来，整理好队伍开过江去，像一道铁流似的涌上鸭绿江大桥。在这和祖国告别的一刹那间，战士雄赳赳气昂昂，精神百倍地跨过了江桥。

历史永远记住了这个时间：10月19日黄昏，志愿军雄赳赳气昂昂地跨过鸭绿江，开赴朝鲜战场。

这是新中国第一次出兵，却没有欢送的锣鼓，没有激昂的口号。在低沉逼人的浓云下，在萧瑟的秋风里，中华民族的优秀儿女，分别从安东、长甸河口和辑安（今集安）3个鸭绿江渡口，如同势不可挡的洪流一样向前奔去……

中国人民抗美援朝的大幕由此拉开。

志愿军为了达到战役的突然性，彭德怀司令员命令部队控制电台使用，封锁消息，严密伪装，夜行晓宿，避开大路，隐蔽地向指定作战地域前进。

10月25日，抗美援朝战争打响第一枪。

美国政府完全没有料到中国会出兵，志愿军好像神兵天降，不但达到了战役的突然性，而且把美国侵略军打得晕头转向，开仗就歼敌1.5万余人，迫使敌人退到清川江以南地区。而此时的"联合国军"总司令麦克阿瑟还不知道中国出兵参战去了多少人，谁是总司令。

正在乘胜追击敌人的志愿军，突然接到彭总命令全线撤退，虽然志愿军将士们迷惑不解，不知道老总葫芦里卖的什么药，打了胜仗干吗要撤，但有高度纪律性的志愿军官兵，仍然有序地撤退了。其实，这是彭总故意示弱、诱敌深入的一条妙计。然而，麦克阿瑟对中国军队为什么会后退不作认真思考，而是自作聪明地得出"中国人不是一支可怕的力量"这样的结论。多年后，对第一战役后麦克阿瑟的判断和做法，美国历史学家亚历山大十分无奈地写道："中国军队第一阶段攻势已向麦克阿瑟以及参谋长联席会议发出了极其严厉的警告，其攻势迅猛果断，规模之大，令人惊讶。中国人曾威胁说，如果美军向前推进的话，他们将给予迎头痛击。他已经将这种威胁付诸行动，美军统帅部竟然无视这一警告再入虎穴，这实在让人难以理解。"

这是美国陆军有史以来的最大败仗。麦克阿瑟的错误判断成了后来美国军政要员指责他的证据。美国作家约瑟夫·格登挖苦说："五角大楼的主要罪过是胆小怕事，参谋长联席会议在麦克阿瑟面前就像学校的男孩子在城里遇到街头恶霸一样怕得发抖。"实事求是地说，美军的失败麦克阿瑟的确是罪魁祸首。他在向参谋长联席会议询问有关中国干涉的复电中，曾信誓旦旦地保证说："有许多合乎逻辑的理由证明这样的事情不会发生，而且还没有得到足够的证据说明（中国出兵）这种可能性在目前是站得住脚的。"

狂妄至极的麦克阿瑟口出狂言："圣诞节前让孩子们回家。"这话成了后来人们茶余饭后闲谈的笑柄。志愿军在彭总的指挥下，在零下45摄氏度的寒冷气候条件下，身着单衣勇猛作战，创造了一个又一个奇迹，致使世界上机械化程度最高的美军陆战第一师平均每小时只能前进500米，志愿军整建制地歼灭了美军"北极熊团"，至今这面旗子还在军事博物馆展示。美军的圣诞攻势变成了圣诞溃退。志愿军收复平壤，世界舆论响起了振奋人心的"毛主席万岁""新中国万岁"的声音。

在彭总的精心组织下，志愿军以劣势装备，在极端困难的条件下，发扬我军不怕疲劳连续作战的优良传统，经过连续5次战役，把不可一世的以美国为首的"联合国军"赶到"三八线"附近，稳定了朝鲜战局，为争取朝鲜战争的和平解决创造了条件，打出了国威军威，极大地振奋了世界爱好和平的人们，美帝国主义也不得不承认他们是在"错误的时间，错误的地点，发动了一场错误的战争"。

志愿军出国作战后，由于美军掌握着制空权，对我后勤保障线实施"绞杀战"，志愿军后勤保障和兵员补充都非常非常困难。第一批出国的部队伤亡比较大，也得不到休整，要彻底战胜美帝国主义及其帮凶，必须要加强我方力量，根据战争形势发展，中央决定，把国内部队轮番换到朝鲜参战，提高我军打赢现代化战争的能力。

第四十七军就是在这样的背景下，奉命作为第二批部队入朝参战的。

第二章
猛进部队奉命入朝参战
昼夜施工急造军用机场

受领抗美援朝作战任务；就地收拢集结；告别湘西人民，分路向预定地域集结；重新调整开进部署，向长沙、湘潭集结；短暂休整，补充兵员；对部队进行"三视"教育，组织思想动员；乘车北上，到达安东、长甸河口；成立留守机构，启用志愿军番号；跨过鸭绿江，夜行晓宿，长途行军；目睹美帝国主义者发动的侵略战争给朝鲜人民带来的深重灾难；到达顺安、顺川、永柔、南阳里地区；担负第五次战役预备队；工程兵第十八团、华东重型机械营等单位配属第四十七军；在敌机轰炸、扫射下修建顺川、永柔、南阳里机场；组织短期轮训；进行临战训练。

> 钟山风雨起苍黄，百万雄师过大江。
> 虎踞龙盘今胜昔，天翻地覆慨而慷。
> 宜将乘胜追穷寇，不可沽名学霸王。
> 天若有情天亦老，人间正道是沧桑。

作为熟知中国历史的战略家、人民领袖、一代大诗人的毛泽东，在人民解放军打过长江、席卷江南大地的时候，以其气势磅礴的笔墨写下了这首脍炙人口的佳诗。他十分清楚历朝历代的统治者，在即将取得天下的时候，往往会出现斗志松懈的情况，因此，他以诗人特有的语言告诫全军指战员，要将革命进行到底，乘胜追击国民党军残余部队，痛打落水狗，绝不能被胜利冲昏头脑，重演西楚霸王的悲剧。接令的各路解放大军，浩浩荡荡南下、南下、南下，以势如破竹之势，风卷残云般席卷整个尚未解放的国土。在南下大军的序列中，有一支屡建奇功、具有传奇色彩的部队，历史上他们曾四进四出湖南。当这支部队第二次进到湖南湘西时，一举解放了大庸（今张家界）、桑植两城，敲开了进入湘西的大门，扫清了挺进大西南的障碍。随后奉命配合第二野战军第三兵团进军大西南，解放重庆。回师东进，第三次进入湖南，奉命经营湘西，创造了剿匪奇迹。这支部队就是第四野战军的主力部队第四十七军。

你要问当今40岁以上的人知道不知道第四十七军，可能没有多少人能够回答出来，但是只要你唱起"又战斗来又生产，三五九旅是模范……到处是庄稼，遍地是牛羊"这首脍炙人口、久唱不衰的歌曲时，没有人不知道。

歌中唱到的三五九旅就是第四十七军前身部队。为了使读者能够全面了解这支部队的历史，我们不妨费些笔墨，简要地将其历史往上追溯一下，到1927年的"莲花一支枪"。

1951年2月,第四十七军奉命入朝参战,改称中国人民志愿军第四十七军。图为召开抗美援朝、保家卫国动员大会

由于第四十七军办的战斗报叫《猛进报》,3个师的战斗报分别叫《猛击报》《猛攻报》《猛冲报》,因此第四十七军被誉为"猛进部队"流传至今。1950年,朱德总司令为第四十七军战斗报题写了"猛进报"刊名。

1927年,"马日事变"后,湘赣边界各县的中共党组织全部被破坏,党所领导的农民协会全部被摧垮,农民自卫军遭到了严重损失,大部被击散,莲花县共产党员贺国庆冒着生命危险保存了一支枪,即毛泽东在《井冈山的斗争》一文中记叙的"莲花保存一支"。在敌人白色恐怖下幸存的共产党员、自卫军战士化整为零,继续同敌人斗争。1927年9月26日,毛泽东率秋收起义部队攻克莲花县城后,在此组织召开党的负责人会议,决定发展武装,引兵井冈。同时,指示莲花县党组织以北伐战争时期保存下来的这支枪为基础,成立了以陈竟进为队长的莲花工农赤色队。1928年1月,毛泽东又发给他们8支枪,扩编为莲花赤卫队。从此,星星之火成燎原之势,到1930年部队发展到800多人、500多支枪。10月6日,在江西省萍乡县大安里,成立了中国红军独立第一师,直接配合中央红军作战,粉碎了国民党军四次

"围剿",部队不断发展壮大,先后扩编为红八军、红六军团。第五次反"围剿"失利后,红六军团作为第一支长征的部队奉命西征,冲破敌人层层封锁和围追堵截,于1934年10月,与贺龙领导的红二军团会师,为中央红军长征起到侦察、探路作用。之后,在贺龙、任弼时领导下,开辟湘鄂川黔革命根据地。1935年11月,红二、六军团继续长征,突破乌江、转战乌蒙、抢渡金沙、翻越雪山。1936年7月到达甘孜,与红四方面军会师,继续北上,通过草地,占领甘南,10月22日,在甘肃会宁与红一方面军会师。

抗日战争爆发后,红六军团与陕北红三十二军、总部特务团一部改编为八路军第一二〇师三五九旅,东渡黄河开赴抗日前线,先后参加了粉碎日军对晋西北的六路围攻,上下细腰间战斗,陈庄、明铺村等战斗,特别是在晋东南的邵家庄,伏击日军战地视察团,击毙日军少将长冈宽治,一举摧毁了日军北线指挥中枢,给日军极大的震撼,受到嘉奖。后奉命返回陕北,担负反顽和河防任务,取得胜利。抗日战争进入相持阶段后,为粉碎顽固派的军事包围、经济封锁和日军的野蛮进攻,第三五九旅奉命开进南泥湾,一手拿枪、一手拿镐,屯田垦荒,把昔日的烂泥湾,变成到处是庄稼、遍地是牛羊的陕北好江南,创造了"自力更生、艰苦奋斗"的南泥湾精神,成为我党我军优良传统的重要内容之一。在抗日战争进入战略反攻的前夕,第三五九旅奉中央军委和毛泽东的命令,组成八路军南下游击支队,开辟敌后抗日根据地。1944年下半年,在王震、王首道等率领下,八路军南下第一游击支队(通称南下第一支队)从延安出发南下,创建以衡山为依托的抗日根据地。1945年6月,留在陕北的第三五九旅部队奉命组成八路军南下第二游击支队(通称南下第二支队),准备与第一支队会合。当第二支队行进到河南新安、孟县时,日本投降,中央电令第二支队停止南下改为北进。

进入东北后,第二支队改称东北人民自治军第三五九旅,奉命剿灭了国民党军号称的"四大旗杆"的土匪谢文东、张雨新、李华堂、孙荣久等,肃清了匪患,为巩固北满根据地作出了贡献。在辽沈战役中,奉命在黑山、大虎山构筑阵地坚守,阻拦了敌人的先头部队。在修了两天的阵地上孤军奋战,以誓与阵地共存亡的钢铁意志和决心,抗击了国民党军10万精锐部队,浴血奋战72小时,使敌3天进攻未攻获寸进,争取了时间,打乱了东北国民党军"剿总"司令卫立煌的作战计划,迫使敌人不得不放弃其西进企图,为我军创造了在辽沈平原上集中主力聚歼敌人的先决条件。

随后奉命入关，参加平津战役，在廊坊地区机动防御，北平和平解放后，奉命改编傅作义部两个师，经艰苦工作，圆满完成任务。

1949年4月，奉命向江南进军，以风卷残云之势，解放了新乡、安阳、宜昌、沙市等城镇。发起湘西战斗，全歼国民党军第一二二军，俘军长以下5000余人，解放大庸、桑植两县，敲开进入湘西的大门。

10月30日，第四十七军奉命配属第二野战军第三兵团发起川东战役。广大指战员不怕疲劳、连续作战，追击国民党军宋希濂集团，俘敌第十兵团司令钟彬，解放了涪陵、长寿、江北、广安、邻水等县城。抢先渡过乌江，截断敌人退路，率先从朝天门码头登岸进入市区，重庆解放。

12月，川东战役结束后，第四十七军奉命返回湘西，担负剿匪建政任务，创造了湘西历史上从未有过的奇迹。

湘西，辖沅陵、会同、永顺3个地区的22个县，与鄂、川、黔、桂四省毗邻，境内武陵、雪峰两大山脉横贯全境，山高林密，物产丰富，本是一个极好的地方，当今有名的风景旅游胜地张家界就在其境内。但是，这里因地处偏僻，交通不便，自明朝以来，就是全国匪患最严重的地区之一。根据有关历史资料记载，全国解放前，湘西有土匪的历史达300多年。在封建势力长期统治下，军阀、土匪、恶霸三位一体，割据一方，称王称霸，以武力、地租和大烟在经济上、政治上对人民进行残酷的压迫和血腥的统治，使广大湘西人民群众生活在水深火热之中。

1949年9月，当中国革命战争在大陆上取得基本胜利后，蒋介石集团败逃台湾前，一方面为了阻止我军南下，一方面仍企图凭借湘西的地理、历史和社会条件，作为负隅顽抗的"反共游击基地"，企图东山再起，卷土重来。他们派遣大批特务进入湘西，大肆收买各路土匪和反动势力加以委任，一时间由国民党加委的"总司令""军长""师长"等头衔多如牛毛，数不胜数。他们把这些土匪和反动势力加以武装，兵力达到10万余人，成为新生人民政权的一大心腹之患。

湘西土匪是兵、官、民、匪一体，他们到处杀人放火，奸淫掳抢，无恶不作。当大部队进行围剿时，土匪就利用人员少、地形熟、行动灵活等有利条件，迅速逃走，大部队一走，又返回来。从明朝、清朝到民国政府，历朝历代曾多次组织部队进行剿灭，但都没有根除。

为了彻底根除湘西匪患，第四十七军采取发动和依靠群众，军事打击与政治瓦解并举等办法，经一年艰苦战斗，歼匪92081人，缴获各种枪支79831支、各种炮196门，解放了全湘西22个县，使湘西350万人民得到了彻底解放，彻底根除了湘西百年匪患，创造了湘西从未有过的奇迹。人们熟悉的《湘西剿匪记》《湘西往事》《血色湘西》《武陵山下》等影视作品，都是根据这一时期四十七军在湘西剿匪战斗故事改编的。也正因为如此，中央军委才决定第四十七军作为第二批入朝部队，赴朝参战。

朝鲜战争爆发时，第四十七军正在集中精力对湘西土匪实施重点进剿、包干清剿，对顽匪给予坚决打击。军长曹里怀、政治委员周赤萍在指挥剿匪的繁忙战斗中，仍然时刻关心朝鲜战局的发展，他们以军人特有的敏锐认定中国一定会出兵朝鲜，但他们还不能过多地将精力投入到研究朝鲜战争上来，因为他们的首要任务是肃清湘西的土匪，保证湘西社会的安定，为彻底改变湘西落后的面貌奠定基础。

到1950年年底，基本完成了剿匪任务。

1951年元旦，刚刚获得翻身解放的湘西人民，在新年来临时，似乎有些不习惯、不适应，往年那种土匪抢完这家抢那家，鸡犬不宁，乌烟瘴气，哀号遍地的悲惨景象没有了，代之而来的是一片和平、祥和的新气象。有人好像还不相信这是真的，似乎是在梦境之中，掐一下自己的手背，很痛，这才真正相信过上了太平盛世之年。多少年了，这是他们梦寐以求的生活，当它真正变成现实时，人们多少还有些恍惚。随即人们便聚在一起，谈论着、议论着：用什么办法来感谢剿匪部队？用什么方式来纪念为他们能过上好日子牺牲的烈士呢？人们不约而同地想到了修座纪念碑，随即在沅陵胜利公园，修建了"湘西剿匪胜利纪念塔"。在序文中写道："随着全国革命胜利形势的发展，我中国人民解放军第四十七军，经苦战东北，转战华北、江南，继又入川作战，解放重庆，历尽千辛万苦，复于1949年冬，奉命进入湘西，执行毛主席关于'战斗队和工作队'的指示，担任肃清湘西土匪、发动群众的艰苦而光荣的历史任务，为拯救我湘西350万人民于水深火热之中，全体指战员在党和上级与湘西区党委及湘西军区的正确领导下，以自我牺牲的英勇行动和大无畏的革命英雄主义精神，积极剿匪，无山不上，无村不搜，雨淋日晒，披星戴月，风餐露宿，夜以继日，忍饥挨饿，习以为常。经年余艰苦剿匪，全歼土匪80000有余，解放湘西22县，创造了湘西历史上未有的奇迹，为人民立下了不可磨灭的功勋。一年多来，全军上下，无论在任何艰苦环境中，更高度发扬了拥政爱民的精神，纪律严明，秋毫无犯，助民劳作，生产救灾，减租反霸，实行土改，建立地方武装与人民武装，使我湘西人民获得彻底翻身，从此奠定人民的新湘西万年根基。当我湘西人民热烈庆贺胜利之今日，饮水思源，为对剿匪有功的四十七军全体指战员表示深切感谢和纪念在剿匪中英勇牺牲的烈士们，特建此剿匪胜利纪念塔，以流芳百世，永垂千古。"

在湘西行署所在地沅凌修建湘西剿匪纪念塔的同时，湘西行署所辖的沅陵、会同、永顺3个专署所在地的辰溪、芷江、永顺3个县城内，也分别建了"剿匪纪念堂""剿匪纪念塔""革命烈士纪念碑"。在农村各地，也都建起了"剿匪纪念亭"等，以志湘西人民永远不忘剿匪英烈的伟大历史功勋。

刚刚获得解放的广大人民群众，那个高兴是从心底发出的，他们以村为单位，筹措经费，购买肥猪宰杀，贴上大红纸，敲锣打鼓地抬着送到部队进行慰问。有的村庄则发动妇女为部队做鞋子，有的还在鞋底上绣上五角星；有的村庄则制作好慰问袋，里面装上慰问品，推着小车送到部队……人们都沉浸在喜悦之中，脸上都洋溢着幸福的笑容，他们有理由为自己的新生活高兴、喝彩，有理由为自己当家做主挺直腰杆。

第四十七军的广大指战员也和湘西各族人民群众一起庆祝湘西的解放，与群众一起联欢，一起庆祝，一起载歌载舞。他们同样有理由高兴，有理由庆贺，他们终于完成了党中央、中央军委赋予的任务，亲自解放了湘西广大的各族群众，哪有战斗胜利后不庆祝的？

然而，在这样一片欢乐的氛围中，第四十七军的领导却没有过分地喜形于色，他们的思想已不再是剿匪、建政、组建地方武装、建立人民政权，党中央、中央军委赋予的剿匪任务完成了，下一步部队会担负什么任务呢？长期战争的熏陶、军人特有的敏锐，使他们似乎预感到可能会有重大任务，是什么，一时说不清。

2月的湘西大地，呈现出一片美丽的景色。郁郁葱葱的松林、金色的油菜花、紫色的蚕豆花、翠绿的禾苗，间以数不尽的竹林盘，古朴典雅的苗寨、侗乡，恰似一幅鲜艳夺目的图案，镶嵌在这片崇山峻岭之中。

这是一个晴朗的早晨，在军作战值班室里，只有值班参谋在那里值守，间有电话响起，值班参谋听取情况后回答下级的提问或下达处理方案，再没有其他声音。这里曾是四十七军首长与土匪头子斗智斗勇的地方，是他们谋划和指挥部队肃清国民党军残余武装的地方，那种嘀嘀嗒嗒的收发报声、急促的电话铃声、下达命令的口令声等紧张的战争氛围早已不见了，就连墙上挂的作战地图上的标志符号，也都是红色符号将蓝色符号统统吃掉了，已静静地定格在最后胜利的地方……

早饭后，几位军领导不约而同地都来到作战室，他们看着这静寂的作战室，再看看对方，一时不知说些什么。还是曹里怀军长率先打破沉默："这几天我一直想一个问题，咱们军在湘西的任务基本完成了，总感到还有什么更加重大的任务等着我们，今天早上起床后，突然明白了是什么，就是朝鲜战场。大家想想，志愿军入朝后在彭总的指挥下，连续发起了4次战役，把不可一世的美帝国主义者赶到了38度线附近，志愿军了不起！但是，这样连续组织大的战役，又是和世界最强大的对手作战，志愿军可以说还是小米加步枪，又没有制空权，那么在火力方面肯定不如美国佬，这是客观事实，志愿军伤亡大是在预料之中的，要想最终赢得这场战争的胜利，靠现在出国的部队怕是不行，我看中央军委肯定还会派部队入朝参战的。"

政治委员周赤萍接过话说道："老曹分析的有道理啊！第十三兵团和第九兵团肯定打得很艰苦，连续作战又没有休整，战斗减员肯定很大，而且侵略者倚仗其空中优势，把志愿军的后勤补给线炸个稀巴烂，使志愿军得不到有效补充；美帝国主义的装备是现代化的，机动性很强，我军还是靠两条腿，又是出国作战，各方面对我们有很多不利的因素，我想军委会考虑实际情况，作出决策部署的。问题是我们部队现在完成了剿匪任务，会不会把我们军拉到朝鲜战场去？这种可能性我认为是有的。"

副军长刘贤权插话说道："凡事预则立，不预则废。从目前中南各地剿匪情况来看，广西方面的土匪还没有剿完，肯定是抽不出来入朝参战的，倒是我们的剿匪任务基本完成了，地方人民政权、人民武装都已建立，社会秩序稳定，人民群众正以极大的热情建设新家园，这样我们军就成了中央军委可以使用的机动部队了，是应该要有这个思想准备。万一哪一天真的来了命令，免得手忙脚乱。现在就应该让机关搜集这方面的情况，多听广播，多在报纸上搜集有关抗美援朝的信息，以便于我们了解有关情况，做到心中有数。真的来了任务，也有个基本准备，也能了解个大概情况，这样对我们的行动是有好处的。"

政治部主任陈发洪接上话说道："我有些担心，如果真的任务来了，我们部队分散得这么开，通信联络又不好，怎么通知、怎么收拢集结？思想转弯就是个大问题，要把广大指战员的思想从剿匪作战、国内作战，转变到出国作战、对美军作战、对世界上头号帝国主义作战上来，可不是一件容易的事情，弯子转不好，容易发生问题，我看还是先给下面打个招呼，起码要给团以上领导打个招呼，让他们要有这个思想准备。"

军里几位领导还在那里谈论着，在没有接到命令之前，这些都是他们个人的分析判断。但是，他们的分析却是十分有道理的，长期的革命战争经验会告诉他们，中央军委的决策是与部队相通的，他们并不是妄加猜测，实践也证明了他们的分析是正确的。他们的分析很快就得到印证。2月12日，第四野战军司令部转来了中央军委的电令："为了粉碎敌之企图，坚持长期作战以达大量消灭敌人，完全解决朝鲜问题之目的，决定采取轮番作战的方针，组织第二番志愿军入朝参战。令你军于2月底集结武汉，3月北上。"

此时，第四十七军广大指战员与湘西人民还沉浸在欢庆胜利的喜悦之中。他们原先接到的命令就是消灭湘西土匪、帮助建立人民政权和人民武装，帮助人民群众恢复和发展生产。现在这些任务胜利圆满完成了，因此，他们一方面与人民群众欢庆胜利，一方面帮助群众恢复和发展生产，根本就没有想过出国作战的问题，虽然军里领导有这种思想准备，但内心仍然感到时间太仓促，各项准备工作十分紧张。任务来得实在是太快了，快得超出了各级干部的心理准备，虽然军里给下面打过招呼，大家仍然感到突然。但不管指战员的思想是否转过弯来，军党委和军领导仍然忙而不乱，召开党委会，研究部队的集结问题。

这个在现在看起来是件十分简单的事情，但在当时却是一项十分艰巨的工作。部队分散在湘西22个县的各区、乡、村之中，要一下子把几万人收拢到一起，的确不是一件容易的事。军长曹里怀站在桌前说："同志们，近一段时间以来，我们天天议论朝鲜战局的发展，也议论到了可能会让我们入朝参战的问题，虽然大家思想上有一定准备，而实际工作上我们没有什么准备。

现在任务明确了，部队又高度分散在各地，通信又很困难，加之交通极为不便，要在短时间内收拢集结部队，困难的确是很大的。怎么办？"他环视了一下在座的各位领导，接着提高了声音说道："有困难不可怕，我们要想办法克服，为了按时把部队集结完毕，不能按部就班行事，要打破常规，各部队就地收拢集结，如有个别连队的个别班一时不能与连队会合，在就近的连队集中，待到达集结地域后再作调整。"

"我同意军长的安排。为了节省时间，就地收拢部队是最好的办法。"刘贤权副军长说道。

"我们就要离开湘西了，这是我们这支部队第三次要离开湖南，不能就这样悄无声息地走，要给湘西各族人民打个招呼，逐级打招呼很显然是不行的，可发个公告，这样也算是告别吧。"陈发洪说道。

"这样，我和老刘负责指挥部队收拢集结，周政委刚刚调走，李政委刚到情况不熟悉，你就领导政治部起草个公告发出去，并要了解掌握指战员的思想动态，及到达集结待命地域后的思想动员问题，王部长负责好后勤保障有关工作……"曹军长最后明确了各自分工负责的工作。

会议之后，军领导按照分工各自忙碌起来。作战室里，曹里怀军长在不停地询问部队收拢情况，一会儿给这个师打电话，一会儿给那个师打电话，交代注意事项，明确有关要求。他要把散布在大山深处角角落落的每位士兵都收拢起来，工作量和工作难度可想而知。两天来，他没有合一眼，两只眼睛通红，嗓子都有些嘶哑，总算是把部队收拢起来了。

散会后，陈发洪主任立即布置公告和政治动员令的起草工作，安排人员了解掌握部队的思想动态，准备教育材料，检查部队纪律执行情况，等等，也是眼睛红肿。2月17日，经他反复修改的公告发表，宣布第四十七军在湘西的任务胜利完成，奉命撤离湘西。公告写道："我军自担负起光荣的经营湘西与剿匪任务以来，迄今已有一年零三个月。由于上级的正确领导，友军配合及湘西全体人民、地方政府大力支持，获得了辉煌战绩。计歼重要匪首川、湘、鄂反共救国军总司令瞿波平及暂二军军长陈子贤等以下92118名，缴各种枪85268支，缴各种炮175门，完成了剿匪任务，且建立了强大的地方武装与人民武装，建立并巩固了人民民主政权，伟大的土地改革运动正在进行，湘西人民消灭封建彻底翻身事业已在开始，湘西的面貌已经改变。至此，我军经营湘西的任务已经胜利完成，现奉上级命令，即将担负新的任务。"

公告最后写道："在一年来的剿匪过程中，我军全体指战员与湘西人民结成了血肉相连的友谊，湘西人民用感人的实际行动支援协助我们，才使我们获得今天这样巨大的成绩，特在此向全湘西人民致谢。现湘西已有强大的地方及人民武装，有几百万已经觉悟了的人民，相信在中共湘西区委、湘西行署与湘西军区领导之下，完全可以巩固已得胜利，保卫人民翻身事业，镇压任何土匪特务的反革命阴谋，向建设人民的新湘西迈进。湘西地方武装及人民武装的同志们！湘西同胞们！你们也绝不能因此而产生太平麻痹观点，放松了对敌人的警觉，而应该以战斗姿态，继续清匪肃特，根绝匪患，巩固治安，巩固我们已取得的胜利，使湘西成为祖国的强固后方！"

同时，陈发洪主任领导政治机关起草了以四十七军全体指战员的名义发出的《致湘西人民的一封公开信》。信中写道："亲爱的全湘西父老兄弟姐妹们：我军自1949年冬进入湘西执行'战斗队与工作队'的任务以来，在你们的积极帮助与大力支援之下，使得我们在剿匪战线上取得了辉煌的胜利，全歼土匪9万多人，解放了湘西22县，使数百年历史上的湘西匪患永远不复存在，随着剿匪胜利，一年多来我们全体军民共同努力进行了减租反霸、生产救灾等各项工作。如今，又正在胜利地实行土改，全湘西人民已经有了自己强大的地方人民武装，有了自己的政府，使今日之湘西已永远是湘西人民的湘西了，是人民民主专政的新湘西了，它已经出现了一个和平建设的新局面，从根本上改变了湘西历史上的面貌，全体湘西人民从灾难的深渊中站立起来了，并将从政治上经济上得到彻底的翻身。"

这封信中对湘西人民的大力支持表示了感谢，对过失和错误向湘西人民进行了道歉："全体湘西父老兄弟姐妹们，一年多来，我们军民之间始终是同甘共苦，团结无间，共同走过了湘西历史上艰苦而光荣的道路，建立了深厚的阶级感情。但，现在我军即将接受新的保卫祖国国防的任务，不久即与全湘西父老兄弟姐妹们告别了，你们对我全军的积极帮助与热诚爱戴，我们是永远不会忘记的，在此特对你们致以崇高的敬意和深切的感谢。一年多来，我们在湘西给你们增添了不少麻烦，且在很多地方还有不少的缺点，因时间关系，不能向你们一一道歉和检讨，仅在此向全体父老兄弟姐妹们致以歉意，并希望全湘西人民本着爱护自己子弟兵的精神，多多给我们提供一些宝贵的意见。"

信的最后写道："亲爱的父老兄弟姐妹们：再见了，望你们，更加百倍努力，巩固已得的胜利，坚决消灭匪特巩固治安，保护自己的翻身，我们全体指战员，决不负全湘西人民对我们的热爱与希望，将愉快地担负保卫国防的任务，反对侵略者，迎接新的更大的胜利。谨致崇高的敬礼。"

这封公开信在湘西各界引起了极大的反响。2月15日，《湘西日报》上刊登了湘西行署、中国人民解放军湘西军区、中共湘西区委、湘西区工会办事处、湘西农民协会办事处、中国新民主主义青年团湘西工委、湘西区民主妇联筹委会等机关团体致第四十七军全体指战员的感谢信。感谢信写道：

"由于你们一年又两个月的英勇作战，艰苦奋斗，全歼湘西土匪92100余名，匪首除投降者及个别窜逃者外均已全部捕获，缴枪85200余支，各种炮175门的辉煌战果，湘西土匪业已全部肃清，为害百姓的湘西匪患，在你们领导与战斗下消灭了，你们为湘西人民办了天大的好事，400万翻身人民像忘不了自己的名字一样，永远忘不了你们每一个同志的好处。"

"回想一年以前，群众虽然恨透了土匪，但他们不相信有人能把他消灭，说'神仙也不行！'一些几十年的老惯匪说：'解放军不是仙，能把我怎么样。'事实证明了，你们虽不是神仙，你们把'神仙也不行'的事办了，而且办得这样干脆利落，这个伟绩的创造，对湖南，对全国都有很重大的意义，特别在抗美援朝更加开展的今天，加速度的胜利完成剿匪任务，这个意义就更加看得明显了。一年来在你们帮助下，在湘西各县建立了各级人民政权，使广大群众组织起来，特别重要的是在你们帮助和带领下，建立了坚强的地方武装和民兵，为今后巩固人民民主专政，保卫土地改革，建设人民的新湘西打下了坚强的基础，你们秋毫无犯的模范纪律和艰苦朴素的作风，耐心地帮助人民团结人民，在广大群众中留下了不可磨灭的印象，今天你们奉命担任光荣伟大的新任务，我们相信你们一定会和过去胜利完成一切任务一样，创造更伟大更光辉的战绩。在你们走了之后，我们也将更加努力巩固这个胜利，进一步发动群众，时刻警惕镇压残余匪特的一切可能的暴乱阴谋，加紧反霸土改，支援你们保家卫国，走向胜利。敬祝：全体同志身体健康！中国人民解放军万岁！"

2月15日，各部队在当地人民群众的热情欢送下，告别战斗了一年多的湘西父老乡亲，开始向预定地区前进。俗话说：人逢喜事精神爽。刚刚翻身当家做主的湘西各族人民群众，不管有多少部队路过那个苗寨、苗村，他们都会自动给部队端茶送水。部队宿营了，放下背包又是打扫院子，又是挑水，军民鱼水情深处处能够看得到。就这样，部队按照计划向预定地域前进。

　　2月19日凌晨，野司发来了新的命令：着本军军直、步兵第一三九师、第一四一师集结于长沙，步兵第一四〇师集结于湘潭。

　　此时，军部机关还没有离开沅陵，接到命令时，各部队已行军4天时间，有的部队已经快要到达第一个集结地点，现在要改变集结地域，必须立即重新调整开进部署。指挥部立即召开会议，重新研究开进路线和开进方法。随即决定采取徒步行军、汽车、轮船、火车输送相结合的方法，利用一切可以利用的交通工具，分路开进，必须按时到达指定地点。

　　一声令下，部队立即行动起来，真是八仙过海各显其能。有的部队一部分人员徒步开进，一部分人员用汽车倒运，第二天再轮换进行，这样既节省了体力，又节省了时间；有的部队轮船倒送，有的则用火车输送。一时间，车轮滚滚，汽笛声声，人欢马叫，大家只有一个想法，快，快，再快些……

　　按照开进计划，军部由沅陵首先用船运输到常德，而后再徒步行军到达长沙；步兵第一三九师沿沅（陵）常（德）公路汽车倒运常德后，再换乘轮船到长沙，因轮船数量不够，步兵第四一六团徒步开进到长沙集结，该师步兵第四一五团由安江出发徒步开进至洞口，而后沿洞（口）衡（阳）公路用汽车输送至衡阳，再换乘火车到达长沙以北桥头驿集结；步兵第一四〇师沿榆（怀化）邵（阳）公路汽车输送至衡阳，而后再沿衡（阳）湘（潭）公路徒步开进，到达湘潭集结；步兵第一四一师由永顺、保靖出发，沿保（靖）常（德）公路汽车输送至常德，而后徒步开进至长沙，该师步兵第四二三团由大庸县出发，徒步开进至常德后，换乘汽车到达长沙。这次行军，是在部队经过一年多剿匪，未能休整，任务转换突然的情况下进行的，行军距离远，任务艰苦，先后调用汽车365台，往返倒运1380余台次，有8700余人因行军脚打了泡，但由于广大指战员对抗美援朝、保家卫国的任务认识明确，求战情绪高涨，组织计划周密，于2月底顺利进抵长沙、湘潭地区，从而顺利完成了集结任务。

　　由于部队一年多来处于分散、紧张、艰苦的战斗环境，未及休整，部队减员也未能及时得到补充。为适应新的作战任务的需要，部队到达集结地域后，进行了编制调整和兵员补充。按照缩编机关、充实连队的原则，整编了机关，将师、团后勤供给部（处）、卫生处（队）合并为后勤处，师增编补训团，每团3个营，每营4个连。在整编的同时，进行了兵员补充与调整，共补入新兵近2万名，从机关中精减大批兵员充实到战斗连队，保证了连队编制满员。

因抗美援朝作战任务来得突然，不仅广大战士，而且各级指挥员的思想也存在一些模糊认识，思想弯子一时还转不过来，有的甚至发牢骚、闹情绪。为了使广大指战员迅速从思想上转过弯子，积极投身到各项出国作战的准备工作之中，从思想上真正认识到抗美援朝的伟大意义和这场战争的正义性，打赢这场战争的有利条件和不利因素，增强敢打必胜的信心，在集结地域，政治部门迅速起草下发了教育提纲，有计划地在部队开展爱国主义、国际主义教育和以"仇视、鄙视、蔑视"美帝国主义的形势战备教育，揭露美帝国主义的侵略罪行，宣传抗美援朝、保家卫国的伟大意义，激发广大指战员对美帝国主义的仇恨，提高了大家的国际主义和爱国主义思想。各师、团还针对干部战士中存在的思想疑虑，采用讲课、出墙报、控诉美帝国主义罪行、开展挑应战、召开誓师大会等多种形式，反复深入地进行思想教育动员，有的单位还组织干部战士参观本部队的光荣历史展，坚定了广大指战员抗美援朝必胜的信心。

在短暂的集结期间，各部队还根据实际，抓紧时间进行了以投弹、射击、刺杀等技术为主的军事训练，取得了较好的成绩，为出国作战打下初步基础。

1951年3月18日，遵照中央军委的命令，第四十七军先后由长沙以北之桥头驿、霞凝、长沙、株洲、湘潭、板塘铺等车站出发，沿粤汉、平汉路经丰台转北宁线、安沈线前进。步兵第一三九师、军直、步兵第一四一师，于4月6日前先后进抵辽宁安东（今丹东市）；步兵第一四〇师于9日进抵长甸河口集结。

这次铁路输送，是第四十七军组建以来运乘时间最长、行程最远的一次。由于出发前动员深入，组织计划周密，指挥及时具体，虽途经六省市，却没有发生任何事故，做到了保密、按时、顺利到达集结地域的要求。

出国前夕，各部队组织进行光荣历史教育。图为部队正在组织官兵参观荣誉展览

部队到达集结地区后，用一周时间进行了出国前的紧张准备工作，正式启用了志愿军总部规定的番号和代号。军的番号改称中国人民志愿军第四十七军，代号为中国人民志愿军五十七部队。第一三九师代号为二三九部队，第一四〇师代号为二四〇部队，第一四一师代号为二四一部队。从此，第四十七军正式加入志愿军战斗序列。同时，各单位组织了留守机构，彻底清理了不必要携带的物资，为减轻运输压力，规定每人携了3个月的生活用品及7至10天的食品。

利用短暂的集结时间，广大指战员目睹了美帝国主义的飞机对我国安东、长甸河口、辑安（今集安）等地进行的连续扫射和轰炸，炸毁了横跨鸭绿江的铁路大桥、炸毁了大量的民房、炸死了众多无辜的百姓，使年轻的共和国和刚刚翻身的人民遭到了摧残。全军指战员耳闻目睹了万恶的美帝国主义所犯下的滔天罪行，更进一步加深了对美帝国主义侵略本质的认识和仇恨，个个义愤填膺，决心到朝鲜战场与可恶的美国鬼子拼杀一场，亲手干掉几个鬼子来为遭美帝国主义屠杀的中朝人民报仇雪恨！

随后，全体指战员举行庄严宣誓："我们是中国人民志愿军，为了反对美帝国主义的残暴侵略，援助朝鲜兄弟民族的解放战争，保卫中国人民、朝鲜人民和亚洲人民的利益，我们志愿开赴朝鲜战场，与朝鲜人民军并肩作战，为消灭共同的敌人，争取共同的胜利而奋斗！为了完成这一光荣伟大的历史任务，我们誓以英勇顽强的战斗姿态，坚决服从命令，听从指挥，上级指到哪里，打到哪里，绝不畏缩，绝不动摇，发扬吃苦耐劳坚韧不拔的精神，克服一切困难，发扬革命英雄主义，在战斗中创建奇功。……尊重朝鲜人民的风俗习惯，爱护朝鲜的一山一水一草一木，和朝鲜人民、朝鲜军队团结一致，将美帝国主义的侵略军队全部干净彻底消灭……"如同雷霆万钧，气吞山河之势，铿锵的声音久久地回荡在鸭绿江畔，每一位指战员都热血沸腾，他们决心不惜牺牲自己的生命，也要把侵略者赶出朝鲜。数万名指战员迈着坚定的步伐，按计划有序地，雄赳赳、气昂昂地向鸭绿江边走来。

为了保证部队秘密入朝，尤其是在没有制空权的情况下，保证部队顺利开到战场，根据上级指示，曹里怀军长决定兵分三路渡江，东路步兵一四〇师由长甸河口过江，经朔州、青石山、军隅里、三新里，进至顺川地区；中路军部直属队和步兵第一三九师经新义州、永山、秦川、金城里、协兴里、肃川，进至永柔地区；西路步兵第一四一师经新义州、宜川、新安州、龙池里，进至南阳里地区。同时命令部队严格控制灯火，减少电台活动频率，封锁消息，严密伪装，夜行晓宿，注意防空，隐蔽地渡过鸭绿江。

1951年4月11日至14日黄昏，第四十七军全体指战员肩负着毛主席和祖国人民的嘱托，秘密地到达渡江地点。面前是安详流淌的鸭绿江水，前面是你死我活的战场，身后是可爱的祖国，指战员们不由自主地回头看一眼，便告别了亲爱的祖国、亲爱的父老兄弟姐妹，迈着坚定的步伐，雄赳赳、气昂昂地跨过了鸭绿江，向朝鲜境内奔去。

前锋部队已过了江，正当后勤机关和后续部队要渡江时，美帝国主义侵略者倚仗其空中优势，又来到江面进行轰炸扫射了，顿时照明弹把整个天空照得如同白昼一样，接着美国侵略者就投下重型炸弹，一时炸弹的爆炸声响成一片，江水被炸起几丈高的水柱。突然，有几枚炸弹落在鸭绿江大桥上，把整个桥炸断了。军指挥所立即命令后续部队就地展开，待机过江。这时，步兵第一四一师后勤部文化教员金之光抬头看了一眼对岸的朝鲜新义州，已被美国侵略者的飞机轰炸得火光四起，烈火在熊熊燃烧，浓烟滚滚，他胸中怒火燃烧，热血沸腾，气愤地一口气写下了这样一首诗：

向朝鲜开走途中的行军模范班

>桥上浓烟缭绕,
>
>江中升起怒涛,
>
>呸!
>
>美国强盗,
>
>钢铁建成的桥梁你可以炸断,
>
>中朝人民血肉凝成的友谊之桥,
>
>你炸断不了!
>
>看,
>
>我们冒着弹雨冲过来了,
>
>我们踏着薄冰冲过来了,
>
>美国鬼子你听着,
>
>中华儿女前进的脚步,
>
>你阻挡不了!
>
>美国佬,
>
>你想逃,逃不掉!

身边的几位战友听了他的诗后,个个义愤填膺,异口同声地说:"美国佬,你休想逃掉!"指挥部命令后续部队迅速派人查找能过江的地点,很快就在不远的地方,找到了江水比较浅的地点,大家迅速用乱石和木板搭成了一座便桥。由于没有别的器材,因此桥面比较低,江水一涌,把刚解冻的冰块冲上桥面,给渡江增加了不少难度。

部队开始渡江,敌人的飞机不断在上空盘旋,大量的照明弹高悬在空中,江面犹如白昼一般,炸弹不断落在江中,水柱冲天,每人身负47斤重的物资,又是急行军,个个气喘吁吁,突然前面传来命令:"快,跑步前进,冲过鸭绿江!"部队顿时如铁流滚滚向前,一个个如离弦的箭向对岸冲去。耳边的弹片在呼啸着,大家谁也没有停下脚步,也没有迟疑,只听到急促的脚步声……

他们终于冲过去了。

进入朝鲜境内,尽管每个人都大汗淋漓,衣服湿透,绑腿上还挂着冰碴子，举步艰难，但没有一个人停顿，快速前进。

黎明前，部队到达一个村子，只见整个村子被美国飞机炸成一片废墟，到处是断壁残垣。突然，一位白发苍苍的朝鲜阿妈妮站在废墟边，虽然语言不通，但大家看她手里提着茶水，热情地送给志愿军战士，一股暖流顿时从指战员们心中涌出……

部队就在这片废墟中择避风处宿营。傍晚，他们又继续向指定地域前进。

步兵第一三九师于4月12日从安东（今丹东市）跨过鸭绿江，越过朝鲜北方重镇新义州，经过一夜行军，拂晓到达朝鲜境内20余公里的一个村庄宿营。指战员们因为行军疲劳，一躺倒便睡着了。

一觉醒来，步兵第四一七团政治处宣传股股长李坪感觉哪里不对劲，揉揉眼睛，才想起这是朝鲜，自己住的是朝鲜族的房屋。他环顾了一下屋内，只有南面亦窗亦门，木方格上糊着窗户纸，光线十分好，给人感觉很亮堂。当他转过头来时，才看到墙边一个方桌旁，坐着一位朝鲜老大爷，他头戴马尾织的朝鲜特有的小纱帽，衣裤宽松，胸前飘着长须，俨然是一位有身份的朝鲜长者。看到李股长醒来，便微笑着朝他点点头。"你好，老先生。"李股长边穿衣服边问候。长者打着手势表示自己不会说中国话，又用手在小桌上画着字，李坪一时没有弄清楚，但他看到旁边有书，仔细一看还有很多中文书，这下他明白了，老者不会说中国话，但文字他懂。于是，李坪取出纸和笔放在桌上，朝鲜老者微笑着拿起笔在纸上写下"贵姓"两个汉字。这下李坪很是高兴，这位朝鲜大爷懂汉字，于是他写下"免贵姓李"。"老先生贵姓？"朝鲜大爷写一个大大的"李"字。"呵，原来是同姓，一家子，通家……"老先生哈哈大笑起来，把大家都惊醒了。干事们看到股长和朝鲜老大爷用笔交流得十分融洽，便各自忙自己的事去了。老大爷看干事们在写材料，忙案头工作，便在纸上写道："书生投笔从戎，年龄几何？"于是大家提笔写道"20岁""21岁"……各自报自己的年龄。大家又争着写"老先生年龄几何""贵庚""高寿"等等。老大爷微笑着写道："老夫七十有三"。就这样，他们成了忘年交。

傍晚，部队准备出发了，李股长又回到小桌旁，写道："老先生，请以中国人民志愿军抗美援朝为题吟诗一首。"老先生稍加思索，提笔写下这首情真意切的诗：

> 中朝原是弟兄邦，
> 忍见西酋横四方。
> 白面书生今服务，
> 为吾民众热心肠。

军机关和军直行军从第一天开始就不断遭到敌机的轰炸。当军机关刚刚踏上朝鲜国土，行进到新义州以北的地方时，也许是机关电台要与上下联络，使用频率太高，暴露了位置，先是侦察机在上空盘旋一阵，紧接着便是10多架美国F-80轰炸机由远而近地飞来，防空哨立即发出防空信号，但是敌机已经临近了。司令部蒋克诚副参谋长乘坐的是一辆中卡车，目标大，敌机对准它就往下投弹，随蒋副参谋长行军的参谋和警卫员立即跳下车，拉起蒋副参谋长就往隐蔽地点跑，刚刚离开汽车，炸弹便落在了车上，大家回头一看，好险哪，就差一点儿，但是司机排长、警卫排长却被敌机投下的炸弹击中，当场牺牲，车上拉的食品、生活用品、武器装备全被炸飞，没留下一点儿，汽车歪着翻下了路基。从此以后，军部几乎每天都要遭到敌机的空袭，离战场越近，空袭就越频繁，投下的炸弹也就越多，损失也就越大。

部队行军同样受到敌机的严重威胁。美帝国主义侵略者掌握着制空权，可以任意地飞到任何地方，而我们没有多少防空火力，有的也只是一点点高射炮，根本就对付不了敌人的狂轰滥炸。整个行军中每天都要遭到空袭，而且这种空袭随着部队的前进一天比一天频繁，部队所受的损失也一天比一天大。加之在异国他乡语言不通、生活极为不便，广大指战员超负荷的夜行晓宿，给部队带来了许多预想不到的困难。但是，再大的困难也挡不住志愿军勇士的脚步，再大的困难也挡不住志愿军消灭侵略者的决心和意志！

敌机不断轰炸扫射，不仅给部队造成了物资损失，而且造成了人员伤亡。由于敌机活动猖獗给部队行动带来一定的困难，特别是对骡马炮兵和后勤运输部队影响更大，一旦敌机轰炸，常常是一匹骡马被炸死或炸伤，受到惊吓，挣脱缰绳，就会影响到其他骡马，因此他们付出了常人难以想象的努力。为了减少不必要的损失，大家只能采用夜行晓宿的策略。每天到达宿营地后，做饭、烧开水都必须用雨布将所有露光处封堵得严严实实，如果露出光亮就可能遭到敌机的攻击，就会吃敌机的亏。刚进入朝鲜境内的前几天宿营还可以住上民房，越往前走公路两侧的民房大部被敌机摧毁，大家只好分散找隐蔽的山沟露营。宿营后的第一项任务是放出防空哨，发现敌机立即发出信号，防空隐蔽。同时，还在各自区域内派出少数小分队，反复进行严密的搜索，防止敌特向其飞机指示目标，引导敌机攻击我部队；还要选好地形挖防空工事及严密伪装，干部都要轮流值班检查伪装、人员活动情况，不准在暴露处晾晒任何东西；将所有的轻重机枪组成防空火力，一旦敌机向我发起攻击，在判明情况之后实施还击。总之，一切防空措施都是为了使部队能得到安全休息，确保部队第二天行军能有充沛的体力。

美帝国主义者发动的侵朝战争，给朝鲜人民带来了深重灾难。部队在行军途中所经过的城镇都被美军飞机投下的炸弹、燃烧弹摧毁，到处是断垣残壁，有的被夷为平地，供电、供水、通信设施和学校、医院全部被毁。城镇居民因无法生存而外逃一空，学生无处上学读书，病人无处医治，被美军飞机炸伤和扫射打伤的群众因无处治疗死的死、残的残。广大指战员目睹战争所造成的惨景，无不义愤填膺。1950年11月，美军远东空军在向其上司的报告中提到："B-29轰炸机的战斗活动还是很成功的，从战争爆发到11月28日，我方已给下列优先攻击的交通和补给中心以严重创伤，炸毁了满铺镇95%、江界（平壤失守后朝鲜政府的临时首都）的75%、会宁的90%、南市的90%、楚山的85%、朔州的70%、熙州的75%、古仁洞的90%、新义州的60%……"这份报告足以说明，美军在侵略朝鲜中所实施的手段与第二次世界大战中希特勒灭绝人性的战争和日本帝国主义侵略中国时的"三光政策"（杀光、烧光、抢光）并没有什么区别。铁路上的重要桥梁、涵洞几乎全部被摧毁，其他路段也大部分被炸断，造成交通中断。

公路同铁路的遭遇一样，在朝鲜境内所有公路上的桥梁已不复存在，为保障运输线不中断，铁路和公路沿线的主要桥梁、路段都有大批志愿军工程兵、民工技术人员驻扎，这些保障人员不分昼夜，随炸随修，付出了难以想象的重大牺牲和物资损失。

有位老同志目睹惨景，激愤满怀地写下了这首《诉衷情》词：

"满目凄凉朝鲜地，处处闻悲泣。昔日繁华闹市，只剩一片瓦砾。国破碎，家败亡，人流里。大好田园，可怜荒芜，无人锄犁。　　千万人民齐奋起,意志不可屈。更有强大友邻,并肩打死敌。渡青川,复平壤,克京畿。指日可望,汉罗山上,飘扬红旗。"

广大指战员沿途目睹变成废墟、焦土的城镇和村庄,亲眼看到了被毁的桥梁、荒芜的土地、数不尽的弹痕、携老带幼而无家可归流离失所的百姓,还有那些正在读书却无处就读而渴求和平的少年……总之,亲眼看到了种种悲惨境况无不心酸而悲愤。

现实是最好的教科书,广大指战员进一步认识到:"朝鲜人民的灾难是美帝国主义发动侵朝战争所造成的,美帝国主义是战争的根源,战争的决策者是罪魁祸首。"有些同志愤怒地说:"我看美国军队与日本法西斯一样都是祸害人民的罪人。"战火已烧到我们的国土,我们的安东人民已被美军飞机投下的炸弹炸死、炸伤,大批房屋被毁,如果我们不出兵抗击美军的进攻把他赶到"三八线",我国的大好河山也将遭到同样的摧残。当美军打到鸭绿江岸的时候,就已经宣布不承认鸭绿江是中朝两国的国界,不把他赶到"三八线"我国人民就会遭到美军的杀戮和摧残。因此,抗美援朝战争是美帝国主义强加给我们的保家卫国的正义战争,参加这场非打不可的反侵略战争不管付出多大代价、遇到多少困难都是要打赢的。正如毛泽东主席说的那样:"如果美国人一定要打,把战争强加在中国人民的头上,那也只好奉陪到底,你打你的我打我的,你打你的原子弹,我打我的手榴弹,抓住你的弱点,最后打败你。"

进入朝鲜国土后,由于语言不通直接影响我军群众工作的开展,影响与朝鲜人民、政府、军队感情的交流和沟通,同时也给我军的工作、生活、作战带来了许多预想不到的不便和困难,还闹出了不少误会和笑话。尽管出发前派到部队担任联络工作的朝鲜族联络员给部队介绍了朝鲜人民的民情风俗习惯,临时学了几句常用的生活用语,提出了注意事项,制定了严格的纪律,并在每个连配备了一名联络员,协助连队联系、采购、调查行军路线及敌方活动规律等。但各班、排要办的生活方面的具体事项,还得全靠自己。虽然朝鲜政府官员、工作人员,广大人民群众对志愿军十分友好,真心实意地想帮助志愿军做点儿好事,但因语言不通带来了不少误会。因此,大家一般是用"哑语"般的手势和行为来沟通,总之,在这方面部队是下了不小的功夫、吃了不少的苦头、走了不少的冤枉路,也总结了不少的经验教训。

4月20日,步兵第一三九师进至顺安地区,步兵第一四一师进至南阳里地区；4月22日，军机关和直属队进至永柔地区，步兵第一四〇师进至顺川地区。根据命令，全军按时到达了集结地域。

1951年3月中旬，为适应朝鲜战争发展的需要，由中华人民共和国总理周恩来与朝鲜民主主义人民共和国首相金日成商定在朝鲜境内修建14至15个飞机场。第一批由志愿军负责在安州以南、平壤以北地区修建永柔、南阳里、顺安、顺川等4个机场，朝鲜方面负责在平壤、美村地区几个机场的修复。

志愿军第四十七军进入集结地域后，志愿军司令部（以下简称志司）就来了命令，要求部队做简短准备，执行修建上述4个机场的任务。

当时，志愿军发起的第五次战役正在进行之中，第四十七军又刚刚入朝，在担负修建机场任务的同时，还要担负第五次战役的预备队，随时都要做好上一线参战的准备。因此，修建机场是在紧张备战的情况下同时展开、同时进行的。

修建机场任务紧急、要求严、标准高，为了保质保量按时完成建设任务，志司还将已进入朝鲜的工程兵第十八团、华东重型机械营等单位配属给第四十七军，这样就加快了工程进度。

修建机场是准备给空军参战使用的。当然，侵略者是不会让我们顺利实现既定目标的，美军每天派飞机不断地进行空袭扫射，严重地威胁着我人员和物资的安全。为了尽快地完成任务，军指挥部决定：步兵第一三九师负责修建顺安机场，步兵第一四〇师负责修建顺川机场，步兵第一四一师（欠四二三团）修建南阳里机场，军直属队加强步兵第一四一师四二三团、工程兵第十八团、华东重型机械营负责修建永柔机场。

1951年4月24日，第四十七军广大指战员按照任务分区，顺利进到各自任务点，立即展开施工。全体指战员在敌机的狂轰滥炸，随时都会出现伤亡和条件极差、环境极为艰苦的情况下，克服重重困难，夜以继日，加班加点，突击抢修，经过46个日日夜夜艰苦奋战，终于在6月初先后完成了修建任务。为我空军及早投入战斗，粉碎敌人发动的"绞杀战"，为保卫我交通运输线少遭敌机破坏，保障运输安全创造了条件。

在修建机场的整个过程中，由于敌人掌握着制空权，不断对我进行侦察袭扰，疯狂进行轰炸扫射，据一个师不完全统计，曾遭到美军飞机50多次空袭，有时一个昼夜就要来好几次。尽管敌机每次都会遭到我高射炮火的猛烈

1951年4月21日至23日，志愿军第四十七军分别从安东（今丹东）、长甸河口跨过鸭绿江，奔赴朝鲜战场

射击，不时将其击落、击伤，相对减少了我军的损失和伤亡，但仍然会不断遭到敌机的轰炸，防空便成了一个突出问题。

由于我军装备技术落后，预警时间短，完全是靠人的眼睛观察判断、发出信号的。5月14日上午9时，敌12架B-29轰炸机对永柔机场进行了最为猛烈的轰炸，共投下重磅炸弹100多枚，其中半数是定时炸弹，敌机虽然被我高炮部队击落2架、击伤4架，但刚用钢板铺好的跑道还是被炸毁了。更让战士们没有想到的是，狡猾的敌人投下的是定时炸弹，刚开始战士们并不知道，正在加紧修建，大量的定时炸弹突然爆炸，瞬间造成人员伤亡，致使施工无法继续进行。为了抢时间完成修建任务，每次敌机飞过去后，其他战士先不进入施工场地，而是由工兵部队率先进入，冒着生命危险先行排除定时炸弹。因我工兵装备器材少、人员少，他们就想办法先将炸弹拴上绳子，拖出很远的地方之后，再卸掉引爆装置，虽然小心翼翼地操作，可还是免不了发生爆炸，造成伤亡，军机关司令部工兵办公室参谋、第一四一师司令部工兵办公室主任和技术人员就是在排除定时炸弹时光荣牺牲的。

在步兵第一三九师负责修建的顺安机场，要求铺设一条宽200米、长1000米的跑道任务。为了按时保质完成任务，部队每天三班倒，用草袋从河中背砂石，夜以继日地轮流施工。为了防止敌机的袭扰，指战员们自己动手挖了防空洞，即便这样还是防不胜防。这是一个晴朗的早晨，刚刚换班的指战员们正在热火朝天地铺设跑道，突然，远处传来沉闷的飞机声，美国侵略者的数架B-29重型轰炸机及战斗机正向施工地飞来，指挥部立即发出防空隐蔽的枪声，在河边背砂石的同志来不及躲闪，只好赶紧卧倒在小河边，还未等大家趴下，成吨的炸弹像下饺子一样便从高空落了下来，一阵连续爆炸声与地动山摇的持续震动，顿时无数的土石像雨点般落在大家的背上，还好没有人受伤。大家回到工地时，指挥部已被敌机炸飞了，在机场施工的同志有的被泥土淹埋，有的灰头灰脸，有的衣服被弹片撕碎，很多人受了伤，大家赶快抢救伤员，清理机场，准备继续施工。在修建机场期间，这样的轰炸每天都要发生几次，每次都有人员伤亡，全军先后为此有100多人献出了宝贵的生命。

部队修建机场是在随时准备开赴一线作战的背景下进行的，为了使广大指战员能够在极短的时间内尽快适应新的作战要求，适应新的作战对手，适应新的作战环境，提高作战技能，树立敢打必胜信心，军指挥部在组织部队施工的同时，抓紧一切可以利用的时间进行临战训练，以利正式接防作战创造条件。

5月上旬，军指挥部根据修建机场任务即将完成，部队即将要开赴一线的实际，为尽快了解和掌握美军的作战特点、装备情况、战斗意志及相关情况，随即决定各师分批次地组织营以上干部到第一批入朝部队参观学习作战经验。根据部队驻地与第一批入朝部队所坚守阵地的距离，确定到第三十八军学习。在与第三十八军联系确定时间后，明确各师对口组织进行。各师接到军的命令后，以12至14天的时间，分批组织干部到第三十八军参观学习。

参观学习中，指挥员们了解到美军作战的基本特点是：倚仗其空军、坦克、炮兵的优势火力，每次都是先以优势火力进行狂轰滥炸，想以优势火力给我军造成大量杀伤，一旦脱离飞机、大炮、坦克等优势火力支援，进攻顿时锐减；部队机械化程度高，因而机动快，完全要依赖公路，一旦道路被毁，其反应快速就立即下降，甚至不知所措；部队装备火炮多，尤其是重型火炮多，因此火力猛，每次作战不惜炮弹，往往把成百吨成千吨的炮弹倾泻在我军阵地上，给我军带来很大的麻烦；通信联络比较好，步空、步炮、步坦协同作战组织得好，往往是空地一体作战，这与我们在国内与国民党军作战不同；后方供给及时，物资、弹药充足，这是美军的基本优势。其致命弱点是：在战斗中，一旦失去了优势火力的支援，战斗力立即下降，甚至失去战斗意志；尤其怕近战，与我军一靠近或形成胶着状态就失去了白刃格斗的战斗勇气；最怕夜战，一到夜间部队都不敢轻易出来活动，尤其是小部队不敢与我军接触；另外，撤退时跑得快、秩序乱，互不掩护……

与美帝国主义侵略者作战时，要充分发挥我军思想政治工作的优势，扩大敌人的劣势，尽量避开白天战斗，一般选择在夜间、雨、雪、雾等恶劣天气条件下进行，这样就可以避其强击其弱。我军炮火有限，每战最好是集中炮兵形成局部优势，只要得手就猛打猛冲不给敌人以喘气还手的机会。

敢于大胆穿插、迂回包围，抢占有利地形。有时吃不上饭、喝不上水、睡不上觉，为了歼灭敌人，不使其跑掉，就要冒着敌人的炮火爬大山、走小路与敌人的汽车轮子赛跑，以最快的速度插到其退路的前面，选择有利地形卡住要道断其退路，以达全歼逃敌之目标。

…………

在参观学习的基础上，军指挥部提出要注意广泛发扬军事民主，研究防敌炮火的办法，这为部队接防后首创坑道作战雏形奠定了基础。

经过学习兄弟部队的作战经验和有针对性的训练后，又组织部队进行实兵实弹演练，进一步加深了对美军的作战优势、明显弱点、行动规律、作战特点等的了解，消除了一些疑虑，增强了战胜敌人的信心和决心，部队的求战情绪更加高涨。

第四十七军各级指挥员都是身经百战，有着丰富实战经验和高超指挥艺术的指挥员，他们深知地形特点对敌我双方作战行动的影响。因此，在组织部队临战训练的同时，派出侦察分队，深入敌后侦察敌情和地形，组织干部到预定战区去实地观察地形、道路、河流、桥梁、居民情况，了解敌机活动规律等。军首长带领机关干部在图上研判地形和敌情，以及部队投入战斗后可能的部署。在研究敌情、地形的过程中了解作战对手，坚定必胜信心。

在此基础上，各部队还组织指战员学习阵地进攻和防御作战的组织指挥，兵种知识，步、炮协同，小分队伏击、袭击、遭遇等战斗科目。步兵分队还重点训练了小组、班进攻和防御战斗动作和战斗勤务，射击、投弹、爆破技术等。专业兵以本职专业为主，普遍演练了防空、防炮、防坦克等内容。通过临战训练，使部队的战术技术水平有了提高，为"打好出国第一仗"奠定了基础。

第三章
美骑一师磨刀霍霍为北犯
四一九团抗敌发明坑道战

受领作战任务,开赴临津江阵地;接替第六十五军防御,构筑工事,明确任务,准备迎敌;四十七军政治部发出"打好出国第一仗,为创造抗美援朝英雄部队而奋斗"的号召;四一九团战士为抗击敌炮火轰炸,发明坑道战雏形,志愿军总部7月3日予以推广;美骑一师磨刀霍霍准备大举北犯,不断对一四〇师前沿阵地进行试探性进攻;敌1个加强连对防守230.4高地的"张有班"发动攻击,该班一天歼敌50余人,打退了敌之进攻,赢得第四十七军出国第一仗的胜利,荣获英雄班称号;四二〇团八连七班坚守阵地七昼夜,抗击了敌两个加强连兵力的轮番攻击,歼敌200余人;内外石桥,痛击侵略者;346.6高地和大光里顽强抗击,美军"王牌师"再次遭到失败。

1951年5月30日，朝鲜永柔志愿军第四十七军机要室里，随着嘀嘀嗒嗒的声音，电台上在不停地跳动着红色信号，机要参谋正在接收志司的电报，而后迅速译电完毕，一路小跑地冲进了军长曹里怀的指挥所，将志司的加急电报呈了上去。

曹里怀拿着电报急速地浏览一遍，只见电报上写道："你军留一个师继续完成机场修建任务，待志司指派部队接替后归建；军部率两个师于6月10日前进至南川店、新幕地区，沿礼成江西岸构筑纵深防御工事，坚决阻敌北犯。"四十七军广大指战员入朝一个多月以来，只能听到前方隆隆的炮声，却不能到一线与美国鬼子面对面地拼杀，心中很是着急。今天，命令终于下来了，曹里怀不免异常兴奋，摩拳擦掌，跃跃欲试。

作战会议不到10分钟就结束了。根据志司的命令，第四十七军决定：步兵第一四一师继续完成修建机场任务，军部率步兵第一三九师、第一四〇师进至指定地域，构筑工事，阻敌北进。命令步兵第一三九师从顺安出发，经平壤、祥里、间村，进至南川店，沿礼成江西岸、南川店以北、以南构筑工事；步兵第一四〇师从顺川出发，经舍人场、三登、南汉里进至新幕地区，构筑工事；军部由永柔出发，经平壤、芦洞、陶河里，进至大村里、直洞地域集结，在五峰山开设前进指挥所，组织与指挥部队构筑工事，准备抗击敌人的进犯。各师于6月3日出发，务于6月9日到达指定地域，组织防御。6月6日，第一四〇师在开进途中，接到志司命令，转至武陵洞、长洞、寇洞地域集结。

在开进途中，各连指导员不失时机地展开教育动员，由于大家在修建机场的过程中，不断遭到美军飞机的空袭，炸死、炸伤我多名战友，使我军修建机场的人员和物资遭到了极大的损失。指战员们目睹了美帝国主义军队所犯下的滔天罪行，现在经指导员一讲，使他们进一步认清了美帝国主义发动侵朝战争的罪恶本质，认清了美帝国主义就是战争的根源，美军就是屠杀朝鲜人民和中国人民的罪魁祸首。目睹美军犯下的罪恶事实，联系在国内的"三视"（仇视、鄙视、蔑视）教育，广大指战员们加深了对美帝国主义的仇恨，对朝鲜人民的同情，个个义愤填膺，摩拳擦掌，纷纷表示：一定要与美国鬼子决一死战！一定要打好出国第一仗！一定要为祖国人民和朝鲜人民报仇！求战的热浪一浪高过一浪，纷纷要求承担最艰巨的任务，写血书，表决心，不当英雄不罢休！

此时，美军第八集团军司令范弗里特发出狂妄的叫嚣："我打算把战线向北推进，把敌军从平康、铁原、金华这个重要的铁三角地区驱逐出去。"而且组织机械化部队侵占了涟川、桦川、麟蹄一线，加紧进行部署，准备继续向北发起更大规模的进攻。

志愿军第五次战役后，利用战役间隙，调整部署，休整补充，准备再战。面对敌人的狂妄企图，志愿军总部决定由二番部队接替一线部队，进行轮换休整，使各参战部队都能取得对美军作战经验。6月17日，志司命令：第四十七军进至朔宁、安峡、市边里、平山地域，接替兄弟部队防务，坚决阻击敌人北犯。

皎洁的月光泻入五峰山的一个山洞里，斑斑驳驳地洒满洞口，一侧墙壁上挂着一张五万分之一的大地图，一个人提着马灯在地图上慢慢地移动，昏暗的灯光下，映照着几张随灯光移动的脸孔。

军长曹里怀首先转身坐在桌子边，一边沉思一边拿出一支烟点着呲呲地吸着。曹军长是湖南省资兴县人，1909年11月出生，1928年参加过湘南起义，同年加入中国共产党。红军时期历任中国工农红军第四军第三十二团营技术书记，第二纵队连党代表，红四军军部参谋，红三军第七师作战科科长、代师长，少共国际师师长，红五军团参谋长，红四方面军一局局长，红四方面军红军大学教员，上级指挥科科长，红军大学第四、第六队队长；抗日战争时期历任八路军留守参谋处副处长、处长，参谋长，冀鲁豫军区参谋长；解放战争时期历任东北民主联军长春卫戍区司令员，吉林军区司令员，吉黑纵队司令员，东北民主联军独立第三师师长，东北野战军第六纵队副司令员兼参谋长，第一纵队副司令员兼参谋长，第三十八军副军长兼参谋长，第四野战军第四十七军军长，湘西军区司令员兼第四十七军军长，是一位英勇善战、智能双全的指挥员。

曹里怀吸完一支烟，接着再点燃一支，他的脑海里在激烈地思考着，在抗日战争时期同日本人作战，他心中有数，同国民党军精锐部队作战，他胸有成竹，可现在是同武装到牙齿的美帝国主义的现代化军队作战，而且是四十七军出国的首战，必须慎重，一定要打出威风来，打出水准来。派那个师打头阵呢？他的脑子里把3个师的情况不知过了多少遍，步兵第一三九师是从井冈山下来的红军部队，能攻能守，尤其是善于防守，在辽沈战役的黑山阻击战中，担任101高地防御任务，付出重大牺牲守住了阵地，是军里的主力师，理应让他们打头阵，他们是能够很好地完成任务的。步兵第一四〇师虽然是在解放战争时期才组建的，可也经受了考验，是一支很能打的部队。步兵第一四一师也算一支老部队了，其中第四二一团最老，是1938年3月由河北省景县抗日义勇军第五支队改编的东进纵队第三团，也是很有战斗力的部队。

他就这样思考着，政委李人林坐在一旁沉思，副军长刘贤权趴在地图上研究，没有人去打扰他。猛然间，他的脑海里反复出现一四〇师师长黎原的身影。黎原系黄埔第十一期毕业生，1938年参加八路军，同年加入中国共产党。抗日战争时期历任抗日军政大学教员，八路军一二〇师第三五九旅教导营参谋长、副营长、教导大队大队长。解放战争时期历任东北人民自治军黑吉纵队第一大队政治委员，吉林军区警卫团政治委员，东北民主联军独立第三师第七团政治委员，东北野战军第十纵队二十九师八十五团团长，第四野战军第四十七军一四〇师四一八团团长、师参谋长、副师长、师长。在东北战场上，指挥部队打过不少硬仗，每次作战都有自己的独到之处，点子多，指挥灵活，是一员战将。想到这里，他不由得嘴角浮出了笑意，整个部队接防部署已成竹在胸了。

这时，副军长刘贤权坐回桌旁说道："看来军长决心已定下了，说说看。"曹军长不紧不慢地说："这是我们军出国后的首次作战，必须要打好。毛主席常讲，要慎重初战。因为初战的胜败对今后的作战影响甚大，我们没有对美军作战经验，只是临时组织大家学习了一下兄弟部队的经验，那只是纸上谈兵，还不能变成我们的实践经验。因此，我的想法是要保证防御阵地的弹性，不能一下子把力量全部使用出去，按照志司'采取积极防御的作战方针，达到大量消耗敌人和坚决阻击敌人继续向西、向北进犯，确保我临津江以东阵地的安全'目标的实现，要考虑可能出现的困难情况。"

"老曹，说说具体怎么部署吧。"政委李人林催促道。

曹军长站起来走到地图前，拿起指挥棒指着地图说："以步兵第一四〇师配属军直侦察营，加强炮兵第八师三十一团（欠两个营）、四十三团、四〇四团、战车第一团的两个连，接替第六十五军临津江东岸防务；步兵第一三九师配置于平川、南川店地区，在揪川里以西、平山以东占领阵地，构筑工事，组织防御，并随时准备机动作战；步兵第一四一师（已完成修建机场任务归建）进至市里边及其西北地区占领阵地，构筑工事，组织防御，准备阻击沿铁源、涟川北犯之敌；军指挥所开设在揪川里西南之渔阳里陵洞地区。"讲完后放下指挥棒，扫视了一下大家，似乎在问，你们看怎么样？

"嗯，这个部署我看可以。就是怕几位师长、政委不干，尤其是第一三九师，没有放在最前面会有意见的。"刘贤权说道。

李人林政委接着说道："我看军长这着棋很高明，既加大了我们的防御纵深，增大了防御的弹性，也使几个师有了争头，调动了作战的积极性……"

随即召开了作战会议，各师师长、政委也都参加了会议。首先由副军长刘贤权介绍了敌情、我情、地形等情况，而后按照军首长的决心明确了各师的任务。还未等刘副军长把话讲完，第一三九师师长颜德明腾地站了起来，激动地说道："各位军首长，你们是知道的，我们师打防御战是有传统和经验的，首战理应是我们师担负最前沿的防御任务，我说这话大家也不会有什么意见。"还未等他把话说完，第一四〇师师长黎原站起来说道："颜师长这话不对。你们师打过防御战，我们师也参加过防御作战，凭什么就得让你们师到最前沿去防御，我们师就不能去？是看不起我们、不相信我们，还是怕我们完不成任务？"第一四一师师长叶建民这时也不紧不慢地说："黎师长这话有道理，不能因为你们是红军师就什么任务都交给你们，你们能完成的任务，我们师也能完成，为什么非要交给你们师去完成？"各师政委也在旁边不断地帮腔，顿时会议室争得是面红耳赤，大家情绪十分激动。

坐在一旁的军长曹里怀、政委李人林和副军长刘贤权、政治部主任陈发洪相互对望一眼，似乎都在说"这招还真管用"。军长曹里怀看火候差不多了，便站起来大声说道："你们不要再争了，任务就这么定了。我们的方案还要报第十九兵团和志司批准，现在时间紧迫，仗有的打，硬仗还在后头呢，各师一定要加强工事构筑，减少伤亡，回去后要搞好动员，要充分发扬军事民主，发动战士开动脑筋，想办法减少敌人炮火对我们造成的伤亡，黎师长回去后要尽快把防御部署报到军里。"

李人林接着说道："各级指挥员要靠前指挥，注意掌握部队，一定要树立敢打必胜的信心。会就开到这里，你们回去抓紧准备，保证按时接防。"

在作战会议召开前，政治部主任陈发洪已组织机关起草了《政治动员令》下发部队。动员令劈头盖脸第一句话就是"执行出国第一仗光荣的战斗任务的时机到来了。为祖国、为毛主席、为我们全军的荣誉，我们必须出色地打好第一仗"。而后对战场形势作了分析，对敌人妄想在我背后沿海登陆的企图进行了揭露，说明军担负防御任务的重大而光荣，只要我们全军上下奋勇作战，做好工事，不断地组织力量，积极反击敌人，就一定能够完成任务。最后向全军指战员发出号召：

各级指挥员和各级政治工作干部同志们！必须发挥你们为党、为革命的高度责任心和积极性，缜密地研究敌情、布置兵力、切实掌握部队、不断地巩固和提高部队的战斗情绪，并高度发挥你们的指挥才能，以小的伤亡换得大的胜利。

全体党、团员同志们！发挥你们积极模范的带头作用，广泛开展带领互助运动和战场鼓动工作，并在紧张情况下，掌握部队、鼓励部队、自告奋勇地自动代理各级指挥人员，在任何情况下能够继续作战，保证战斗任务的胜利完成。

全体战斗英雄和功臣模范同志们！更好地发挥你们英勇的战斗精神，争取新的荣誉，争取功上加功。

全体战斗员同志们！发扬艰苦奋斗勇敢作战的精神，要做好工事，英勇顽强沉着地打击敌人，轻伤不下火线，重伤不哭，只有做好工事才能坚守阵地，只有英勇顽强沉着才能更多地消灭敌人。

炮兵、工兵、侦察、通信、对空射击、反坦克手等各技术兵种同志们！要在战斗中不断地学习，提高自己的技术，发扬你们顽强、机智、灵活的战斗作风，配合步兵大量杀伤敌人。

后勤、卫生工作同志们！你们的工作是十分艰巨的，要发扬你们忍苦耐劳、任劳任怨的精神，保证部队的粮草、弹药等物资源源不断地供应，保证战斗任务的胜利完成，保证伤病员抢救、治疗与护送。

全体同志们！为打好出国第一仗，紧张地动员起来！高度地发扬革命英雄主义精神，争取在战斗中立大功、立特功，为祖国、为毛主席争光荣！为我们军争取新荣誉！为创造抗美援朝的英雄部队而奋斗！

这个动员令极大激发了广大指战员斗志，纷纷写决心书、立功计划书等，表示要在战斗中多杀敌人，当英雄、立大功。

此时，"联合国军"总司令麦克阿瑟在战场上连续失败，又口出狂言要把战争扩大到中国沿海和内陆，并主张使用国民党军反攻中国大陆、不惜一切代价夺取战争的胜利。这一切引起了美国政府和共和党、民主党的强烈反应，杜鲁门不得不解除远东王麦克阿瑟的职务，由常在自己脖子上挂两枚手雷、像要随时慷慨赴死样子的李奇微取代了麦克阿瑟出任"联合国军"总司令一职。从总体上来说，敌我双方作战方针正在重新进行调整。我军的作战方针由原来大规模进退的运动战与阵地攻防战转变为积极防御。"联合国军"则由大规模的全线大纵深的进攻方针，向重点有限、浅近纵深的进攻方针转变。

正当第四十七军积极准备接防的时候，志司和第十九兵团命令第一四〇师及加强和配属该师之部、分队，于6月19日接替第六十五军临津江以东高作洞起、铁源以西小峙目止，正面约40公里，纵深约20公里的防御地带。要求接防后，要详细分析和判断敌情、地形、作战原则及方针，并坚决贯彻积极防御的作战方针，以阵地为依托，加强防御工事，以积极灵活的战术，大量杀伤和消耗敌人，有效地阻止敌人的进攻，坚决守住阵地。

第一四〇师接防后要面临着两种不同作战方针的重大抉择：是像过去几次战役，采取运动战的方针，还是以阵地为依托，采取阵地战的作战方针，以积极的作战行动，将敌人消灭在阵地之前？师长黎原、政委赵平组织召开作战会议，反复研讨志司的命令："采取积极防御的作战方针，达到大量消耗敌人和坚决阻击敌人继续向西向北进犯，确保我临津江以东阵地安全。"同时，详细地分析了战场形势，一致认为：前5次战役都是大规模进退、大迂回、大穿插、大包围的运动战，而现在正向阵地攻防战转变；作战对象也变了，由国内解放战争时期的国民党军队变为与以美军为首的"联合国军"作战，这就要求在作战思想、战术、组织指挥、后勤供应保障上都要改变，只有改变才能适应新的作战对象；作战的环境也完全变了，在国内战争中，由广大人民群众运送粮食、抬担架运伤员等全力支援，而现在这一切作战物资供给全靠自身力量，在这种新的形势下指挥员的作战观念必须改变；我军的装备也有了很大的改善，炮兵比过去多了，加强了坦克装备，新武器也装备了部队，要发挥这些装备的作用和威力就必须改变单一兵种作战的组织指挥，不能因循守旧，墨守成规，正像古人所说"兵无常势、水无常形"的规律。

会上大家认为，李奇微这个人比麦克阿瑟聪明，他上任不久便摸清了志愿军后勤保障困难，所有作战物资全靠战斗员随身携带，最多只能维持一个礼拜，进攻一般都选择在月圆之时，因此他称为"礼拜攻势"和"月圆攻势"。当我们进攻穿插到敌人侧后时，他就命令部队预先有准备地退到既设阵地，组织防御，待我携带的给养弹药消耗殆尽，即行反击。因此，黎原师长反复强调，在不违背上级命令的前提下，一定要根据当前敌情、地形，敌变我变，而且要变得快，变得好，变得有章法，变被动为主动，总之变得能打胜仗，完成任务。

黎原心里清楚，这是我军初次直接与敌"联合国军"较量，战前广大指战员又作了全面充分的准备，士气旺盛、斗志很高，又有友军的经验、较好的作战地形条件和抢修工事的时间，还有一定的作战物资储备、充足的后备力量和上级的正确指挥，可以说无后顾之忧，只管大胆放手地打，靠我们的政治优势和聪明才智，树立敢打必胜的信心，胜利一定属于我们！但慎重初战，是毛主席一贯的作战原则，况且自己将要面对的是美骑一师、美三师、二十四师、二十五师，英二十九旅和土耳其旅各一部，李承晚军第一师、第六师等敌人机械化部队，火力、兵力都不成正比；虽说上级把防御阵地选在临津江以东，使防御进退有弹性和回旋余地，但临津江东是中等丘陵地形，有利于敌人机械化部队作战行动，且又距平壤较近，所以虽有一定的回旋余地，但并不大，如果不能顶住敌人的进攻，就会威胁到平壤的安全，万一出现这种不利局势，将会对整个防御阵线带来极大的困难，会使敌人更加嚣张，对我军在心理上也会造成很大压力。据此，他确定坚守防御的作战原则是：坚决贯彻积极防御方针，加修工事，千方百计地守住阵地，重要阵地不能轻易放弃，必须反复争夺，做到寸土必争。

根据这个作战方针，黎原师长对原先的作战部署做了调整：一是实行梯次配备，加强前沿兵力。具体部署是第四一九团配属第四一八团二营、军直侦察营，在阵地的左翼展开，坚决抗击当面之敌；第四二〇团配属师侦察营，在阵地右翼展开，抗击右面之敌；第四一八团（欠二营）配属两个坦克连为师预备队，随时准备支援两个方向的作战。二是火器靠前，将原配置在临津江以西的炮兵、坦克推进至临津江以东，团营的主要火器也逐级向前配置。三是指挥所靠前，各级指挥员都向下深入一至二级，师指挥所配置在主要防御方向上的团指挥所附近；四是抢修工事，以利保存自己消灭敌人，守住阵地。

在进入阵地前，第一四〇师各团召开誓师大会，指战员们举起右拳，高声宣誓："上下团结一致，树立敢打必胜的信心，以死打硬拼的精神，机动灵活的战术，一不怕苦二不怕死，坚决打好出国第一仗，为祖国争光，为人民争光，为毛主席争光！"铿锵的声音，久久地回荡在山谷之中……

决心和任务明确后，师、团指挥员边接防，边勘察地形，进一步研究调整兵力部署。部队进入防御阵地后，第一四〇师再次召开作战会议，黎原在会议上强调指出："在临津江以东地域，南起高作洞、北至小峙目组织防御，其任务是坚决阻止铁原、涟川方向之敌向北、向西的进攻。这是我师出国后第一次上阵地，要同世界强敌美骑第一师面对面交锋。这个骑兵师可没有骑兵，全是机械化装备，参加过两次世界大战，有丰富的作战经验，建军已有160多年了，是美军的'王牌'部队。因此，我们每个同志尤其是各级指挥员都必须要有清醒的认识，认清该敌的强势，抓住它的弱点，避敌之长击其之短，充分发挥我军不怕牺牲、敢打必胜等优势。美军的致命弱点是依赖航空兵、炮兵、坦克的优势，一旦脱离火力支援，战斗士气、战斗力锐减，并怕夜战、近战，而夜战、近战、小分队作战是我军的强项；我们各级干部大都是在战争中打出来的，有丰富的战斗经验和指挥能力，战士有85%的是经过战斗考验的，干部、战士都有很高的爱国主义、国际主义的政治觉悟，这就是我们战胜敌人可靠的基础。"

黎原扫视了一眼大家，接着又讲道："大家也都清楚，我们的武器装备有了很大的改善，火力有了很大的加强，综合战斗力有了很大的提高，这次防御作战就得到了7个炮兵营和20辆坦克的支援和加强，加之我们有坚强的政治思想工作，战胜敌人守住阵地是有绝对把握的。"

大家听师长这么一讲，战胜强敌的信心更加坚定了，相互小声地交谈起来。黎原师长接着说："对付装备现代化的侵略者，在兵力使用和火器的部署上都要打破常规，不能像打国民党军队那样。为有效增强支援第一线部队阵地前的火力，将配置在临津江西岸的大口径炮兵和坦克调到东岸来，这样阵地前的火力就相对集中，才能形成威力，发挥最大火力效果。"

这时，有的同志对黎师长的决定提出异议："把大炮、坦克都调到江东来，支援一线部队的火力是增大了，但临津江在我师防区内只有鬼山一座大桥，如果敌人飞机将桥一旦炸毁，江东的大炮、坦克如要撤到江西就难了，这样做是不是太冒险了？"

黎师长认真地听完不同意见后，提高了嗓门大声说："大炮、坦克摆在江西机动是方便，但打起仗来不能充分发挥它应有的作用，不能大量地杀伤敌人，这样就不可能有效地支援第一线部队的战斗，也就达不到消灭敌人、保存自己的目的，对取得战斗的胜利是有害而无利的。大炮、坦克配在江东就是敢于打破常规部署，出敌不意，打其不备，这样做才能发挥炮兵、坦克的威力。只有敢把迫击炮当手榴弹、把机关枪当冲锋枪使用，只有有了这样的胆量和决心才能取得战斗的奇效。在面对装备现代化的侵略者面前，只有敢于大胆地使用炮兵、坦克才能大量杀伤敌人；只有灵活、巧妙运用我强大的火力，才能打垮和挫伤敌人锐气，才能打掉他的嚣张气焰；只有敢于以背水一战的决心和战斗意志，才能鼓舞全师指战员的士气，取得首战胜利。这就是我要把大炮、坦克调到临津江东岸的目的。"

大家听完后，都认为师长讲得有道理，决心把"迫击炮当手榴弹用，把机关枪当冲锋枪使"，坚决打击侵略者，打好出国第一仗。

指挥所里排兵布阵热热闹闹，进入阵地的广大基层指战员也是热火朝天，他们把武器放在一边，甩开膀子加紧修筑工事。

第四一九团团长胡伯华、政委谢维德上阵后，决定除利用原先友邻部队留下的一部分工事外，其余全部进行改造。把原先未形成交叉火网、不巩固又暴露的工事，采取先主后次，先前沿后纵深，在山腰部筑成宽80米、深1.2米的循环交通沟。美帝国主义倚仗其空中优势，掌握着制空权，经常派飞机到我军阵地上空进行轰炸扫射，给我构筑工事带来很大威胁。常常是战士们辛辛苦苦一晚上挖的堑壕、交通壕，敌人飞机、大炮在白天只用几分钟就摧毁了，而且对人员造成了伤亡。战士们就开动脑筋，一边战斗一边琢磨如何防敌炮火的办法，有个战士在交通壕内壁上挖了个洞，自己刚好能藏进去，敌人炮打来就钻进去隐蔽，效果很好，连队立即进行推广。胡伯华团长发现战士的发明后，立即命令全团构筑土厚在2至3米坑道式"窑儿洞"（后称"猫耳洞"），每人均要有两个"猫耳洞"阵地，机枪以上火器均要有2至3个预备阵地，山地上形成了层层密集交叉火网，能够互相有力支援，控制了平川要道，确实做到火器分散，火力集中。在193高地、301.5高地及266高地上，抗住了敌人1000余发炮弹和4至9架飞机的猛烈轰炸扫射，工事没有被摧毁。在10天的守备中，毙伤敌400余人，自己伤亡30余人，创造了以少胜多的战绩，"猫耳洞"起了重要作用。

但是，"猫耳洞"也有缺点，洞口被敌炮火炸塌后，容易把人埋进去，空气也不流通，使人感到憋闷。于是，战士便对"猫耳洞"进行改造，挖成两个洞口，呈马蹄状。在此基础上，又向里延伸，形成了坑道的雏形。在战斗中，这种坑道发挥了巨大作用，有效地保存了我军有生力量，减少了炮火带来的伤亡。第一四〇师随即在全线推广，并将第四一九团阵地构筑检查情况上报志司，志司于7月3日向所有部队发出通报，推广了第四一九团的做法。

关于志愿军坑道作战情况，时任志愿军代司令员的陈赓后来回忆说："美军凭借他们钢铁多，不但地面炮火占优势，海、空军也占优势，战斗中常把大量的炮弹和炸弹倾泻到志愿军阵地上。美军在重点进攻中，火力要更加集中，毁坏工事，摧垮阵地，使志愿军的伤亡增大。为了避免美军火力杀伤，增强战斗依托，1951年6月志愿军第四十七军有战士在野战工事里的墙壁上，挖了个'猫耳洞'小掩体掩护自己，连里干部认为这个办法好，就叫大家在山麓下挖小洞，防美军炮火及飞机的轰炸，半个班一个洞。但是在洞里时间长了，里面的人感到憋闷。大家琢磨，索性把它挖成两头通的洞子，空气流通了，再也不会感到憋闷，同时进出也方便。这就形成了坑道，坑道成了屯兵洞。于是就自发地推广起来。志愿军司令部于7月3日曾将第四十七军的经验通报各军。在秋季防御作战中第二十四军阵地上也挖了坑道工事。志愿军司令部及时推广一线部队挖坑道的经验。于9月16日和10月21日两次

构筑地下工事

发出指示,要求主要工事必须是隧道式的。在阵地上以坑道为骨干,与交通沟、堑壕结合起来,对抗美军的轰炸和攻击,的确是个好办法。"

第一四〇师换防后,敌人一面加紧战斗准备,一面采取小规模的试探性进攻。一线连队遵照上级"积极防御,抓住战机,大量消耗敌人,巩固和发展防御阵地,保存我之有生力量"的作战原则,采取有重点地部署兵力,在前沿组成支撑点式的环形防御,坚守要点,以防御与反冲击相结合,坚决打击进攻之敌。

第四二〇团坚守在防御阵地的右翼,其第三营部署在正洞西山至沙洞一线。其中,230.4高地是全团整个防御阵地最突出部位,面积不足一个足球场大,对涟川西北地域防御之敌构成翼侧威胁。能否坚守住该高地,直接关系到全团防御阵地的稳定,是敌必夺取、我必坚守的一个重要据点,战术价值十分重要,营党委决定由英雄"张有班"坚守该高地。

"张有班"是八连五班。这个班在解放战争时期的东北战场上阻击廖耀湘兵团先头部队的战斗中,英勇顽强,先后打退敌人多次进攻,阵地上伤亡得只剩下3人，敌人又冲了上来，已身负重伤的战士张有令其他两名同志向后转移，自己留下来吸引敌人，当敌人蜂拥冲上阵地围住他时，他毅然决然地拉响仅有的一根爆破筒与敌人同归于尽。这个班被授予"张有班"荣誉称号。在进入阵地前，负责指挥五班的二排副排长殷向忠、班长苏敦礼，组织全班战士集体宣誓："坚决打好第一仗，决不辜负祖国和人民的重托，决不辜负各级首长的希望，决不辜负英雄'张有班'的荣誉称号，决不给张有烈士抹黑，像张有那样，发扬无产阶级硬骨头精神，就是牺牲得剩下一个人也要坚决守住阵地！"铿锵的声音震动着山岭河谷，久久地回荡在天际……

就在第一四〇师接防后的第三天，6月22日上午9时左右，美军骑兵第一师第五团以1个加强步兵连、1个坦克连的兵力，在6辆坦克和10多架次飞机和两个重炮群火力的掩护和支援下，向"张有班"坚守的230.4高地发起试探性进攻。这是第四十七军出国作战的第一仗，"张有班"打响了第一枪。

战斗一打响，敌人先是用重炮轰一阵，接着就是数批次战斗机和轰炸机进行投弹和扫射，投下的凝固汽油弹使整个小高地笼罩在一片火海烟云之中。

师长黎原心里清楚，这个高地虽小但关系重大，而且这是接防后的首战，因此他不顾个人安危，冒着敌人猛烈的炮火赶到三营指挥所，第四二〇团团长孙绍荣已先到一步，两位指挥员当即决定：以师、团炮兵群拦阻射击和集中射击。进攻之敌遭我火力打击后，损失大半，逼迫退了下去。

短暂的沉寂，预示着更加激烈的战斗即将开始。敌人经过重新调整后，又发起了新的进攻。面对来势汹汹的敌人，"张有班"全体同志，沉着应战，当敌人进入我步兵火器有效射程时，手榴弹、步枪、机枪一齐开火，敌人死伤一大片，又退了下去。迷恋火力的敌人不甘心失败，经再次炮火轰、飞机炸后，狂傲地认为：当面的那个小高地不可能再有生命存在。随即敌人约1个排的兵力分两路战战兢兢地向我方阵地爬来，当他们"游荡"到残存的堑壕前时，"张有班"的勇士们从小坑道、猫耳洞中有序地以冲锋枪、机枪、手榴弹向"来客"劈头盖脸一阵猛打，敌人遭到突然打击，顿时乱成一团，五班战士乘机反冲击，进攻之敌不知所措，死伤一片，生还者只恨爹妈少生两条腿，连滚带爬地败退了下去，我阵地岿然不动。

战斗中，二排副排长殷向忠面部被炮弹皮炸伤，弹片卡在了左下腮颊

坑道内开展思想教育工作

处,鲜血顺着脖子直往下流,他顾不上包扎,仍然一边继续指挥战斗,一边向敌人射击,并高喊:"同志们,不要慌,瞄准了再打!一定要守住咱们的阵地,为'张有班'创造新荣誉,打出'张有班'的威风!"战士们战斗热情更加高涨,个个以一当十,英勇奋战,顽强战斗。班长苏敦礼头部、腿部受伤昏倒在地,当他苏醒过来时,发现敌人已到阵地前,便顾不得伤痛,咬紧牙关用尽全身的力气用冲锋枪将身体支撑起来,一面用冲锋枪扫射,一边喊:"敌人冲上来了,快打、快打呀,快把敌人打下去,一定要守住阵地,为祖国争光、为毛主席争光、为……"声音戛然而止,他牺牲了。

五班战士越战越勇,他们从炸塌的工事里爬出来,抖落掉身上的泥土继续顽强战斗。副排长殷向忠发现敌人又冲到阵地前沿了,立即向敌开火,冲在前面的两个敌人瞬间倒了下去,跟在后面的敌人见状立即向殷向忠射击,殷向忠连续投出两颗手榴弹,随着爆炸声,又有几名敌人被消灭。这时,机枪射手华建成端起机枪从敌侧翼扫了过去,冲上来的这两路敌人死的死、伤的伤,被迫再次退了下去。

侵略者不可一世,倚仗其火力优势,连续发动攻击,不但一次都没成功,而且付出了惨重伤亡。战后据俘虏供称:"今天遇到的敌人太狡猾,不好对付。"侵略者不服输，像输红了眼的赌徒，变本加厉地要扳回一盘，重新调整兵力后，开始了丧心病狂的报复行动，组织第二梯队再次进攻，疯狂地对"张有班"坚守的阵地进行了1个多小时的狂轰滥炸。

副排长殷向忠看到敌人的飞机、大炮如此猖獗，当即派出两名观察哨监视敌步兵行动，其他人员除抢救伤员、准备弹药外，都进到未被摧毁的小坑道隐蔽。战士黄正元、郭正文、林进坤因在洞口，相继负伤，但谁也不下火线，誓与阵地共存亡，他们互相包扎好伤口又投入到激烈的战斗中。副班长费正之和战士黄正元，腿部负重伤身体已不能直立，靠上身的转动向冲上来的敌人投掷手榴弹。共产党员张行忠两次从炸塌的工事里挣扎出来仍继续战斗。年仅17岁的小战士蒋秀春，是1950年入伍的新战士，这是他第一次参加战斗，在战斗间隙给副排长包扎伤口时，深深地被副排长那种坚强、勇敢、沉着、冷静的精神所感动。副排长看他激动的样子说："小蒋，你不要怕，咱们一定能打败敌人，守住阵地。"小蒋不高兴了，认为副排长看不起他，好像是受了很大的委屈，操着一口湖南湘西口音说："副排长，你错了，不是我害怕，是看到你负那么重的伤仍坚持战斗、坚持指挥，还说不要紧，怕影响战斗不让别的同志给你包扎，你的这一行动，使我很受教育，也很佩服你，心疼你啊！你晓得吗？"副排长赶快说："好同志，真对不起，误解你了，请原谅！我的伤不要紧，只要咱们全班同心协力战斗到底，胜利一定是我们的！希望你在战斗中入团，争取立国际功！"战斗胜利后，小蒋感慨地说："我在这次战斗中跟排副学会了打仗，成了一名真正的战士，深刻地体会到战场上的战友之情、阶级兄弟之爱。"

战斗越来越激烈，阵地上只有张行忠、林方、蒋秀春没有受伤。

这次战斗中，"张有班"的全体同志，表现出了勇于献身的硬骨头精神，轻伤坚持战斗，重伤不叫苦喊疼，互相勉励，相互帮助，团结一致，同仇敌忾。阵地被敌人的飞机、重炮轰炸得就像犁过的地，整个翻了一遍。坚守阵地的战士只能利用弹坑隐蔽，继续坚持战斗，守住了阵地，打退了敌人的进攻，取得了胜利。他们是英雄！他们创造了以少胜多、以弱抗强的奇迹，赢得了第四十七军出国第一仗的胜利，为全师、全军打出了一个良好的开端，在新的国际战场上实现了他们的承诺：为张有班创造新的荣誉！

为表彰"张有班"的战功，第四十七军授予该班"荣立出国第一功"锦旗，记集体一等功1次，志愿军政治部授予该班"二级英雄班"称号。军政治部对"张有班"的英雄事迹立即进行广泛的宣传，为鼓舞部队的士气和掀起杀敌立功运动高潮起了极大的推动作用。

6月22日夜，"张有班"经一天残酷激烈的战斗，共毙伤敌50余人，全班13个人先后有10名同志伤亡，继续坚守阵地困难很大。据此，八连连长邵延举决定：由七班换下"张有班"。为减少伤亡守住阵地，换班时由政治指导员率本连预备队带着构筑工事的工具器材同七班一起上阵地，连夜抢修被毁工事并加修了可容2至3人的猫耳洞和小坑道。后勤人员及时把子弹、手榴弹、反坦克手雷、食品、水送上阵地，天亮前连预备队撤回，阵地上一切准备就绪，严阵以待，坚决歼灭来犯之敌。

七班在班长方立华的带领下，一上阵地，全班同志就表示决心："这个阵地是'张有班'守住的阵地，决不能让敌人前进一步！"副班长徐云龙组织大家庄严宣誓："我们七班不当英雄不下山！"

七班进入阵地后，山头上没有一棵树，又赶上下雨，到处是一片泥潭。23日，美骑一师急于攻下230.4高地，投入了约两个步兵连、1个坦克连、1个炮兵群的兵力和火力，在多批次飞机的支援下，仍沿用原先进攻模式发起新的进攻。这次进攻更加猛烈、更加残酷，在地面部队发起冲锋前，飞机、重炮实施狂轰滥炸，炸弹、燃烧弹、炮弹比往日多一倍多，大有非把230.4这个小高地轰平不可的气势。从上午8时30分开始一直到9时30分，整整轰炸了1个小时。

40多人修了一夜的工事，眨眼之间就被敌人的火力摧毁了。七班的战斗更加激烈和艰苦。为了躲避敌人的猛烈炮火，他们除留两个人监视敌人步坦行动外，其他人员、兵器都隐蔽到小坑道内，待敌人炮火延伸、步坦发起冲锋时，迅速冲出坑道占领阵地，将敌人放到手榴弹、冲锋枪能够发挥最大威力的距离猛打。这一战法大大减少了伤亡，有效地保存了自己，大量地消灭了敌人。战斗中，战士刘宝贵的衣服被敌机投下的汽油弹点燃，他在地上打个滚，爬起来继续战斗；战士张克兆身负9处伤，浑身是血，仍在战斗；战士郭春友被敌人的炮火炸聋了耳朵，虽然听不见可要看到敌人就投弹射击；在战斗最紧张激烈的时候，六班副班长满和发现，有几个敌人鬼鬼祟祟从一个小冲沟往七班阵地爬，满和立即冲到七班阵地上，突然向敌开火，打退了偷袭的敌人，却被敌人的炮弹击中光荣牺牲；七班副班长徐云龙一口气投出30多颗手榴弹，炸死炸伤30余个敌人，牺牲时手里还握着手榴弹，呈投弹姿势……在师、团炮兵的支援下，七班打得很顺利、很协调、很有章法。先后打退敌人排、连规模的冲锋23次，毙伤敌80余人，击毁敌坦克两辆，守住了阵地。战后七班被授予"英雄钢七班"称号，荣立集体一等功。

八连七班奉营命令将阵地移交给九连三班。三班在班长李太林的带领下，继续发扬敢打敢拼的顽强战斗作风，守住了阵地。此时已进入雨季，战士们除要打垮敌人的进攻外，还要忍受着双腿被雨水浸泡，由于长时间在雨水中，双腿肿得像面包一样，十分痛苦。敌人不断发起攻击，李太林左右开弓双手投手榴弹，因与敌人距离近，敌人扔过来的手榴弹他又扔回去，两天战斗中李太林先后投出手榴弹200多颗，杀伤敌数十人，被誉为"英雄投弹手"，荣立一等功，被授予"朝鲜共和国英雄"称号，获"战士荣誉勋章"一枚，当选为中国人民志愿军1951年归国代表团代表，向党中央毛主席和祖国汇报，受到毛主席等中央首长的接见。

美骑一师连续进攻，付出130余人的惨重代价，仍然寸土未得。敌人在右翼碰了钉子，立即将主攻方向转到第四一九团坚守的内外石桥西山阵地。美骑一师出动两个步兵营、1个坦克营，在3个炮兵群和数十架飞机的支援下，向第四一九团发起了猛烈的进攻。

内外石桥西山由东南向西北延伸，有数个小山头，构成一个长形无名高地。是铁原经临津江大桥的必经之地，也是铁原经兔山、市边里至平壤交通要道上重要的制高点，坚守住了该高地，就可以扼制住敌人进攻的咽喉，如果丢失此高地，敌人就会从第一四〇师防御体系中央撕开一个约800米长的口子，就会给临津江以东的防守造成很大困难，甚至会动摇第四十七军整个防御，是敌必要夺取、我必坚守的核心战术要点。

第四一九团团长胡伯华心里清楚无名高地的重要性，便将防御任务交给了全团战斗力最强的一营完成。一营受领任务后，将三连部署到最前沿的公路两侧的小高地上，要求他们务必严防死守，不管付出多大的牺牲，也决不让敌人从阵地上跨过去一步。

三连接受防务后，昼夜加修防御工事，准备弹药和作战物资，调整兵力部署，火力配置，进行战前动员，全体指战员以誓与阵地共存亡的坚强决

坑道生活

心,严阵以待。

连队在动员时讲敌人随时都可能发起进攻,要求指战员随时准备投入战斗,但是上阵地已经5天了,敌人并没有来进攻,这样的等待对经历战火的人来说的确是一种煎熬,有的战士便出现烦躁情绪。当然,战士们也清楚,敌人不发起攻击,说明还没有准备好,正好可以利用这个时间加固工事,做好充分的应战准备,准备越充分,胜利的把握就越大。因此,指战员们耐住性子,在不停地加修工事,双手磨出了血泡,有的战士风趣地说:"我们连现在是'泡兵连'了。"

阵地上的生活是单调枯燥的,指战员们每天除了修筑工事,就是擦拭枪支,扫清射界,研究演练如何粉碎敌人的进攻,如何打敌坦克。敌机白天经常来轰炸,战士们不能在阵地上活动,只有夜幕降临后才能在山头上活动一下,即便是这样也要随时防止敌人空袭。面对艰苦环境,指战员们表现出乐观的革命主义精神,战士们豪迈地说:"只要祖国需要,只要人民能过上和平幸福的好日子,只要能早日打败美国侵略者,使朝鲜人民早日过上和平生活，我们吃些苦、受些罪，值！"有的战士说："等把侵略者赶走了，我们也立了国际功，要光荣地返回祖国，参加祖国建设事业，在新的战线上再立新功。"

6月24日，天气格外晴朗。三连6点多钟准时吃了早饭（因敌人进攻的规律都在八九点钟，上级要求一线连队必须在8点前吃完早饭，做好战斗准备），各排排长便到连部受领任务，连长沉思一会儿说道："没有新任务，班排继续加修工事，随时做好战斗准备，各排要派出观察哨和对空射击小组与值班武器，防止敌人突然发起进攻。"说完后既没有询问指导员有什么事，也没有理会各位排长，扭头走出了连部，来到连观察所一侧的一个土台上，坐下来沉思默想，一会儿双手托着腮在沉思，一会儿又挠挠头，似有什么心事。

往日连长安排完工作，都要和战士们一起修筑工事，今天的反常举动引起了指导员的注意，他交代完事情后，找到连长想和自己的老搭档谈谈，看看是什么心事。

指导员率先问道："老伙计，怎么啦？是不是昨天修工事太累了，晚上没有睡好？"连长眼望着前方说道："睡得很好，也很实在。只是……""怎么吞吞吐吐起来了，你平时不是这个样，有什么心事还不能对我说？"指导员催促道。连长看看指导员期待的目光，说道："也没什么，只是昨晚上做了梦。""什么梦，说来我听听。"指导员催促他。

原来连长由于昨天修工事太累了，躺下后很快就进入了梦乡，在梦中他接到了父母寄来的信，信中说，"吾儿：悉见，全家都很好，去年的收成不错，今年的秋季作物长势喜人，政府对军属照顾得很周到，你就放心地打击美国侵略军吧，妈只希望你早日打败美国鬼子回来结婚好给我生个胖孙子……"信还没看完，突然感到有人在推他，便一骨碌爬起来问："有情况？"一排长说："没什么情况，该你查哨了。"他还在刚才的梦境中，有些生气地说："没情况你喊我干啥？"一排长有些困惑不解地看着他。看着一排长一脸的无辜，他这才回过神来说："你回去休息吧，我就去。"一个好梦被一排长打断了，却勾起了他思念亲人和家乡的情绪。

指导员似有所悟地说："到今年10月你已参军有6年了吧，也快25岁了，打了6年仗，按理说真应该回家看看，找个对象结婚了……"

连长长长出了口气，说道："咱们还在挺进川东时新中国就成立了，任务完成后又返回湘西执行剿匪建政任务,心想待把土匪都消灭了,社会安定了,盼望已久的回家梦就能实现了,可偏偏在朝鲜又冒出个美帝国主义的侵略军来,不仅打破了我美好的向往,也破坏了不少人美好幸福的生活,唉,但愿父母的期盼能早日实现吧!"

指导员也有同样的感受,越想心里越不是个滋味,便有意岔开话题:"你还记不记得我们在湘西临走的情景?"连长看一眼指导员怎么问这个,便没好气地说:"当然记得。我一个朋友对我说,我们的命是不值钱的,就像坐飞机啃猪蹄一样,这把小骨头还不知扔在哪里呢。""哦,你怎么回答?"指导员追问道。"我说坐飞机吃烧鸡,这把小骨头架扔哪算哪吧,反正从参军那天起,一切都交给革命事业了,可以说'世界青山埋忠骨'吧!"说完自己不由得笑了一下,接着说道:"另一位朋友说,老伙计,不要悲观,打了这么多年仗,辽沈战役、平津战役、湘西剿匪不都闯过来了吗?我在祖国等着给你庆国际功呢,期盼你早日凯旋……一想到这些免不了有些伤感,但转念一想,这一切的一切不都是美帝国主义发动侵朝战争给我们带来的灾难和痛苦

收听祖国和人民的声音

吗？这些都是美帝国主义强加给我们的，美帝国主义真他妈可恨！"说着攥紧的拳头狠狠地砸在土台上，因用劲过猛，拳头流出了血。两人顿时都沉默起来。

此时，在阵地前田间处有几行甘蔗粗的小杨树被风吹动，不停地晃动着那软弱的躯体，残存的树叶哗哗作响。那些遍体鳞伤的小杨树，是在战争中经历炮火轰、飞机炸、坦克碾轧后，有的没有了皮，在阳光照射下像森森白骨；有的东倒西歪奄奄一息；有的仍在顽强地苗壮成长着，不知恐惧地晃动着软弱的躯体，好像有很多很多对美帝国主义的仇恨向人诉说，又好像在为死去的伙伴哭泣，恳请志愿军保护它们不再遭受战火的摧残……看着这些小杨树，三连长长叹了一口气："我们不抗美援朝、保家卫国，战火可能早就烧到祖国了，我国人民也会像朝鲜人民一样遭到战火的摧残，不也会家破人亡吗？"

指导员也叹口气说："是啊。我们只有打败侵略者，人民才能过上好日子。"

突然，响起了刺耳的防空信号，顿时打断了他们无序的谈话，对空监视哨大喊道："连长，快隐蔽，敌机来了"。连长骂了一句："这帮狗杂种，每天都像一群群绿头苍蝇在我们头顶上飞来飞去，真烦人！传我命令，对空射击火力组，老办法，过路的不理它，攻击我阵地的就揍它。"话音未落就见敌机俯冲下来，4架F-80战斗机一番扫射后离去，4架P-51（又叫野马式）飞机又来轮番折腾了半个多小时，在敌机投弹的过程中一营阵地上对空射击组的轻重机枪不停地进行还击，迫使敌机一批比一批飞得高，炸弹也一串比一串偏差大，恐怕连飞行员自己也不知道把炸弹投到哪里去了。

此时，正在防空的战士议论开了，这个说："前两天光看第四二〇团阵地上打得挺热闹，听说'张有班'打得不错。"有的说："我们的手都等痒了，今天美国鬼子送上门来了，也该咱们过过瘾了。"一位班长说："来吧美国佬，同志们练习技术的机会到了，在百米内开火把来敌当活靶子打，那才够意思呢，最大的好处是打完不要补靶可接着打。"指导员说："看样子今天该咱们大显身手了！"

紧接着又有两个炮兵群数十门大炮向一营阵地轰击了足足30分钟，三连阵地已被硝烟和尘土笼罩。迷恋火力的美军，每次战斗都要以大量的空、地火力袭击，自认为阵地上不会再有生命存在后，才发起进攻，每次进攻发起前都是这一套路，从来没有变过。

24日9时30分，美军第一骑兵师的两个加强步兵营、1个坦克营开始发起攻击。其中，以1个步兵连向上浦里北侧第四一九团五连阵地实施佯攻，以两个步兵连和1个坦克连兵分两路向三连阵地发起主要攻击。美军连续发起两次冲锋，都被打退。敌人不甘心失败，于12时发起第三次进攻。敌以6辆坦克和1个步兵排，迂回到三连一排二班坚守的小高地左侧，企图占领这个小高地作为依托。敌人先头坦克快要冲上阵地时，被反坦克小组用反坦克手雷炸毁。敌人第一辆坦克被炸毁后，反坦克小组的战斗情绪更加高涨，未等组织火力掩护，便冲了上去，由于地形利用不够，又急于打掉敌坦克，在接近第二辆坦克时，敌后面坦克上的机枪突然射击，造成伤亡，使敌坦克继续向前冲击。前沿小高地上担负掩护任务的机枪火力，先后被敌坦克炮击中，我坚守分队失去了火力支持，二班被敌人三面包围，这时又与排主力失掉联系，如果不及时后撤到主阵地继续坚持战斗，则有被敌人个个歼灭的危险。在这紧要时刻，在前沿指挥战斗的副连长当机立断，命令一排撤到连主阵地继续打击进犯之敌。这样，敌人占领了一排阵地。

习惯靠前指挥、随时掌握战斗进展情况的师长黎原，在战斗打响时便跑到一营指挥所。当他观察到敌人占领了一排阵地，大部分兵力暴露在地面时，当即命令营长张柱即刻赶到三连连部稳住防御态势，将情况向团报告，立即组织力量实施反击，并抓住敌兵力暴露的有利时机，命令配属炮兵和师、团炮兵一齐开火，使敌人遭到重大杀伤。在敌人混乱时，一排在副连长率领下迅速向敌实施反击，顺利恢复了防御态势。此后敌人又多次组织进攻，均被我击退，下午3时，敌人狼狈地撤到铁原以西、板桥洞一线防御阵地。此次战斗，毙敌80余人，击毁敌坦克3辆、吉普车1辆，缴获坦克两辆、各种武器40余件。一营牺牲15人、伤26人。受到志愿军第十九兵团司令部、政治部的通报表扬。

敌人持续一个星期的进攻，企图从两翼突破第一四〇师的防线，但未能得逞。遂转向第四一九团与第四二〇团结合部的346.6高地及大光里东山实施新的进攻。

7月8日、9日，敌人以1个连至1个营的兵力，在飞机、炮兵、坦克的支援配合下，不断向第一四〇师侦察营二连坚守的346.6高地实施进攻，敌几次冲锋失败后即向铁原方向退去。侦察二连抓住敌人错误地认为我军不敢追击的判断，因而在组织撤退时既没有火力掩护，也没有后卫断后，像逛大街一样乱哄哄的一群，二连抓住战机，趁势发起追击，毙敌24人，缴获重机枪1挺、自动步枪4支。

敌人在346.6高地再次受挫后，又将进攻目标转向大光里东山第四一九团一营二连三排坚守的阵地。排长吴成章在身负11处伤的情况下，仍顽强地指挥战斗，连续打退敌人排、连规模的3次攻击。10日13时30分，二连趁敌撤回原阵地之际，在团炮火支援下，二排向撤退之敌侧翼实施反击，使敌措手不及，当即向阳里逃窜，二排一口气急追了2公里，打死、打伤敌30余人，缴获轻机枪1挺、自动步枪10支。

敌人遭到打击后，仍不甘心失败，经过准备，企图再次进攻南院里南山342高地和麻袋洞西南山317高地。342高地和317高地中间稍后是个较大的水库，由铁原、板桥洞一条公路直通水库，水库左翼是第四十二军防御阵地，右翼是第一四〇师四一九团的阵地，这两个高地既是第四十七军与第四十二军的接合部，又是两个军的突出部，接合部由第四十七军侦察营保障。敌人从此处进攻，一是想占领这两个高地，割裂第四十二军和第四十七军的防御体系，威胁两个军各自翼侧的安全；二是牵制第四十七军侦察营，配合其正面进攻。

第四十七军侦察营为了扼守这两个高地，命令第一连派出1个加强排，在排长盛福财和副连长王长青的率领下坚守342高地；命令第二连坚守317高地；第三连为营预备队，配置在麻袋洞以北无名高地，随时支援前沿两个高地的战斗。6月19日接防后，对防御阵地工事进行了改造和加修，到敌进攻时，各高地上都构筑了堑壕、交通壕、短坑道，堑壕内还挖了许多猫耳洞，在公路两侧埋设了反坦克地雷。

7月8日8时30分，敌以3批、12架次P-15飞机向侦察营二连阵地投掷了50多枚炸弹和凝固汽油弹，进行了20分钟的炮火急袭，而后兵分两路发起进攻。一路约1个加强排和4辆坦克，由板桥洞至南院里公路向342高地迂回。战前，侦察一连曾在公路两侧埋设了20余个反坦克地雷，但由于伪装不严被敌识破，未起作用，敌4辆坦克直插南院里。

此时，在南院里一连只有炊事班的3名炊事员，携带两支步枪、6枚手榴弹。面对强敌，3名炊事员沉着应战，毫不畏惧。战斗中，1名炊事员腿部负伤,仍坚持战斗,很快手榴弹就打光了。缩头缩脑的敌人这时才发现只有 3 名手持步枪的志愿军战士,便毫无顾忌地冲了过来,情况十分危急。恰在此时,通往营部唯一的一条有线通信线路被敌人的炮火炸断,无法联络营火力支援。敌人越来越近了,在此紧要关头,副连长王长青果断决定派 1 个战斗小组携带反坦克手雷迅速从敌坦克侧后实施攻击。由于敌人火力猛烈,地形限制而无法接近坦克,南院里随后被敌人暂时占领,3 名炊事员撤到第四十二军阵地上。有顷,副连长王长青率 1 个加强班在第四十二军迫击炮的支援下,从南院里翼侧分两路实施夹击,将敌步兵打退,敌坦克发现步兵撤退后,惊慌地掉头就往回跑,南院里又被我夺了回来。此战,击毙敌人 9 名,缴获自动步枪 1 支、对空联络布板及文件 1 套、数顶钢盔。

9 时 30 分,另一路敌人以希腊营主力,在 6 辆坦克的配合下,由元大洞向第四十七侦察营二连坚守的 317 高地发起进攻。该敌向一排阵地的冲锋被打退后,紧接着又向三排阵地冲击。这时,三排阵地表面工事被敌人炮火全部摧毁,坚守全连最前沿的八班在一个长形山梁上,打退敌两次冲锋,伤亡很大,副排长黄金海被敌人的炮弹炸瞎双眼,血流不止,副班长发现阵地上只有副排长和他两个人,便劝副排长撤退,于是副班长领着副排长,副排长架着副班长,两人扛着 1 挺机枪、两支冲锋枪,撤到排主阵地。排长听了情况报告后,一边组织力量准备反击,一边向连长吕凤岐报告情况和自己的处置决心,正在报告当中,突然听到八班阵地上响起激烈的枪声和手榴弹的爆炸声,原来是坚守在最前沿小山头上的班长曹友明和新战士小向仍在战斗。吕连长当即命令一排长带 1 个班去增援三排,三排长带 1 个加强班实施反击。此时,八班长曹友明已多处负伤,为了保护新战士小向又被炸断了双腿,可他仍躺在堑壕内指挥小向继续战斗。小向是湖南湘西人,1950 年入伍,年仅 17 岁,年龄虽小,但打仗从来一点儿都不含糊,他常说"有莫子怕的,敌人有枪我也有枪,他打我我打他怕什么嘛"。曹友明强忍着疼痛用他颤巍巍的手一面往冲锋枪弹盘内压子弹,一面鼓励小向:"你记住,我是共产党员,又是老班长,我们全班的任务就是守住这个阵地,阵地比我的生命还重要,你沉住气听我指挥,等敌人靠近了再打,你把那箱手榴弹搬过来,我给你拧手榴弹盖当你的弹药手,敌人从哪边来你就向哪边打,志愿军战士决不能当孬种,一定要守住阵地……"小向在班长的指挥和鼓舞下,三面迎敌，放下冲锋枪就甩手榴弹，甩过手榴弹又拿起冲锋枪，打着打着突然听不到班长的声音了，回头向老班长要拧下盖的手榴弹时，看到班长已停止了呼吸。小向眼含泪水像发疯一样，跳出堑壕高喊："老子和你拼了！为班长报仇！"用冲锋枪猛扫敌人，正在这时，反击小分队冲了上来，一阵急促的激烈战斗，敌人狼狈地溃退下去，我收复丢失的阵地。这一天，侦察营先后打退希腊营的6次冲锋，寸土未失。共毙伤敌30余人，仅小向和班长曹友明坚守的阵地前，就发现8具敌人尸体，小向荣立二等功。

第一四〇师从6月19日接防至7月10日，21天的战斗中，打退敌人几十次进攻，使敌付出600余人伤亡的惨重代价，寸土未得。彻底粉碎了敌人企图将第一四〇师从临津江以东赶到西岸的图谋，守住了阵地，消耗了敌人，初步摸索到敌进攻的规律和特点，锻炼了部队，总结了小规模局部战斗的经验。

黎原师长在总结前21天防御作战时说："这21天虽未打大仗，但也打了十几次小规模的战斗，与美军主力及其帮凶较量中初步摸到了敌人的脾气，掌握了其进攻的一般规律和特点，也可以说是经历了一次实际战场练兵，为下一步的作战行动积累了宝贵的经验。"

第四十七军初战告捷，极大地鼓舞了广大指战员战胜美帝国主义侵略者的信心和决心，受到上级表扬。

第四章
杜鲁门解除"远东王"兵权
缓冲区侦察兵设伏歼敌

美帝国主义侵朝战争消耗巨大，正考虑朝鲜战争出路问题；"远东王"麦克阿瑟口出狂言，主张蒋介石军队参战，并以"联合国军"总司令的名义发表声明，声言要把战争扩大到中国沿海和内陆；英、法盟国提交抗议书，原拟发表的总统声明只得作废；杜鲁门解除麦克阿瑟职务，李奇微雄心勃勃走马上任；毛泽东确定持久作战方针，采取"零敲牛皮糖"的办法打小歼灭战，彭德怀在空寺洞排兵布阵；展开杀敌竞赛活动，消耗敌人有生力量；缓冲区内巧妙设伏，迫敌放弃前哨阵地；大光里设伏三昼夜，牛尾洞活捉土耳其兵。

美帝国主义发动的侵朝战争已时过一年，不但没有达到预期的目的，还付出了10万余人的伤亡代价（美国公布的数字为7.88万余人），消耗各种作战物资装备1500万吨，直接作战经费100多亿美元，比美国在第二次世界大战中第一年的消耗还多1倍。美国由于发动了干涉朝鲜内政的侵略战争，1950年7月1日至1951年6月30日，其财政年度军费支出高达420亿美元，预算拨款以外，又特别补充拨款64.6亿美元。

美国付出如此巨大的代价，但并没有取得战争的胜利，特别是中国人民志愿军入朝参战以后，美军被从鸭绿江边赶回到"三八线"附近，向北进攻已经乏力，因此，只能在"三八线"附近地区与志愿军和朝鲜人民军形成对峙态势。战争胜利的遥遥无期和重大伤亡，引起了美国人民强烈的不满，国内的反战浪潮进一步高涨，同时也进一步扩大了美国统治集团内部的矛盾和资本主义阵营内部之间的矛盾。由于战场相持局面的出现，无法估计这场战争还要打多久，美国还要付出多大代价和消耗才能结束这场战争，这使得美国当局不得不考虑朝鲜战争的出路问题。

此时，坐镇东京的"远东王"——"联合国军"总司令麦克阿瑟正好接到美国共和党领袖马丁的一封吹捧信，说麦克阿瑟如何如何地能征惯战，是世界名将，然后询问麦克阿瑟是否考虑使用蒋介石的军队到朝鲜作战。麦克阿瑟作为美国现政府的高官，本应与政府保持一致，小心慎言，但他一向大大咧咧、好出风头、刚愎自用，这时已被马丁吹捧得飘飘然，好像自己真的就是世界上的常胜将军，他始终想动用蒋介石的军队用于朝鲜战场，或支持其在中国沿海登陆，把战争扩大到中国境内，以报清川江、长津湖战败之仇，便未假深思就信笔复信，说什么美军在朝鲜作战，既是为保卫亚洲，也是为保卫欧洲，必须以军事胜利为作战目标，而要胜利就得最大限度地使用暴力，不能自缚手脚；又说什么利用蒋介石的军队到朝鲜作战，在中国沿海登陆，皆符合胜利原则；等等。明眼人一看就知道这是麦克阿瑟在批评杜鲁门政府不准他使用蒋介石的军队，不准把战争扩大到中国，也不准使用一切战争手段取得胜利。

信刚刚发走，华盛顿发给他的电报就到了，电文告诉麦克阿瑟美国政府决定，美军和"联合国军"将止步"三八线"不再北进，总统即将发表声明准备与中国方面谈判。狂妄的麦克阿瑟心里明白，总统的声明一旦发表，他要跨越"三八线"是再也不可能了，也就无法雪耻清川江、长津湖战败之耻辱。为了个人的荣辱，麦克阿瑟事前不请示报告，采用突然袭击的办法，以"联合国军"总司令的名义在报纸上发表声明，以此来阻止谈判。

声明中有这样的内容："赤色中国这个新的敌人缺乏进行现代化战争的一切必要手段，中国军队数量上的巨大优势抵消不了自己陈旧的战争机器的巨大缺陷。"并赤裸裸地威胁道："如果联合国改变它力图把战争局限在朝鲜境内的决定，而把我们的军事行动扩展到赤色中国的沿海地区和内部基地，那么，赤色中国就注定有立即发生军事崩溃的危险……"

如同向中国下最后通牒式的声明，麦克阿瑟完全是狂妄自大自不量力，假设执政的是国民党政府也许会被你的威胁吓倒，但执政的是中国共产党及其英明的领袖毛泽东，你麦克阿瑟一则声明是不起任何作用的，反而说明美国是向整个中国和社会主义阵营公然宣战！

麦克阿瑟的声明像一颗重磅炸弹，在世界各国引起强烈反响。

美国国务卿艾奇逊看到这份声明后，气愤地评论道："上帝要毁灭谁，准首先让他发疯。"而美国总统杜鲁门还未读到麦克阿瑟声明的一半，就嘴唇发紫、脸色发白，他咆哮的声音响彻白宫："我再也不能容忍这个桀骜不驯的家伙了。"而其同盟国的英、法两国政府则向美国政府提交抗议书，抗议这位桀骜不驯的总司令未经英法同意，就乱发表不符合联合国精神的声明，把谈判的路堵死了，并质问美国政府：麦克阿瑟是代表个人还是代表政府？美国政府的外交政策是由总统决策还是由这位远东王决策？而中国政府则把麦克阿瑟的威胁看作美国为扩大战争在作舆论准备。

麦克阿瑟这次是犯了众怒，美国决策层强烈要求总统解除其职务以抵其罪。然而，解职命令还未发出就已经泄露，也许是出于无奈，也许是为了出口恶气，杜鲁门干脆召开记者招待会，宣布解除麦克阿瑟的职务，这在世界各国也是绝无仅有的。令美军第八集团军司令官李奇微接替麦克阿瑟的职务，任"联合国军"总司令，兼任远东盟军总司令、远东美军司令、远东美国陆军总司令，范弗里特将军接任美军第八集团军总司令一职。

就这样，这位曾驰骋欧亚战场，并为美国立下不世功勋的美国五星上将麦克阿瑟，被中国元帅彭德怀打败了，这是确定无疑的。这位桀骜不驯的"远东王"谢幕了。

韩国政府听到消息，李承晚痛哭流涕地对他的总参谋长丁一权说："杜鲁门毁灭了我们统一朝鲜的希望。"

李奇微雄心勃勃地走马上任了。

李奇微出生于1895年3月，美国西点军校毕业，曾任西点军校教官，第二次世界大战时，因指挥一个师的美军在西西里大规模空降作战而崭露头角。后指挥一个空降军在欧洲战场转战，屡建军功。朝鲜战争爆发时，任美国陆军副参谋长。1950年12月被麦克阿瑟任命为第八集团军司令官，接替了清川江失败的替罪羊沃尔克。

这位新任远东王赴东京上任时，他的前任麦克阿瑟一见面就既气愤、又诅咒似的说："一个在陆军服役52年的人居然受到这样的公开侮辱！一位杰出的医学专家说过，杜鲁门脑子有病，大概活不过6个月！"

麦克阿瑟的解职在美国政坛引起了轩然大波，把杜鲁门搞得焦头烂额、穷于应付。而麦克阿瑟作为证人，有报道说他把美国国会"变成了一所把杜鲁门政府的臭袜子、脏衬衣和带血污的内衣裤抖搂一地让人观览的中国洗衣店"。

6月1日，美国参谋长联席会议给"联合国军"总司令李奇微发去了新的训令，提出了新的"联合国军"战场行动方针。其大致内容是：作为"联合国军"最高司令官，你要始终以你的部队安危为重，迫使在朝鲜境内及其附近水域作战的朝鲜军队和中国军队在人员和物资上付出重大牺牲，至少完成下列几项任务，而为解决朝鲜冲突创造有利条件：

缔结合理的停战协定，终止敌对行动。在适于行政管理和军事防御北部边界线以南地区建立领导整个朝鲜的大韩民国政权，而这条边界线不得在"三八线"以南。为分阶段从朝鲜撤出非朝鲜籍武装部队做好准备。强化韩国武装力量，使之足以阻止或击退朝鲜军队的再度进攻。

1951年4月11日，美国总统杜鲁门在发表广播演说解除麦克阿瑟职务时，明确提出美国在朝鲜"打一个有限战争"的政策，好战的杜鲁门心里也清楚，美国的战略重心在欧洲，并不是亚洲，绝不可在亚洲陷入一场持久战，消耗掉美国在欧洲的军事力量，况且苏联一直按兵不动，美国不得不有所戒惧，他也不敢把战争扩大化。

5月15日，布莱德雷在被调查做证时，有一段著名的言论，他认为：中国不是一个足以寻求世界霸权的强盛国家，建议不把战争扩大到中国。参谋长联席会议则认为：这一战略将使我们在错误的地方，错误的时间，同错误的敌人打一场错误的战争。进攻中国并不是一个能起决定作用的行动，不能保证朝鲜战争的结束，也不会使中国屈服。

1951年5月2日至10日，美国国家安全委员会也召开会议，系统地检讨了美国在朝鲜战争中的政策，认为美国无法在朝鲜半岛赢得一场决定性的胜利，仅凭军事手段是不可能解决朝鲜半岛问题的。明确美国在朝鲜半岛的当前目标是在"三八线"地区建立一条有利的防线，寻求缔结停战协定，结束朝鲜战争。

李奇微在其《朝鲜战争》一书中写道："据此通知所属的陆、海、空三军指挥官，在停战谈判期间，不要实施大规模进攻行动，而要力求通过强有力的巡逻和进攻保持主动。局部进攻旨在夺占可以扩大我方观察范围，缩小敌方观察范围的关键地形。"

这是美军在朝鲜战场看不到胜利的希望后，所做的重要的战略调整。

《抗美援朝战争史》记载，根据这些训令和方针，"联合国军"地面部队，除继续以营、团规模的兵力，在铁原、金化、平康的所谓"铁三角"地区和阳口以东地区争夺几个要点外，于1951年6月上旬，全线转入战略防御，并进行了各种军事准备。

随着战场形成对峙局面，中国除准备政治解决朝鲜问题外，志愿军为了适应战场形势和即将准备举行的谈判，也在调整作战方针，以便始终保持战场上的主动权。

1951年6月3日，朝鲜首相金日成到北京与毛泽东讨论战争形势问题，确定实行边打边谈的方针，充分准备持久作战和争取和谈达到结束战争的目的。

志愿军根据中央军委、毛泽东主席的指示和敌人战略方针的调整，拟召开党委扩大会议，主要分析朝鲜战场上的军事形势；总结入朝以来的作战经验；确定军事指导方针；贯彻持久作战的思想；精简和取消一些不必要的层次，减少非战斗人员。

6月26日，志愿军党委扩大会议在空寺洞志愿军总部召开。参加会议的有志愿军各兵团首长，各军军长、政治委员。朝方朴一禹列席了会议。志愿军司令员兼政治委员彭德怀，在会上作了重要讲话，副司令员兼副政治委员邓华作了报告，并传达了中共中央关于"充分准备，持久作战（后来概括为'持久作战、积极防御'方针）和争取和谈达到结束战争"的指导方针，以及中央关于志愿军作战的各项重要决定。

彭总在会议上讲道：由于主客观条件的规定，并且经过了5次战役实践的证明，目前想一下消灭美、英军几个师是不可能的。美、英军主力不被歼灭，朝鲜战争的结束是很困难的。因此，必须给敌人以相当的消耗和削弱，争取时间加强我军的必要装备，先逐渐改变主客观条件，而后才有可能大量歼灭敌人。既然战争不可能速决，我们的作战指导思想就必须遵照中央的指示，要有长期打算，采取持久作战的方针。

就在这一天，毛泽东主席经过深思熟虑后，给彭总发来一份指示电报，电文写道："历次战役证明我军实行战略或战役性的大迂回，一次包围美军几个师，或一个整师，甚至一个整团，都难达到歼灭任务。……打伪军可以实行战略或战役的大包围，打美英军则在几个月内不要实行这种大包围，只实行战术小包围，即每军每次只精心选择敌军一个营或略多一点为对象而全部地包围歼灭之。这样，再打三四个战役，即每个美英师，都再有三四个整营被干净歼灭，则其士气非降低不可，其信心非动摇不可……至于打的地点，只要敌人肯进，越在北面一些越好，只要不超过平壤、元山线就行了。"他把这种打小歼灭战的办法，形象地称为"零敲牛皮糖"的办法。

"零敲牛皮糖"成了志愿军在相持阶段对敌作战的主要战法。

为了贯彻军委和毛泽东主席的指示，彭总明确了进攻和反击的一般指导原则。这些原则概括起来主要是：必须进行充分准备，囤积一定数量的粮、弹药及卫生器材，摸清敌情、地形，研究自己的打法，组织好通信联络；新参战部队必须先担负一定的防御任务，熟悉情况，而后才能担任反击的突击队；对美军作战更要充分准备，绝不可以仓促从事。歼灭敌军以歼灭建制单位为主；每次作战，每个军以歼灭美、英军1至2个营，或大韩民国军1至2个团为原则；手捏宽了包不拢，口张大了啃不烂，不但难以歼灭敌人，且有胶着的危险。战役前伸必须照顾到供应能力，不宜远伸，尽可能使敌来就范，诱敌于我有利地区，增加敌人的困难，而予以歼灭。除了必须集中优势的兵力、火力外，还必须进行分割包围，同时在战役上的分割与战术上的分割相结合；由于敌我双方武器装备优劣悬殊，因此决不能采取将敌压在一块聚歼的办法，必须将其分割，孤立为若干小块，分别围而歼之。一般攻击可采取牵制美军歼灭大韩民国军的原则，也可以先从大韩民国军阵地上打开突破口，再续至美军侧后歼灭美军，尽量避免从美军防御正面突破，这就是先打弱者再打强者。组织好各种火力和各兵种间的密切协同，特别是步兵与炮兵的协同，不要以为突破后就不要炮兵了，也不要不敢使用炮兵，要为炮兵跟进创造条件；炮兵火力的支援要一直持续到战斗结束，火力与突击不间断地密切结合，是今后组织战斗尤其是步炮协同的首要任务，是各级步兵指挥员和炮兵指挥员都必须注意的问题。

会议还指出，经过5次战役，美帝国主义这个野兽虽在战场上负了重伤，但是它反咬我们几口的力气仍然是有的，而且它阴险狡诈，随时都准备狠狠地咬我们几口，所以我们……不经过艰苦复杂、持久顽强的斗争，要想坐等胜利，或随便就可取得胜利，是完全错误的，是幼稚无知的。特别是如果不百倍提高警惕，随时注意敌人各种阴谋诡计和甜言蜜语，是会上美帝国主义的当的。只要我们具有最大的勇气和毅力，高度的机智和灵活，熬得过最艰苦、最困难的过程，并能寻找到有利的时机给这个负伤的野兽以惨重的打击，才会使它知难而退，偃旗息鼓，最后胜利才会到来，和平才有保障。

中共中央关于准备同敌人举行停战谈判，将情况电告志愿军总部，要求志愿军"无论谈判成功与否，志愿军都不能有任何松懈，必须坚决地准备长期打下去"。根据会议确定的方针和原则，志愿军实行了战略转变，坚持打谈结合，边打边谈，以打促谈，达到实现和平的目的。

7月2日，毛泽东致电彭德怀，要求对谈判有关事宜作部署，同时进一步指示志愿军在谈判时要极力提高警惕。我第一线各军，必须准备对付在谈判前及谈判期内敌军可能对我来一次大的攻击，在后方举行大规模的轰炸，迫使我方订立城下之盟。如遇敌军大举进攻时，我军必须大举反攻，将其打败。简而概之，要做好作战双方既准备谈又积极备战的两手准备。

在前沿防御的志愿军各部队，积极贯彻"持久作战，积极防御"和"零敲牛皮糖"的作战方针，主动积极打小歼灭战，积小胜为大胜。

可以说，志愿军各级贯彻作战指导方针的转变是积极主动的，也是自觉的，因而取得了比较理想的作战效果，迫使敌人不得不丧兵失地，时刻处于担惊受怕的惊恐之中。

在西线，志愿军第四十七军接替了临津江防御后，军长曹里怀深知临津江阵地的重要性，志愿军重要的被服弹药粮食枪械仓库就在铁原，志愿军各兵团前线一应所需要的后勤枪弹供应，都是从铁原转运过来的，而铁原正在临津江与北汉江之间，因而临津江的防御阵地绝不能有任何闪失。此时，经过第四十七军的积极作战，大量地歼灭了敌人的有生力量，取得了接防后的初战告捷，极大地鼓舞了士气，第一四〇师此时已在桂湖洞、346.6高地、内外石桥、南院里地区一线组织防御，但曹里怀没有因初战的胜利而沾沾自喜，他心里清楚，自己的对手可不是吃素的，下一步敌人会有什么动作？我军应该采取哪些措施，积极打击敌人？一连几天他都茶饭不思，苦苦地思索着。

接替李奇微出任美军第八集团军司令官的范弗里特，出身西点军校，曾在第二次世界大战中的诺曼底登陆作战有较好表现，但他似乎不太走运，直到第二次世界大战结束时还是个团长；与他同班的艾森豪威尔已经是五星上将，布莱德雷已是参谋长联席会主席，而他还是被破格提升的中将；就是他的学弟李奇微、克拉克等也是闻名天下的战区一级的司令官了，他还是个默默无闻的人物。人们评论范弗里特：粗鲁、坦率，也足智多谋。他知道在朝鲜战场是自己最后建功立业的机会，因而一上任就紧锣密鼓地调整部署，准备进攻，日本的《朝日新闻》在头版头条登出通栏大标题《范弗里特将军：欢迎共军进攻》，完全暴露出一副战争狂人的嘴脸。

与这样的人交手，的确需要格外的谨慎、小心。

当范弗里特看到美骑一师伤亡惨重后，立即命令骑一师后撤、整顿，以保存"王牌"部队的实力，令美军第二十五师、土耳其旅接替骑一师在马巨里、418高地、341高地一线组织防御，积极策划新的进攻。

作为一线指挥员的军长曹里怀和师长黎原清醒地认识到，平静的战场正在酝酿更大规模的激烈恶战,决不能有丝毫的松懈麻痹,随即令各师、团派出侦察小分队,利用夜暗深入到敌前沿反复侦察,及时了解掌握敌人的活动情况,为下一步作战创造良好条件。

"联合国军"被我志愿军打怕了,遭到我军突然袭击时,不敢与我对峙,即使是在白天攻占下来的制高点,到了晚上也不敢坚守。在第四十七军防御正面的夜月山、天德山、418高地等交通要点,敌人白天占领,晚间除留少量兵力外,大部分撤回到主阵内防御。

这样,战场上就出现了一种奇怪的现象,敌我双方形成了以原大洞、薪砚里、葛花洞、砚底地区为中心的5至15公里的缓冲区域。敌我双方若即若离。

缓冲区刚出现时,未引起敌我双方足够的重视。有时敌人派出小分队占领有战术价值的制高点,监视志愿军的行动,保障其主阵地的安全,夜幕降临前便会自动放弃制高点撤回主阵地。有时利用小分队作诱饵,引诱志愿军上钩,一旦志愿军脱离工事对其出击,便立即用事先准备好的炮兵火力与航空兵火力给予杀伤。有时在我阵地前,在火力掩护下选择有利地形组织伏击,总之是以攻为守,又尽量避免直接与志愿军接触,尤其是在夜间更是不与志愿军接触,怕志愿军利用夜色掩护围歼他们。志愿军的夜战,给美军在心理上造成很大的影响,致使一到晚上,美军便躲在"乌龟壳"中不敢出来,在一定程度上增加了志愿军歼敌的难度。

作为在最前沿指挥作战的师长黎原,一刻也没有停止对战场形势的思考,暂时形成的缓冲区域,还未引起敌人的重视,只是利用小分队出击保障其主阵地的安全,等到敌人清醒过来占领了缓冲区,那就麻烦了。因此,我军应乘敌人还没有清醒过来时,占领缓冲区的有利地形,控制制高点、交通要道,就能为其后的作战创造有利条件,就能赢得战场的主动权和行动的自由权。我军作战方针是积极防御,"零敲牛皮糖",打小歼灭战,积小胜为大胜,而敌人的小分队往往是早出晚归,不对工事进行加固,火力又弱,兵力不大而且孤立,我们只要派出精干的侦察分队,采取"借巢捕鸟"的办法,你早出晚归,我则晚出击占领你白天占领的阵地,打你的伏击。只要抓住敌人的弱点,采取积极主动大胆的行动,积极寻找战机歼灭敌人,就能把战场主动权牢牢掌握在自己手里。想到这里,黎原一手举着蜡烛,一手拿支红蓝铅笔,目光在军用地图上上缓缓移动,不时手停在密密麻麻等高线的地方,不时又用红色铅笔在地图上做个标记，不时双眼盯着地图一动不动，沉思良久，一个开展杀敌竞赛活动、伏击与反伏击相结合的办法夺取缓冲区的作战方案在他头脑中形成。

俗话说英雄所见略同。当黎原把自己的作战方案，经过师党委讨论后上报军指挥所时，军长曹里怀也正在谋划夺取缓冲区的有利地形，将我防御阵地向前推进，以利于下一步的作战行动。曹里怀十分赞赏黎原这种敢于冒险的精神，为了支援一四〇师夺取缓冲区制高点，曹里怀军长当即增派炮兵、军直侦察营给予支援。

接着，第一四〇师向全师发出在战场上采取"零敲牛皮糖"战术，开展杀敌竞赛活动通知，号召一线防御部队每个团歼灭敌人1个排、活捉10个俘虏兵、击落两架飞机，以集小胜为大胜。第一四〇师开展的杀敌竞赛活动，立即就成了第四十七军全体广大指战员的杀敌竞赛活动，一个杀敌竞赛热潮立即掀起。

7月13日，黎原师长抓住美军第二十五师和土耳其旅则刚接防美军骑一师、希腊营的防御，对缓冲区情况不太熟悉的有利时机，决定抓住战机组织设伏，明确此次伏击由师侦察营一连二排担任，在副连长张维宪的率领下，利用夜幕潜入到敌人经常出没的大光里地区设伏。打伏击、抓舌头是侦察一连的强项，是他们的拿手好戏。为了打好这次伏击战，师长黎原、侦察科长李培全同团营连指挥员和参加这次战斗的人员一道研究作战方案、研判敌情、分析地形、季节等特点，确定了插进去和撤回来的具体路线，潜伏中的隐蔽、通信联络、炮火支援、抓到俘虏如何安全带回来等办法，使干部战士心中有底。最后，师长黎原作了指示，提出了明确的要求，强调了战场纪律。

侦察二排受领任务后，个个摩拳擦掌，精神抖擞，跃跃欲试，劲头十足，一致表示："此战一定要打出个样来，不仅要消灭敌人，而且一定要抓几个活的美国大兵回来。"按照计划，次日黄昏，由副连长张维宪率侦察一连二排，利用夜色苍茫神不知鬼不觉地顺利潜入大光里设伏地区。张维宪立即命令五班在左、七班在右，其他班在后，形成一个"U"字形口袋伏击阵，严密进行伪装，严格控制灯光、声音，积极小心地构筑工事。为了不暴露目标，他们的一切活动都在工事里进行，就连上厕所也不例外。

7月中旬，朝鲜已进入雨季。15日下午，天降大雨，工事里积了20多厘米深的雨水，大雨过后，工事里既潮湿又闷热，勇士们为了胜利忍受着雨水的浸泡、蚊虫的叮咬，但指战员们严守伏击纪律，冒着酷暑炎热，连续潜伏三昼夜，饿了就用雨水拌点儿炒面吃，渴得嗓子冒烟了就喝口浑水，炒面吃光了就喝水充饥，眼睛熬红了，脚被雨水泡肿了，始终不急不躁，沉着、冷静、耐心地等待着。

等待是枯燥的、寂寞的。漫长的等待更加难熬。这些平时就爱动爱闹的小伙子，让他们一动不动地趴在那里，的确是浑身的不自在。但他们自有办法打发这无聊的时间。五班有位战士平时就爱调侃，实在寂寞乏味得不行，便悄悄地对班长说："哎，我有个小小的建议，待这一仗打完了，我首先为蚊子请功，你同意吗？"五班长知道他又耐不住枯燥了，便没好气地说："我只听说过有为人请功的，为战马请功的，还从来没听说过为蚊子请功的，你不会再说为这雨水也请功吧？"另一位战士听班长误会了意思，悄声地说："班长，你这就外行了不是，你不会忘了吧，战前动员时大家提出的措施，打瞌睡怎么办？打喷嚏怎么办？因我好睡觉怕贻误战机，由于蚊子叮咬把我的觉都给撵走了，这样就不会误事了，你说是否应该给它请功呢？"五班长顿时明白了，便微微一笑地说："你小子还真够幽默的，好吧！打完这一仗我肯定给你和'战友'一起请功，你意下如何？"爱调侃的那位战士说道："班长，此战如果我光荣了，请你给我和蚊子一起请功吧。"五班长说："全连谁不知你是一员'福将'，凡你参加的战斗没有打不赢的，你就把心装在肚子里吧！""班长，说实话，敌人再有两天不来真够咱们受的，不过我们能坚持。"五班长说："我们是志愿军战士，能坚持要坚持，不能坚持咬紧牙关也要坚持，坚持到底就是胜利！当前我们唯一的任务就是要忍受住痛苦，耐得住寂寞，静下心来等敌人送礼物来。"

…………

17日8时30分，设在418高地前的我军观察哨发现，从铁原方向大约有1个营的敌人出动了，立即将情况报告给正在设伏的侦察二排。伏击阵地上的战士们接到敌人已经出动了的情况后，枯燥、寂寞、痛苦等等顿时一扫而光，个个精神抖擞，3天的等待，敌人终于"送礼"来了。战士们按捺住激动的心情，立即检查武器装备，做好战斗准备，随时准备冲出去，围歼敌人，抓美国大兵。

美军第二十五师似乎也意识到了缓冲区域太宽对自己不利，虽然依仗其空地优势火力，个别时候乘志愿军小分队活动，进行轰炸和伏击，但效果并不大。他们不知道的是，志愿军早已认识到占领缓冲区制高点的重要性，因而先他们一步在缓冲区行动了。这次，美军第二十五师出动1个步兵营的兵力，在飞机、重炮的配合下，企图占领346.6高地，作为其进一步前进的依托。然而，346.6高地早已被第一四〇师四二〇团所占领。敌人为了达到其占领目的，步兵营出动前，先是侦察机沿铁原兔山公路低飞侦察搜索，我坚守分队按兵不动，敌驾驶员未发现什么可疑目标，随即向上级报告后飞走了。敌人不放心，接着又出动F-80战斗机沿公路两侧盲目扫射了一阵，其炮兵也向这个地区轰击，履行完这些程序后，步兵才在坦克的引导下兵分两路向一连二排设伏地域前进，目标直指346.6高地。其中一路敌人，在1个坦克连的引导下，从第一四〇师侦察一连二排设伏阵地翼侧向达虎洞南山军直侦察一营一连防守的阵地前进。为了配合第一四〇师侦察分队设伏战斗，军直侦察营命令该营一连三排坚决阻击敌人前进。正在前进的敌人受到突如其来的打击后，一阵慌乱，步兵随即就地坚守，即以坦克炮和炮兵集中火力猛轰军直侦察一连三排阵地，按照其既定的套路轰击一阵后，步兵便发起冲锋。坚守阵地的侦察一连三排，采取正面阻击、两翼反击的战术，坚决打退了进攻之敌。战斗中，排长周振生头部负伤仍坚持指挥战斗。敌人稍作整顿，即增大火力，发起第二次冲锋，当敌人冲到三排堑壕前时，八班副班长端起机枪跃出堑壕向敌猛扫，正在他打得起劲的时候，突然一发敌人的炮弹落在他身旁，他左腿当场被炸断了。此时战斗正在激烈地进行，他顾不得包扎，刚一动腿，只有一根筋连着的断腿挂在弹坑里动弹不得，他立即令机枪副手用小铁锹将连着的筋砍断，副手不忍心下手，赶紧用两个急救包进行包扎，因无法固定，这条断腿像"双节棍"一样郎当着。这时，敌人快要冲上来了，在这紧要关头，他侧身端起机枪猛烈扫射，敌人倒下去了，他也倒在血泊中再也没有起来。三排的顽强阻击，吸引了敌人的注意力，为第一四〇师侦察一连二排成功设伏起到了积极的配合作用。

另一路敌人，约1个步兵连发现左路已经打响，便加快了前进的步伐，企图迅速抢占有利地形，从侧翼发起进攻，夹击军直侦察一连三排，而后合围346.6高地。9时40分左右，敌人逐渐地接近了我伏击圈，100米、80米、

50米……第一四〇师侦察一连二排的指战员们死死地盯着敌人，趴在战壕里一动不动。走在最前面的敌人排长，在约30米处的地方停了下来，向我伏击阵地观望，同时把枪口指向了我伏击区。难道敌人发现了什么？正在设伏的小分队顿时紧张起来，张维宪副连长命令大家沉住气，没有命令不许开枪。这时，敌人排长拿着望远镜观察了一下，转身叽里咕噜地喊了一声，可能是没有发现什么情况，让继续前进，就率先向我伏击区走了过来。张维宪死死盯着敌人，一数，有52个美国鬼子进入了我伏击圈内。

出击时机已到。张维宪举起枪大喊一声"打"，顿时，所有轻机枪、冲锋枪、步枪、手榴弹同时开火，美军在突如其来的打击下乱作一团。二排长于海元带领五班从左侧，副连长张维宪亲自带领七班从右侧冲了过来，于海元冲上去，一枪就将敌人的排长击毙了，敌报话员拿着话筒哇啦哇啦地喊叫，张维宪一看可能是呼叫炮火支援，从背后一枪将其击毙。

敌人遭到打击后，如梦初醒，知道又上志愿军的当了，但又不甘心失败，随后又集中两个连的兵力分两路向我阵地实施反扑。敌人的这一行动早在我军预料之中，当愚蠢的敌人向我阵地扑来时，我炮兵按预定计划，对敌实施拦阻射击，经过一阵猛烈轰击，进攻之敌再次遭到失败，不得不狼狈地退了回去，我军取得了伏击战的最终胜利。

此次伏击战潜伏三昼夜，经15分钟激战，我毙伤敌36人，生俘美军2人，缴获轻机枪2挺、自动步枪10支、卡宾枪2支、报话机1部、无后坐力炮1门。参加战斗的军、师两个侦察排都受到了第四十七军司令部的通报表扬，张维宪副连长荣立一等功。

志愿军司令部也发来了表扬电，电文说："我一四〇师侦察营一连副连长奉命率领1个排（二排）执行伏击敌人的任务。在7月14日晚上插到大光里附近埋伏三昼夜。17日由大光里出动之敌百余，终于被伏击。该排以高度的坚韧精神，在三昼夜的设伏中，忍饥挨饿，到16日只吃了一顿干粮，17日粮尽喝稻田水，坚决执行命令和完成捕俘任务，获得了有价值的情报，殊堪嘉许。特号召全军侦察部队向该排学习。"

美军在朝鲜屡屡失手，并没有占到什么便宜。尤其在西线，阵地不但没有向前推进，反而让志愿军逼得向后退却。而美国国内，总统杜鲁门因对朝鲜政策的失败而陷入困境，他本想在朝鲜战场大显身手，不承想偷鸡不成反蚀把米，想连任美国总统的美梦破灭了。而被他解职的麦克阿瑟也并没有消停，最后一次返回他戎马生涯的起点西点军校，在那里他作了有名的《老兵不死》的演说，人们从演说中能够感受他的凄凉心情，他说道："老兵永远不死，他只是慢慢逝去。"两年后，这位擅长登陆作战、创造了蛙跳战术、纵横欧亚的美国名将麦克阿瑟，病逝于华盛顿陆军医院，终年84岁。可以说，他的最终结局是以失败者的身份，去见他信仰的上帝去了。而他的顶头上司总统杜鲁门，也因与麦克阿瑟的争斗使自己在政治上大受挫折，不得不宣布不再竞选连任总统，体面地退出了政坛。两个好战分子，最终以两败俱伤的结局而谢幕。这都是后话。

历史反复证明：好战者，终将搬起石头砸自己的脚。

此时，第四十七军接防已经有1个月时间，经过与美军"王牌"骑一师的较量，初步摸索到了一些对美军作战的规律，特别是坚守临津江取得初战胜利后，又在缓冲区反复设伏大量歼灭敌人有生力量。我防御阵地稳步向前推进的情况下，全军指战员士气更加高昂，战胜美军的信心倍增，纷纷要求出击，给侵略者坚决的打击。根据"零敲牛皮糖"的作战方针，为了下一步打更有把握之仗，军长曹里怀决定派出侦察分队，前出到敌前沿进行侦察捕俘，以了解掌握敌情，为下一步作战创造条件。

军指挥所设在一个山洞里，低矮阴暗潮湿，一张五千万分之一的军用地图悬挂在墙壁上，两盏马灯摇曳着微弱的光，在一张长条桌前坐着军长曹里怀、政治委员李人林、副军长刘贤权，副参谋长蒋克诚面前放着一张地图，坐在一侧。只听曹里怀说道："现在敌人也意识到缓冲区的重要性，在这几天与我争夺还是比较激烈的，虽然还是白天占领晚上撤回，但从种种迹象看，敌人有可能会有大行动。范弗里特是个好战分子，他把'王牌'骑一师撤回去，让第二十五师接防，我看这不单单是为了保存'王牌'部队的实力，很有可能正酝酿更大的阴谋，我们不能掉以轻心。同时，为了贯彻'零敲牛皮糖'的作战方针，我们要积极主动出击，这就需要首先摸清敌人的情况，因此我想再派侦察分队到敌前沿去侦察敌情。"

政治委员李人林不紧不慢地接过话说："军长的这个决心我完全赞同。我们军到目前还没有配备参谋长，老刘，你就多操心些，蒋副参谋长的担子很重。"

爽直的副军长刘贤权说道："这没问题。我会积极协助蒋副参谋长抓好司

指挥员在分析战况，制订作战方案

令部工作的。"

蒋克诚急了，腾地站起来说道："你们首长说什么呢？从进入朝鲜战场以来，司令部工作就一直是副军长亲自抓的，我是他的助手，全军上下都知道的嘛！"

曹里怀军长站起来让激动的蒋克诚坐下，然后说道："蒋副参谋长不要激动嘛，我们确实是把你当参谋长使用的。现在不谈这个，我们还是研究派侦察分队前出侦察的事吧。我的意见是派军直侦察营参谋长张体成带领小分队完成此次任务。"

刘贤权说道："张体成带队去执行这项任务是最合适的。他曾任排长、连长、副营长，现在是侦察营参谋长兼副营长，参加过辽沈、平津、宜沙、湘西剿匪等战役战斗，既勇敢又机智过人，由他带队一定能完成任务，就他吧。"其他领导也都赞同这一意见。

曹里怀看大家都没有意见，便说道："这样，蒋副参谋长，你亲自给张体成交代任务，要求他们务必在8月5日前完成任务，而且必须要抓到俘虏，一定要活的,死的算没完成任务。"

7月25日,军直侦察营参谋长兼副营长张体成奉命赶到军司令部受领任务。当张体成急匆匆地赶到军作战室时,副参谋长蒋克诚正面对墙上的地图在沉思,张体成的一声"报告"打断了蒋克诚的思索,转身说道:"好快啊!"张体成没有听清,便问道:"首长,你说什么?我没有听清请再说一遍。"他把蒋克诚副参谋长的一句自言自语当成是给他明确任务呢!蒋克诚看张体成在盯着自己看,才回过神来说道:"要你来是有一项重要任务交给你去完成。"张体成一听重要任务,就迫不及待地问:"什么任务?"蒋克诚微笑一下道:"你急什么呢?军指挥所决定由你带领一支侦察分队,务必在8月5日之前,将我军当面之敌的番号、兵力、火力部署、作战企图查明,将侦察到的真实资料和俘虏送到军部。军首长指示,俘虏一定要活的,死的算没有完成任务,听清楚没有?"张体成一挺胸答道:"保证完成任务!俘虏要活的不要死的,死的算没完成任务。"

张体成受领完任务后,连夜赶回营部,向营长李德森、教导员陈有才汇报了受领任务情况。在马灯的微弱灯光下,侦察营3位领导就派哪个连队去完成这次任务在认真研究。李德森营长说道:"这次侦察任务,我看是军首长在为下一步作战作准备,因此,这个任务就显得艰巨而重要,从几个连队的实际情况看,由一连组织精干小分队完成此次任务更好一些。"教导员陈有才说道:"一连去完成任务应该没有问题。营里军首长已经点名由参谋长指挥,就不需要再研究了,但一连由哪个排完成捕俘任务、谁来指挥还要慎重一些。"李德森说:"张体成是具体负责指挥这次战斗的,你看由哪个排、谁带领更合适。"张体成略一沉思道:"我的意见是,由一连连长白振武率三排完成侦察捕俘任务。"李德森和陈有才都很干脆地同意了张体成的意见。

侦察一连受领任务后,进行了紧张的战前准备。为了更好地完成任务,侦察一连决定组成5个小组,4个小组负责侦察搜集情报,1个小组负责抓俘虏。

7月26日至28日,张体成指挥侦察一连秘密地渗透到敌前沿,展开了积极的侦察活动,利用夜间视线不良的条件,秘密潜伏到距敌人阵地只有几米远的地方,进行抵近侦察。敌人为了阻止我军攻击,设置了许多暗火力点,并对有的火力点进行了伪装,使侦察组一时搞不清楚具体位置,张体成便命令侦察组采取火力侦察的办法，迫逼敌人自动暴露。

正在侦察小分队实施侦察时，发现铁原、涟川地区有朝鲜人民军的游击队在活动，张体成立即派人与他们取得联系，希望他们能够配合侦察分队行动。游击队得知侦察分队要查明当面之敌兵力部署、火力配置等情况时，当即抽出精干人员积极配合协助，组成化装侦察小组，渗透到敌人阵地后方实施侦察，很快就完成了军首长所赋予的侦察任务，但是还没有抓到俘虏。为此，张体成决心不惜一切代价一定要抓到俘虏，完成军首长交给的任务。

侦察小分队通过两天的观察发现，在铁原方向防御的敌土耳其旅，每天早晨八九点钟，都会派出1个排的兵力，从主阵地分乘3至4辆汽车，进至第四十二军防御阵地前的下马山西南牛尾洞北侧警戒阵地，一面构筑工事一面监视我军活动，下午6时左右原路撤回主阵地。每天活动规律基本一致，张体成与连长白振武研究决定，采取伏击捕俘的办法捕捉俘虏，完成任务。

决心下定之后，在什么地方设伏，又摆在了张体成和白振武的面前，这关系到能否捕俘成功。根据敌人的活动规律，张体成提出将设伏点选在牛尾洞，但白振武有不同看法，他认为在牛尾洞设伏有一定的冒险性。但张体成的理由是：虽然在牛尾洞设伏有一定的冒险性，这里距敌人的防御阵地只有2公里远，一旦战斗打响，敌人可以快速增援；但我设伏的有利条件更多，这里距第四十二军下马山防御阵地不到1公里，距本营的防御阵地不到2公里，而且敌人每天进出都要经过这个地方，防备松懈，便于捕俘，战斗打响敌人可以快速增援，我军也可以快速增援。最后决定：就在牛尾洞设伏，打敌人措手不及，乘机捕俘。

为了捕俘成功，张体成组织侦察一连领导和担负捕俘任务的三排班排长共同研究了作战方案，确定了进入和撤出设伏点的路线、时间、通信联络、伪装等。在讨论作战方案时，优秀班长、共产党员八班长傅贵德，身高不过1.6米，体重不到60公斤，眼睛不大却炯炯有神，他办事干练，机动灵活，战斗经验丰富，是全连有名的机枪射手，大家都称他是打豺狼的好猎手，在解放战争时期和湘西剿匪作战中曾两次荣立大功。他很自信地说："7月17日，在达虎洞设伏战中我们排只当了个配角，啃了块硬骨头，看到第一四○师侦察营一连抓了两名俘虏时我着实眼馋了一阵，这次该我们排唱主角了，

缓冲区伏击敌人

没说的,在连长带领下一定能抓到'舌头'。"

7月29日21时,侦察三排在连长白振武的带领下,利用夜色秘密地潜入到设伏地点。按照战前研究的部署,白振武连长带三排(欠九班)潜伏在长形高地,掩护捕俘班抓"舌头",三排副率九班埋伏在长形高地前苹果园内,待敌人路过时,勇猛出击,乘其混乱相机捕俘,如果俘虏成功,即迅速撤到342高地,如果捕俘不得手,则撤到长形高地归建。同时,为了确保捕俘成功,侦察营与第四十二军下马山防御部队进行了协同,建立通信联络电话,以便于相互支援战斗。

7月30日8时,土耳其兵又是老一套,在炮兵轰击一阵后,像往常一样分乘3辆大卡车由铁原主阵地出动,沿着已经走习惯的老路向牛尾洞开来。8时15分,敌人的第一辆汽车进入伏击圈,连长白振武刚要发出捕俘信号,抓俘虏心切的七班,未等连长发出信号,就像饿虎扑食一样向已进入伏击圈的敌第一辆汽车冲去,紧跟在后面第二辆汽车上的敌人发现七班冲来后,当即用猛烈的火力实施拦阻射击,七班副班长和1名战士当场牺牲,另有两名战士负伤。副排长看此时捕俘已不可能，随率九班往长形高地撤退，遭到敌人火力拦阻就地占领有利地形，副排长牺牲。此时，敌人已跳下汽车调整部署，兵分两路从长形高地两侧形成钳形夹击之势，企图消灭我三排主力。

当一路10多名敌人从长形高地左侧冲到距堑壕30多米处时，白振武连长大声喊："打！"顿时我机枪、冲锋枪、手榴弹一齐射向敌人，这10多名敌人还没有反应过来就被击毙，无一生还。另一路20多名敌人，在重机枪的掩护下，从长形高地右侧冲上三排阵地，白振武率战士们与敌人展开了白刃格斗。班长傅贵德大喊一声："好小子，来得正好，老子正为抓不到你着急呢，你亲自送上门来了。"随喊声端起机枪扫了过去，立刻就有几个敌人倒了下去，后面的几个见势头不妙，回头就往山下跑。见此情景，傅贵德立即掉转枪口，一长串连续射击，本想逃命的土耳其士兵，也只比前面的同伴多活了不到20秒钟。

土耳其兵还是有些战斗力的，拼刺刀也不含糊，不像美国兵，一看到志愿军端着刺刀冲上来了，就吓得屁滚尿流举枪投降。土耳其兵虽然被消灭了两个班，但仍然没有退回的意思，稍加整顿，把开车的司机都组织起来有20多人，在1挺重机枪的掩护下，进行最后的挣扎，企图占领长形高地等待增援。白振武连长也立即调整了部署，敌人不进攻九班，就冲下山去抓俘虏，敌人要是冲上来，就乘混乱抓几个活的迅速先行撤离。

土耳其兵整顿好后，又兵分两路，开始了进攻。其中，有一小股在重机枪的掩护下，从山坡下往上冲锋。白振武连长是山西人，这时用一口山西腔喊道："远的不要打，等靠近再打，注意留几个活的。"战士们听到连长的话，都静静地等待着，土耳其兵看我阵地上没有动静，便大着胆子愣头愣脑地冲了上来，冲到50米处时，我所有火器一齐打响，跑在前面的几个敌人又倒了下去。这时，敌人的重机枪火力正把九班压得抬不起头来，傅贵德见状，大骂一声："狗东西，还狂起来了，我叫你狂。"立刻跃出堑壕，端起机枪瞄都没瞄就扫了过去，随着"嗒嗒"的射击声，刚才还不可一世的敌重机枪立刻就哑巴了。

正当傅贵德打得兴起时，他突然喊了声："糟了！"原来与敌人打了20多分钟，虽打死了不少，但连一个活的都没抓到，就算把敌人全部消灭了也不能算完成任务啊！他观察了一下，就带领两名弹药手向敌侧后迂回过去，

发起冲锋

他想抓俘虏。他们刚向前运动了不到 10 米就听到堑壕内嘀嘀咕咕的声音,他们悄悄摸了过去,一看是 3 个土耳其兵不知道在商量什么。傅贵德静静地趴到跟前,一个箭步冲上去,端着机枪对着敌人大喊:"缴枪不杀!"土耳其兵听不懂他在喊什么,呆若木鸡地看着他,有个小个子兵突然举枪向傅贵德射击,有一发子弹将傅贵德的上衣穿了一个洞,他手疾眼快用枪托将敌打倒。另一个矮个子兵手持鸭嘴手榴弹,大个子兵扑向傅贵德,他急中生智,瞬间将枪倒转过来用枪托向敌头部打去,吓得那个小个子兵一屁股坐到地上,手榴弹掉在堑壕内炸伤了自己。这时,傅贵德带的两个同志迅速地把两个受伤的敌人按住,在这紧要关头,那个大个子兵冲上来,一把抓住傅贵德手中的机枪拼命地抢夺。狭路相逢勇者胜。傅贵德不知哪来的一股神劲,猛地一转身将机枪夺了过来,顺势用枪托打了过去,正好打在大个子兵的肩部,由于用力过猛,大个子敌兵当即就倒在地上,还拼命地往防炮洞里爬,被傅贵德挡住了去路。同时,傅贵德大声喊:"'舌头'抓住了。"白振武连长听后,三步并作两步跑过来,连声打招呼:"哈喽!哈喽!"那个大个子兵仍呆若木鸡，没任何反应，弄了半天才知道他们不懂英语，也听不懂中国话，白振武连长说："不管他是哪国兵，已经放下了武器，一律优待，快给那两个受伤的包扎，快撤！"由八班长傅贵德带全班押着俘虏往回撤，有个负伤的敌人因伤势过重在途中死亡，只剩了两个"宝贝"。

战斗正在激烈进行时，敌人从铁原方向出动6辆坦克、8辆大卡车增援上来，白振武连长立即请求第四十二军防御部队给予火力支援，敌增援部队被第四十二军的炮火拦阻无法前进，掩护我设伏分队安全撤回到阵地。

战斗中，傅贵德一人就歼敌10名，还活捉了土耳其军上士班长以下2名，缴获机枪2挺，荣立一等功，受到军首长的通令嘉奖，荣获朝鲜民主主义人民共和国政府军功章和二级荣誉勋章。1951年，被选为出席首都北京国庆节观礼代表团代表，见到了敬爱的毛主席。

这次伏击战斗，军直侦察营一连三排共毙敌20余名、俘敌土耳其士兵上士班长1名，缴获步枪数支，对空联络器材1套。当天，将俘虏、缴获的全部战利品送到军司令部，侦察营圆满完成任务，受到第四十七军通报表扬。

第四一九团团长胡伯华为了搞清夜月山、天德山当面之敌的情况，命令侦察股长何永吉带领测绘员张家裕和朴翻译，在半个侦察班的掩护下，进抵夜月山、天德山前线进行实地勘察。经过仓促准备，何永吉一行于次日凌晨6时出发，沿内石桥、城山至夜月山一线隐蔽渗透。

当天晚上何永吉一行来到一个村庄，到处是一片废墟，突然他们发现还有两位60多岁的老人没有离开，何股长是吉林人，会一点儿日语和朝鲜语，再通过翻译，很快就了解了这一带的道路、地形、河流、气候等情况，并动员两位老人赶快离开了这里。次日10时左右，他们到达夜月山最南面的主峰，这里可鸟瞰四周，可对敌阵地进行直接观察。他们发现从夜月山向西沿山脊延伸约500米，即为天德山主峰，两山形似哑铃，互为依托，构成了阻敌北进的天然屏障。就是他们分组观察的时候，突然遭到敌人重机枪的射击，弹着点就在他们眼前，大家趴在地上警惕地注视着，过了好一会儿也不见敌人有异常行动，隔一会儿又用机枪或大炮向夜月山、天德山和纵深目标实施盲目射击。大家紧张的心情顿时缓解了下来，经过观察，发现夜月山对面的高地上，敌人部署了约1个加强排的兵力，除构筑有简易的单兵掩体与交通壕相连接外，还设置了两道蛇腹形铁丝网。因这里还没有遭到志愿军的打击，敌人的活动十分大胆，除了安排两三人担任战斗警戒外，多数人员竟在山顶上一块较平坦的地方，修建了一个简易排球场，这时正在打排球。何永吉低声骂道："狗日的，真狂妄！这哪里是打仗，简直就是玩游戏。"敌人欺负志愿军没有飞机，地面炮兵也比较少，似乎"天下"真是他们的。后来，正是抓住了敌人麻痹大意这一弱点，才以偷袭或伏击等办法，连续多次创造了歼敌一个加强班至加强排的光辉战例。

接着，侦察小分队又对大马里西山一带地形进行了详细勘察。侦察分队发现大马里是由海拔高约 100 至 120 米的几个小高地组成，斜卧在夜月山北麓，又有驿谷川小河绕其西北，是防守夜月山的重要屏障。在后来的秋季攻势作战中，第四一九团一营就部署在这里，挡住了敌人大量步兵和坦克的进攻，为保障主力防守夜月山和天德山翼侧安全，起了重要作用。

这是一次极其重要的侦察，对后来的作战产生了重要影响。

缓冲区伏击战取得一次又一次胜利，大大鼓舞了全体指员主动寻找战机歼灭敌人的士气。此后，各师团不断组织小分队活跃在缓冲区抓"舌头"，袭击敌人的前哨阵地，抢占有利山头，设防坚守。我军以极小的代价，把美军打得晕头转向，不知所措，被迫后撤数公里。

部队采取打小蚕食的办法，逐步向前推进，稳扎稳打，掌握了缓冲区的主动权，为下一步作战创造了良好条件。

军长曹里怀根据侦察兵捕捉的俘虏口中得知，敌人将在近期组织换防。利用敌人换防之机攻占有价值的战术要点，对于我军积极防御、大量地消耗敌人的有生力量、持久作战具有重要意义，因此他指示第一四〇师师长黎原，要积极寻找战机歼灭小股敌人，特别是突出部防御的敌人。并告诫黎原这些突出部一旦占领，敌人必然会来争夺，有的突出部要与敌人反复争夺，重要阵地绝不能轻易放弃，这是现时作战必须坚持的基本原则。

第一四〇师师长黎原也从俘虏口中得知敌人要换防的情报，但具体在什么时间换防，一时还弄不清楚，为此他又亲自对俘虏进行了审讯，终于搞清了敌人换防大概在 8 月 2 日。他结合四一九团侦察上报的情况，来不及请求军部，立即命令第四一八团、配属军直侦察营，利用夜幕掩护，发起突然攻击，占领马巨里、白鹤洞、夜月山、天德山、418 高地、达虎洞、272 高地一线敌阵地，其中要求第四一八团必须占领夜月山。

夜月山位于铁原至涟川铁路和公路的北侧,东临铁原,西接伊宁和临津江上的兔山大桥。占领夜月山,既可以控制铁(原)涟(川)铁路和公路,同时也可扼制铁(原)伊(宁)公路。因此,夜月山有着十分重要的战役价值。

1951年8月2日,美军骑兵第一师接替了美军第二十五师,美军第三师接替了土耳其旅的防御。当天晚上,黎原指挥第四一九团、第四一八团各1个营,乘美军骑兵第一师、美军第三师刚刚接防立足未稳之机,利用苍茫夜色的掩护,于8月3日拂晓,突然向敌发起攻击,经过两个多小时的战斗,一举攻占了大马里、白鹤洞、夜月山、天德山、418高地、达虎洞、272高地一线敌阵,将我防御阵地向前推进了10至15公里,增大了我军防御空间和防御的弹性。这不仅在军事上使我处于有利态势,为粉碎范弗里特发动的"秋季攻势"创造了至关重要的有利条件。在政治上也逼迫敌方继续停战谈判,受到了彭德怀司令员和志愿军司令部的通报表扬。

此时,"联合国军"正处于作战部署调整之际,为稳定防御态势,则采取以攻为守的战术,不断进行连、营规模的试探性进攻,一方面干扰我军加修防御工事,一方面为保障发动大规模进攻做部署调整、物资准备。

范弗里特精心准备的一场大战即将开始。

第五章
美一师轮番攻击遭惨败
红一连首次强攻获大捷

志愿军突然发起进攻，一举占领大马里、夜月山、天德山、418高地、大光里、272高地；美骑一师发动轮番攻击，四一九团八连奋勇抗击，三班荣获"夜月山英雄班"称号；十八勇士奇袭363.4高地，俘获美军排长；轮番作战，锻炼部队；红一连创强攻敌阵首战胜利，"小山东"338.1高地实现誓言。

1951年8月，志愿军第四十七军接替志愿军第六十五军防御阵地已经一个多月，经过与以美军为首的"联合国军"的战斗，基本摸清了"联合国军"的行动规律，熟悉了其战术特点，通过实战，摸索到了一些对付装备现代化的敌人的办法。

"联合国军"经过中国人民志愿军和朝鲜人民军的不断打击，其行动谨慎且有规律，每天早晨8时左右，派侦察机在志愿军阵地前沿、公路进行反复搜索侦察，步兵坦克发起进攻前30分钟左右，都要对进攻目标实施强大的炮火轰击，飞机不断轰炸扫射，这些例行性的动作完成后，步兵才在火力支援下发起攻击。

"联合国军"不善夜战，害怕近战，小分队一般夜间不敢脱离阵地出来活动。战斗主动性和积极性差，战术呆板，攻防战斗公式化、教条化，白天占领警戒阵地，黄昏撤回主阵地，夜间不断打照明弹，并不时地乱打枪壮胆。战斗意志差，主要依赖火力，特别是依赖飞机、坦克、大炮的火力，一旦得不到强有力地火力支援，战斗精神立刻锐减大半。

白天，"联合国军"因有制空权，又有强大的火力作支撑，因而行动比较自由，胆子也比较大一些，一旦到了晚上就不敢脱离阵地，更不敢行动。而志愿军则正好相反。

此时，"联合国军"总司令李奇微为扭转战场被动局面，集中了7个师的兵力，发动了所谓的"夏季攻势"，但仍然以惨败告终。

好战的范弗里特一不做二不休，又搞个"猛禽之爪"的作战计划，企图将战线推进到金化—金城—金刚山—长津一线，从根本上改变战局。

开城谈判此时已完全终止，李奇微面对令他头疼的战报，在夏季攻势开始不久，他就发现战果完全出乎他的预料，对人民军的损失只是估计数，而自己消耗的弹药连这位"猛将"也感到震惊，他不得不拷问自己：拿无数生命和难以计数的金钱去换几个无足轻重的山头，值得吗？美国人是打时想谈，谈时又想打。这位新任"远东王"这时又想谈了。

而在前线的美军第八集团军司令官范弗里特，在人民军80公里的战线上，血战1个月仅仅推进了2至8公里，在中线也没占到便宜，特别在西线志愿军趁机夺取了美军不少山头，丢失了10多公里的缓冲区阵地，就连美军参联会主席布莱德雷也哀叹："这次攻势是没选好时机、没选好地点、没选好敌人的败仗。"

范弗里特因连续攻击受挫，大为光火，恼羞成怒，命令骑兵第一师师长盖伊立即反击，夺回在西线丢失的缓冲区。

第一四〇师师长黎原指挥第四一八团、第四一九团攻占了铁原以西10公里和临津江东30公里的缓冲区域，一举占领大马里、夜月山、天德山、418高地、大光里、272高地、大虎洞等重要制高点后，军长曹里怀判断敌人会反击，夺回已经失去的要点，为其即将发动的更大规模的进攻创造条件。他在电话里提醒道："黎师长，要小心，敌人是不会甘心失败的，一定会组织力量反扑，你们要抓紧勘察地形，调整部署，做好迎战准备。"声音中透露出对第一四〇师这次战斗满意的情绪。

当然，第一四〇师攻占缓冲区将阵线向前推进后，在军师机关有些同志认为，上级没有让向前推进，你们擅自出击前推阵地，如果把部队都打光，第六次战役拿什么作战？这些议论给黎原师长和赵平政委带来了很大压力，赵平作为党委书记主动承担了决策责任，好让黎原轻装上阵，指挥部队继续作战。很快在粉碎敌人发动的"秋季攻势"作战中，阵地前推为粉碎敌人的进攻起到重要作用，充分说明前线指挥员的胆识，那些担心和议论便自动消失了。

师长黎原也料到敌人不甘心失败，一定会来反扑。因此刚占领缓冲区，他就带领团、营指挥员勘察地形，重新调整兵力、火力，突击加固工事，制定新的作战方案，随时准备打败敌人的大规模进攻。

果然，美军骑兵第一师在范弗里特的严令下，开始反扑了。

指挥员清醒的判断、充分准备、冷静沉着指挥是十分正确的。而坚守在一线战壕里的勇士们，视死如归、血战到底的英雄气概，更是气贯长虹！

8月4日早晨8时，美军骑兵第一师第七团以1个加强步兵连的兵力，在强大炮火和飞机的配合支援下,向第一四〇师四二〇团八连三班坚守的夜月山365.2高地发起进攻。三班在排长刘财的灵活沉着指挥下,每次都把进攻之敌放到手榴弹最有效杀伤范围之内,才下令开火,每次都打得敌人狼狈溃逃,连续打退了敌人的6次冲锋。敌人不甘心失败,在炮火掩护下,偷偷地把1挺重机枪运到距三班阵地50米左右的地方,以一块巨石作掩护,用火力掩护步兵冲锋。敌人在其火力掩护下,冲进了三班阵地。在这紧要关头,三班机枪射手苏廷祥当即跃出堑壕,端起机枪扫了过去,冲在前面的几个敌人便应声倒地,其他的敌人立即卧倒向他射击。苏廷祥中弹负伤。三班长朱树林发现后,飞快地跑过去,接过机枪继续射击,正打在兴头上,突然感到左肩被什么击了一下,当鲜血顺着胳膊往下流时才知道自己负了伤,他顾不上包扎,忍着疼痛坚持射击。这时,青年团员胡少成接过班长的冲锋枪跳出堑壕,从翼侧迂回到敌人侧后,未等敌人回过神来,他就扣动了扳机,随着枪声几个敌人倒了下去,正当他继续射击时,子弹打光了。敌人乘胡少成停

伏击敌人

止射击的瞬间，端着卡宾枪向他冲了过来。胡少成甩掉冲锋枪，一转身迅猛一把抓住敌人的卡宾枪，说时迟那时快飞起右脚将敌踢翻，美国兵痛得双手捂着腹部大叫，倒在地上挣扎，胡少成则掉转枪口一个短点射，结束了这个美国大兵的性命。胡少成回头一看，发现班长朱树林又负了伤，急忙跑过去要给班长包扎，朱班长说："不要管我，赶快把冲上来的敌人消灭掉，保住阵地。"胡少成高喊一声："同志们，坚决把敌人打下去，给班长报仇！"然后像发了疯的雄狮，操起1挺机枪向敌猛烈扫射。5名负了伤的战士，忍着痛向敌人投手榴弹，坚持战斗不下火线。战士们越战越勇，勇猛地向敌人射击、投弹……

正当大家集中精力阻击敌人的进攻时，战士龙正江发现敌人投过来1枚手榴弹，他以迅雷不及掩耳之势捡起手榴弹还给了敌人，不偏不倚正好投到大石头后面，随着一声巨响，对三班威胁最大的那挺敌人的重机枪哑巴了。三班的勇士们，轻伤不下火线，重伤不叫苦叫疼，大家团结一致，坚决阻击敌人。经过艰苦战斗，敌人丢下几十具尸体，无可奈何地溃败下去。

三班以英勇顽强的战斗，守住了阵地。

毛泽东主席曾形象地评价抗美援朝战争敌我双方在战场上的表现：敌人是钢多"气"少，我们是"气"多钢少。正是因为有了这种"气"，任何凶残的敌人都被我志愿军广大指战员打得落花流水！

正如毛泽东主席所说，敌人是钢多气少。美军骑兵第一师七团遭到打击后，并不甘心失败，在此后的两天中，敌人一方面组织炮兵不分昼夜地轰击第四二〇团八连阵地，一方面积极调整兵力，准备发起更大规模的进攻，企图攻占我八连坚守的夜月山阵地。

朝鲜的秋天是多雨季节，八连自从登上夜月山开始，秋雨就一直哩哩啦啦地下个不停，战士们身上的衣服就没有干过，但指战员们心里明白，敌人拼命地想攻占这个高地，说明这个高地有很重要的战术价值，将以誓与阵地共存亡的决心，坚决守住阵地。白天，指战员们既要防敌炮火，又要防敌偷袭，随时准备打退进攻之敌；晚上，派出警戒观察，集中精力抢修被敌炮火破坏的工事，饿了就吃几口被雨水淋湿的炒面，渴了就喝点儿用雨衣或雨布接的雨水。由于秋雨下个不停，工事内大都有积水，战士们的双脚长时间地在泥水中浸泡，有的战士的腿和脚已被泡肿了，有些伤员的伤口因雨水的浸泡而发炎，还有的同志因喝了雨水而腹泻……在这种恶劣的自然环境中，指

阵地宣誓

战员们始终以革命乐观主义精神坚守阵地，从没有一个人叫苦喊累。指导员为了掌握战士的思想动态，问一位战士有什么看法，这位战士不假思索地说道："我们是革命军人，是用毛泽东思想武装起来的，都有战胜和克服困难的自觉性，在这种环境中叫苦只能说明懦弱无能，不配革命战士的称号，我们的口号是：环境越苦意志越坚，革命战士要用坚定的信念、顽强的意志克服一切困难，战胜一切敌人。"为了能够长期坚守阵地，八连党支部及时召开党员大会，喊出了："共产党员是钢铁铸成的，在我们八连面前没有克服不了的困难，没有战胜不了的敌人；党考验我们的时候到了，为了胜利甘愿牺牲自己的一切！……"有这样钢铁般的战斗集体，任何敌人都会碰得头破血流！

美骑一师七团经过两天的精心准备，已经全部就绪到位了，新进攻即将开始。

8月7日，敌人集中了1个多营的步兵，在12架飞机、1个坦克营、两个炮兵群的配合和支援下，向四二〇团八连一排坚守的夜月山487高地阵地发起了更加猛烈的进攻。敌人毫不吝啬弹药，飞机反复对八连一排阵地进行轰炸，投掷的大量炸弹和凝固汽油弹，使八连阵地上硝烟、弹片、碎石搅成一团，像开了锅的水在不停地翻腾，重炮的轰击声，如同除夕夜的爆竹，使人分不清个点数。就在敌人炮火猛烈轰击时，军长曹里怀打来电话询问情况，黎原师长报告：夜月山上到处腾起朵朵白烟，整个阵地被硝烟和火焰笼罩，敌人像是发了疯一样，似乎要把所有的炸弹都倾泻在这小小的高地上，敌人的进攻即将开始。敌人炮火轰击后，便发起了地面冲击，被打退后，接着又是一阵更加猛烈的轰击，一次比一次猛烈，将成倍的炮弹、炸弹投在夜月山上，连续三次的疯狂进攻，都被英勇顽强的八连一排打退了。

敌人进攻累了，连续的攻击被歼灭了大量的有生力量，消耗了大量的弹药，需要进行补充调整以利再战，这样，一个上午的进攻便暂时偃旗息鼓了。

前沿的炮声刚刚停息，师长黎原便把电话打到了第四二〇团指挥所，告诫团长孙绍荣不能掉以轻心，这是敌人在调整补充，后面的战斗将会更加激烈残酷，要做好充分的准备，坚决守住阵地。孙绍荣团长除保证坚决守住阵地的决心外，还向师长请求想办法压制敌人的炮火，以便向前沿运送弹药，不然要守住阵地困难太大。黎原当然知道前沿的困难，可志愿军没有制空权，没有好的办法压制敌人对我后方运输线的封锁，他强调要利用夜晚秘密前送，不管困难再大也要守住阵地。孙绍荣知道自己没有退路，咬着牙组织人员向前沿送弹药，但几次都失败了。

八连指战员知道上级在想办法给他们送弹药，也知道这样做会付出怎样的代价，后方的弹药一时不会供应上来，因此他们利用战斗间隙，除加固工事外，就是在阵地上到处搜集弹药，准备更加激烈的战斗。虽然搜集到一些弹药，但却十分有限，他们只能用有限的弹药与凶残的敌人战斗了。

下午2点左右，得到重新补充的敌人，似乎又恢复了元气，开始了第四次进攻。经过短暂的激战，一排的子弹打光了，因连续战斗伤亡较大，这时阵地上只剩下几个人，眼看敌人就要冲上阵地了，在这紧急关头，排长刘财大喊："同志们，为了祖国、为了人民、为了我军的荣誉和尊严，上刺刀，和鬼子拼了，冲啊！"随着喊声就率先跃出战壕，威风凛凛地冲了出去。狭路相逢勇者胜。刘财端着刺刀直奔前面一个美国大兵，这个美国兵还没反应过来，就被刘财一个突刺结束了性命。其他战士一个个像猛虎下山，瞪着血红的眼睛，端着明晃晃的刺刀冲向敌人。敌人被勇士们的这种不怕死的阵势吓倒了，丢下20多具尸体转身就往回跑。敌人第四次冲击被打退了。这时，三班阵地上只剩下杨南生一个人，其他同志都牺牲了，有的同志拼杀到生命的最后一刻，手中仍紧紧握着钢枪，刺刀上还不停地滴着敌人的鲜血，圆睁着双眼！有的同志遗体旁边倒着几具敌人的尸体，有一位战士将刺刀刺进敌人的胸膛，未拔出来就倒在了血泊中……

杨南生看到激烈肉搏战后阵地上的惨烈景象，他整整衣装，做好与阵地共存亡的准备，在阵地上搜寻弹药。敌人又发起冲击了，他一会儿跑到左侧，投上几枚手榴弹，一会儿又跑到右侧打几枪，越战越勇，毫不畏惧，以一当十。冲击的敌人胆战心惊，不知道阵地上有多少人，不敢冒失冲上阵地。就这样，杨南生一人坚守一个班的阵地，灵活机动地战斗，直到增援部队赶到，守住了阵地。

八连一排经过惨烈战斗，伤亡很大，不补充已不能再战。营长命令八连组织现有力量增援一排，要求务必坚决守住阵地。7日下午4时，八连立即组织二排六班、七班增援夜月山前沿阵地。两个班在我炮火掩护下，迅速运动到通往一排三班阵地的必经之路的无名高地，再往前冲，就必须要通过那条只能一个人通行的棱线。敌人为阻击对三班的增援，用炮火严密地封锁了唯一的通路。六班、七班为尽快赶到三班阵地，他们利用敌人炮火间隙，六班毫不犹豫地率先向前冲去，七班也不甘落后，接着跟上去向前冲。敌人发现了这两个班的企图，用更加猛烈的炮火严密封锁通道，六班和七班的勇士们不顾敌人的炮火，继续奋勇前进，等冲过敌人的这片火网后，六班和七班只剩下青年团员赵少福和罗世泰两个人。他们没有停留，继续往前冲去，顺利地冲上了三班阵地。可阵地上看不到一个人，他们便在阵地上寻找，好不容易在阵地的一侧找到了已负伤的杨南生。杨南生看到增援人员上来了，士气更加高涨，顾不上伤痛，立即向赵少福和罗世泰介绍敌情和本班阵地情况。赵少福问："你们班还有多少人？"杨南生说："就我一个光杆了。"赵少福长长地吸了一口气说："我和你是否请罗世泰代理班长来指挥战斗？"杨南生说："我赞同。"就这样，3个人重新组成了一个战斗集体，检查了现有的武器弹药，共有7枚手榴弹、4支步枪（含缴获的1支）、子弹约500发。

罗世泰没有推辞，但他心里清楚，仅靠他们3个人和仅有的这点儿弹药，要坚守住阵地是不可能的，只有主动出击，以攻为守才能守住阵地。想到这里便说道："我们不能等待敌人来攻，要主动出击，这样才能守住阵地。"杨南生和赵少福说："对！我们不能等，不能等敌人来打，那样太被动了，应该出敌不意主动出击。"决心下定后，3个人便悄悄地从翼侧向敌后迂回。占领了三班阵地的敌人，原认为阵地上不会再有人了，正无所顾忌地集中在一起，不知开什么会。就在这时，三人战斗小组突然发起攻击，打得敌人措手不及，消灭了占领阵地之敌。3个人不但收复了丢失的阵地，还缴获了1个班的武器弹药。敌人丢失阵地后，又连续组织了两次反扑，都被他们打退了，牢牢地守住了阵地。

天渐渐暗了下来，接着哗哗地下起了大雨，天完全黑了。3名勇士为了守住阵地，针对敌人不敢夜战的特点，大胆决定：充分发挥我军夜战优势，利用夜色，积极主动近距离出击，不断打击和袭扰敌人。并商定，阵地前出击，动作要快，抓一把就返回阵地，不能恋战。杨南生首先冲了出去，冲出去30多米后，敌人发现就他一个人，两个敌人端着刺刀向他刺来，杨南生立即甩掉手中还没有上刺刀的枪，一转身来了个顺手牵羊，将敌人手中的枪夺了过来，一个突刺，将敌人刺倒，正当他往出拨刺刀时，另一个敌人已冲到他面前，一道寒光过后，杨南生躲闪不及，左眼被刺穿，当即壮烈牺牲……

阵地上漆黑一片，赵少福与罗世泰研究情况后决定：赵少福留下来坚守阵地，罗世泰速回连部报告情况，并取弹药。罗世泰走后，赵少福把武器弹药、手榴弹集中到几个点上，而后趴在泥水里静静地监视敌人的动静，仔细分析敌人传来的一切动静。忽然，有一群影影绰绰的黑影向他摸来，他屏住呼吸一动不动，待偷袭的敌人靠近时，他乒乒乓乓就是几枪，刹那间撂倒了3个敌人，其他敌人立即散开从两翼包抄赵少福。恰在这时，罗世泰上气不接下气地扛着一箱手榴弹赶到了。仔细观察：模模糊糊的几个人正在慢慢地向他们战斗的位置移动，立即卧倒斜背上枪，一手抱着手榴弹箱子向前爬去，正巧一个敌兵从眼皮底下走过，他迅速举枪射击，敌人随即倒下。赵少福再次开枪，将离他最近的一个敌人击毙，还缴获1支半自动步枪。赵少福和罗世泰会合了。他俩有1箱手榴弹，便连续向敌群投手榴弹，炸得敌人鬼哭狼嚎，经一阵激战，偷袭的敌人很快溃退下去。

夜月山由于紧紧扼住了铁原通向涟川间的公路要冲，切断了敌人机械化部队依赖的交通大动脉，使美军"王牌"部队北犯屡屡受阻。因此，美骑一师七团为了夺取这个山头，不惜付出重大代价，但仍然不得前进一步。

坚守夜月山的第四二〇团八连，为此也付出了重大代价，坚守前沿阵地的三班已经全部丧失了战斗力，接替他们的六班、七班也因伤亡殆尽，阵地随时都有被敌占领的可能。在这危急时刻，团长孙绍荣命令三营七连，以现有兵力全力增援夜月山，坚决打退敌人的疯狂进攻。

七连接到命令后，立即组织二排、三排兵分两路实施反击，并将全连的重机枪加强给二排、三排。二排、三排在我炮火支援和加强的重机枪火力掩护下，从敌两翼实施反击。

夜黑沉沉的，云层低垂，雨不停地下着，在能见度极差的夜幕中，二排、三排的战士们一个紧跟一个地边搜索边前进。

按照作战计划，二排副排长刘玉山带领五班、六班悄悄地从敌人防守山头的左翼插进去。冲在全排最前面的六班长王玉良，神不知鬼不觉地摸上了敌人阵地，发现了敌人的一个地堡，但没有敌人，他接着向前搜索，在第二个地堡前迎头撞上了敌人两个哨兵，王玉良先敌开火，端起手中的轮盘枪就是一个点射，一个敌人被撂倒了，另一个敌人见势不妙想逃命，紧跟在身后的战士刘清章眼疾手快，甩过去一颗手榴弹，当场炸死了这个敌人。战斗正式打响。这时龟缩在其他地堡里的敌人机枪也慌乱地射击，还盲目地投出几颗手榴弹。有顷，六班长王玉良听到前面有杂乱而急促的脚步声，他静悄悄地摸了过去，结果迎面冲过来六七个敌人，还未等他射击，左肩就已中弹负伤，鲜血不停地往下流。王玉良忍着剧痛端起轮盘枪就向敌人扫了过去，几个敌人没有声息地倒了下去，滚下了山。接着，后面的战士也都冲进了阵地，一阵猛打，敌人慌忙往山下逃跑。

敌人最怕夜间战斗，尤其一旦脱离工事后，就会狂逃。二排副排长刘玉山看到敌人逃跑，立即命令一个战斗小组留下负责搜索残敌，同时与后面的部队取得联络，自己带领五班副班长曹殿生、战士张仁祥从敌人左翼向山下追去。六班长王玉良带领战士从敌人右翼追了下去。六班追到山腰部，发现了敌人的两个地堡，这时正好机枪组跟了上来，王玉良立即令机枪用火力掩护，打掉了这两个隐蔽部。从左翼站下来的副排长刘玉山，带着两个同志摸到敌人的地堡后面时，敌人的几挺机枪正集中火力向六班猛烈扫射。曹殿生冷静地观察射击喷出的火舌，稳稳地连续投过去两颗手榴弹，刘玉山和张仁祥也不约而同地向敌地堡投弹，随着手榴弹的爆炸声，地堡里的敌人死的死伤的伤，乱喊乱叫，成了一锅粥，活着的敌人慌忙掉转枪口向曹殿生打来，手榴弹也往这边猛甩。此时，二排副排长刘玉山右手中弹负伤，他顾不上包扎，用牙咬开手榴弹盖，继续用左手投手榴弹。指战员们心里清楚，胜利往往就在这最后的坚持中，敌人的机枪还在不停地射击，曹殿生头部这时又负了伤，他知道现在是决定战斗胜败的紧要关头，决不能放松攻击，他抹一把流下来的血，咬紧牙关，继续战斗。为了不给残敌喘气的机会，他让张仁祥帮他拧开手榴弹盖，他负责向敌堑壕内、地堡内投弹，借着手榴弹爆炸的威力勇猛地冲进堑壕，地堡内的敌人发现四周都是志愿军战士，想作最后的挣扎，不顾一切地往外冲。曹殿生端起冲锋枪骂了一声："狗东西，叫你冲，去见上帝去吧！"一阵猛烈射击，二排副排长刘玉山也向逃跑的敌人投手榴弹，冲出来的敌人应声倒了下去。这时，其他方向的战士也都冲了上来，敌人除一部分利用夜色逃跑外，大部被歼，阵地被七连占领。

第四二〇团坚守夜月山四昼夜，共计歼敌210余人，阵地上，敌人来不及拖走的尸体就有44具。缴获重机枪3挺、轻机枪11挺，其他枪支40多支。八连三班荣立集体特等功，获"夜月山英雄班"光荣称号。

夜月山仍然牢牢地控制在我军手里，紧紧地卡着敌人的北犯要道。

美国"王牌"部队在夜月山连续发起多次攻击，都遭到惨败，不得不暂时停止进攻，遂在287.0高地、马匹里、板桥洞一线占领阵地，组织防御，与我夜月山、天德山、大光里等前沿阵地对峙。

美帝国主义侵略者虽然准备与中朝进行停战谈判，但在战场上却一刻也没有停止进攻，为谈判桌上增加筹码，往往得不偿失，以惨败收场。

就在第四二〇团艰苦防守夜月山，与敌人展开激烈争夺之时，第四一九团侦察排奉命打掉363.4高地之敌，切断铁原至涟川敌铁路运输线。

363.4高地位于铁（原）涟（川）铁路北侧，是紧靠铁路线的一个制高点，占领该点就能瘫痪敌人的重要运输线，使敌作战物资不能运抵一线，战术价值极为重要。敌人为了保障该运输线的安全，派1个加强班在此防守。

侦察排受领任务后，立即展开各项准备工作，当日即利用夜色掩护，采取秘密偷袭的办法，摸上了363.4高地，但敌人在黄昏时已经撤走，侦察排扑个空。战士们以极大的战斗热情来完成这次任务，结果无果而归，一个个憋了一肚子火，只好撤了回来。

第二天，全排召开"诸葛亮会"（军事民主会），分析敌人为什么晚上不守363.4高地，如何完成歼敌任务。大家七嘴八舌地议论起来，有的说："敌人的工事还没有修完，美国大兵怕夜战，工事不完美感到不安，所以黄昏时就撤走了。"有的说："从敌人修的工事情况看，今天应该能够完成，有了'乌龟壳'的保护，晚上肯定会派兵守卫的。"还有的说："既然敌人晚上会守阵地，那么我们就应该出敌不意，在后半夜采取突然袭击办法，愚蠢的敌人肯定不会想到我们去偷袭，一定惊慌失措，我们乘混乱全歼敌人。"……

这一仗到底怎么打，大家讨论得十分热烈。团侦察股长何永吉根据大家的意见，最后定下决心：利用夜色掩护，悄悄接近敌人，采取两面夹攻的战术，来个瓮中捉鳖。

为了干净利索地歼灭363.4高地之敌，侦察股长何永吉决定：由排长李贵和翻译朴参谋率领，在全排挑选18名精明强干、有夜战经验的战士，分成3个战斗小组、1个机动小组，完成这次袭击任务。

9月2日，侦察排完成了一切准备工作。黄昏后，小分队准时出发。

黑夜对美军来说是可怕而难熬的，他们不知道志愿军战士会在什么时间、什么方向突然出现在面前，每到晚上就胆战心惊、惶恐不安。因此，不时地打照明弹，把整个山头照得像白天一样，时不时地乱打一阵枪炮，以此为自己壮胆。侦察排的18名勇士在排长李贵的带领下，避开大路专走小路，爬山、蹚河，摔倒了爬起来继续前进，谁也不甘落后，敌人挂在天空的照明弹，反而帮了侦察分队，使他们快速前进。

午夜1时30分，侦察排按时进到363.4高地附近。排长李贵和朴参谋召集大家围在一起，再次明确了任务。18名勇士早已憋足了劲儿，轻轻地将子弹推上膛，又把手榴弹盖拧开，拉火环套在手指上，李贵排长一挥手，各战斗小组迅速出击。李贵一手提着驳壳枪，带领1个战斗小组从正面接近敌人。各战斗小组进到指定位置后，李贵排长果断地发出信号。一班战士赵明高率先打响第一枪，击毙了站在地堡上的敌人哨兵。霎时间，手榴弹、轮盘枪（苏式冲锋枪，一盘可装72发子弹）像冰雹般射向敌人。突如其来的枪声把睡梦中的美国大兵惊醒，慌乱地抓起枪向外射击，却被侦察排用猛烈的火力压在交通壕和地堡里抬不起头。这时，敌人的1挺重机枪突然响了起来，"嗒嗒嗒"就是一个长点射，二班长王治安悄悄迂回过去，连续投出两颗手榴弹炸哑了敌人的机枪，紧接着冲上去把重机枪夺了过来。

勇士们一边射击一边向前冲击，对敌人的包围圈越来越小了，3个小组在363.4高地主峰胜利会合。李贵排长立即命令战士，迅速分头搜索歼灭残敌。美国鬼子的尸体横七竖八地躺在地堡和交通壕里，战士们逐地堡、逐堑壕地搜索。朴参谋在搜索中发现重机枪工事翼侧有个地堡，用电筒往里一照，一个美国大兵吓得缩成一团浑身发抖。朴参谋大喊："这里还有一个活的。"紧跟其后的战士纪文耀冲过去，美国大兵乖乖地举起双手当了俘虏。二班副班长王文敬在旁边用英语说："跟我来，不要怕。"这个美国兵便乖乖地跟着就走。后来，英语翻译审问时，才知道是美军第三师十五团一营三连的排长。

此次战斗仅用10分钟，全歼守敌1个班，俘美军排长1名，缴获各种枪支10余支（挺），我无一伤亡。

敌人听到363.4高地激烈的枪声，便用事先准备好的炮火实施支援，而此时，战士们已押着俘虏、带着缴获的枪支，撤离了阵地。身后敌人的炮声

被俘的美军飞行员

我军翻译给俘虏讲解政策

和天空中挂起的串串照明弹，如同是为勇士们欢庆胜利的礼炮声，有个调皮的战士抬头看看天空说道："这美国佬真够朋友，你看怕我们回去天黑看不清路，专门在空中挂上'照明灯'为我们送行呢！"逗得大家哈哈大笑……

四一九团团长胡伯华得知侦察排凯旋，兴奋地来到侦察排接见了18位勇士，激动地说："你们这一仗打得很好，很成功，向你们祝贺！你们之所以打得好，是因为你们对地形、敌情熟，准备工作充分，行动隐蔽，指挥得当，战术灵活，大家机智、勇敢，相互配合，对你们的胜利再次表示祝贺，要为你们请功！"

前线捷报频传，但坐在指挥所的军长曹里怀却并没有因此而喜形于色，他站在地图前沉思，虽然第一四〇师接防将近两个月了，取得了重大战果，歼灭了大量敌人的有生力量，并把防御战线向前推进了10至15公里，但有些连队还是打得很艰苦的，也付出了重大牺牲，部队得到了锻炼，取得了对美军作战的经验。敌人现在虽然没有大的行动，但肯定在酝酿更大规模进攻，为了有效地打击敌人，在大规模进攻发起前，有必要使部队普遍得到锻炼，取得对美军防御作战的经验，这样有利于粉碎敌人的进攻。当他把自己的想法与政委李人林、副军长刘贤权、政治部主任陈发洪谈了之后，得到了他们的支持。

如何接替防御，是一次性全部接替还是分步逐次接替，这可关系到防御阵线的稳定问题，根据战场实际形势，曹里怀决定以逐步接替为有利，决定先由第一三九师四一五团接替第一四〇师四二〇团的防御阵地，要求8月22日接防完毕。

自从接防以来，作为军预备队的第一三九师近两个月了，只能看兄弟部队频频传捷报，自己却只能听炮声，几次请缨上阵地却一直都未允许，急得心里直痒痒。接到军指挥所的命令时，对师长颜德明这位1931年参加工农红军，曾参加过苏区反围剿斗争、二万五千里长征、百团大战、南泥湾大生产，以及辽沈、平津、宜沙、川东、湘西剿匪等战役战斗，在战火中逐步从连营指挥员，成长为团师指挥员来说，多日的烦躁心情终于一扫而光，激动得像个孩子似的，终于可以指挥部队上阵杀敌了。

激动的还有另一个人，政治委员袁福生。这位1930年参加工农红军，长期从事我军政治工作，曾任青年干事、特派员、独立营政治委员、股长、部长、师政治委员等职，参加过苏区反围剿斗争、二万五千里长征、南泥湾大生产，以及辽沈、平津、宜沙、川东、湘西剿匪等战役战斗，有着丰富的思想政治工作实践经验的"老政工"，此时除了激动之外，还想到了军首长为什么让第四一五团先行接替防御的用意。这个团是从井冈山上走出来的红军部队，以其能攻善守而闻名，在解放战争时期的辽沈战役黑山阻击战中，广大指战员以誓与阵地共存亡的钢铁意志，坚守黑山城东高地三昼夜，阻挡了国民党军精锐之师的轮番进攻，为全歼廖耀湘兵团作出了突出贡献，其中红一连（"莲花一支枪"所在连队）先后两次反击101高地，守住了阵地，被授予"战斗模范连"称号，让这个团先上阵地既是锻炼，也是为第四十七军其他部队做榜样、树标杆。

袁福生分析得没有错，还没有等第一三九师召开完作战会议，军长曹里怀的电话就追了过来："颜德明，你告诉杨德荣和刘玉堂，第一四〇师接防后打得相当精彩，创造了许多光辉战例，不但守住了阵地，而且还把阵地前推了15公里。他们上去要是打不好就永远不要来见我们，如果把阵地丢了夺不回来，那提着脑袋来军指挥所，军中无戏言，我说到做到……"第四一五团团长杨德荣、政委刘玉堂听到军长的指示，激动得脸红脖子粗，腾地站起来："怎么，军首长是不相信我们？那就'打他个样儿叫他看一看'！"

"打他个样儿叫他看一看"是《说打就打》歌曲中的一句歌词。这首歌创作产生于这支部队，歌词就由第一三九师宣传科长解明道创作："说打就打，说干就干，练一练手中枪，刺刀手榴弹，瞄得准来，投也投得远，上起了刺刀叫他心胆寒，抓紧时间加油练，练好本领准备战，不打垮反动派不是好汉，打他个样儿叫他看一看。"杨德荣用歌词表示决心。但颜德明和袁福生心里明白，这是军长的激将法，很显然，起到了预想的效果。

第四一五团按时接替了第四二〇团的防御阵地。

第四一五团初上阵地有个适应过程，经过几天的坚守逐步地适应了战场环境。团长杨德荣在思考，第四二〇团之所以打得好，就是主动出击，战术运用灵活，我们也不能等敌人来攻，要积极主动寻找战机，打小歼灭战，积小胜为大胜，他把目光死死地盯在了338.1高地。

338.1高地位于铁原至涟川铁路的西侧，地势险要，工事坚固，易守难攻，敌人企图以此来阻止志愿军向前攻击。为了守住这个制高点，美军"王牌"部队骑兵第一师第七团派出加强的第三连在此防守，企图依靠天险抵抗我军的打击。

杨德荣团长决心拔掉阵地前这个钉子，政委刘玉堂也赞同攻占这个高地，为其后的作战创造条件。正当他们研究作战方案时，师指挥所命令他们攻占338.1高地的来电也送到了案头，真可谓不谋而合，并明确师侦察营1个排配合他们行动。杨德荣当即决定将这一任务交给荣获"战斗模范连"荣誉称号的红一连完成，并加强第四连1个排的兵力，采取强攻战术，攻占该高地。

为了打好这次攻坚战，战前，杨德荣团长和一营参谋长亲自率领一连班以上干部，秘密进到距敌人阵地只有150米的地方，反复察看地形、敌人工事构筑、火力体系、障碍物设置，选择进攻道路，进行战斗编组。战斗打响前一天，又在沙盘上进行了推演，根据观察得到的情况，选择了相似地形，实地进行演习。尖刀班进到距敌80多米处，熟悉进攻道路和前进路线。尖刀班班长马忠庆说："338.1高地就是一座铁山、刀山也要打上去，把红军连的旗帜插上去！"后勤保障人员也不甘落后，纷纷要求配合一连完成这次任务，最后根据任务需要，一营的后勤人员全部参加，保障这次战斗。

当作战方案报到军指挥所后，军长曹里怀心里明白，这次战斗虽然是连规模的进攻战斗，但却是第四十七军接防以来的首次强攻敌人的阵地，这次战斗任务完成得好坏，直接影响到今后的进攻战斗，不可掉以轻心，有必要给第四一五团的领导提个醒。随即他要通了第一三九师师长颜德明："颜师长，一连的这次战斗一定要充分准备，精心组织，决不能轻敌，这可是我们军首次强攻敌人的阵地，你知道初战的重要性，这次战斗一定要打好，不能打坏。请你转告杨德荣，要始终保持冷静头脑，决不能大意，一定要发挥我军的特长，一举攻克全歼守敌。如果需要，你可以亲自指导他们。"

颜德明师长当然知道这次战斗胜败对今后作战的影响，因此，在军长给他来电前，也已给杨德荣团长做过交代，他明白不是军首长对下面不放心，而是初战的胜败的确影响军心士气，因此他再次给杨团长去电提出了要求，进行具体指导。

9月6日下午，部队开始行动前，一营各单位都派代表前来壮行，二连的代表还为即将出征的一连指战员演出了小节目，预祝他们旗开得胜马到成功，一连全体同志举起右手宣誓：坚决拿下338.1高地，全歼守敌！

傍晚7时30分，我炮兵按照预定的计划，对敌人阵地实施火力打击。一连全体指战员在朦胧的夜色中，静悄悄地向338.1高地侧后搜索前进。正当突击分队接近铁丝网时，配合一连从正面佯攻的团警卫连1个班被守敌发觉，机枪的射击声和手榴弹的爆炸声霎时响成一片。正在带领三排从左翼迂回攻击的副连长许焕章，立即高声喊道："同志们，争取光荣的时候到了，冲啊！"喊声未落，三排副排长张连发率领的尖刀班七班，已纵身跃过了铁丝网。跟在后面的八班也快速越过铁丝网，两个班并肩突击。敌人看到突击班冲了上来，慌忙集中火力向他们射击，但勇士们不顾敌人火力的阻拦，自觉发扬猛打、猛冲、猛攻的战斗作风，迅速突破了敌人的第二道铁丝网，战斗进展比较顺利。但是，当他们继续勇猛冲击时，被敌人设置的1.5米多高的屋脊形铁丝网挡住了前进的道路。此时，敌人用猛烈的火力将尖刀班压制在铁丝网外，使尖刀班抬不起头来。爆破组在破坏敌人第二道障碍物时，有2名同志负伤没有跟上来，这时仅剩下组长吴振松一人，而他也已经没有了爆破器材。紧急关头，吴振松对三排副排长张连发说："你们稍等，我想办法把它搞开。"说着跃身冲了上去，他想用牙咬断铁丝网，但铁丝实在太坚硬，他的牙齿酸痛难忍，嘴已被铁丝网扎得血流不止。看这个办法不行，不但笨而且费时间，于是吴振松果断地举起冲锋枪，对准铁丝网就打，接着抡起冲锋枪一阵狂砸，迅速将铁丝网打开一个口子，阻挡突击班前进的道路打通了。吴振松自己先爬过去，发现没有地雷，然后招手让战士冲击。突击班在副排长张连发率领下，迅速发起攻击，勇猛地向山上冲去，迅速地攻占了山梁。

正在战斗激烈进行的时候，颜德明师长询问杨德荣团长战斗进展情况，杨德荣知道师长担心在顺利的时候，容易出现轻敌思想，他坚决地回答："请军师首长放心，我们坚决拿下高地，全歼守敌，保证首长决心的实现！"随即他命令一连连长调整部署，采取多路出击的办法，加快攻击速度，坚决拿下高地，全歼守敌。

占领山梁后，七班长马忠庆发现敌人的重机枪还在山头上，猛烈地对我突击分队实施火力阻拦，使突击队随时都会付出重大的伤亡。马忠庆想：打蛇要打七寸，进攻战斗要先打掉敌人的火力点，扫清前进道路上的一切障碍，这样才能以小的代价换取大的胜利。不行！要想办法先打掉山头上敌人的重机枪阵地。他观察了一下地形后，立即带两个战斗小组向敌人的重机枪冲去。新战士李盛清被子弹打掉两颗牙齿，满嘴是血，他撕开救急包塞一把纱布进嘴里，连续向山上投了两颗手榴弹。团员姜顺全胸部被子弹打穿，他强忍剧痛，继续往山上冲，边冲边高喊："同志们！冲上山顶就是胜利！"随着喊声不顾一切地冲了上去，在山顶上用尽最后的力气喊了一声："我们胜利啦！"声音戛然而止，他倒下去了，再也没有起来。战士石润兴冲到一个地堡前，连续投进去4颗手榴弹，击毙了7个美国鬼子，摧毁了敌人1挺重机枪。七班占领山顶后，副排长张连发立即命令从山上往下打，勇士们像猛虎下山一样扑了下来，继续向敌纵深冲去。前进中，共产党员孙友冲始终冲在最前头，突然感到右腿像挨了一棍，身体一歪倒了下去，但他仍忍痛向前爬去，用力甩出一颗手榴弹，随着响声一转身滚过去，死死地抓住一个敌人不放，腹部这时又负重伤，直到最后还紧紧地抓住那个俘虏不放……

有着坚定信仰的革命战士，为了信仰、为了祖国、为了人民，他们甘愿献出自己的一切，包括生命！中国革命的胜利，就是无数革命先烈用鲜血和生命换来的！新中国大国地位的确立，也是朝鲜战场无数革命烈士用生命和鲜血换来的！从此，中国人民扬眉吐气、挺起腰杆，真正站起来了，任何世界帝国主义都不敢再小视！

一连虽然占领了敌人的阵地，但敌人的主力还没有遭到致命性的打击，副连长许焕章判断敌人主力和隐蔽部都在左边山坡上，立即带领八班从敌人正面攻了上去。战斗英雄苏双保端着机枪向敌勇猛扫射，一班长黄元玉灵活地从敌人的重机枪翼侧铁丝网下钻了过去，用冲锋枪向敌重机枪扫射，使敌人失去了火力掩护。这时，敌人已失去指挥，乱成一团，我指战员们从几个方向围歼残敌。三排副张连发听到山下有敌人吵吵嚷嚷的乱喊声，便带吴振松顺着喊声溜了下去，一阵猛冲猛打，龟缩成一团的6名敌人，很快就被全部歼灭。

张连发，山东人氏，人称"小山东"，出生在一个贫苦的农民家庭，很小的时候，饥饿穷困的生活就夺去了父母的生命，14岁那年被日本鬼子抓去下煤窑当劳工，日本投降后，他满指望有了出头之日，但让他万万没想到的是被国民政府赶出矿山，从此流落街头，以乞讨度日。1946年，共产党的军队才把他从苦难中拯救出来，参加了自己的军队——东北民主联军，那年他才16岁。从此，在党的不断培养教育下，成长为一名优秀坚强的革命战士。

1948年秋的黑山阻击战中，在反击101高地的战斗中，他第一个冲上101高地，对战斗的胜利起到了很大作用。宜沙战役中，他带领突击班占领了宜昌外围的制高点镇境山。每次重要战斗他总是冲在前头，先后3次荣立大功，是第四十七军著名的战斗英雄之一。他的英雄形象曾拍摄在《中国人民的胜利》纪录片中。1950年，当美帝国主义发动侵朝战争威胁到祖国安全的时候，张连发同志毅然决然地走上了抗美援朝保家卫国战争的最前线。

在这次战斗中，他率领尖刀班冲在最前面。敌轻重机枪拼命地封锁他们前进道路，子弹像蝗虫般乱飞。"同志们，向敌左翼插去！"张连发带领三排1个班绕过敌人火力封锁线，插到敌人翼侧的山腰阵地，冲向敌连指挥所。敌人被他们打得乱成一团，有的扔下武器往山下跑，有的慌乱地盲目打枪，张连发指挥大家一边追击一边喊："决不能让敌人跑掉一个，冲啊！"带领爆破组长吴振松，从山上冲了下来，哪里有枪声他就往哪里冲。手榴弹打光了，就捡起阵地上的手榴弹打敌人。在搜索残敌时，张连发突然发现一个掩蔽部，他冲到掩蔽部门口举起手榴弹正要向里投弹，藏在里面的敌人突然向他射出一发子弹，打中了他的腹部，他本能地想站稳身体，可还是歪歪扭扭地倒了下去。这时，一个美国鬼子端着枪向他冲来，他使出全身的力气，用冲锋枪将其击毙后，再也没有起来，实现了他"不歼灭侵略者誓不罢休"的誓言。英雄张连发虽倒下去了，但他的英雄行为激励着其他勇士们奋勇前进。勇士们高喊着"为副排长报仇"的口号，勇猛战斗……八班长龙玉泉和战士黄明全在一个掩蔽部里用枪托打死一个企图顽抗的敌人，另一个吓得乖乖地当了俘虏，副连长许焕章一边射击一边用英语喊话，俘虏了隐蔽部里的几个敌人。

晚9时40分，天空中升起了胜利的信号弹。经1个小时10分钟战斗，全歼守敌，毙敌连长以下120余名，俘敌中士以下11名，缴获各种炮5门、重机枪2挺、轻机枪4挺、长短枪30支，对讲机3部、步行机6部、电话单机5部。

一连攻占了338.1高地之后，团长杨德荣立即将指挥所设在了这个高地。这个高地地势险要，向前能透视纵深铁原、龟城敌人车辆、坦克、人员活动情况，向后对我军能起到屏障作用，掩护我军运输、部队调动，因此敌人视其为眼中钉，想尽办法要夺取高地。

第一三九师炮兵独立营奉命进入36.6高地支援步兵作战。炮兵独立营装备的是山炮，炮身和炮弹都比较笨重，仅炮身重就约1吨多，炮弹11公斤。在进入阵地的山路崎岖，战士们把炮身卸成四大件，用人抬着进入阵地。敌人为了阻击我炮兵进入阵地，不断用炮火封锁道路，先后有两名战士负伤、4名战士牺牲，战士们克服了难以想象的困难，终于将炮抬上了阵地。

敌人似乎察觉到了我炮兵进入了阵地，连续向独立营阵地发射了20分钟约40枚炮弹。为了打击敌人的嚣张气焰，连长发出战斗号令：立即准备，听令发射。5时左右，我4门山炮发出了怒吼，共发射16枚炮弹，摧毁了敌人的碉堡，狠狠地惩罚了侵略者。

敌人为了报复，以1个营的炮火向独立营的阵地轰击，敌飞机也向我阵地投燃烧弹，阵地上的树全被烧光，连炊具也被炸飞上了天。战士们在阵地上坚守四昼夜，圆满地完成了支援步兵作战的任务。

9月11日下午2时，担任值班观察任务的观测员孙武，在敌人飞机重炮的轰击声中，发现在338.1高地前坡约150米处，有一大片灌木丛的树叶有轻微的晃动，立即引起了他的警觉，是敌人炮火轰炸震动造成的？不像。他把炮队镜调整好视度，仔细观察发现似有人在里面。时值深秋季节，树叶虽

被俘的敌军士兵

呈深黄绿色但并未衰败，茂密的树叶在没有风的吹动下是不会动的，他心里不觉一惊，是敌人？便更加仔细认真地观察，立即发觉有几个头戴树叶的伪装圈、身着迷彩服的敌人，断定这里隐藏着大量敌人。原来敌人为了占领这个高地，利用秋天地物地貌的特征，巧妙避开我前线步兵的侦察，运动到距我指挥所不远的地方，企图采取突然袭击，一举拿下高地。孙武立即将情况报告联合指挥所炮兵副指挥长高景坡，高景坡立即爬到338.1高地观察所实施观察，确定是敌人准备偷袭后，立即命令我炮兵群实施轰击，在我强大火力打击下，隐藏在灌木丛中的敌人1个连兵力，被打得落荒而逃，丢下数具尸体，哇哇乱叫四处逃散，又受到高地我步兵火力的射击，死伤惨重。敌人为了安全拖走尸体，派出4架飞机对338.1高地实施轰炸，但因高地陡峭，又有坚固坑道工事，敌机的炸弹不是前了就是后了，总投不到山头上，因此虽然敌机轮番轰炸，我阵地仍然岿然不动。此后，敌人又组织了多次进攻，但都以失败而告终，直至友军接防，338.1高地仍然控制在我军手里。

此时，第四一九团九连接替了第四二○团八连担任夜月山警戒任务。深秋的朝鲜，每天阵地都笼罩在大雾之中，担任警戒任务的二班战士温奇友，正警惕地注视敌人的动向。突然，他在静寂的晨曦中，透过浓雾隐隐约约地看到山脚下有人晃动，还听到声音很低的嘀嘀咕咕的说话声。通常情况下，敌人发起攻击前都先进行炮火轰击，今天怎么连一枪一炮都不打呢？正在温奇友疑惑时，忽然他想起昨天敌人曾在阵地前进行过侦察，今天早晨是大雾，能见度极低，是偷袭的最佳时机，他立即将这一情况报告副排长潘光仔。

一排副排长潘光仔立即命令一班、二班占领阵地，要求大家迅速准备好手榴弹，敌人不到最有效杀伤范围内不打，并鼓励大家说："同志们，我们要坚决守住阵地，打好最后一仗，把阵地光荣完整地交给友军，人在阵地在！"战士们纷纷表示，坚决消灭敌人，守住阵地，争取带着更多的光荣离开阵地！

已经上阵地的准备接防的第一四一师四二三团六连六班，在得知敌人准备偷袭的情况后，立即要求与第四一九团九连一排并肩战斗，打好上阵地的第一仗，学习兄弟连队的战斗经验。这样，他们便自动进入阵地，准备迎击敌人。

自作聪明的敌人认为，在这样的天气下，志愿军战士一定会放松警惕，所以便鬼头鬼脑地摸了上来。敌人渐渐地近了，只有20多米时，潘光仔一声令下，几十颗手榴弹一齐飞向敌群，随着爆炸声，敌人倒下去一片，活着的人恨爹娘少生两条腿，连滚带爬地败退下去。

敌人并不甘心偷袭失败，各种重型火炮随即便打了过来，炮声震耳欲聋，阵地上如同烧开的锅，我阵地表面工事全被炸塌，一阵炮击过后，敌人便连续发起冲击，勇士们从这个弹坑跳到那个弹坑，从这边滚到那边，顽强地抗击敌人。忽然，一个敌人从左边冲进了交通壕，九连一排副排长潘光仔看距离太近无法扔手榴弹，便握紧手榴弹对准敌人的脑袋砸了过去，一下子将敌人的脑浆砸了出来，敌人当场毙命。还有几个敌人也快冲上阵地了，战士温奇友急中生智，拉开一根爆破筒就甩了过去，随着一声巨响，这几个敌人被全部歼灭。六连六班战斗小组长李春长，正端着冲锋枪向敌人狂扫，一个敌人缩头缩脑地爬过来，突然跳起来端着刺刀向李春长刺来，李春长一个躲闪，伸手抓住敌人的枪，两人顿时扭打在一起，班长牟世清发现后，立即冲过来一枪毙了这个敌人。一阵激烈的战斗，敌人死伤70多人，再次败退下去。

下午2点左右，敌人为了拖走尸体，调来4辆坦克，向我阵地打了几十发烟幕弹，乘着烟幕的掩护，拖着尸体狼狈地逃走了。天黑后，九连一排将阵地移交给六连六班，胜利地走下了阵地。

为粉碎敌人即将发动的秋季攻势创造有利条件，一四〇师四二一团令团直警卫连出动2个排的兵力，攻占343高地，全歼守敌。

警卫连受领任务后，立即展开紧张的战前动员和准备，战士们纷纷要求参战，各班排都派代表到连部要求担任突击任务，连长指导员被班排长们包围着，陈述各自班排完成任务的条件和信心，请求连队把最艰巨的任务交给他们。指导员反复解释：大家的高涨的战斗情绪是好的，不管那个班完成突击任务都是没有问题的。但是，大家必须认识到，完成突击任务固然光荣，如果没有其他方面的配合，光突击班也不能完成任务。只要大家共同英勇作战，密切配合，一定能够歼灭敌人，取得胜利！经连队支委会研究决定，把主攻任务交给了一排和三排，副连长黄发珍率一排担任突击任务。

正当副连长黄发珍率领一排向敌阵地运动时，敌人的炮火猛烈地进行拦阻射击，担任尖刀班的第三班，班长郑奎山带战士陈远林和荣光彬走在最前面，他们机智地避开敌人正面火力，从右侧隐蔽地接近了敌人。当他们静悄悄地快爬到山顶时，被敌人的哨兵发现，郑奎山眼疾手快一枪击毙了这个敌人，陈远林也将准备隐蔽的另一个敌人击毙。山上的敌人听到枪声立即做好了战斗准备，郑奎山立即向敌投去一颗手榴弹，吓得敌人机枪手拖着枪连滚带爬地往回跑。另外的敌人立即向一排疯狂射击，把一排压得抬不起头，随时都会有重大伤亡。在这紧急时刻，郑奎山观察了一下地形，带领尖刀班迅速绕过一个小山包，从左侧向前猛插。一班机枪手张学义看到尖刀班隐蔽穿插，立即用火力进行掩护，敌人的火力被吸引了过来，正在与敌人对射时，张学义的右手负伤，他把机枪交给副班长继续射击，自己用左手帮助副班长压子弹，一排在机枪的掩护下，勇猛地往山上冲去。

尖刀班班长郑奎山带领战士往上冲时，发现敌人的1挺重机枪正疯狂地向我攻击分队射击，郑奎山示意大家隐蔽，而后拧开手榴弹盖投了过去，随着"轰轰"的响声，敌人的机枪立刻变成了哑巴。乘着烟雾，他们立即冲了过去，端起冲锋枪一阵猛扫，工事外的十几个敌人立即横七竖八地躺在地上毙命。这时，各突击分队全部冲了上来，迅速占领了这个阵地。接着他们向纵深发展进攻，郑奎山胸部负伤，但仍然坚持战斗，陈远林看到后立即给他进行包扎，迅速巩固了阵地。

敌人不甘心阵地丢失，组织了200多人，在猛烈炮火支援下实施反扑，企图夺回丢失的阵地，重新占领高地。战斗越来越激烈残酷，敌人依仗火力优势，轮番对我刚刚占领的阵地实施"饱和轰炸"，整个山头笼罩在一片烟雾之中。三排正副排长相继伤亡，七班副班长张洪福和九班副班长张宝林，挺身而出，自动代理，指挥战士继续战斗。指战员沉着勇敢，越战越勇，六〇炮手刘福臣用手扶着炮筒连续打了12发炮弹，发发在敌群中开花，手被烫伤了全然不顾，乘敌人混乱时，实施反冲击，敌人狼狈地逃下山去。

就在敌人发起"秋季攻势"作战的前两天，第四二三团五连为了在即将开始的战斗中，能够更好地歼灭敌人有生力量，命令八班班长张景春带战士王召云、谢要来去执行夜摸敌营的任务。夜色深沉，天空中不时升起敌人打的照明弹，把整个阵地照得通亮。借助光亮，张景春他们连续爬了两个山头，发现敌人3个地堡，却都没有敌人。此时，他们已经距离前沿阵地10多里了，是回去还是继续搜索？三人经过短暂商量后，决定一定要干掉敌人，为下一步作战创造条件。于是，他们继续前进，发现山上有交叉的电线和许多子弹、炮弹，判断敌人一定就在前面。接着又翻过两个山头，摸到第五个山头时，发现了敌人的隐蔽部，走在前面的谢根来靠近一听，里面发出打鼾声，他悄悄地爬过去伸手摸敌人的枪，结果摸到一只脚，把敌人吓醒了。惊慌的敌人爬起来就要跑，谢根来一枪将他击毙。睡梦中的敌人被惊醒了，顿时乱成一团，谢根来堵住门口用英语大声喊道：缴枪不杀！敌人想顽抗，谢根来向里扫了一枪，有个敌人想从他的裤裆下钻出去逃命，说时迟那时快，谢根来一屁股坐这个敌人的身上，一枪结束了他的性命。接着又向里扫了一梭子，地堡内的十来个敌人全部被打死，缴获了1挺重机枪。当敌人的炮弹打过来时，他们已胜利地撤离了，安全返回了自己的阵地。

为了使第一四〇师获得休整的机会，9月20日，第四十七军以第一四一师全部和第一三九师大部接替了第一四〇师的防御任务，炮兵第二师接替了炮兵第八师的任务。部署调整后，广大指战员积极加修工事，进一步做好抗击敌人大规模进攻的准备。

9月22日，敌人以1个连至1个营的兵力向第四一五团五连坚守的218.4高地和第四一六团三连坚守的287.2高地进行轮番进攻，反复进行冲击，均遭到我各支撑点的顽强抗击，未能得逞。敌人不甘心失败，随后在14辆坦克和炮火的支援掩护下，再次向五连阵地发起更加疯狂的攻击，五连全体指战员英勇顽强，弹药打光了，就与敌拼刺刀，刺刀拼弯了，就抡起枪托砸，枪托砸碎了，就用铁镐、石头猛击敌人，连续与敌激战6昼夜，打退了敌人52次冲锋，歼敌900余人，守住了阵地。战后，五连荣立集体一等功，并获"二级英雄连"光荣称号。在夜月山前沿阵地坚守的第四二三团六连六班，与敌激战九昼夜，歼敌400余人，守住了阵地，荣立集体特等功，并获"一级英雄班"光荣称号。

第四十七军经过前沿的不断反击和坚守阵地作战，为进一步巩固我防御阵地，粉碎敌人即将发动的"秋季攻势"作战创造了有利条件。

第六章
李奇微兴兵发动新攻势
杨宝山岿然不动天德山

范弗里特提出"兰格拉"作战计划未获李奇微批准；美军第一军军长奥丹尼尔提出的"指令"作战计划获准；10月3日，"联合国军"开始向"詹姆斯敦线"前进，"秋季攻势"作战开始；敌人轮番进攻我支撑点，五连指战员激战六昼夜荣获"二级英雄连"称号；夜月山六班坚守九昼夜，歼敌400多人；美"王牌师"屡战屡败施放毒气，五连顽强抗击天德山阵地岿然不动，对粉碎敌"秋季攻势"起到重要作用，荣获"天德山英雄连"荣誉称号；敌人施放毒气，一级战斗英雄杨宝山连长、顽强的政治指导员闫成恩身先士卒。

自从朝鲜停战谈判开始以来，美帝国主义并不甘心就这样停止战争，因而一面拖延、破坏和谈，一面又不断发起进攻，企图以强大的军事实力压我签城下之约。然而，敌人的如意算盘打错了，一次又一次的进攻，都以尸横遍野而告终。

特别是志愿军粉碎了敌人发动的"绞杀战"后，使得志愿军的作战物资源源不断地运上炮火连天的前线。有了坚强的后勤保障，吃饱穿暖的志愿军指战员在正面战场生龙活虎，越战越勇。

志愿军部队得到充分后勤保障，意味着李奇微、范弗里特寄予极大希望的秋季攻势必将是以惨败收场！

但好战的李奇微、范弗里特却并不甘心。范弗里特在伤心岭、血染岭失败之后，向李奇微提出了"兰格拉"作战计划。这个作战计划的核心是"10月中旬以海军第一陆战师和韩国军的一个师在库底、通川地区登陆，美第九军、第十军和韩军第一军采取攻势，歼灭朝鲜军，将战线推进到平康—淮阳—库底一线"这样一个野心勃勃的计划。

要实现这个计划的前提是，美军第一军、第九军在正面实施有限目标的攻击，将战线向北推进约15公里，在击破志愿军发动攻势能力的同时保证铁原—金化铁路沿线的安全。美军第一军继续发动攻击，以使铁三角地区正面的攻势容易进行，范弗里特将作战行动命名为"棍棒"作战。

对于顽固坚信"只有战胜才是谈判成功的前提，协议只有依靠战胜才能获得"的范弗里特来说，此时正好中朝提出重开谈判，因此范弗里特敢于三次提出申请，要李奇微批准。

狡猾的李奇微考虑"兰格拉"计划所造成的损失是不符合"为了避免比这流血更多而要进行谈判"的基本方针，仅伤心岭一战就付出了近2000人的生命代价。但到 9 月 30 日，李奇微却批准由美军第一军军长奥丹尼尔提出的"指令"作战计划，这让范弗里特的颜面完全丢尽。

奥丹尼尔的作战计划比较谨慎，就是在 10 月初开始进攻，想要占领从汶山里东北约 14 公里的临津江西岸开始连接沙尾川畔的青延里—临津江畔的桂湖洞—驿谷川南岸的高地一带—铁原西北 10 公里的中于村到铁原东北 8 公里的中佳山一线，即所谓的"詹姆斯敦线"。

奥丹尼尔认为如进到这一线就将战线向北推进了约 10 公里，这样就可以掩护涟川—铁原—金化铁路，确保怀俄明线的防御，可给前线的志愿军部队造成混乱和威胁，而且还能复活经常不振的第八集团军的士气。

李奇微之所以批准"指令"这个作战计划，有他自己的理由：如果实施"棍棒"计划终究会发展成对铁三角整个地区的争夺，惹起和中国军队决战的可能性很大。这样就会激怒中国使得战争无法控制地发展下去。而"指令"计划只是攻击志愿军的警戒阵地或前进阵地，不会重演血染岭和伤心岭的悲剧，而且这个计划完全能够实现，不是彻底打败对手，而是为谈判增加筹码。况且，战场地形几乎都是丘陵地带，便于发挥机械化部队快速机动的优势；朝鲜雨季已过，天气不会再是阴雨不断，更不必担心洪水的影响，有利于空军配合；志愿军部队不会像朝鲜军队那样死守阵地，发起攻击后，在强大的火力轰炸下，受到的抵抗可能会小，在政治上和军事上都是有利的，而且也不会使第八集团军的部队过于疲劳。想法不错，但结局令他失望。

范弗里特只好放弃自己的主张，执行由他下级提出的"指令"作战计划。当时对攻势没有起一个总名称，而按习惯俗称为"秋季攻势"。这是谈判开始以来，敌人第一次全部正面上进行的有限攻势作战，也是最后的全面进攻。

这样，范弗里特便命令美军第一军军长奥丹尼尔指挥 4 个师和美军第九军军长穆尔指挥的 1 个师，攻占志愿军临津江东岸至铁原以西一线阵地，建立"詹姆斯敦线"，解除志愿军对涟川至铁原交通线的威胁，从侧翼威胁开城。其具体部署是：从西至东，以韩军第一师向开城方向进攻；以英联邦师夺取高浪浦以北砂川河东岸的青迁里东至临津河谷的高作洞一线以北诸高地；美军骑兵第一师由高作洞至天德山、夜月山一线，夺取驿谷川南岸诸高地；美军第三师夺取铁原以西和西北各高地；美军第九军军长穆尔指挥美第二十五师攻取铁原东北汉滩川与南大川交汇处，与美第三师会合。

在朝鲜前线的"联合国军"指挥官是范弗里特。1951年10月1日，下达了"秋季攻势"作战命令。10月3日，美军第一军在军长奥丹尼尔指挥下开始实施"指令"作战行动。美第九军军长穆尔随即命令第二十五师开始攻击，协同第一军作战。

为使其"秋季攻势"作战能获得成功，范弗里特在下达命令之前，于9月29日令"联合国军"地面部队采取"逐段进攻、逐步推进"的战术，首先在西线开始进攻。下达进攻命令后，在10月3日、5日、13日，西线美第一军、东线美第十军、中线美第九军相继发起进攻。

在"联合国军"发起攻势前，志愿军刚刚调整完作战部署，防御正面第一线展开6个军，西起礼成江口东至北汉江，东西两线，西线依次为第十九兵团指挥的第六十五军、第六十四军、第四十七军，志愿军总部直接指挥的第四十二军。

第四十七军积极贯彻9月上旬志愿军党委扩大会议的精神，积极备战，全面准备迎击敌人大规模进攻。

9月17日至22日，志愿军主要领导鉴于"联合国军"接连在金城以南，向刚接防的第六十七军发动进攻出现的新情况发出指示：第六十七军、第二十七军要进一步巩固阵地，积极组织炮火打击进攻之敌，坚决阻止敌人，决不轻易放弃阵地，大量杀伤和歼灭敌人的有生力量。

根据某些前沿阵地丢失不能夺回来的情况，向第一线各部队下达了指示：各级指挥员平日必须研究地形及掌握敌之行动规律，确定各种情况下的行动"腹案"，以掌握战场主动，反击必须要有充分的准备，掌握好反击时机，尤其"最重要的是必须防止敌人的反击"；对我设防之坚固防御阵地不能随便放弃，万不得已而必须放弃时，应将所有工事预先炸毁，决不能使敌人利用对我顽抗，或作为敌研究对付我军的材料。

此时，正是朝鲜爆发40年来罕见的特大洪水之后，道路桥梁还未来得及修复，很多地方道路还不通，加之"联合国军"对我后方交通运输系统发动的"绞杀战"，给志愿军的物资运输造成了极大的困难，但是经过我后勤官兵的顽强努力，打赢了这场最艰巨的后勤战役，第一线部队的粮食、弹药供应紧张的状况得到极大的缓解。

在东线，我第二十兵团刚刚接防，还没有来得及加固工事，就遭到了美军空前猛烈的进攻。范弗里特为了尽快建立军功，在朝鲜战场是花样百出，这次又搞了个新战术"坦克劈入战"，顾名思义，他要用坦克群劈开志愿军部队的防线。但是，让范弗里特没有想到的是，美军用280余辆坦克引导步兵冲击，每天用10万余发炮弹轰击，130架次飞机投弹、轰炸、扫射，然而我英勇的志愿军战士，用反坦克手雷或用反坦克地雷，甚至拼命向前将爆破筒塞进敌人的坦克履带，把美军的坦克炸得黑烟滚滚，"乌龟壳"的周围躺满了敌人的尸体，美军付出2.3万的伤亡代价，并没有占到什么便宜。

范弗里特的新战术破产了，曾经横行北非、欧洲战场的美国装甲部队被志愿军战士杀得丢盔弃甲，颜面扫地，胆战心惊，再也不敢用坦克向志愿军阵地穿插，美国装甲部队成了朝鲜战场的缩头乌龟。

李奇微、范弗里特的秋季攻势在东线遭到惨败，这预示着西线的战斗将会更加激烈残酷。

在西线担任防守任务的第四十七军，遵照彭德怀司令员关于"坚守防御、节节抗击、反复争夺"的正确作战方针，军党委提出"粉碎敌人'秋季攻势'，为毛主席争光，为祖国人民争光，为创造抗美援朝英雄部队而奋斗"的号召，动员全体指战员紧急行动起来，进行充分的准备，坚决歼灭一切敢于进攻的敌人。以顽强的毅力、果断的行动，迫使敌人回到谈判桌前，谈判桌上得不到的东西，战场上同样不会得到。

第四十七军从9月29日战至10月29日，经过惨烈残酷的战斗，共毙伤敌2.5万余人，为粉碎"联合国军"发动的"秋季攻势"作出了贡献。

第四十七军的当面之敌为美军"王牌"第一骑兵师、美军第三师、希腊营等部队，其中骑一师是美国陆军中历史最为悠久的部队之一，虽然现在已名不符实，但由于其在美国历史的"功绩"，号称"铁骑军"而番号一直保留了下来，是美军所谓的"王牌"部队，师长是托马斯·L.哈罗德少将。

美军骑兵第一师的主要任务是夺取志愿军从桂湖洞至418高地至驿谷川南岸一线诸高地，将侦察据点推进至驿谷川一线。

美军第三师师长罗伯特·H.索尔少将，指挥该师完成夺取志愿军天德山至281高地至中佳山一线阵地。

英联邦第一师师长A.J.H.卡赛尔少将，指挥英军第二十八旅、第二十九旅和加拿大第二十五旅，进至由青延里到临津江河谷之桂湖洞西岸之15公里正面。

"联合国军"根据情报得出所攻击的目标都不是志愿军的主要阵地，而是前进阵地或侦察据点。因为攻击纵深浅，为避免陷入决战，固不采取突破战法。

秋季的朝鲜天气格外的好，美军第一军官兵们重新振作起精神进行攻击准备了。尽管判断志愿军正面阵地是前进阵地或是警戒阵地，但他们并未小看志愿军的阵地防御，他们心里也知道，自己在做进攻准备的同时，志愿军也不会干待着，3个多月的时间肯定会构筑大量工事，储备足够的粮弹等作战物资。

10月3日，"联合国军"开始向"詹姆斯敦线"前进。在约60公里的战线上，部署了5个师，经1个小时航空兵和炮兵的火力准备之后，6时开始了进攻。

让范弗里特没有想到的是，大韩民国第一师在幕涟洞高地一带，贡联邦师在高旺山和马良山，美军第三师在天德山和夜月山都受到了顽强的抵抗。而美军第一骑兵师发起攻击后，遇到的抵抗程度完全超出了敌人的想象，战斗打得十分激烈而又残酷，双方反复争夺了两周的时间。

托马斯·L.哈罗德、罗伯特·H.索尔、A.J.H.卡赛尔3名少将师长恐怕没有想到，这次与他们对阵的是以善打防御战而著称的第四十七军。还是两年前，这支在东北战场上才刚刚组建的新部队，以誓与阵地共存亡的钢铁般意志，死守黑山，致使国民党最精锐的廖耀湘兵团10万精兵无路可逃，惨遭覆没。

美骑一师师长托马斯·L.哈罗德在驿谷川畔的进攻部署是：由麦克支队的第七十坦克营、第十六侦察连在涟川至桂湖洞的公路上突进，切断志愿军向朔宁方向的退路。第五骑兵团在一〇五榴弹炮和一五五榴弹炮各1个营的直接支援下，为左翼第一梯队，向222高地至272高地之间地域进攻；第七骑兵团在两个一〇五榴弹炮营的直接支援下，为右翼第一梯队，向339高地至418高地地域进攻，各自分别进至驿谷川畔。第八骑兵团为师预备队，随时与第一梯队轮换。由一五五自行榴弹炮1个营、二〇〇榴弹炮1个连和一五五榴弹炮2个连全部支援战斗，但优先支援第七骑兵团的战斗。

坚守分队在向敌人猛烈射击

10月3日5时许,美骑第一师以二〇〇榴弹炮和一五五加农炮为主的100余门大口径火炮同时向志愿军阵地轰击,在炮击的间隙,多达100多架的战斗机轰炸机当空乱舞,倾泻着大量的重磅炸弹、凝固汽油弹、火箭弹和机枪弹,整个阵地硝烟弥漫,烈火熊熊,一片烟云火海。敌人极为激烈的炮击和轰炸持续了整整1个多小时,似乎要把整个阵地夷为平地,不留一点儿生命痕迹。

6时整,美军第五骑兵团以3个营的兵力为第一梯队,实施并列进攻。然而就在进攻开始发起之后,受到我志愿军从未有过的猛烈炮火拦阻打击,损失惨重,但仍继续在炮火和飞机的支援下发起冲锋。在我敌炮火延伸时,第四十七军坚守一线阵地的指战员迅速占领前沿阵地,待敌人进到我步兵火器有效射程内,轻、重机枪、冲锋枪和手榴弹一齐打响,给进犯之敌大量杀伤,小小的高地成了侵略者的"血染岭""伤心岭",而我炮兵这时又实施了摧毁性射击,第五团的这3个营在第一波的攻击中,没有一个官兵生还,号称"王牌"部队的美军骑一师的第一次进攻就这样完全地失败了。

而在公路上突进的左翼麦克支队,同样遭到我各种火炮和迫击炮的猛烈打击,又闯进了我事先埋设的地雷阵,被压制在进攻发起线上,进不得,退不得,就这样度过了一天,在我炮火猛烈打击下,伤亡惨重,基本丧失了战斗力,不得不停止进攻。

尽管托马斯·L.哈罗德指挥的进攻遭到了失败,但他仍不断调整兵力,继续发起冲锋。美军骑兵第一师五团二营经过几次反复冲击后,才攻占了222高地,三营经过6次冲锋最后终于夺取了272高地的一角。但是,敌人刚刚占领高地,还未喘口气,就立即遭到我志愿军炮火覆盖,顿时弹如雨下,震耳欲聋,我军指战员不待炮火延伸,即发起让敌人喘不过气来的反冲击,很快把失去的阵地又重新夺了回来。

担任右翼攻击的美军骑兵第一师七团,情况也完全相同,以希腊营和该团第二营并列向418高地和313高地进攻。但是,冒着弹雨好不容易前进到山脚下时,两个营便已失去了突击能力。

让美国人感到十分震惊的是志愿军炮兵部队的表现,美军战史记载:"中国炮兵像这样有组织地进行射击,还是战争以来的第一次。中国炮兵为了阻击接近的集中射击和为了粉碎冲击的拦阻射击就不用说了,此外甚至还实施了从来没有过的炮兵对炮兵的炮战,这使得美国炮兵很为惊慌。这是中国炮

人拉肩扛将炮推上阵地

兵从未有过的战法。"

其实，这时志愿军的装备已经大为改善，苏联承诺的援助已不断落实，国内也加紧生产，这就使得志愿军的装备有了很大改善，特别是我炮兵火力有了极大的加强，当"联合国军"发起攻击时，志愿军炮兵能够有计划、有组织地进行射击，开创了志愿军在抗美援朝战争以来集中炮兵使用的先河。志愿军的炮兵为了阻止进攻的敌人，进行集中射击和拦阻射击，粉碎了美军的进攻，给这些养尊处优的美国大兵心理上造成了很大压力，留下难以抹去的阴影。

这一天的战斗，美军骑兵第一师的炮兵发射了1.5万余发大口径炮弹，以压制志愿军炮火，支援其进攻部队冲锋，在付出惨重的伤亡之后，仅得222高地一个小山丘。

10月4日，美军骑兵第一师增派第八骑兵团对418高地进行猛烈攻击，同样遭到顽强抵抗，敌人的进攻毫无进展。第四十七军坚守高地指战员，哪怕牺牲得只剩下一个人也要死守阵地，而且适时投入兵力实施反冲击，在全线出现了短兵相接的搏斗，指战员们用手榴弹杀伤敌人大量的有生力量，美军战史说："因手榴弹造成的损失直线上升。"

惨烈的战斗发生在第一四一师坚守的夜月山、天德山、418等高地一线。

夜月山（480高地）位于铁原西南，是第四十七军前沿阵地最突出的部位，它像一支长矛直插敌人铁原通往汉城的铁路，扼制了敌人重要的运输大动脉。"联合国军"要向北、向西发展进攻，必须首先夺取夜月山。夜月山阵地一旦失守，敌人可直接威胁天德山、418高地、346.6高地，威胁整个临津江以东第四十七军的防御体系，是我必守敌必取的重要战术要点。因此，当战斗打响后，这里便立即呈现出十分残酷和激烈的景象。

坚守夜月山阵地的是第四二三团六连。

300高地是夜月山东侧伸出的一个山头，紧紧地卡住了铁原通向涟川的铁路和公路，是敌我双方拼死要争夺的要点。第四二三团六连六班奉命坚守该高地。该班受领任务后提出"登山创造英雄班，不当英雄不下山"的战斗口号，随即进入阵地。

六班刚刚进入阵地，进攻之敌就对高地实施炮火轰击，飞机轮番进行轰炸，这些战斗程序履行完之后，便集中一个步兵营和一个坦克营的兵力分路发起攻击。在敌人炮火和飞机狂轰滥炸时，该班除留两名观察员监视敌人的地面行动外，其他人员进入坑道隐蔽，待敌炮火一延伸，即将要发起冲锋时，迅速进入到各自的战斗位置，做好战斗准备，坚决打击进犯之敌。

战斗组长李春长不待敌人炮火延伸，便第一个冲了出去，进到战斗位置，刚做好战斗准备，就发现敌人已进到阵地前沿，李春长选准时机，一鼓作气就投了20多颗手榴弹，冲在前头的敌人一个班，很快就被消灭。正当他准备弹药时，突然发现左侧冲过来一个敌人，端着刺刀就向自己刺来，他机灵地身子往旁边一闪，眼疾手快一把抓住敌人的枪顺势一用力，敌人没有防备，一下子便摔倒在地，来了个嘴啃泥。李春长迅速掉转枪，一个突刺结果了这个敌人的性命。班长牟世清看到一个敌人向自己刺来，闪身一脚将敌踢倒，顺势扣动了扳机，"嗒嗒""嗒嗒"两个点射，那个美国大兵就去"上帝"那里报到去了。勇士们越战越勇，沉着冷静，机动灵活，连续打退了敌人3次冲锋，打死、打伤敌人100余名。

敌人连续冲锋受挫后，进攻暂时停了下来。随即改用重炮轰、飞机炸，并施放烟幕弹，掩护其搬运伤员和尸体，铁原至涟川的公路上，敌人救护车、卡车往返不停。

师长叶建民心里清楚夜月山阵地的重要，他相信自己的战士能够守住阵地，但也知道前沿打得残酷激烈，伤亡也很大。为了进一步激励战士英勇杀敌，他来电询问四二三团团长梁青山战况，并十分动感情地说："我知道同志们打得艰苦，但现在还不是休整的时间，你们要利用战斗间隙，抓紧时间抢修工事，将伤员、烈士运下阵地，补充弹药准备再战。请代我和彭政委问候同志们！"团长梁青山、政委李钦哲知道，已经连续战斗五昼夜了，战士十分疲劳，饭送不上去，没有水喝，困难相当大，他们决心再次派人往阵地上运送物资。

坚守在阵地的战士们，这时正抓住时机抢修被毁工事，副班长赵玉忠已经五天五夜没有休息，眼睛熬得红肿，由于战斗激烈异常，加之通往阵地的道路被敌人的炮火封锁，饭送不上阵地，没有水喝，因而他的嘴干裂流血，说话声音沙哑。为了鼓励大家，赵玉忠说："同志们，把工事修得坚固些，这样我们才能保存自己，消灭敌人。谁的工事修得好，谁就能在战斗中多消灭敌人。同志们，加油干哪！"战士们加快了构筑工事的进度，做好战斗准

阵前反击

备,随时准备歼灭进攻之敌。

敌人发动的"秋季攻势",随着战斗进程的推进,越来越激烈,大规模的进攻即将开始,夜月山的战斗也一天比一天激烈和残酷。六班的勇士们比谁都清楚,他们坚守的夜月山是敌人的眼中钉、肉中刺,是敌必争之地,敌人不占领高地是绝不会善罢甘休的,也明白自己肩上担子的分量。为了迎接即将到来的恶战,他们在阵地上进行了简短的动员,举起拳头向祖国、向人民庄严宣誓:"为了全营防御阵地的稳定,不怕流血牺牲,轻伤不下火线,重伤不叫苦喊痛,人在阵地在,誓与阵地共存亡!"这铿锵的声音响彻天空,回荡在山川河谷之间……

当新的一天到来的时候,六班每个人都已做好了随时牺牲的准备,进入各自的战斗岗位。天刚刚放亮,老天爷就变脸了,整个夜月山被大雾笼罩,只能观察到阵地前五六十米处。8时左右,六班的同志们清晰地听到山下坦克、汽车马达的轰鸣声,声音越来越大,越来越近……

敌人新一轮的进攻就要开始了。

敌人按照教范,集中3个炮兵营的火力对夜月山实施轰击,一个小时之后，地面分队便像蜗牛一样开始冲锋。这是美军的老一套打法，打了这么长的时间，也没有什么变化。根据敌人的规律，副排长王兴邦告诉全班人员，准备好手榴弹，待敌人冲锋时，先用手榴弹炸。战士刘春江轻声对黄银生说："咱们要沉住气，看我身边的这些手榴弹，一个手榴弹至少要换5个美国佬的脑壳我才干。等他们冲上来，咱们依托阵地上的坚固工事，靠手中的手榴弹打他个片甲不归。你们都知道我是出了名的'投弹大王'，可以这么说，我投手榴弹投得准、投得远，敌人来多少就干掉多少。在这方面我是有点儿小气，不管杀伤多少敌人从来都不打收条。"逗得大家哈哈大笑。这时，观察哨兵发出信号，敌人已开始向高地运动了。王兴邦立即命令大家做好战斗准备。敌人越来越近，只听一声"打"，手榴弹便像冰雹一样砸到敌群中，顿时敌人就倒下一大片，活着的连滚带爬地退了下去。接着，敌人又发起第二次、第三次冲锋，都被六班的勇士们打了下去。

美军第八集团军司令官范弗里特在失败面前，表现出了少有的冷静，他知道志愿军后勤供应困难，作战都是靠战斗员随身携带的给养和弹药，一般

高射机枪严阵以待

只能作战7天，李奇微称之为"礼拜作战"或"礼拜攻势"。因此，在进攻遭受失败后，指责美骑一师师长托马斯·L.哈罗德说："你这仗是怎么打的？那么多的炮兵、航空兵支援你，你那骑五团一个团连个夜月山都打不下来，怎么交代？要很好地组织，尽快拿下夜月山！"

下午1时，美军又发起了新的进攻。这次，美国大兵似乎改变了一些战术，采取轮番冲锋的战术，妄图以这种人海战术，冲垮志愿军的防线。美军的这种打法，正好使我军发挥步兵火器的威力，敌人冲的次数越多，伤亡的人也就越多。六班面对强敌，毫不畏惧，但随着战斗进入白热化，六班的伤亡也越来越大。副班长赵玉忠已两次负伤，一条腿被弹片炸断，他十分吃力的对副排长王兴邦说："我是共产党员，只要还有一口气，就要和大家一起战斗到底！"说完拖着断腿仍坚强地独当一面。当敌人冲上阵地时，他就坐在地上，不停地向敌群投手榴弹。王兴邦、牟世清、黄银生、刘春云等毫无惧色，互相支援、互相帮助、互相鼓励，几个人一会儿跑向左侧投几颗手榴弹，一会儿跑到右侧用冲锋枪打几梭子，敌人冲上来一批，被他们打下去一批。他们只有一个念头：人在阵地在！想方设法多消灭敌人，为朝鲜人民和牺牲的战友报仇，为祖国争光！阵地的工事早被敌人炮火夷为平地，山头上的泥土被炮弹、炸弹炸翻了几遍了，他们利用弹坑作工事，英勇顽强地抗击敌人的进攻。快到黄昏了，敌人组织了最后一次冲锋，有几个敌人已爬上了阵地，情况万分危急，副排长王兴邦不顾一切地跳出弹坑，将仅剩的一根爆破筒掷向敌群，接着，又投出仅有的5枚手榴弹，冲上来的敌人顿时被消灭了。在交通壕的另一侧，牟世清搜集了一些手榴弹，待敌人冲到堑壕前时，他才将手榴弹投了出去。敌人最后一次冲锋又宣告失败，阵地仍牢牢地掌握在六班手里。

范弗里特不甘心失败，命令美军第三师师长罗伯特·H.索尔指挥该师两个团、泰国第二十一团及菲律宾营，在5个一〇五毫米以上口径榴弹炮营、几十架飞机的配合支援下，对夜月山发起了更加疯狂的进攻。攻击发起前，敌人先进行了一个多小时的狂轰滥炸，大量的凝固汽油弹把六连的阵地燃烧成一片火海，迷恋火力的敌人，每次攻击都实施这种所谓的"饱和轰炸"。火力准备过后，便以一个步兵营和一个坦克营，采取数路齐头并进的战术，发起了集团冲锋。敌人的指挥官在士兵身后，挥动着红白指挥旗，就像赶羊群似的,驱赶着这些胆战心惊的士兵往上冲。

坚守夜月山左翼前沿阵地的只有六班8名战斗员,在副排长王兴邦的带领下,两个小时内用机枪、冲锋枪、手榴弹打退了敌人4次冲锋。子弹打光了,枪打坏了,就用手榴弹炸。敌人为了占领这个阵地,轮番实施冲击,还把同伴的尸体垒起来,堆成"肉体工事",一批又一批地往上冲,但都被六班的勇士们用手榴弹打了下去。

战斗异常激烈残酷,激战当中,共产党员赵玉忠独当一面,只身一人坚守一侧,他搬来5箱手榴弹,待敌人进到二三十米处时,突然用手榴弹打击敌人,连续五次打退敌人班、排规模的冲锋。战斗到了下午,六班阵地上的工事大部被敌炮火摧毁,伤亡得只剩下4个人。他们重新进行分工,一个人把一个方向,在没有工事作掩护的情况下,利用炸弹和炮弹坑,爬来滚去,灵活机动地打击敌人,先后打光了19箱手榴弹,阵地始终牢牢地掌握在他们手里。

这时,副排长王兴邦的头部负伤,满脸是血,阵地上又没有了弹药。王兴邦抹了一把脸上的血,爬着寻找子弹和手榴弹。他在阵地上爬来爬去,终于找到了两枚手榴弹和一根爆破筒,敌人又冲上来了,王兴邦立即将手榴弹甩了出去,消灭了冲上来的敌人。敌人暂时被打退了。副排长王兴邦将3名战士召集到一起说:"我们决不当俘虏,与敌人同归于尽!"他们紧紧地靠在了一起,王兴邦手里紧紧地握着仅有的一根爆破筒,准备与敌同归于尽。正在这时,副指导员朱振启冒着炮火率预备队二排一个班赶到。朱振启看到阵地上仅有的4名战士说:"同志们,沉住气,现在正是祖国和人民最需要我们杀敌立功的时候,我们要生存下来,因为阵地要靠我们守住它,只要我们活着,机动灵活地打击敌人,阵地就一定能守住!"勇士们同声回答道:"副指导员放心好了,只要一气尚存就要坚决守住阵地!"大家进入阵地后,哪里的敌人冲上来的多,他就率这个班反击到哪里。战斗中,朱振启两次负伤仍坚持指挥战斗,还不断地给战士送弹药,并不断地鼓励大家。指战员们斗志昂扬,信心倍增,越战越勇,敌人第7次冲锋又被他们打了下去。

一天的战斗,在这个仅有几百平方米的阵地上,横七竖八地倒着300余具美军官兵的尸体,我阵地仍然屹立不动。

在夜月山右翼阵地上,战斗同样异常激烈,敌我双方逐山头地展开反复争夺。有一股敌人已冲进了我阵地的堑壕，青年团员邹孝顺见此，立即高喊："跟我来！"率先实施反击。这时，炮兵和机枪火力向突入之敌实施猛烈轰击，邹孝顺在火力掩护下，带领3个班的战士迅速通过敌人两道炮火封锁线，绕到阵地侧后，突然出现在交通壕内，机枪、冲锋枪、手榴弹一齐打响，他们边打边沿交通壕前进，使敌人未来得及有组织抵抗就死的死、伤的伤。同时，二班从侧翼迅速插上山顶，与负隅顽抗之敌展开肉搏战。与二班并肩战斗的四连三排已夺回失掉的一个山头阵地，歼敌1个排。这样，六连和四连在夜月山上与敌人反复冲杀了20多个小时，杀伤敌人800多人。

六班坚守夜月山九昼夜，进行了无数次激烈的战斗，打退了比自己多几十倍敌人的几十次冲锋，打死打伤敌人400多名，圆满地完成了坚守任务。战后，副排长王兴邦和班长牟世清，荣立特等功。副班长赵玉忠和战斗小组长李春长（已牺牲）记特等功。志愿军总部为六班记集体特等功，并授予"一级英雄班"荣誉称号。

自从范弗里特下令全线攻击开始后，第四十七军各级指挥员便全身心地投入到指挥部队抵抗敌人的进攻作战中。随着战争进程的发展，军长曹里怀十分清楚地认识到，敌人在西线的重点是驿谷川畔，正好是第四十七军的防御阵地，如果不能有效地歼灭敌人守住阵地，是要对朝鲜历史负责的，他猛然感到肩上的担子沉重起来。经过研究敌人的进攻重点，不难看出在天德山、夜月山、418高地等一线，这里正好是我们的防御重点，能不能守住阵地对粉碎敌人"秋季攻势"将至关重要，甚至是带有决定性的。曹军长立即电告一四一师师长叶建民，要求坚守阵地一线的广大指战员，要不惜一切代价坚决守住阵地，各级指挥员必须靠前指挥，随时掌握战斗发展情况，阵地丢失必须立即组织力量发起反击，坚决夺回来，军指挥所已积极向上级反映，请求上级加强火力支援。

第一四一师师长叶建民，这位1931年就参加工农红军，历任侦察参谋、参谋长、副团长、团长、副师长、师长等职，参加过反围剿斗争、二万五千里长征，率部开辟敌后抗日根据地，辽沈、平津等无数次重大战役战斗的优秀指挥员，完全能够理解军首长的压力，自己同样感到肩上有千斤重担。夜月山的惨烈战斗使他突然明白过来，敌人猛攻这个突出部，为的是配合在天德山的行动。天德山，东连夜月山，西接418高地和343高地，是师防御的核心阵地,也是军防御的重要地域,是牵一发而动全身的阵地,决不能大意而失守,军首长明确要求对历史负责。为此他也电告坚守这一线阵地的第四二二团团长王焕忠,由副团长狄进喜到二营指挥所坐镇指挥,并以死命令告诉王团长:守不住阵地就不要再见面了!

第四二二团在战前受领坚守任务后,就根据几个高地在防御战斗中的重要位置,尤其是天德山这个重要阵地由谁来守,进行过认真研究,确定把这一艰巨的任务交给善打硬仗的二营五连完成。

五连是一个有光荣历史的英雄连队。在解放战争时期以少胜多、勇猛歼敌著称,曾荣立战功,涌现出张殿有英雄排(三排)、杨宝山班(三班)等英雄集体和现任连长战斗英雄杨宝山、现任指导员模范党员闫成恩等众多英雄模范人物。

五连受领任务后,指导员闫成恩立即对全连进行了教育动员,他激动地讲道:"毛主席说,中国人民决不能容忍外国的侵略,也不能听任帝国主义者对自己的邻人肆行侵略而置之不理。中朝两国山水相连,唇齿相依,两国人民的友谊源远流长。抗日战争和解放战争时期,就有大批朝鲜族革命者来到中国,与我们并肩战斗,我们军的3个师曾有朝鲜族连、营,他们与我们一道打击日本帝国主义。现在,美帝国主义不仅侵略朝鲜,而且将战火烧到了祖国。抗美援朝、保家卫国是我们的历史使命,也是毛主席、党中央和全国人民的重托!我们只有打败美帝国主义的侵略,才能保卫祖国的大好河山,才能保卫祖国人民不再遭受侵略者的杀戮、蹂躏和摧残……"

为了进一步激发战斗热情,闫成恩又组织了控诉会,请朝鲜群众控诉美帝国主义的暴行,指战员们又目睹了侵略者的残暴,声声泪、句句血的控诉,使指战员们无不义愤填膺,情绪愤激,就像火山喷发的岩浆,"打倒美帝国主义"的口号声一浪高过一浪。

控诉会后,请战书、决心书、血书,像雪片一般送到连部。炊事班的决心书与众不同地写道:"不管好饭孬饭,哪怕少油、缺盐,不怕枪林弹雨,保证将饭送到大家跟前,大家要有意见,打完鬼子再来改善,保证大家喜欢。军人哪怕作战?思想决不改变!"全连无不称赞炊事班的决心书写得实在。

五连上阵地后,连长杨宝山一面要求各班排进一步抢修和加固工事,一面带领干部、骨干详细勘察地形,制订作战方案,调整兵力部署。根据敌人在阵地前频繁侦察、炮火袭击增多、运输物资的车辆繁忙的情况，判断敌人即将要发动大规模进攻。他一方面向营长赵汝斌报告阵地前的情况，一方面立即召开干部会反复强调："敌人即将发起进攻，战斗将是极其激烈的，我们必须要有打恶仗的准备，做好应对各种预想不到的复杂情况和各种困难。打出英雄连，不当英雄不下山！"

杨宝山是1945年在东北入伍的，身材魁梧结实，打仗灵活勇敢。他曾在铁路上给日本侵略者做了14年的劳工，过着没有尊严、牛马不如的生活，受尽了凌辱和折磨。参军后，在党的教育培养下，逐步锻炼成长为一名忠诚于革命，热爱党、热爱军队、热爱人民，坚强无畏的革命战士。

1948年2月27日，在解放新开原的战斗中，杨宝山为给主攻部队打开进攻通道，带领七班连续炸掉敌人的6个碉堡，为主攻部队顺利发展，全歼守敌作出了重要贡献，荣立大功一次，所在的七班被命名为"杨宝山班"。在此后的解放战争中，因他作战勇敢、工作积极、吃苦耐劳、执行命令坚决、对党忠诚、办事严肃认真等，3次立功，被提升为五连连长。

敌人炮轰一天比一天疯狂，表面野战工事大部被摧毁，连排干部身先士卒，积极参加和指导加修工事。各班排都开展了杀敌立功竞赛活动，纷纷向连队递交决心书，要求把最艰巨的任务交给他们班排来完成，求战热情十分高涨。

国庆节早晨，指导员闫成恩把一副对联贴在工事的门口上："争取创造英雄连，不当英雄不下山。"发出了誓与阵地共存亡的号召。各班立即将这副对联改写为"争取创造英雄班，不当英雄不下山"的豪言壮语。

8时左右，敌人集中6个重炮群开始向天德山轰击，坚守阵地最前沿的三排成了重点目标。连长杨宝山让副连长张关福立即赶到三排指挥，指战员们知道，一场激烈的战斗即将要开始，纷纷表示："多杀敌人，为国庆献礼！"战斗热情空前高涨。

敌人炮击过后，美军骑兵第一师第五团便以两个营的兵力，在12架飞机、25辆坦克和重炮群的掩护配合下，向五连发起进攻。其中，有两个排向坚守在最前沿的三排冲了过来。

坚守在前沿的八班，早已做好了迎击敌人进攻的各项准备。

美军按其惯例，在步兵、坦克发起冲锋前，先炮轰、飞机轰炸、坦克炮直瞄射击，破坏我方的工事程序或者说模式后，步兵、坦克再开始发起进攻，同时炮火延伸。这次进攻之敌与以往不同，在火力轰击之后，以羊群战术向八班阵地压来，企图从心理上威慑我军战士。敌人认为那个小小山梁上的工事早已被炮火夷为平地，不可能还有什么生命存在，所以他们才像散步一样向八班阵地走来。

敌人开始行动，八班战士们不慌不忙地把一箱箱手榴弹摆好，打开盖子两三个地捆绑在一起，专等敌人来送死。班长尚玉芝说："同志们，今天是祖国的国庆节，准备好手中的家伙，把杜鲁门送来的厚礼全部收下！"战士王兴福逗趣地说："班长，打不打收条啊？"尚玉芝高声回答："打个球！这次不打了，天黑后打个综合收条，看我们每个同志能收多少，一并给国庆节献礼吧！"战士李万发插话道："今天打了大胜仗，千万不要忘了给毛主席、祖国人民报喜！我们今天得天独厚地在天德山听到那么多炮声，比天安门前的礼炮还热闹，不过我们只听不花钱，一位高贵的礼宾范弗里特先生送来的大礼，就按尚班长说的，全部收下了，哈哈！……"

这时，尚玉芝大喊："抄家伙！"其实早已准备好了，就等开火了。敌人慢慢地走了上来，大家几乎都屏住呼吸，只是默默地数着60米、50米、40米、30米，"打！"随着喊声，机枪、冲锋枪、集束手榴弹，劈头盖脸地打了下去；迫击炮不打前面的敌人，专打敌进攻的第二梯队，美军骑兵第五团组织的第一次进攻，还没有冲到我堑壕边就被打下去了。

敌人的第一次进攻失败了。稍作整顿便接连又发动了两次冲锋，五连指战员在弹坑里跳滚着，沉着顽强地打击敌人，战士李万发一颗手榴弹便炸死3个敌人。排长刘学武看敌人冲了上来，立即跳出工事，端着机枪猛扫，40多个敌人瞬间便上了西天。

此时，八班也出现了重大伤亡，阵地上只剩下尚玉芝和王兴福两个人没有负伤，敌人的冲锋仍在继续。在这紧要关头，迫击炮脚架被敌人的炮弹炸坏了，共产党员尹忠杰就用胳膊当炮架，抱住炮管继续射击，胳膊被灼热的炮身烫伤仍坚持射击，一口气打了30多发炮弹。炮手谢徒恩看到敌人冲上迫击炮阵地，立即把迫击炮弹装上引信，当手榴弹投向敌群。这种打法恐怕在战争史上也不多见，敌人被吓住了，还没反应过来，就被炸得死的死，伤的伤，连滚带爬地退了回去。后来，战士们把这种打法说成是把"炮弹当手榴弹打",是给"迫击炮上刺刀"。

敌人还在不停地向上冲,战士王兴福边射击边数数:"第一枪为毛主席争光!第二枪为祖国争光!第三枪为湘西人争光!第4枪为朝鲜人民和牺牲的战友报仇!第五枪……"他5发子弹就撂倒了4个美国兵。狭路相逢勇者胜。敌人被坚守阵地的同志们打退了。王兴福兴奋地对班长尚玉芝说:"我献给国庆的礼还不赖吧!"尚玉芝说:"小王,你真是好样的,打完这一仗,我一定给你请功,咱们要共同立大功,打出个英雄班。""现在,炮班也没有人了,阵地上就咱俩,当前的问题是如何守住阵地,等待援兵。我的想法是:敌人距我们远时,我用机枪射击,你当弹药手往弹夹里压子弹;近时,我用冲锋枪打,你投手榴弹。咱俩配合好,你看好不好?"王兴福说:"班长,听你的,就按你说的打!"

战斗打到黄昏,敌人惧怕夜战,丢下满山的尸体,垂头丧气地败退了下去。

这一天,五连与美军骑兵第一师第五团激战8个小时,打退敌人11次冲锋,杀伤敌300余人,守住了阵地。

10月2日,敌人在天德山阵地前沿集结大量部队准备继续进攻,我炮兵集中火力突然袭击,毙伤敌300余人,击毁坦克1辆,迫使敌人当天再无力发起进攻。

战斗依然在持续着,五连指战员"不当英雄不下山"的决心更加坚定了。指导员闫成恩不断地鼓励大家:"守住天德山阵地,就是守住祖国的大门。祖国和全世界人民都在等着庆祝我们的胜利,我们决不能给祖国人民丢脸!"战士们纷纷表示:"只要还有一个人就要坚决战斗到底,决不让敌人在天德山跨过去一步!"

10月3日,敌人对天德山的进攻更加疯狂。拂晓时敌人首先集中约100余门大口径火炮和百余架次飞机开始对天德山阵地实施炮击和轰炸,航空兵投掷了大量的炸弹和凝固汽油弹,所谓的"饱和轰炸"整整持续了1个小时。

炮轰过后,美军骑兵第一师第一梯队约一个团的兵力,便在40余辆坦克的引导下,向五连坚守的天德山阵地发起了猛烈攻击,敌人潮水般地向阵地涌来,当即遭到志愿军猛烈炮火拦阻射击和集中射击,死伤惨重。

美军第五骑兵团以3个营的兵力并列进攻,虽然遭到志愿军炮火大量杀伤，不甘心仍在继续进攻。美军战史中记载：983.1高地等争夺战异常激烈，我发起攻击即遭到敌炮火杀伤，伤亡惨重，鲜血染红了高地，是真正的"血染岭"。同样的机枪、冲锋枪和手榴弹，让人透不过气的弹幕，中国军队的炮兵实施了对冲锋部队毁灭性的射击，可怕极了。最后冲锋的官兵无一生还，这对骑兵第五团来说，在朝鲜战场上是没有先例的。美军第二师在攻击人民军防守的851高地时遭受到大量杀伤，第九团二营仅剩11人，该师仅仅攻占了该高地最南端的894.3高地。后来，美军一提起851高地等诸高地，就称是"伤心岭"。李奇微发动"秋季攻势"，不但没有达到预期的效果，反而给自己留下深刻印象的"血染岭"和"伤心岭"。

中国人民志愿军战史记载：敌人先后发动了3次小规模的进攻，都被五连打退了。随后又以各种大口径火炮，发疯似的向五连阵地不停地轰击，这是做继续进攻前的火力准备。在敌炮击时，五连官兵除留少数警戒人员外，其余的都进入坑道、猫耳洞（防空洞）隐蔽。敌人炮火一停止射击，五连指战员就迅速进入阵地，做好战斗准备，坚决阻击侵略者。

这天晚上，五连在坑道里召开了一次十分重要的支部委员会，会议的议程是加深政治动员，拟制第二天的作战方案。会上，连长杨宝山说："各位委员回去后，一定要迅速检查各项战斗准备，详细地告诉大家明天的战斗会比前两天更加激烈、更加残酷，一定要有充分的思想准备、战术准备、弹药准备。"

支部书记、指导员闫成恩是一位出色的政工干部，他意志坚定、善于动脑、英勇细致，不仅是做政治工作的行家里手，而且军事素质也很过硬，是一位智勇双全的指导员。上阵地后，他就考虑到战斗的残酷性，便把加强的迫击炮排和重机枪排等兵种分队的干部，全部吸收为党支部成员，以形成坚强的战斗堡垒。根据坚守阵地分散的实际，提出以排为单位组成临时党、团支部，并指定正副书记，明确了党、团支部和各分支部及党团员的任务，根据阵地分散的实际，规定了政治思想工作的方法等。根据各分支部党、团员多少编成若干个党、团小组，选出组长，使坚守天德山的战斗，始终是在党支部的坚强领导下进行，从组织上保证了坚强有力的指挥。这次会上，他再三嘱咐大家说："在阵地上开一次会非常不易，有些同志是冒着生命危险来参加的。因此，各排的党、团小组都要认真贯彻这次支委会的作战决议。目前党员唯一的任务就是带领大家打好仗，守住阵地。所以，必须要充分发扬军事民主，想尽一切办法战胜、克服各种艰难困苦，别忘了我们为何要守天德山，别忘了祖国人民的重托，别忘了我们上阵地时的'不当英雄不下山'的誓言！"讲完后，连长、指导员分别把上级慰问的香烟分发给与会人员，这些在血与火中锻炼出来的优秀儿女，谁都心里清楚，这也许是他们最后的相见了，因此分别时谁也不说话，只相互紧紧地握手、拥抱。

杨宝山连长因连续指挥战斗已3天没得到很好的休息，眼睛里布满了血丝，虽然支委会刚开过，但他仍放心不下，唯恐还有什么漏洞，急急忙忙又赶到坚守最前沿的三排阵地，进一步检查兵力和火力布置及各项战斗准备工作是否落实到位。张殿有排长和战士看到连长来了，很受鼓舞，张排长向连长简要介绍了情况，并代表全排表示："请连党支部放心，轻伤不下火线，重伤不叫苦，坚决守住天德山，打出英雄连的威风来！"杨宝山连长看到战士们个个战斗热情高涨，非常满意地说："好，谢谢你们！但绝不能有丝毫的麻痹大意和轻敌。"随后又来到七班阵地，这里是连队3个最突出的阵地之一，敌人发起攻击首当其冲，杨宝山看到坑道入口处的一块木牌上歪歪扭扭地写着"不当英雄不下山！决不给五连丢脸"的口号，从内心里感到高兴。进了坑道，七班正在开会，传达支委会的决议，他插话道："你们班在阵地的左翼放一个战斗小组和一挺轻机枪，由副班长统一指挥，如没意见就这样定了。"会议结束时，班长请连长讲话，杨连长说："你们会开得很好，大家都表了决心，都决心当英雄，现在的问题就是在战斗中实现诺言了。"

次日，敌人仍按他们的作战程序，重炮群和航空兵5时准时开始对天德山阵地实施猛烈轰击。火力准备后，约一个团的兵力在坦克掩护下，从两翼向五连阵地发起猛攻。坚守阵地侧翼的七班，待敌人进入我火器有效射击内后，突然一齐开火，将进攻之敌的一路打了下去，粉碎了敌人两面夹击的企图。敌人一看两面夹击的企图失败，便集中正面的兵力发起疯狂攻击。敌人像输红了眼的赌徒，以整连、整营的兵力连续实施集团冲锋，妄图以优势兵力占领我阵地。一排副排长关青山一边大喊："同志们，沉住气，不到手榴弹杀伤距离内不要打。"一边把早已准备好的集束手榴弹投向敌群。机枪射手于文礼边射击边说："后面的敌人我包了！"战士傅家成喊道："兔崽子，来吧！"一连投出两颗手榴弹，随着爆炸声，几个敌人应声倒地。接着，他端起冲锋枪扫射,又有几个敌人倒在了他的枪口下。班长魏钧看到后鼓励说:"傅家成,打得好!注意你的右侧!"魏钧边喊边连续投出几颗手榴弹,冲在前面的敌人倒下了,跟在后面的刚想转身往回跑,魏钧一阵连续扫射将他们送到上帝那里去了。指战员们越战越勇,一次又一次地打退了敌人的轮番冲锋。

不可一世的美军"王牌"部队骑一师,不甘心在进攻天德山战斗中一次次地失败,虽然付出巨大代价但仍不善罢甘休,一次又一次地加大赌注,使出他们的看家本领,不惜血本将大量的钢铁倾泻在这座山上,炮火一次比一次猛烈,冲锋的兵力一次比一次多。面对敌人的疯狂进攻,英雄的五连指战员以一当十,无所畏惧,寸土不让,坚决顶住了敌人的猖狂进攻。连长杨宝山、指导员闫成恩分别赶到战斗最激烈的一班、五班、七班和八班阵地参加战斗。

八班坚守在天德山阵地的最前沿,敌人每次进攻首先都要从这里开始。杨宝山连长便首先跑到八班阵地,看到战士们正在积极准备迎击敌人的再次进攻,便高声喊道:"同志们,上级把坚守天德山的任务交给我们,是对我们的极大信任,也是对我们的极大考验,我们一定要守住阵地,为祖国、为人民、为毛主席争光!"战士们齐声回答:"连长,放心好了,只要我们班还有一个人在,就要战斗到底,决不让敌人占领我们一寸阵地!"杨连长看到战士们高昂的战斗热情,非常感动,又高声对大家说:"连队党支部和全连同志相信你们能够完成光荣而又艰巨的任务,要注意防炮,祝你们胜利!"说完就又到其他班排阵地上检查和动员去了。

进攻天德山阵地的"联合国军",使用了除原子弹之外的所有先进武器,飞机、坦克、各种火炮、凝固汽油弹、燃烧弹、化学弹、烟幕弹、毒气弹、宣传弹……把"王牌"部队也全部使用上了。一批比一批多的部队向五连阵地上涌,但冲上去一批便遭到志愿军炮火的大量杀伤和五连指战员的顽强阻击,死伤惨重,不得不败退下去。可是,敌人不甘心,妄想用"人海战术""火海战术""毒气战术"攻破五连阵地,占领天德山这个重要的支撑点,以此为依托,继续向我纵深发展进攻。面对英雄五连的顽强抗击,敌人连续七次集团冲锋都被打退,战士们子弹打光了,就用铁锹、石头、枪托与敌人搏斗;工事炸平了,就利用炮弹坑和敌人的尸体当掩体阻击敌人,使敌人始终未能前进一步。

敌人无计可施，便恼羞成怒，竟然违犯国际公约，使用了最为毒辣的一招，向五连阵地发射了 20 余发毒气弹，想以此占领我军阵地。英雄五连的指战员没有被吓倒，没有防护器材，就用尿水浸湿毛巾，捂住口鼻，继续与敌人进行殊死拼搏，敌人的阴谋失败了。

在敌人施放毒气时，八班长尚玉芝向排长建议："我带本班悄悄摸到敌人发起进攻的山脚下，出其不意地发起攻击，捅一下就撤回来。"排长同意了他的意见，并交代："不要恋战，狠狠地揍一下就撤回来。"尚玉芝组织了连轻伤员在内的 6 个人，悄无声息地来到阵地前沿敌人攻击地段。敌人认为五连阵地上不会再有生命存在，所以攻击时胆子很大，连战斗队形也不要，一拥而上，却遭到了前出的尚玉芝班迎头痛击，敌人走在最前面的那个班，还没有回过神来，就被报销了。敌人被这突如其来的打击吓蒙了，稀里哗啦地向后退，乘此机会，尚玉芝率领大家胜利撤回阵地，无一伤亡。

退下去的敌人经过再次整顿，又发起了冲锋。这次敌人学乖了，不敢再一窝蜂似的向前冲，而是小心翼翼地向前爬。五连的伤亡也在不断增加，阵地上的战斗人员越来越少，一些还能动的伤员看到阵地上人员太少，心里很是着急，一位负伤的班长说："同志们，阵地上现在正需要人员，轻伤员

坚守阵地四天四夜的第四二二团五连，获"天德山英雄连"荣誉称号

跟我一起上阵地，重伤员在坑道里给大家准备弹药，咱们一定要守住阵地。"说罢便互相搀扶着，忍着剧痛爬上阵地，立即投入战斗。手臂负伤的就帮战友拧开手榴弹盖递过去，腿部负伤的就趴在阵地上向敌人射击，有的因不能移动位置而牺牲了。战士看到负伤的战友又上阵地了，顿时战斗情绪更加高涨。王兴福一个人独当一面，用两支冲锋枪替换着打，青年团员王克勤连续投掷10枚手榴弹，他们以一当十，敌人的冲锋又被打退了。战斗进入到了激烈而残酷的阶段，五连指战员们的手榴弹打光了，尚玉芝立即用冲锋枪掩护，让王克勤冲到阵地前去搜集美军尸体上的枪支、弹药。尚玉芝骂道："狗娘养的美国鬼子，想用人海战术来消耗我们的子弹，老子就用你的子弹来回敬你。"

第二天拂晓，进攻之敌进到山下集结准备发起冲锋，还未等敌人冲锋，连长杨宝山就发出反击命令。我指战员像猛虎下山，神兵天降，打得敌人措手不及乱成一团，冲锋枪、机枪、手榴弹响成一片，一举歼敌80余人。敌人想利用夜幕掩护进行偷袭的美梦变成了被袭击的噩梦，我反击分队顺利撤回到原阵地。

狂傲的美军绝不会善罢甘休，令步兵停止冲锋，发挥其炮火和航空兵的优势，对五连阵地实施毁灭性的报复轰击，一波接着一波的轰炸，似乎要把五连阵地翻个底朝天，认为这样便不会再有生命存活。下午，再次组织了新的全线进攻。战斗异常激烈残酷，到处是血肉横飞，杨连长、闫指导员指挥五连与敌展开了反复争夺，白刃格斗，战斗持续到黄昏，敌人自动退了回去。

李奇微在其《朝鲜战争》一书这样写道：坚守夜月山、天德山、418高地的中国部队和别的部队不一样，就是剩下一个士兵也死守高地，而且好像是不惜投入兵力进行反击，因此在全线出现短兵相接的搏斗，因手榴弹造成的伤亡在直线上升。

杨宝山将战况向营长作了报告，放下话筒对连指挥所人员说："同志们，决不能让敌人跨过我们阵地一步，直至战斗到最后一个人也要守住阵地！"他挽起袖子，挥动着被美帝国主义子弹打伤尚未取出弹丸的胳膊、握紧拳头大喊："与敌人血战到底的时候到了，胜利最后是属于我们的！"战士们响亮地回答道："为祖国争光，为毛主席争光！与敌人血战到底，坚决守住阵地，决不后退一步！"

敌人为了占领五连阵地，以10倍于五连的兵力，继续进行连续进攻。天上飞机的轰炸更加频繁，大口径火炮向五连阵地倾泻了1.5万余发炮弹，五连阵地炸得像被犁了几遍，土松得能没膝盖。为了抗击敌人，五连一天消耗了几万发子弹、上百箱手榴弹，军、师、团为了支援五连战斗，也发射了上万发炮弹，敌人付出了重大牺牲。此时，敌人像输红了眼的赌徒，仍不惜增加赌本，不停地将美国青年送上这座可怕的"死亡之山"。

五连经过艰苦战斗，伤亡不断增大，第三排坚守的第一道阵地失守了。为了守住天德山主阵地，连队把通讯员、担架员、卫生员、司号员、炊事员，凡是能拿枪的人员全部集中到阵地上，与坚守阵地的部分人员共组成4个班，准备作最后的拼搏。敌人曾一度突入五连阵地，但被立即反击打退了。杨宝山明白，最后的时刻来到了，他烧掉笔记本、花名册，砸碎手表、钢笔。战士们立即效仿连长的做法，把自己心爱的手表、钢笔砸碎，烧掉照片及一切可能查明身份的东西，他们做好了与阵地共存亡的最后准备。当敌人再次冲上来时，杨宝山连长端着上了刺刀的枪，高呼："毛主席万岁！祖国万岁！与鬼子拼到底啊！"冲进敌群与敌展开搏斗，连续打死7名敌人。最后，他抱起一块大石头，只身冲入敌群，与迎面冲上来的敌人同归于尽，壮烈牺牲。战后，这位英勇献身的连长被追记特等功，授予"一级战斗英雄"荣誉称号。

指导员闫成恩见状义愤填膺地高呼："同志们，为连长报仇！狠狠地打呀！"战士们瞪着血红的眼睛，端起刺刀冲了上去，敌人被吓住了，撒腿就往回跑，勇士们紧追不舍，又消灭了十几个敌人，才撤回阵地。

激战了一整天，五连的子弹、手榴弹都打光了，敌人又冲进了残缺不全的交通壕内，情况万分危急。指导员把阵地上所有人员全部组织起来，用石头、锹、镐与敌人展开惨烈的肉搏战。青年团员吴作忠眼睛被炸穿、耳朵被打掉，牺牲后仍双手紧紧卡住敌人的咽喉，嘴里还咬着敌人的耳朵；战士张祚美在连续打死27个敌人后，也身负重伤，当敌人冲到跟前时，猛然翻身把敌人按倒在地，用尽全身力气扼死了敌人，牺牲时仍然一手紧紧抓着敌人的头发……他们已化作了永远不朽的雕塑！

在激烈的战斗中，五连战斗骨干伤亡大，闫成恩就不失时机地调整班、排的领导骨干，补充人员，调整党组织和班排的战斗组织。一直战斗到被换下阵地，始终组织健全、指挥有序，指战员们始终保持着高昂的战斗士气。战斗中，哪里战斗最激烈、最残酷，哪里就有闫成恩的身影，他用自身的模范行动号召共产党员、共青团员冲锋在前，退却在后，始终保证排、班打不垮、拖不烂，用行动践行"不当英雄不下山，用敌人的尸体填平炮弹坑"的誓言。

为了鼓舞斗志，闫成恩不失时机地宣传战斗中英勇顽强不怕牺牲的好战士王克勤、王兴福和通讯员李生财的事迹；通报表扬指挥沉着灵活，讲究战术，伤亡小、战果大的八班长尚玉芝和三排长刘学武……

战到最后，五连只剩下8名伤员。指导员闫成恩把大家召集到一起讲："同志们，现在是考验我们的时候了，也是我们兑现上阵地前誓言的时候了，我们就是战斗到最后一个人也要坚守阵地！"他们在阵地又组织了宣誓后，快速进入战斗位置，做好战斗准备。敌人又开始冲锋了。闫成恩指导员命令大家沉住气，把敌人放近了再打。敌人冲到五连阵地前沿了，随着一声"打"，我阵地上所有人员一齐开火，敌人倒下去了一大片。但敌人太多了，有的已冲进了堑壕内，在这关键时刻，二营增援来的连队赶到了，立即实施反击，一举歼灭了突入五连前沿阵地之敌，彻底粉碎了敌人的进攻。我天德山阵地仍岿然不动。战后，闫成恩荣立特等功，并被授予"二级战斗英雄"荣誉称号，参加了志愿军归国代表团到祖国各地作报告，受到祖国人民热烈欢迎和赞誉！

五连在天德山鏖战四昼夜，毙敌900多人，在兄弟部队的增援下，守住了阵地，对粉碎敌人发动的"秋季攻势"起到了重要作用，志愿军总部授予五连"天德山英雄连"荣誉称号，荣立集体特等功。

第七章
得"喀秋莎"助力四十七军如虎添翼
听"金日成大嗓门"美国兵惊恐万状

第四二二团七连接替五连防御天德山，顽强坚守阵地；第四十七军得到一个团的"喀秋莎"火箭炮的支援；美国兵惊慌恐惧"金日成的大嗓门"；美骑七团和希腊营连续进攻6天；第四二二团一连血战312.8高地，坚决抗击寸土不让，获"二级英雄连"荣誉称号；侵略者人海加火海疯狂进攻，第四二一团四连坚守334高地，英勇顽强打击敌人；老英雄王德山实现了"甘愿在朝鲜国土上流尽最后一滴血"的誓言；第四一五团三连七班一天打退敌8次进攻，荣获"钢铁七班"称号；特功五连指战员喊着"只要还有一个人也要坚守住阵地，不消灭来犯之敌决不下山"的口号奋勇杀敌。

第四二二团五连指战员以誓与阵地共存亡的钢铁意志，在天德山筑起了道铜墙铁壁，使敌人连续四天的攻击都以失败告终。阵地上弥漫着硝烟，散发着令人窒息的气味，阵地前横七竖八地堆积着敌人的尸体，似在述说着几天来的惨烈战斗。由于战斗异常激烈，坚守天德山的五连伤亡太大，团长王焕忠决定由七连接替五连防守天德山阵地。10月4日下午，七连利用黄昏掩护进入阵地。

接防后，三排长时雨才带领班长勘察地形，明确各班任务，进行兵力、火器部署。而后冒着敌人的炮火，跑到坚守阵地最前沿的二班，指挥二班加固工事，设置障碍物，研究各种情况下的打法，如何加强火力、相互支援战斗，进一步进行动员。

由于我炮火拦阻射击和阵地前手榴弹的不断打击，使敌人不敢轻易前来拖走尸体，因而我阵地前堆积着大量的敌人尸体，时雨才指着敌人的遗弃尸体说："你们都看到了吧！这些被敌人遗弃的尸体，都是咱们团英雄老大哥五连打死的，他们打得英勇顽强，守住了现在的阵地，这也是他们用鲜血和生命换来的，决不能让它在我们手里丢失！五连指战员就是我们学习的好榜样，我们要像他们一样，让敢于来犯之敌在阵地前横尸遍野。"二班的战士们说："请排长放心，人在阵地在，誓与阵地共存亡，不当英雄不下山！"铿锵的声音回荡在天德山上空。

三排接防的第二天，美军骑兵第一师第五团按照其教范，经过一个小时的猛烈炮轰后，在12架P-51飞机的支援下，以整营的兵力采取羊群战术轮番向我发起冲锋，但一次又一次被三排打回去。利用战斗间隙，时雨才排长召集班长们开会说："都说美国兵是老爷兵，从今天的战斗来看这种说法是不够准确的，依我看，他们是有战斗力的，需要我们认真对付，千万不可大意,尤其是在战术上要灵活,把敌人放到我手榴弹的有效杀伤范围集中投弹……"敌人炮轰的时间一次比一次长,三排表面工事全部被毁,战士们就利用弹坑作掩体,灵活机动地打击敌人。当敌人冲上三排的阵地时,时排长机智地组织战士实施反击,在冲锋时他右手负了伤,仍用左手连续向冲锋之敌投掷手榴弹,终于又把敌人打了下去。

战斗从早晨一直持续到黄昏,敌人的攻击一刻也没有停止,阵地争夺战更加激烈。敌人不顾一切地向二班阵地上涌,二班的战士英勇抗击,直至战斗到不剩一兵一卒,一侧阵地被敌人占领。时排长当即把配合作战的炮兵班组织起来说:"你们已打完了炮弹,二班阵地被敌人占领了,你们现在是步兵,拿起烈士们的枪与敌人拼杀,夺回阵地。"炮兵班立即拿起枪支,冲了出去……阵地上的人越来越少了,时排长大声呼喊:"同志们,当独胆英雄的时候到了!冲——啊!"率先冲了出去,其他战士紧跟其后,迂回到敌人的翼侧,用机枪、冲锋枪、手榴弹打退了敌人,毙敌10余人。

这时,敌人将重机枪转移到高处进行侧射,企图用火力掩护正面部队冲锋。时雨才排长冷静观察了一下,迅速选择好接近重机枪的运动路线,带上6颗手榴弹,敏捷地向后一滚,悄悄地向敌爬去,正在射击的敌人没有丝毫察觉。时排长靠近重机枪定了定神,接连投出几颗手榴弹,随着爆炸声,对我威胁最大的敌重机枪哑巴了。随即他冲了过去,美国大兵死的死、伤的伤,他迅速掉转敌人的重机枪,向进攻之敌猛扫一阵,被打蒙的敌人还没回过神就死伤一大片,哭爹喊娘地没命地逃下山去,战士们不等排长命令,就如饿虎扑食似的冲了过去,毙敌20多名。这时阵地上的子弹、手榴弹所剩无几了,时排长大声说:"同志们,注意节省弹药,把敌人放近了再打,沉住气,打枪要瞄准了再打,要一枪消灭一个敌人!"说着向前方扫了一眼,立即发现一个军官模样的人正用报话机在讲话,"不好!敌人在指示炮兵。"他用左手抄起冲锋枪,用右胳膊架住深吸一口气,随着"嗒"的一声响,敌人军官模样的人就倒地了,再也没有起来。三排在排长时雨才的指挥下,打退了敌人的多次进攻,守住了天德山的阵地。

天德山的战斗仍然在激烈进行着,军长曹里怀知道一线指战员打得顽强艰苦,敌人每天拉回成车的尸体和伤员,仍然寸土未得。特别是我军支援步兵作战的炮兵,仅仅在几个月前,我100多门火炮要支援6个军作战,而现在一个师就能得到 4 个团又两个营的炮兵支援。炮兵为了支援步兵作战，甚至冒着暴露阵地的危险，与敌人炮兵对炮兵地炮战，打得英勇顽强，这在以前是从没有过的。在天德山激烈战斗中，我炮兵打得美军满山乱窜，尸横遍野，活着的逃了回去。美军的汽车和直升机像在捡土豆一样，捡他们的尸体和伤员，山炮营又趁机给了一顿炮弹，又报销了不少美军。可以说，天德山阵地能够守得住，炮兵的支援作用是极大的。

在天德山防守战打到高潮时，一个喜讯传遍了第四十七军阵地，苏联援助的"喀秋莎"火箭炮来了！

"喀秋莎"火箭炮在二战中大显神威，给德国法西斯以极大的震撼。这是一种 12 管的火箭炮，这种威力无比的火箭炮对越打越顺手的志愿军炮兵来说，可谓如虎添翼。1 发"喀秋莎"火箭炮弹威力能顶 3 发大威力榴弹，一辆"喀秋莎"炮车通常联装 12 枚火箭弹，数秒钟内即可发射完毕，迅速转移阵地。一个团有 100 多辆炮车，一次齐射就是 1000 多发火箭弹，其威力可想而知。在朝鲜战场上，美国士兵恐惧地将"喀秋莎"火箭炮称为"金日成的大嗓门"。这样，第四十七军得到了整整一个团火箭炮的加强！

天德山阵地上的指战员们传说着："我们有了'喀秋莎'，我们有了火箭炮！"激动和兴奋难于言表，"这回该让美国佬喝一壶了！让美国鬼子也尝尝志愿军的炮火威力！"

的确，当日当美军步兵再次在坦克的压阵下，羊群般向天德山漫来时，"金日成的大嗓门"发出了惊天动地的怒吼声，几阵排射过后，志愿军战史记载：敌人集结的位置打成了一片火海，活像钢厂刚出炉的铁水，灌满了山沟、平地，顷刻间，敌人化成了骨灰和烤肉……

在敌人发起"秋季攻势"前，第四二二团一营接替了友军 312.8 高地、418 高地、334 高地、305 高地阵地。这一线高地，是志愿军西线临津江地区主要防御阵地突出部之一，扼制大光里至元大洞公路的制高点，位置十分重要。

一营一连奉命坚守在 312.8 高地。

312.8 高地位于天德山西面，地势较低，在距离阵地前约 70 米处，有一道陡立的石壁，敌人利用石壁的死角集结兵力。10 月 3 日，敌人以一个步兵营和一个坦克连的兵力，在炮兵、航空兵火力的支援下，向一连坚守的 312.8

高地发起连续进攻，5次冲锋均被一连打退。守卫在最前沿的三排伤亡得只剩下排长刘万金、八班副班长张祚美以及战士彭世富、彭松生4名同志。战斗中，张祚美一人打死27个敌人之后，自己也身负重伤。敌人的进攻并未停下来，第六次冲锋又开始了。迷信优势火力的美国大兵，在炮火轰击后，认为阵地上不会再有志愿军战士，因而冲锋时不讲究什么战斗队形，像羊群一样乱哄哄地向312.8高地冲来。排长指挥两名战士将正面冲锋的敌人打了下去，坚守侧翼阵地的张祚美发现大约有1个班的敌人向阵地包抄过来，他连续投出两颗手榴弹，炸倒5个敌人，正当他准备再次投弹时，有几个敌人已冲了过来，张祚美端起冲锋枪向敌猛扫，突然枪里没有了子弹，他把枪一扔，迎着敌人猛地扑了过去，将一个敌人一下子按倒在地，无论敌人怎样挣扎，他双手死死地掐住其咽喉不放，正在这时，后面冲过来另一名敌人端起了枪……张祚美牺牲时双手仍紧紧地卡着敌人的喉咙不放。

三排长刘万金看到张祚美牺牲了，愤怒地大吼一声跳上交通壕，一只手紧握手榴弹，用牙咬开盖，一只手抓住一个敌人迅速将手榴弹塞进敌人的怀里，一拉导火线，将敌人推进交通壕，随着一声巨响，敌人被炸得血肉横飞，自己也负了伤。接着，他端起枪就向敌人猛烈射击，把满腔的仇恨都倾泻在枪口上，击毙了六七名敌人。正当刘排长率领剩下的两名战士与敌人激烈战斗的时候，二排长带领五班、六班各一个小组增援了上来，他们立即迂回到敌右侧实施反击。这时，只听二排长大喊："同志们，为牺牲的战友报仇，杀——啊！"有个战士将打坦克的手雷扔向敌群，炸得敌人叽里呱啦地乱叫着退了下去。接着，在战士们的勇猛反击下，进入我阵地的敌人被打了下去，毙敌几十名，夺回了丢失的阵地。

战士喻忠奎，上阵地时就拉肚子，因长期吃不上青菜患了夜盲症，但他仍坚决要求参加战斗，坚守在最前沿阵地的突出部。战斗打响后，他冷静沉着，在敌人运动到距离他30米处时，连续投掷手榴弹杀伤敌人。敌人第一次的冲锋被打下去后，接着又发起了第二次冲锋，他沉着地等敌人临近了，突然用冲锋枪向敌人猛烈射击，接着又投手榴弹，敌人倒下去一大片，活着的抱着头滚下山去。敌人并不甘心失败，稍作调整，出动一个连的兵力，向八班发动了大规模的第三次冲锋，喻忠奎打完子弹就投手榴弹，没有了弹药就捡起烈士的武器战斗，或干脆把敌人尸体上的武器拿来战斗，喻忠奎头部又负了伤,血流满脸,他顾不得包扎,忍受疼痛继续战斗,在八班死打硬拼下敌人再次退了下去。敌人为了攻占八班这个突出部,在正面火力掩护下,有一股敌人从八班的左后方插了过来,在这万分危急时刻,喻忠奎勇敢地跳出工事向敌人猛扑过去,其他战士也都勇猛地冲了出去,喊杀声、手榴弹的爆炸声混杂在一起,敌人一看志愿军战士不怕死的架势,慌乱地跑下山去。喻忠奎的右手又负了伤,战友劝他到包扎所去包扎,被他婉言拒绝,并请求排长让他和新战士黄世明坚守最前沿阵地,排长批准了他的要求。当敌人炮击时,他让黄世明进入猫耳洞隐蔽,自己留在堑壕观察敌情。在战斗最激烈时,黄世明投弹时,敌人一发罪恶的炮弹在他身边爆炸,他再也没有站起来。喻忠奎含泪对着黄世明遗体说:"小黄同志,你闭上眼吧,不给你报仇我誓不为人!"

敌人经过短暂的准备,再次发起冲锋。喻忠奎沉着冷静,等待敌人靠近再打。先是投手榴弹,接着用冲锋枪扫射,敌人的冲锋被打退。

敌人经补充兵员、作战物资,调整部署后,再次向一连发起规模更大的进攻。美军骑兵第七团约两个连的兵力,先是以一个连作集团冲锋,喻忠奎对增援八班的同志说:"感谢你们来支援,我们要协调一致,同心合力将凶恶之敌打下去。"在激战中,喻忠奎头部再次负了重伤,鲜血顺着脸往下流,脸肿得像面包。副连长赶到八班,看喻忠奎的伤势太重,当即令他赶快到连包扎所去包扎伤口。他大声回答说:"你这个命令,我不能服从,作为一名志愿军战士,要有中国人的骨气,我宁愿和大家一起战死在阵地上也不能下去,只要我还能动,就要和美国鬼子拼到底!别看我多处负伤,请您相信,我一定能完成任务!"副连长只好同意了他的要求。

狡猾的敌人迂回到八班阵地后方,八班被三面包围,在这危急时刻,喻忠奎不顾伤痛,跳出工事,大喊:"同志们,和鬼子拼了!人在阵地在,决不能让敌人占领……"边喊着边像一头发怒的野豹扑向冲上来的敌人,其他战士一齐冲了上去,一阵血战又把敌人撵下阵地。

这次战斗,喻忠奎先后四次负伤仍不下火线,一个人就毙伤敌94人,荣立一等功、三等功各一次,并荣获"二级战斗英雄"光荣称号。

翌日上午,狂傲的敌人仍不服输,在一阵猛烈炮火轰击后,我一连阵地就像被犁过一遍,炮班战士梁金库和一门六○炮被炸翻的泥土掩埋,他用尽全身力气从泥土里爬出来，把炮上尘土擦净又开始向冲锋之敌射击。梁金库打六〇炮打得准、发射快、战术活，是位出了名的全能炮手。有人说："他是百发百中的神炮手。"也有人称赞他弹无虚发，还有人说："敌人的轻重机枪，只要他一发炮弹就会变成破铜烂铁。"他从土堆里爬出来迅速架好炮，首发就把敌人的重机枪掀翻，连续打了10发炮弹，发发在冲锋之敌战斗队形中开花。在他有力的支援下，坚守分队连续打垮了敌人的两次冲锋。

在战斗最紧张的时候，梁金库既当瞄准手又当装填手，一个人身兼三职，是名副其实的一专多能炮手。在战斗打得最激烈的关键时刻，炮尾关闭锁被敌炮弹炸坏，梁金库毫不犹豫地用自己的双腿夹住灼热的炮身连续射击，就这样配合步兵又一次打退了敌人一个连的冲锋。敌人再次发起冲锋的时候，观测员尚玉林刚喊完打"600米"，梁金库的炮弹就出膛了，6发炮弹准确地在敌群中开花，副指导员高仕禄在连指挥所看得真切，激动地喊道："打得好！再给我猛打！"此时梁金库的右腿一大片肉被炮管烫起了燎泡，但为了战斗的胜利，他坚强地忍受着常人不能忍受的痛苦，"宁愿自己的右腿不要，也要与敌拼到底，保住阵地"的钢铁般意志，抱着打红的炮管，连续向敌人打了40余发炮弹，一直坚持到打退敌人第十一次冲锋。这一天，他共发射了400多发炮弹，98%直接命中目标。

美军所谓的"王牌"部队连续遭到打击后，又于同日下午，美军骑兵第七团和希腊营分路向312.8高地进攻的同时，另一路约一个连的兵力向一连的右翼一排阵地发起冲锋。坚守最前沿的三班首当其冲，战士姜明皇、徐秀汉抗击正面冲锋之敌，交通壕里只剩下有着丰富战斗经验的老战士彭来苏，立即把6箱手榴弹盖全部拧开，摆在近50米长的堑壕胸墙内，当敌人快冲上来了，只见他沉着应战，把冲锋之敌放到30米处再打，一会儿在这里投几颗手榴弹，一会儿又跑到那边投几颗，把冲锋的敌人炸倒一大片，敌人死伤惨重，不得不退了下去。冲锋的敌人刚退下，其后续部队的机枪就发疯似的向彭来苏扫射，可他机动灵活，不停地变换位置，敌人只能是瞎打一气。就这样，彭来苏机动灵活地打击敌人，连续战斗了3个小时，共投掷了120多颗手榴弹，击退敌人的8次冲锋，毙伤敌人70余人。

战士们知道了被他们打败的是赫赫有名的美国"王牌"部队骑兵第一师时，个个精神抖擞，你一言他一语地兴奋地议论了起来。有的说："美国王牌部队原来就这个熊样,不上一个排不敢冲锋。"有的说:"这两下子就叫'秋季攻势'吗?"有的接着说:"不管他吹什么牛皮,只要他敢来进犯,就狠狠地揍他!一直揍到他服输为止!"有个老战士说:"根据这10多天的战斗来看,他们不愧为王牌师,战斗力是强的,强在哪里?强在人家的技术装备优良,大炮多、坦克多、飞机多、通信联络先进;步炮、步炮空、步坦协同好;更重要的是他们的作战物资、弹药供应充足,运输工具发达。如果我们能有他们一半的条件,它还是王牌师吗?回答是肯定的,不但不是我们的对手,而且早把它揍扁了。"战士们心里知道自己的装备不如人,与装备先进的敌人拼杀,要付出重大代价,但他们仍然义无反顾地冲上去,以大无畏的英雄气概,以死打硬拼的战斗精神,去打败敌人,战胜敌人!他们无愧于英雄的光荣称号!

"联合国军"发动的"秋季攻势"连续进攻了6天,向一连坚守的312.8高地发射了1万多发各种炮弹,十几架"P-51"飞机轮番轰炸,美军骑兵第七团和希腊营付出800多人的生命代价,始终未能越过这小小的高地一步。一连荣立集体一等功,并被授予"二级英雄连"光荣称号。

当第四二二团一营顽强抗击敌人疯狂进攻的时候,第四二一团四连也在334高地血战。

向334高地进攻的是美军骑兵第一师第五团。在战斗打响前,先对334高地实施了一个多小时的炮火轰击和多批次飞机的轮番轰炸扫射,这个小小山头被轰炸得寸草不留,岩石都被炸成了粉末,人走上去就像在棉花堆里。轰击过后,便集中两个步兵连和一个坦克连的兵力发起轮番冲锋。当敌人发起进攻时,立即遭到已得到加强的我炮兵火力的猛烈杀伤,有时不得不重新整理后再发起攻击。在我炮兵对敌人实施拦阻射击时,坚守在前沿阵地的二排六班,迅速进入阵地,准备好了手榴弹,敌人刚一露头,就遭到一顿手榴弹的打击,伤亡惨重,很快便退了下去。战斗中,战斗组长吴长山身负重伤仍然坚持战斗,还不断地鼓励新战士朱焕礼说:"在战前临战训练中,咱们是模范小组,现在正是我们大显身手、杀敌立功的时候,要让祖国人民看看我们是如何英勇杀敌的,也让世界人民知道志愿军是反对美帝国主义侵略者的英雄好汉,我们是为维护世界和平而战的!"六班立即提出"向革命硬骨头战士吴长山学习"的口号。在战斗紧要关头,五班副班长朱国安带领6名战士增援六班。六班长立即对他大声喊："五班副，你带五班坚守左侧阵地，我带六班坚守右侧阵地，注意要把敌人放近了再打，发扬我手榴弹的威力，坚决把敌人打下去！"话还没说完，敌人的冲锋又开始了。朱国安连续投出几颗手榴弹，其中有一颗手榴弹正好打在一个美国兵的钢盔上掉下来，这个美国大兵被吓傻了，直愣愣地站在那里就去见上帝了，其他的美军士兵见情势不妙，转身就往回跑。战士们立即用轻重机枪进行火力追击，一边射击一边念叨："你给我休息去吧！"往回逃的敌人大半倒在了途中。

美军士兵最大的特点是依赖飞机、大炮、坦克的掩护和支援，一旦他们脱离了优势火力的支援，战斗力一下子锐减大半，与志愿军战士短兵相接根本不是对手，这次冲锋被四连指战员们打得落花流水、狼狈不堪。

美军骑兵第一师第五团不甘心失败，在地面分队停止进攻后，立即组织强大的炮火，气势汹汹地进行报复性轰击，敌人不惜炮弹，把大量的钢铁倾泻到334高地上，似乎要把334高地夷为平地才肯罢休。炮弹铺天盖地倾泻而下，瞬间石飞土扬，阵地表面工事全部被摧毁，四连指战员们连人带枪被埋在土石下，他们从泥土里爬出来抖抖身上的泥土又继续投入战斗……

敌人的炮火还在不停地轰击，五班副班长朱国安认为敌人炮火报复后，肯定还要继续进攻。这时，朱国安接到连里电话传达团长郑波的表扬："请转告坚守前沿阵地的五班、六班，他们打得英勇顽强，要继续发扬敢打必胜的战斗作风，坚决消灭来犯之敌，守住阵地。"朱国安向坚守在阵地上的战友们传达了郑波团长的表扬后说："同志们，我们现在还有十几个人，一定要守住阵地。为了便于战斗，我看咱们两个班临时编成两个战斗小组。"六班长回答说："我完全同意，现在进行战斗分工，把现有的手榴弹分配一下。"朱国安说："由我和周景全专门负责打手榴弹和爆破筒，其他同志使用手中武器，要利用战斗间隙搜集子弹，以利于长期坚守。"朱国安带领周景全把手榴弹盖全部揭开，把爆破筒的拉管全部装好，并告诫周景全："不到关键时刻不要用爆破筒。"其他同志也都清查各自的子弹，六班长大声说："同志们，运送弹药的道路已被敌人的炮火封锁了，弹药一时可能会送不上来，大家注意节约子弹，一定不要放空枪，待敌靠近了再打。"战士们按照两位班长的指示，积极做好各项战斗准备工作。

敌人的炮火整整轰了两个多小时，愚蠢的敌人总是迷恋其火力的威力，他们认为这样的饱和轰击,志愿军阵地不可能再有生命存活,但还是加大了兵力,约有一个营的兵力分三路、从三个方向开始实施围攻。敌人潮水般地向334高地涌来,从我军阵地向下看,冲锋的敌人既不隐蔽,也不讲究战术动作,头上戴的钢盔像雨后的蘑菇一样,似水上漂浮物向前漂动。

敌人愚蠢的行动,给朱国安和他的战友们提供了充分发挥我步兵火器威力的机会。敌人一露头,就遭到朱国安一顿手榴弹的猛砸,其他同志也一齐开火,敌人死伤惨重,狼狈不堪地退了回去。敌人第一次冲锋被打退了。另一路敌人退到半路又折了回来,狡猾的敌人从侧翼冲了上来,但被六班长发现,立即组织火网,敌死伤几十人后,也退了下去。这样,五班和六班连续打垮敌3次冲锋,阵地上弹药告急。共产党员、共青团员自觉地组织起来,分别带领一名负伤的战士坚守一个方向,他们已做好了与阵地共存亡的最后准备。

美军想以人海加火海的战术来打垮坚守334高地上的我志愿军守军,占领这个高地。敌人判断坚守高地上的志愿军弹药已消耗殆尽,人员也伤亡得差不多了,便想以集团冲锋一鼓作气攻占334高地。战斗打得十分惨烈,坚守阵地的勇士们都打红了眼,战士田昆明的嘴被炮弹片撕裂血流不止,仍坚持战斗,不能说话就打着手势,比画着向别人要手榴弹;为了节省手榴弹,他们把石块和手榴弹一齐砸向敌人。经过艰苦战斗,终于打退了冲锋之敌。

敌人退下去一批,又冲上来一批,战斗进入到白热化程度,我五班、六班的勇士们这时已没有弹药,只剩下4根爆破筒了,战士默默地上好刺刀,准备做最后战斗。这时,朱国安拿起爆破筒,冷静地等待时机,当大批敌人涌上来时,他跃出工事,左右开弓连续将爆破筒投向敌群,敌人还没弄清那是什么新式武器从何处飞来时就已血肉横飞了!激战8个多小时,美军骑兵第五团付出几百人的代价,仍然未能占领我阵地一寸。我四连也伤亡过半,再继续坚守也十分吃力,团指挥部鉴于在334等高地已达到大量消灭和消耗敌人有生力量的目的,决定适时将坚守连队撤出阵地,然后再集中师团炮兵群轰击冲上334高地的敌人,再次给敌人以大量杀伤,遂命令四连撤出了阵地。

四连指战员们不甘心,为什么用鲜血换来的阵地不让坚守?虽然心里一千个不情愿,一万个不愿意,但还是自觉地服从了命令,撤出了阵地。敌人登上了334高地，相互拥抱，有的把钢盔抛向空中，欢呼胜利，还不停地向空中鸣枪、甩帽子。突然，志愿军炮弹像暴雨般覆盖到334高地上，敌人顿时便葬身一片火海之中。四连指战员听到身后334高地上的炮声，似乎明白了让他们撤出阵地的意图。

四连在坚守334高地的过程中，连队的六〇炮发挥了巨大的作用。六〇炮班副班长杨春，参加完连队作战会议回到班里后，马上召集本小组党、团员，按会议布置的要求进行传达动员，他说："我们是共产党员和共青团员，上阵地后要处处、事事带头，保证党支部的决心要求贯彻落实，保证完成任务，完成祖国人民保家卫国的重托，为实现援助朝鲜人民的决心争取立国际功。不论遇到多大的困难和牺牲都要坚定沉着，坚决战斗到底。"

战斗打响后，有的战士因兴奋手有些发抖，杨春鼓励大家道："千万不能慌，一慌炮就打不准了。"他趴在工事里指着正在射击的敌轻重机枪说："你看我们堑壕里的同志被它压制得抬不起头来，你快测好那挺轻机枪距离，我测重机枪的距离，你先发射。"首发未命中，他们继续修订诸元后，两门炮同时发射，9发炮弹便将敌轻重机枪打掉了。射击后杨春又说："炮位再往前伸。"炮手们听到命令，立即行动，杨春边前进边说："小炮打的距离近，目标远了够不上，所以距离越近命中率越高，对敌杀伤就越大。"第二组的炮刚架好，敌人机枪掩护步兵再次冲上来了。杨春立即命令："先干掉机枪，再向敌群开炮！"随后一声巨响，敌人又一个机枪阵地被打掉了。步兵看小炮打得既准又狠，高兴地喊："打得好！打得好！为你们庆功！"接着，杨春指挥小炮向冲锋的敌群轰击，快速发射30多发炮弹，发发在敌群中开花，敌人顿时死伤一大片。

战斗打得正酣，炮弹却所剩无几，杨春立即把炮交给第二组组长张新民说："沉住气，瞄准后再开炮，这6发炮弹全交给你。我是共产党员，一定要完成党支部交给我的任务，一定要配合二排守住阵地。我去支援二排了，打完炮弹你也拿起武器当步兵，坚决把敌人打下去！"说完便带着20颗手榴弹冲到二排战斗最激烈的阵地上去了。杨春进入阵地后喊："我支援你们来了，一定要把美国鬼子打下去！"其他炮班以杨春为榜样，当炮弹打光后，放下炮拿起步兵武器，加入到步兵班的战斗行列，他们用手榴弹、冲锋枪打退了敌人的冲锋，完成了坚守任务。

第四二二团二营迫击炮连连长王德山，奉命指挥迫击炮和重机枪配属四连坚守334高地。王德山已经43岁了，是老连长，他的一生都在与战争打交道，他身上的每一块伤疤都记载着与敌人英勇战斗的光辉历史，是一位老英雄。

在抗日战争时期，王德山参加了东北抗日联军，曾在金日成将军指挥下坚持游击战，在那艰苦的岁月里吃树皮、草根，后来又被日军抓去当劳工，1945年8月15日，日本投降后，又参军回到自己的队伍里。

解放战争中，他战斗勇敢、工作积极、吃苦耐劳。东北民主联军1947年发动的"冬季攻势"作战中，他所在的连队在黄花山阻击敌人增援。他带一个班坚守在阵地前沿，敌人的炮火把白雪皑皑的黄花山打成了一片黑色的焦土，他在炮弹坑里滚来爬去顽强战斗，大量地杀伤敌人，用18发子弹毙伤敌11人，打退了敌人的冲锋，完成了阻击任务，荣立特等功。

由于长期生活在艰苦的战争环境中，他患有严重的胃病，可在行军中仍经常帮助体弱的同志扛枪、背背包。

跨过鸭绿江后，他目睹了被美帝国主义侵略者的飞机炸成废墟的城市乡村，无数朝鲜人民无家可归，住在山沟里阴暗潮湿抬不起头的防空洞里的老人、孤儿；有病无处救治而死去的人民；尤其是无处读书的儿童所遭遇的悲惨境遇，他心如刀绞、悲愤不已！

他说："抗美援朝就是帮助朝鲜人民把美国侵略者赶出去，使老百姓能过上好日子。"在朝鲜光复纪念日，王德山给金日成将军写了封信，信中写道："抗战时期我在您的领导下与日本法西斯侵略者战斗，今天又和您领导的人民军并肩打败美帝国主义侵略军。为中朝人民的友谊和人民明天的幸福生活，甘愿在朝鲜国土上流尽最后一滴血……"

王德山带迫击炮和重机枪配属四连战斗在334高地上，大量杀伤进攻之敌。当炮架被打坏后，他用胳膊当炮架继续射击，仅用6发炮弹就摧毁敌两挺机枪。炮弹打光了，就带两个炮班的同志，拿起步枪和手榴弹继续战斗，最后手榴弹也没有了，他大喊："同志们！和狗杂种拼啦！"喊着就冲了出去，在与敌人的拼杀中不幸壮烈牺牲。老英雄将自己的生命永远定格在43岁，实现了他"甘愿在朝鲜国土上流尽最后一滴血"的誓言。

第一四一师在天德山与敌人浴血奋战的时候，第一三九师坚守的临津江东岸 345.6 高地、346.6 高地等处也在激烈战斗。

战斗在 345.6 高地的是第四一七团一营三连。

10 月 9 日早晨，大雾笼罩着临津江两岸，能见度不足百米，使得整个战场陷入了神秘之中。三连指战员心里清楚，越是这种天气敌人越容易实施偷袭，因此他们早早就进入阵地，调整完善兵力、火力部署，做好了随时抗击敌人进攻的准备。

连续向志愿军实施攻击，敌人也有些疲惫了，要是往日这种天气敌人肯定要偷袭的，但今天敌人并没有这样做，而是按照他们的教范，8 时左右，集中 3 个炮群和 20 多架次飞机，对 345.6 高地开始了炮火准备，霎时地动山摇，炮弹飞行的鸽哨声、飞机的轰鸣声、爆炸的隆隆声，密集的炮声如同除夕的爆竹，使人无法分清点数，敌人不惜弹药，似乎要一次性把所有的弹药全部打完，对 345.6 这个小小的高地进行了长达两个小时轰炸，我表面工事大部被敌炮火摧毁，山头上像用拖拉机翻过一遍，连一根草都没有留下。当炮火延伸时，美军骑兵第一师第七团便以两个步兵营的兵力，在一个坦克营兵力的引导下，向 345.6 高地发起了猛烈进攻。这时，大雾渐渐散去，进攻的敌人缓慢地向山上爬来，头上戴的钢盔像雨后长出的蘑菇。当敌人冲锋时，我炮兵便用火力拦阻，炮弹在敌群中开花，敌死伤惨重。接着，敌人重新调整兵力，再次发起冲击，当冲到距我阵地前沿只有几十米时，三连指战员便以手榴弹、冲锋枪向敌猛烈射击，枪声像大年除夕夜晚的鞭炮声一样彼此起伏。坚守在前沿阵地的小战士陈启瑶，被敌人炮弹爆炸震得鼻腔出血，硝烟刺激得眼睛流泪，但他牢记排长战前讲过的话："听到敌人炮火延伸，就是敌人冲锋的开始，准备手榴弹。"他撕掉一块手帕塞住出血的鼻孔，紧握手榴弹等待敌人靠近。不一会儿，美军士兵便猫着腰端着枪向他冲来。当敌人冲到 30 米处时，他连续投出 20 颗手榴弹，敌人被炸死、炸伤一大片，生还者就地卧倒，连动都不敢动，只是盲目射击。敌人进攻受挫之后，重新调整兵力，再次在强大炮火和坦克的掩护下，哇啦哇啦地继续冲锋，排长张鸣九大吼："坚守阵地，把进犯的敌人打下去！"率先向敌发起反击，不幸光荣牺牲，副排长也身负重伤，仍坚持指挥战斗，战士们勇猛反击，把冲上来的敌人打了下去，阵地前留下了具具敌人的尸体。

敌人并不就此罢休，而是不断增加兵力，企图夺取我 345.6 高地前沿阵地，战斗显得紧张激烈残酷。战士们的枪管打红了，皮肉粘到枪管上也全然不顾。陈启瑶是个新战士，第一次参加战斗，这时他只剩下两颗手榴弹，敌人仍在继续冲锋，他喊道："来吧！狗杂种！"他把两颗手榴弹捆在一起，准备待敌冲上来时同归于尽。眼看着敌人就要冲上来了，小陈紧紧地拉住拉火环，就在这紧要关头，运输员刘元书送来两箱手榴弹，并鼓励他说："打吧，小伙子，我保证供你手榴弹，杀敌立功。"这真是雪中送炭，陈启瑶顾不上说话，接过刘元书递过来已打开盖的手榴弹，连续投向敌群，终于打退了敌人，守住了前沿阵地。战斗到最后，前沿阵地上只剩下陈启瑶和 3 名重伤员，陈启瑶把战友留下的 8 箱手榴弹，共 207 枚，分成 8 堆放在前沿阵地上，一会儿跑到这里扔一阵，一会儿跑到那里甩几颗，手榴弹连续在敌群中轰轰炸响，炸得敌人血肉横飞，敌人根本没想到我前沿阵地上只有一个 17 岁的战士在孤军奋战。在这万分危急的时刻，增援部队赶到，把敌人打了下去，保住了阵地。

战后，陈启瑶荣立一等功，被授予"孤胆英雄"和"二级战斗英雄"称号。1952 年 10 月 13 日，金日成发布命令，授予陈启瑶"二级战士荣誉勋章"。他后来参加了志愿军归国代表团，在中南海受到毛主席、周总理等中央领导人的亲切接见，毛主席握着他的手说："你打得很勇敢，为祖国人民争了光，我们湖南老乡中出勇士、出人才啊！"贺龙元帅看到陈启瑶受伤的右手握筷子有些发抖，将自己珍藏多年的一双银筷子赠给他，说："你是祖国的光荣，是人民的光荣！"《中国青年报》以"孤胆英雄陈启瑶"为题刊登长篇通讯，对他的事迹进行了全面的报道和宣传。

中午，敌人再次用重炮群、飞机和坦克火力向我 345.6 高地倾泻，山地上翻起了 1 尺多深的虚土，三连设在反斜面的连指挥所防空洞也被敌炮火炸塌了。在这种严重情况下，三连召开了 5 分钟的党支部委员会，调整了组织，重申"只要阵地上还剩一人、一枪、一弹也要坚决守住阵地"的口号。并决定"组织全连的勤杂人员向阵地上送手榴弹"。运输员刘元书一个人往返 1 公里将 34 箱手榴弹搬运到阵地上，在向各班排送弹药的过程中，腿部负伤，仍坚持拖着两箱手榴弹，爬了 30 多米送到最前沿阵地，完成了任务。连长蒲全山利用战斗间隙，赶到最前沿阵地交代任务，也顺便扛了两箱手榴弹送上去。指战员得到弹药补充，特别是得到坚守阵地所需的手榴弹，更加不慌不乱，沉着应战，坚决阻击敌人的猖狂进攻。

下午，美军骑兵第一师第七团在一阵猛烈的炮轰过后，以4个加强连的兵力，分六路向我345.6高地扑来，自作聪明的敌人认为用人海战术可以把三连的勇士们给威慑住，在士气上压倒三连指战员，但事与愿违，在我机枪、步枪、手榴弹的猛烈打击下，敌人一个一个地倒下了，一排一排地倒下了，每次进攻都要丢下大批尸体，狼狈不堪地逃了回去。

战斗中，机枪射手陈运乾隐蔽运动到敌人的侧翼，向正在冲锋的敌人后续梯队实施扫射，顿时打乱了敌人的队形，造成敌人的混乱。敌人发现了陈运乾的射击位置，立即用两挺重机枪向他猛扫，他被火力压得抬不起头来，也无法还击，这时他冷静地观察了一下地形，灵机一动，摘下军帽，让助手举着小铁锹上的帽子，在堑壕内向右慢慢地移动，吸引敌人的注意力和火力，敌人以为是他在运动，立即向移动的军帽射击，帽子被打了数个洞，助手将军帽落下，敌认为机枪已被打掉。在敌人转移火力时，陈运乾迅速地进到新的射击位置，跃出堑壕端起机枪，以迅雷不及掩耳之势对敌重机枪扫了两梭子，未等敌人缓过神来又是一梭子，将敌重机枪手打趴下了，坚守在前沿的一班立即抓住机会，一排手榴弹打了过去，敌人死伤一片，败退了下去。

敌人的冲锋刚被打退不久，便又发起了新的攻击。陈运乾对助手说："敌人是往上爬，要瞄准脑袋打。"当敌人进到机枪最佳的射击距离时，他突然扣动扳机，一梭子扫过去就有8个美军士兵倒了下去，连同手里持着红白指挥旗的军官一起报销了。他正打得得意时，想起了战前和滕贾明挑战的事来，便扭头大声地对滕贾明说："滕贾明，你干掉几个美国鬼子？""我已经干掉一打（12个）了，还要再加把劲。"滕贾明回答。正说着，有4个敌人又爬上来拖他们的伤员和尸体，陈运乾当即又打了几个短点射，又撂倒了3个敌人。滕贾明说："上来4个敌人，你怎么不都干掉呢？""留那个是回去报丧的。"陈运乾风趣地回答道。

战斗间隙，陈运乾坐在工事里擦拭机枪，一发炮弹将工事摧毁，把他埋在里面，他使出全身的力气才从土里爬出来，定了定神，在其他同志帮助下把机枪扒了出来。这时他才发现和自己一起参军的亲弟弟陈运亮身负重伤，他一面给弟弟包扎伤口，一面安慰弟弟道："为了祖国和人民，打击美国侵略者负伤是光荣的,我们一定给你和牺牲的同志报仇。"

这次战斗,陈运乾打得英勇顽强,机智灵活,配合一班打退敌人4次冲锋,毙伤敌100余人,其中他一个人就毙伤敌24名,荣立一等功,朝鲜民主主义人民共和国颁发他"军功章"与"二级战士荣誉勋章"各一枚。

前沿战斗十分激烈,指挥所的气氛也随着战斗的进行在变化着。第一三九师师长颜德明、政委袁福生和第一四一师师长叶建民、政委彭清云,被指战员们英勇顽强、猛打猛冲的战斗精神所感动,同时也知道战士们要战胜敌人所付出的代价。虽然我军炮兵得到了空前的发展,战斗中又得到了喀秋莎火箭炮的加强支援,但总体与敌人火力对比还是弱的,尤其是没有制空权,给坚守阵地带来了很大困难。军指挥所在不断询问战斗情况,颜德明将电话打到了正在指挥战斗的第四一七团团长丁元昌的指挥所,通报了天德山打得十分精彩,不但守住了阵地,而且大量地消灭了敌人的有生力量,要求第四一七团要不惜一切代价,坚决守住阵地,为彻底粉碎敌人发动的"秋季攻势"作出贡献,使敌人在谈判桌上和战场上都得不到任何好处。

在前沿指挥战斗的指挥员压力更大,他们向坚守在最前沿的连队下达了这样的命令:各连坚守的阵地,一旦出现失守,不要请示报告,立即组织全力反击,夺回阵地,谁夺不回阵地此生就不用再见面了!

这无情的命令,在那个时代再正常不过了。今天的人们尤其是青年人是无法理解他们的,为了祖国、为了人民,他们宁愿身葬异国而毫无怨言!

…………

坚守在345.6高地左翼无名高地上的二连战斗同样激烈。

战斗打响后,二连炊事班的人员立即投入到紧张的抢救伤员和运输弹药的工作中。当给养员温信完成一次抢救任务,回到一班阵地时,正赶上敌人1个连兵力向一班发起猛烈冲锋。这时,一班正副班长都已牺牲,全班只剩下3个人和1个机枪组。温信心里明白,守住阵地要比抢救伤员更加重要,于是他当即把担架放在一边,带领两名炊事员翻身跃进工事,捡起一班长的轮盘枪(冲锋枪),高声喊:"我就是一班的代理班长,大家听我指挥,坚决把敌人打下去,保住阵地,为一班长报仇!"正当他们与敌人展开激战时,炊事班长闫福贵带领3名同志扛着4箱手榴弹冲上了阵地,立即带领同志们跳进另一边的交通壕投入了战斗。闫福贵是三句话不离老本行,边打边喊:

"给你个铁馒头（手榴弹）！"说着就投出几颗手榴弹。紧接着，又喊道："再给你点儿花生米（子弹）！"操起冲锋枪就是一梭子，敌人当即就倒下一片，活着的敌人退了下去。但没过几分钟，约一个连的敌人又缩头缩脑地发起了冲锋，一班和炊事班的战士，一鼓作气投出120多颗手榴弹，冲在前面的敌人遭到重大杀伤，但后面的敌人仍继续向上冲。冲在最前面的敌人离工事只有不到20米了，温信投出最后一颗手榴弹后，立即端起机枪连续扫射，一口气将枪里的子弹全部打光了。这时，有的敌人已冲进堑壕内了，温信丢下机枪迅速端起轮盘枪，顺着堑壕向敌人猛扫，正处在关键时刻，手中的枪被敌人投过来的手榴弹炸坏了，他甩掉枪，顺手捡起块石头砸向敌人，向他扑过来的敌人顿时脑袋便开了花，在战友们的协同下把冲锋之敌击退。但是，山下的敌人仍不停地向上冲，温信又捡起第二支轮盘枪向敌人猛烈射击，打完所有的子弹和手榴弹后，他大吼一声，只身跳出工事，单枪匹马地端着刺刀向敌反击过去，这时飞来一颗流弹打中了他……这位英勇顽强的给养员为守住阵地献出了宝贵的生命。

　　敌人的炮火更加猛烈地向我阵地不停地轰击，堑壕被炸平，猫耳洞被炸塌，硝烟笼罩着阵地，能见度极低。战士们知道，敌人的炮火一停，新一轮的冲锋又要开始了。炊事员姜锡容向战友说："我是共产党员，温信牺牲了，现在由我来担任他未完的任务！我现在是代理班长，大家听我统一指挥，我们一定要战斗到底，哪怕阵地上只剩下一个人也要坚决守住阵地，决不能让敌人占领我们的阵地一寸！"一班的同志喊道："我们听你指挥，你指到哪儿我打到哪儿，一定要为烈士们报仇！"一个炊事员接着说："我们不光切菜内行，切美国鬼子的脑壳也不外行，誓与阵地共存亡，直到流尽最后一滴血！"

　　果然，敌人又以一个多连的兵力发起了冲锋。姜锡容对大家喊道："同志们，沉住气，不要慌，胜利一定是属于我们的！听我的口令一齐开火。"当敌人进至堑壕前30米处时，姜锡容大喊一声："打！"随着声音，一排手榴弹在敌群中开花。手榴弹打光了就用石头、弹药箱子等砸向敌人，经浴血奋战，打退了敌人的第四次冲锋。

　　姜锡容趁着战斗间隙，要求大家赶快在阵地上搜集弹药，他自己在炸塌的隐蔽部里找到8颗手榴弹，准备与敌最后决战。敌人新的冲锋开始了，但这次势头锐减，速度也比较缓慢，我勇士们沉着等待，将最后的弹药全部打

通信兵冒着炮火抢修线路,保证指挥畅通

光,端起刺刀、抡起圆锹,瞪着血红的眼睛,怒吼着冲向敌人。敌人被我勇士们的气势吓倒了,转身就往回跑。这样,炊事班反复与敌搏杀8个小时,连续打退敌人数次猛烈攻击,消灭敌人60多名,对坚守阵地起到了关键作用,志愿军总部给该班记集体一等功,并授予"二级英雄班"荣誉称号。炊事班大战美国兵的佳话从此便在临津江两岸传诵。

在我右翼阵地上,指战员们先后打退敌人2至4个营的23次进攻,迫使敌人不得不将进攻的重点转到第四一七团三连坚守的287.2高地。

七班扼守的阵地是三连主阵地的重要屏障,控制着铁原至涟川的交通线。这是一条正面宽200余米的山脊,山坡陡斜,树木茂密,不便于发扬火力。10月3日早晨,敌人数十门大炮向这个狭长的阵地上连续倾泻了6000余发炮弹之后,敌人约两个排兵力,在6辆坦克、5架飞机的掩护支援下,向七班发起猛烈冲击。战士们利用工事和弹坑,用冲锋枪、手榴弹迎击敌人。班长王连起和副班长各带一个战斗小组,坚守在阵地的两翼,敌人进到哪里,大家就一齐往哪里开火。战士侯林祥透过烟雾发现在阵地前百米处,有6个敌人正在架小炮,他立即开枪射击,当场击毙2人,其余的敌人立即连滚带爬地逃了回去。接着，敌人的机枪猛烈地向他射击，他立即投过去两颗手榴弹，敌人的机枪立刻被打哑了。在一侧战斗的战士潘治鹏也随即扔出了手榴弹，正在冲击的敌人死的死伤的伤，活着的向后跑了。

敌人第四次冲击被打退后，又以5架飞机轮番轰炸扫射，扔下了20多颗汽油弹，阵地上腾起一片大火。紧接着，敌人便以两个排的兵力轮番发起冲击。战士们在被炮弹炸暄的土地上滚灭身上的火苗，沉着战斗，待敌人接近时以突然的火力予以杀伤。经一天战斗，打退敌人8次冲锋，毙敌135人，缴获轻重机枪5挺、自动步枪4支，荣立集体一等功，被授予"钢铁第七班"光荣称号。

三连连续与敌人激战9天，打退了无数次敌人的集团冲锋，歼灭了敌大量有生力量，自己也付出了重大伤亡，被迫撤出阵地，敌随即占领了287.2高地。

第四一七团团长丁元昌得知287.2高地被敌占领后，立即决定组织力量反击，重新夺回阵地，稳定防御态势。团政委王甲军提出把反击任务交给一连，丁团长完全同意，并提出由王甲军政委给一连连长周景合交代任务，进行动员。

10月9日，一连连长周景合奉命赶到团指挥所。王甲军政委把周景合带到地图前，指着地图上的287.2高地说："三连打得艰苦，基本全部伤亡了，敌人占领了287.2高地，就可以依托高地向我纵深攻击，这样我整个防御阵地就会被撕开一个大口子，如果不能及时将这个口子堵住，就会动摇整个防线，后果不堪设想。"王甲军抬起头看了看周景合，接着说道："周景合同志，你是英雄连长，一定要率领全连把287.2高地拿下来，我相信你一定能完成党委和首长交给你们连的任务，再立国际功，争创新荣誉。"周景合干脆回答道："请党委首长放心，保证把287.2高地拿下来！"

周景合，一位优秀共产党员，智勇双全的连长。1945年7月参军，在解放战争期间，曾因作战勇敢，3次荣立大功。在党的教育和培养下，在革命战争的实践中不断锻炼成长为一名觉悟高、立场坚定、斗志旺盛、智勇双全的连队指挥员。在解放湖南大庸县（现张家界市）的战斗中，他带一个排摸到大庸城里敌第一二二军军部，智捉中将军长张绍勋，记两大功。在湖南湘西剿匪战斗中，他带领全连积极搜剿，大力开展政治攻势，争取土匪投诚，获得了"剿匪模范连"荣誉称号。正因为如此,团党委才决定把反击287.2高地的任务交给一连,相信他们一定能够圆满完成任务。

周景合受领任务回到连队,立即组织召开大会进行动员,在会上,他挥动着拳头激昂地说:"同志们,过去上级党委交给我们连任何艰巨任务,我们从未讲过任何价钱,都是坚决地、不折不扣地完成了。今天,团党委又把反击287.2高地的任务交给我们连,这是对我们极大的信任,我们一定要发扬过去的光荣传统,把任务完成得更漂亮,决不辜负团党委首长对我们的期望。大家要做到轻伤不下火线,重伤不叫苦叫疼,打出我们连的英雄气概来,争取再创造英雄连!"最后,他提高嗓门问道:"同志们,有没有把握?""有!"队伍里爆发出一声惊天动地的巨响。

动员会之后,全连立即展开了战前紧张的准备,调整组织,补充弹药,检查武器装备,一切都紧张有序地进行着。周景合连长逐班逐排地检查准备情况,交代注意事项。全连指战员在积极准备的同时,有的战士把决心书交到连队,有的上交立功计划书,信心百倍地完成这次艰巨任务,决心打头

严密观察,随时准备战斗

阵，当英雄。

一连指战员在暮色中出发了。

为了夺回287.2高地，我炮兵按照预定的计划，开始向287.2高地轰击，炮弹从一连指战员们头顶上呼啸而过，敌人阵地上顿时便响起隆隆的爆炸声，燃起冲天大火，这是我军的炮火在为一连发起冲锋前进行的火力准备。约半小时后，我炮火开始延伸，周景合连长立即命令全连，按照预定计划发起冲锋。

一连在师、团的炮火支援下，周景合连长指挥一排、二排同时在敌阵地两翼发起攻击。一开始二排便进入了激战，周景合立即跑到二排指挥战斗，不一会儿，激烈的战斗又转移到了一排，他又跑到一排去，带领一排以猛烈的火力压倒敌人，两个排互相支援密切协同，一鼓作气，连续攻占7个小山头，炸掉敌5个地堡，敌人的尸体堆得满地。经过一阵激烈的战斗，一连迅速攻占了287.2高地主峰。

周景合连长登上287.2高地主峰之后，立即指挥全连向右翼的无名高地发起进攻。周景合冲向哪里，战士们就跟着冲向哪里，手榴弹连续不断地在敌群中开花，敌人也以猛烈的火力压来，我军前进受阻。周景合一面指挥机枪压制敌人火力，一面亲自带领几个战士从侧翼冲上去，连续投出几颗手榴弹将敌重机枪打掉，高喊："同志们，冲啊！不能在敌人的火力下停留，冲上去就是胜利！"战士们一个个像猛虎下山，一边射击一边呼喊着冲了上去，扔过去一排手榴弹，就和敌人扭打在一起。在这个小小的山头上，展开激烈的肉搏战。忽然一个大个子美国兵向周景合冲了过来，两人立即抱在一起厮打。敌人抓住周景合的后背想摔倒他，周景合猛劲一扭，把敌人的脚一勾，两人一齐倒了下去，周景合趁势一翻身，把敌人按倒在地，一只手掐住敌人脖子，另一只手掏出一颗手榴弹，猛地砸向敌人的头，敌人的脑袋顿时像爆裂的西瓜，脑浆粘了一手榴弹。还没等周景合回过神，一双毛茸茸的大手就抱住了他，把他摔倒在地，他用尽全力将敌人扑倒，双手死死地掐住敌人的喉咙，直到敌人不动。这时有两个敌人向他扑过来，他刚站起来，只听"轰"一声巨响，两个敌人无力地倒下去了，周景合翻身起来，觉得大腿剧烈疼痛使他一下子又倒了下去。又有两个美国兵扑过来要抓负伤的周景合，他一面大喊："老子和你拼了……"一面竭力挣扎着坐起来。在这千钧一发的时刻，司号员黄忠武发现了敌人的企图，迅速冲过去就是一梭子，两个美国鬼子应声毙命。

黄忠武扶着周景合说："连长，你负伤了。"说着就要给他包扎伤口。周景合连长一把推开黄忠武，说："没有什么！放下我，你快前进！""连长请你放心，部队都打得很好，你的伤很重，我背你下去。"司号员哀求地说。"干什么？你快前进，不要管我，消灭敌人，巩固阵地！"周景合发火了。黄忠武知道连长的脾气，在战斗结束前，他是不会下火线的，便转身走了。不一会儿叫来一副担架，不由分说强行把周连长抬下了阵地。而后，黄忠武跑步通知三排长、二排长说："排长，连长负了重伤被抬下去了，我们一定要为连长报仇啊！"二排长说："你快吹冲锋号。"在号音的鼓舞下，二排消灭了残敌，完成了夺占287.2高地的任务。

一连五班战士黑绍清，战前连里提出在战斗中开展以老带新、互帮互带活动，使新战士能很快在实战中得到锻炼，学会打仗的本领，锻炼战斗意志。黑绍清和新战士韩景山结成对子，他俩共同制定了决心书，在战前的临战训练中，黑绍清精心地教韩景山学习技术、战术。

完成攻占287.2高地任务后，在向无名高地发起进攻中，黑绍清带领韩景山冲在最前面，他一边向前冲一边招呼小韩要跟紧，迅速地向敌人设置的障碍物接近，当接近鹿砦后，没有破坏敌障碍物的工具，黑绍清用上着刺刀的枪去挑鹿砦，只听"咔嚓"一声，一道刺眼的白光冲上天空。狡猾的敌人在鹿砦上挂了照明雷，黑绍清这么一挑挑响了照明雷，整个阵地顿时炸了窝，照明雷把整个山坡照得白昼一般，敌人的机枪和大炮瞬间向这里射来。黑绍清一把将小韩按倒在地，一串串的子弹、炮弹从他俩头上飞过，一发炮弹正好落在黑绍清身边，冲锋枪当即被炸成两截，帽子被穿了两个窟窿，水壶、挂包都被炸坏。他俩拼命地向右边滚，黑绍清以命令的口气，要小韩与自己一起爬过第一道鹿砦。很快，他们又来到另外一道鹿砦前，这一次黑绍清接受了前次的教训，刚听"咔嚓"一响，他俩就像两只猫一样穿过了鹿砦，等照明雷升空时，他俩早已爬进鹿砦，敌人事前标定射击目标鹿砦前，当敌人听到响声再打枪、打炮时，都成了"马后炮"。就这样，他们又通过了一道障碍物，抢占了一个小山包。排主力随后从他俩打开的通路后面跟了上来。

占领小山包后，黑绍清就发现有一群隐隐约约的人影在晃动，他判定是敌人来了。黑绍清悄悄地告诉小韩："快，准备好手榴弹，把盖子都打开，听我的命令，再打！"待敌人进到距他30米处时，黑绍清用步枪打，韩景山用手榴弹炸，顿时一大片敌人就被撂倒了，敌人的偷袭就这样失败了。

但敌人并不甘心，用猛烈的炮火对小山包进行轰击。借此机会，黑绍清与副班长研究下一步如何对付敌人的再次冲锋，进行了分工，副班长带一个新同志守小山包的右侧，黑绍清带小韩守左侧。他们互相研究战法，互相鼓励："咱们几个人一定要把这个小山包守住，要把小山包变成埋葬敌人的坟墓！"

不出所料，敌人又来了。在敌人炮弹爆炸的闪光中，黑绍清看到一群敌人像青蛙一样悄悄地向他们坚守的小山包爬来，副班长坚守的右侧率先打响了。小韩往手榴弹袋一摸，惊叫一声："啊！不好，手榴弹打光了！"他跑到黑绍清跟前紧张地说："手榴弹没有了，你给我两个吧！"黑绍清一摸手榴弹袋，不禁一愣，也没有了手榴弹。黑绍清想，小韩是个新同志，我一个老兵决不能在他面前显露出半点儿惊慌，否则就会引起小韩的紧张。想到这里，他不慌不忙地说："我剩下的也没几个啦，你马上顺交通壕去找找，我监视敌人。没有弹药就是用石头、刺刀、锹、镐也要把敌人打下去。"黑绍清的镇定鼓舞了小韩的勇气和信心。小韩在交通壕内搜集到十几颗手榴弹和几十发子弹，用这些仅有的弹药，打退了敌人一次又一次的进攻。

战斗持续了整整一夜，待东方蒙蒙亮时，一连奉命转移阵地，他们4人奉命负责掩护连队转移。小韩跑到黑绍清跟前举着手里的两个手榴弹说："组长，我手里就这点儿家伙了。"黑绍清拍了拍手榴弹袋说："我也只有它哥儿俩了！"接着他又对小韩说："你要记住，作为一名战士，越是情况困难、危险、紧急，越要镇静、沉着，不到万不得已，这几个'宝贝'决不能打出去！现在我们赶快准备些石头，一旦敌人冲上来就用石头砸，叫敌人尝尝咱们新式武器的滋味。"在捡石头的过程中，他又对小韩说："你要当英雄，争取早日入团，就要经过这难得的考验机会！"韩景山紧握着拳头对组长说："组长，你是咱们连青年团支部的一个小组长，我决不能辜负连排首长对我的培养教育和你对我如兄弟般的帮带，我会按你的要求去做的。你就是我学习的好榜样！"

天亮后，敌人开始在高地上搜索他们死去的同伴尸体，认为该高地不会有志愿军了，所以一个班的敌人便大摇大摆地走向小山包，当敌人走到距他俩不到20米时，黑绍清突然扔出一颗手榴弹，大声喊："给我打！"于是，小组长和他的好战友从工事里站出来捡起石头雨点般向敌人砸去，打得敌人钢盔叮当响，其中还夹杂着两颗手榴弹在敌人中间爆炸，敌人遭到突然的"石弹"袭击，没待弄清情况，也未明白到底是石头还是手榴弹，已经死伤过半了，瞬间敌人就乱了套，赶快往回跑，黑绍清举枪射击又打倒两个敌人。

黑绍清和战友成功地完成了掩护本连转移任务后，奉命撤出阵地归建。在此次战斗中，黑绍清一个人就毙敌20余人，荣立一等功。

范弗里特在命令美军第一师向天德山等发起攻击的同时，令美军第三师第十五团和希腊营在飞机、炮兵、坦克支援下，向第四一五团五连、八连坚守的272高地和280.4高地发起了猛烈攻击。坚守272高地的五连三排与敌激战达5个小时，连续打退了敌1个营的兵力在10架飞机、1个坦克连支援下的7次冲锋。敌人虽然受到重创，但仍不善罢甘休，组织了更加猛烈的火力和更大的兵力，再次发起进攻，坚守阵地的三排，在与敌人反复搏杀后，伤亡过大无力坚守，阵地随后被敌人占领。为了夺回阵地，排长郝志新奉命率预备队在营火力的支援和兄弟连队的配合下，夺回了丢失的阵地，稳定了防御态势。但敌人并不甘心，翌日早晨，集中火力向272高地实施猛烈轰击，郝志新断定敌人即将发起攻击，立即命令战士做好战斗准备。果然，敌炮火一转移，就有约1个营的兵力，在指挥官红白旗的指挥下，向272高地冲来。敌人慢慢地靠近了，郝志新命令轻重机枪实施交叉火力射击，并将情况立即报告连长，连长当即令六〇炮向冲击的敌人轰击，敌人还没有冲到前沿就死伤惨重，不得不退了回去。敌人重新调整兵力，再次发起攻击。当敌人冲到前沿50米的时候，机枪手曹万章不幸牺牲了，郝志新立即抓起机枪就打，谁知机枪这时坏了，在这紧急关头，他高喊着："用手榴弹消灭敌人啊！"接着数十颗手榴弹在敌群中爆炸，敌人的冲锋被打退了。第二天的战斗更加激烈，敌人一面用炮火封锁三排通往连部的道路，切断三排与连主力的联系，一面集中优势兵力连续向三排发起冲击，当敌人第七次冲锋被打退后，三排只剩下1颗手雷和20多颗手榴弹了，为了守住阵地，郝志新命令战

坚守严岘山的第四一六团五连，与敌激战三天四夜，打退了敌两个团兵力的轮番进攻，歼敌1200余人，守住了阵地，荣立集体特等功。图为指战员阻击敌人

士撤到阵地后侧隐蔽，当敌人1个排在5挺机枪掩护下冲上阵地后，没有发现志愿军战士时，便认为他们胜利了，有的敌人坐下来打开罐头吃了起来，有的抱着枪在打盹，郝志新抓住时机率领战士席卷而来，枪声和手榴弹响成一片，敌人惊慌失措地掉头就跑，连架着的枪都不要了，战士们抓起敌人的武器猛烈射击。重新占领阵地的战士们兴奋地说："排长的指挥真高明，敌人给咱们送枪支弹药，再打5个反击都没有问题。"战斗中，郝志新先后3次负伤不下火线，荣立特等功。

敌人在向272高地进攻的同时，也向五连坚守的218.4高地发起猛攻，数次攻击都未成功后，便用猛烈炮火进行轰击。炮弹片像雨点一样散落在山头上，工事大部被摧毁，战士们的脸被硝烟熏黑了，有的耳朵被炮弹震聋了，轻伤员继续战斗，重伤员帮助压子弹拧手榴弹盖。敌人约1个连兵力再发起冲击，有几个敌人已冲进了交通壕，战士们立即与敌展开肉搏战，有的抱着敌人摔下山去，有的用没有拉火的手榴弹将敌脑袋砸碎……六班长赵清和负重伤昏迷后，仍然高喊："把敌人赶出去！把敌人赶出去！"敌人在不断增加兵力火力,战斗一天比一天激烈。敌人两个加强连的兵力,在18辆坦克的配合下,从三面包围了五连阵地,副连长郭文学看到敌人冲上来,大喊一声跳出工事,与敌展开肉搏战,3处负伤仍然战斗。最后他和通讯员李国树只剩下两颗手榴弹,两人毫不犹豫地冲入敌群,与敌同归于尽。五连先后打退敌人营、连、排规模的50余次冲锋,杀伤敌900多名,缴获轻重机枪20挺、自动步枪和卡宾枪70支,荣立集体一等功,被授予"二级英雄连"光荣称号。

战斗到第六天,敌人集中了1个团的兵力,在20余架次飞机和1个坦克营的支援配合下,向287.2高地、230.9高地和250高地实施攻击。战斗空前惨烈,坚守287.2高地的第四一六团六连伤亡殆尽,阵地失守。

连日来,敌人付出重大伤亡除占领了287.2高地外,再没有任何进展。10月5日,第四一六团五连奉命进入严岘山阵地坚守。严岘山是第一三九师驿谷川以东阵地的突出部,五连进入阵地后,连长张永富、指导员庞殿臣根据地形,部署好兵力火力,连夜加修工事,次日工事还未修好,美军第三师

严岘山战斗结束后,官兵们在观看战果图

便投入了 1 个团的兵力，在强大炮火支援下，向五连阵地发起了攻击。从早上 7 时开始，一直战斗到黄昏，敌人连续发起 6 次冲锋，均被坚守最前沿的一排打退，我以伤亡 3 人的代价，换取歼敌 200 余人的胜利。

由于西北的 287.2 高地被敌人占领，使五连形成了三面受敌的严重形势。7 日早上，敌人投入 1 个团兵力分多路向五连发起攻击，从西北方向插上来的敌人，首先接近了五连的主阵地，全连立即投入了激烈的战斗。敌人将坦克开到五连阵地前沿，用坦克火炮直接向五连阵地疯狂轰击，工事大部被摧毁，五连指战员灵活地利用弹坑顽强抗击，连续打退敌人多路 4 次冲锋。这时，一排只剩下 1 名战斗小组长和 5 名新战士，其中还有 3 人负了伤，敌人第五次冲锋上来后，把一排这 6 名同志包围了，此时二排、三排正与敌反复冲杀，连长张永富和指导员庞殿臣看抽不出兵力支援，便把连部的卫生员、司号员、通讯员、理发员等组织起来，亲自率领他们向一排阵地反击，与敌人混战冲杀，终于把敌人打了下去，与阵地上坚持战斗的 6 名战士会合，夺回了阵地。

战斗越来越激烈越来越残酷。第二天天刚亮，敌人就出动 6 架飞机轮番轰炸、扫射，投下大量的凝固汽油弹，数十个炮群集中向五连阵地猛烈轰击，敌人企图以这种猛烈的轰炸毁掉山头上的一切，树木全被烧掉，工事全被摧毁，地皮被翻过来翻过去，但五连指战员英勇顽强地战斗，使敌人两次冲锋都以失败告终。当他们打退敌人的第三次冲锋后，阵地的战斗员只剩下不到 20 人了。敌人还在疯狂地猛扑，连长张永富、指导员庞殿臣决心与阵地共存亡，他们把战士们都召集在一起鼓励道：只要有一人一枪一弹，就要坚决守住阵地，誓与阵地共存亡！四班战士刘少海振臂高呼："人在阵地在，誓与阵地共存亡！"其他战士都举起右拳宣誓："人在阵地在，誓与阵地共存亡！"铿锵的声音激荡在严岘山上空。战士们毁掉身上一切物品，张永富砸碎自己的手表，庞殿臣销毁了所有的文件，率领战士向敌人冲去。敌人冲进了二排阵地，张永富立即组织连部仅有的几个人，支援二排打退了敌人的进攻。一直战斗到天黑，与敌人反复冲杀 12 次，杀得敌人尸横遍野而毫无进展，我严岘山阵地仍然屹立不动。

在这三天四夜的恶战中，五连指战员只吃了两顿还没吃饱的饭，喝过一次还不到一碗的水，没睡过觉，口渴得实在不行了，就喝自己的尿。这些艰难困苦，丝毫没有影响战士们战胜敌人的钢铁意志，先后打退了敌29次冲锋，毙伤敌1200余人，缴获重机枪1挺、轻机枪2挺、自动步枪和卡宾枪22支，守住了阵地，创造了阻击战的光辉范例，荣立集体特等功，连长张永富、指导员庞殿臣各荣立特等功一次，分别被授予"一级战斗英雄"和"二级战斗英雄"光荣称号。

第八章
半月坚守志愿军寸土未丢
鱼积里山"王牌师"再遭惨败

被俘美军哀叹,这是美军骑兵第一师历史上最暗淡的日子;我第四一八团四连、六连奉命到上浦防南山接防途中,全歼遭遇的敌两个连;敌集中兵力发动更大规模进攻,我坚守分队顽强抗击给予沉重打击;英雄排长张国福率二排坚守250高地,战至一兵一卒守住了阵地,为主阵地坚守发挥了重要作用;第四二三团反击190.8高地之敌,全歼泰国团1个连;第四十七军决定在阵地前实施反击,第四一八团三营奉命反击346.6高地,模范指导员李延年勇挑重担;连续作战反击鱼积里山,美军"王牌"部队再次遭到惨败;七连坚守鱼积里南山阵地,挫败敌20多次冲锋,守住了阵地,荣立集体一等功。

美军骑兵第一师在朝鲜战场上已经受到过多次沉重打击，但是从来还没有遭到过最近一次这样惨重的杀伤。在范弗里特的"秋季攻势"作战中，骑一师在西线担负自铁原、涟川以西地区向北进犯的任务，已过了两个星期的激烈作战，被第四十七军杀伤万人以上而未能前进一步。在战斗过程中，骑兵第一师因伤亡惨重曾先后3次补充兵员。骑一师被俘官兵垂头丧气地说："这是骑一师历史上最暗淡的日子。"

第四十七军守卫在临津江左岸及右岸横宽20余公里的地区，在这个绵亘起伏的山岭阵地上，可以俯瞰涟川、铁原两城。范弗里特发动这次攻势的第一步目标就是集中美军骑兵第一师、步兵第三师、英联邦师、希腊营，配属美军第二十五师、韩军第一师等部，攻击并占领临津江左岸及右岸的阵地。

由于侵略者的士气低落，"联合国军"总司令李奇微老早就鼓励他的士兵说："炮火能成为你们的救命恩人，在这次'秋季攻势'中我们集中了更多的炮兵部队。"据被俘的美军炮兵校正机驾驶员西佛令体供称：这次骑一师使用的重榴弹炮，除本师的6个榴弹炮营外，还从美军第一军团调来8个营，他本人也是从第一军团调来的。在进攻中，敌人的炮兵每天将数万发炮弹倾泻到我军阵地上，但是结果怎么样呢？西佛令体说："当我在空中侦察时，你们的阵地真变成一块无人之地了，而在我被俘的时候，我却看到遍地是你们的人。"骑一师第七团第三连连长库绨斯在讲到他被俘的情况时说："在我看来，山上已经不可能有人存在了，可是等到发现你们的人时，就什么都来不及了。"

事实确实如此，敌人"秋季攻势"作战中使用的炮火比起春天在汉江南岸作战中不知要猛烈多少倍。在那光辉的阻击战中，我们的勇士们曾经想出了对付敌人炮火的办法，创造了莫大的战果。现在，饱经战火锻炼的勇士们就更加坚强了。他们说:"要让敌人的尸体填平他们自己炸出的炮弹坑!"

战事发展的轮廓是这样的:敌人发起进攻以后,从10月3日到6日这4天,是战斗最激烈的时间。为了争夺一个小山头,敌人军官们不顾死伤,逼着士兵轮番进行集团冲锋。从10月7日以后,敌人就由全线攻击转为重点进攻了。而到12日,敌人的攻势便被彻底粉碎了。这次,美军骑兵第一师在10天的作战中,平均每天仅能前进90米,到后来就真正是寸步难进了。

战士们把每一座山岭都变成了坚强的战斗堡垒。在战斗中,出现了一天战斗中击毙敌人120名的射击英雄(神枪手)郑月光;出现了巧妙地躲避过敌人8000发炮弹轰击,击退敌人1个营7次冲锋的英雄七班。一个班守卫在敌人必经之路的一侧小山头上,敌人在他们的阵地后侧用5辆坦克把他们围住,10架飞机轮番轰炸扫射,战士们吃不上饭、喝不上水,但仍然奋不顾身地打垮了敌人5天的连续攻击……

我强大的炮兵部队在这次支援步兵的作战中发挥了空前的威力,把敌人打得焦头烂额。在230.4高地的我阵地前,敌人正集结准备发起冲锋,我军炮兵当即准确地发射,打得美军血肉横飞。13日夜,敌人两个营集结在梨木洞山沟里,准备到拂晓时向我阵地发起攻击。敌人刚刚搭起帐篷想休息,就被我军猛烈的排炮打得死伤遍地。敌人的弹药库也被打响了,尸体也被烧焦了,到第二天敌人用了12辆军用汽车才运完尸体和伤员……

尽管美军骑兵第一师这次进攻有猛烈的炮火掩护,尽管有其长官拿枪在后面督战,但士气不振的士兵们在我军沉重的打击下,个个胆小如鼠、畏缩不前。骑一师第五团第三连第三班士兵依勒,被俘后大骂该团团长勒菲德,他说:"长官只是在我们后面狂叫前进! 前进! 但前进是一条死路。"在战斗中,勒菲德先后亲自督战7次,结果是下层军官和士兵们遭到一次比一次更大的伤亡。美军骑兵第一师的这种下场是对好战分子范弗里特之流最好的惩罚。

为了加强我一线防御与反击力量,给敌人以更大的杀伤,10月10日晚,第一四〇师奉命接替了第一三九师的防御阵地,以坚守阵地与阵前反击相结合,积极打击消耗敌人。

第四一八团四连、六连奉命接替在临津江左岸涟川以西上浦坊南山阵地。

11日夜,第一四〇师四一八团四连、六连奉命到上浦坊南山接防,与敌不期遭遇，经 30 分钟激战，全歼美军骑兵第一师第七团三连、一连全部和营属火器连大部计 290 余人，俘敌连长以下 6 人。四连在天明到达目的地时，敌已经占领了这个高地。这时排长张化武带领全排向敌人发起进攻，很快就攻占了高地。先占领山头的美国兵遭到这突如其来的袭击，掉头就往山下跑。接着，在纵深的美军仓皇地展开投入战斗，一场敌我双方兵力相均的歼灭战就此打响了。

战斗一开始便是面对面地冲杀，手榴弹的爆炸声和冲锋枪的射击声响成一片，硝烟和尘土弥漫着整个高地。在反复争夺中，战士周寿林用冲锋枪一口气打死、打伤 10 余名敌人后，子弹却打光了。这时，有一个敌人向他冲过来，他猛然上起刺刀，向敌人迎了过去，与敌人展开了肉搏战，最后将敌人刺死。勇士们就这样英勇地同敌人拼杀，一阵激战后，奉命转移到新的阵地，准备晚间配合兄弟连队歼灭这股敌人。

入夜，战士们握着已揭开盖的手榴弹，有的端着装满子弹的冲锋枪，以锐不可当的勇气杀上山来。突击队的战士悄悄地摸到敌人哨兵跟前，突然吹响小号角（也叫小喇叭，是通信联络用的指挥工具）。担任掩护冲锋的机枪以猛烈的火力封锁巩固突破口，突击队迅速地通过突破口向前冲去。这时，战士陈通煌和罗开明两人一手扣动着冲锋枪的扳机，一手向逃敌扔手榴弹，一直打进敌人的纵深阵地，消灭了蜷伏在地堡中的敌人。

另一路突击队六连的战士们肃静而敏捷地插入敌阵。战士何建延爬近敌人时，一个巡逻的敌人哨兵正好一脚踏在他的手上，他一声不响将敌哨兵放过去，然后从背后将其击毙，后面的战士继续向前冲。战士冯秀元端起轻机枪迅速冲进了敌人的交通壕，把后续的突击队员接了上来。接着又是一阵激烈的厮杀，机枪射手不幸中弹牺牲了，步枪手张宗胜迅速上去接替，他一口气打出了几梭子子弹，终于将最后反扑过来的敌人打得狼狈回窜。为了巩固突破口，共产党员石重吉连续打退敌人 4 次反扑后，右臂受了重伤，可是他没有告诉别人，仍旧坚持战斗，右手负伤了就用左手扔手榴弹，守住了突破口。

六连三排刚进入上浦坊南山阵地，就和对面爬上来的敌人相遇，战斗随即打响。敌人开始用 1 个加强班的兵力进行反扑，企图乘我立足未稳之机把三排赶下山去。三排指战员沉着地把敌人放进到离自己只有十几米地方，突然开火，子弹和手榴弹像冰雹一样砸了过去，没死没伤的敌人撇下哀号的伤员和尸体败退下去。九班长朱连海带领战士蒋秀明守在阵地一侧，蒋秀明提出自己包打左边，朱连海说："好！那我就包打右边。"当敌人再次发起冲锋时，他们两人一边战斗一边相互鼓励，先后打完3箱手榴弹，在他们的阵地前面，堆积了30多具敌人的尸体。

敌人一次又一次的冲锋都被打下去了，阵地前面敌人的尸体也一批一批地增加。敌人报复性的火炮，疯狂地向三排阵地猛打，富有战斗经验的战士们，在敌炮弹坑中跳来跳去，顽强战斗，只要阵地上还有一个人一支枪就要

指战员们在参观功臣榜

整训期间，组织进行了授旗授勋。图为介绍功臣单位事迹

与敌人战斗到底。十一班班长黄福寿,两次负伤不下火线,继续坚持战斗,对准冲锋的敌人端起轮盘枪猛烈扫射,敌人丢下8具尸体逃走了。青年团员杨森兴,一面抱着机枪猛烈向敌人扫射,一面鼓励身边的战士说:"现在正是考验我们青年团员的时候,坚决消灭敌人,争取火线入党。"忽然敌人的一发炮弹落在他不远处,杨森兴负了伤,他顾不得包扎,继续向敌人射击。突然,他的机枪发生故障,便拿起手榴弹继续战斗,终因流血过多昏倒在地。当他醒过来后,看到二班的战士正在和敌人冲杀,他似乎忘记了伤痛,翻身爬起来,拿着手榴弹又投入了战斗,敌人被我军战士打得蒙头转向,连手榴弹不拉火就扔了过来,战士们立即拾起来又投了过去。

战斗越打越激烈,二班战士周树林打光所有的手榴弹,这时有个敌人快要冲上阵地了,手里还拿着一个拉了火的手榴弹准备扔过来,在这万分危急时刻,周树林勇猛地扑了过去,一把将敌人的手榴弹打落在地,抱住那个敌人就厮打起来。"轰隆"一声巨响,手榴弹在身边爆炸了,周树林壮烈地与敌人同归于尽。

战斗正激烈进行的时候,二营营部通往四连的电话线路被炸断了,电话员立即冲出去接线,通讯班长宋兆福看到营长在不停地摇电话机,知道有紧急命令,便大声报告请求由他去送命令,营长同意了他的要求。

从营指挥所到四连的山头,上下有3公里多远,中间还有几道敌人的火力封锁线。宋兆福机智地越过一道火网,连续完成了7次通讯任务,在最后一次上到前沿阵地时,正赶上敌人发起冲锋,他便自动参加战斗,一口气投出去两箱手榴弹,杀伤敌10余名,协助前沿班排打退了敌人的进攻,荣立一等功。

黎明时分,六连在三排和二班坚守的这个阵地上,分几路实施反击,四连也从另一侧实施冲锋,战士们勇猛冲击,全歼美军骑兵第一师第七团的一连、三连全部和营属火器连大部计296人,俘敌连长以下6人,缴获轻重机枪8挺。高地上欢声雷动,四连、六连的勇士们胜利会师了。

范弗里特在其吹嘘的"秋季攻势"受到严重挫败以后,不得不由全线进攻改为重点进攻。但是,不管范弗里特如何改变作战计划,战斗的结局仍然是惨败。

从10月11日起,美军骑兵第一师集中两个团的兵力,在大量坦克、大炮和飞机的配合下，向我驿谷川以东的345.6高地一带的突出阵地进行连续攻击。在遭到连续失败后，像赌徒输红了眼睛一样，更集中全力向我猛烈进攻。第四十七军坚守在这一带的第一四○师广大指战员，奋勇顽强地在每一个山头、每一个阵地上与敌人反复冲杀，浴血奋战7天8夜，打退了敌人无数次的冲锋，打死打伤敌人1000多名，使敌人未得前进一步，有力地粉碎了敌人的重点进攻。

11日晚，第四二○团五连二排奉命坚守250高地。

250高地位于345.6高地南部，是第四二○团防御阵地前沿的突出部，该阵地如被敌人攻占，345.6高地主阵地就完全暴露在敌人眼前，因此坚守250高地对稳定整个防御至关重要。

五连二排排长张国福受领任务后，当天晚便率全排进入阵地，连夜赶修被敌炮火炸塌的工事，部署兵力、火力，做好抗击敌人进攻的准备。

张国福，吉林省榆树县人，1931年12月出生，1946年参军，1948年入

硝烟弥漫的战场

张国福

党,是第四十七军一位富有传奇色彩的战斗英雄。参加过"三下江南""四保临江""辽沈战役""平津战役""渡江作战""解放重庆""湘西剿匪"等众多战役战斗,因作战勇敢,屡建奇功,先后荣立特等功1次、大功2次、小功5次,并荣获"四野"授予的"孤胆英雄""开路先锋""青年战斗英雄"等荣誉称号。曾获东北人民解放军英雄奖章2枚、全国战斗英雄代表大会纪念章1枚、毛泽东奖章1枚……1950年9月,出席了第一次全国战斗英雄代表大会,当时19岁的他是众多英雄中最年轻的一位,受到毛泽东、周恩来、朱德等亲切接见,领导们向英雄们敬酒,亲切勉励他们"好好学习,艰苦奋斗,再立新功"。其间,毛泽东还邀请张国福、郭俊卿等4位战斗英雄到他家里吃饭呢。1947年5月,16岁的张国福就曾在一次战役中孤身活捉了国民党军队中将。第四十七军《猛进报》以"16岁放牛娃张国福活捉国民党中将赵伯昭"为题,报道了这段传奇的战斗故事,使张国福立即成了名人。抗美援朝战争后,他转业到地方工作,对自己的战功只字不提,并把名字改成张国富,隐姓埋名40年,在一家火药厂默默工作,直到病重才被人们知道。这是后话。

传奇的英雄排长必然带出传奇的英雄集体。激烈的战斗发生在16、17日。16日早晨,敌人在4架飞机的轮番轰炸扫射和20多辆坦克的掩护支援下,集中3个连的兵力开始了冲锋。张国福让战士们沉着地等待敌人进到距我前沿阵地只十几米远的地方,大喊一声"手榴弹!"随声音几排手榴弹就飞了过去,冲击的敌人立即倒下一大片,活着的退了下去。接着敌人又发起第二次冲锋,又被二排打了下去。这时,指挥五班坚守在最前沿的副排长牺牲了,张国福立即跑到五班阵地上去指挥,并鼓励大家:"同志们,沉住气,瞄准了再打,现在是立功当英雄的时候了!"五班副班长傅春阳立即表示:"人在阵地在,谁英雄谁好汉,就在这个时候看!"并要求自己包打一面。机枪射手柳永林拍着胸膛说:"有我老柳机枪在,保证不让鬼子上来。"上阵前就和李太林比赛杀敌的刘国强，这时也要求"包干"，争取早日去北京见毛主席。六班战士方国发自动到前沿参加战斗……战士们的战斗情绪越打越高。虽然每隔十几分钟敌人的军官就挥动着红白旗子，驱赶着"羊群"向二排阵地冲击，但每次都丢下大量尸体溃退下去。敌人的攻击仍然在继续，方国发发现敌人爬到半山坡了，立即端起枪做好战斗准备，当敌人的头刚一露他就一枪将其击毙，连续打死7个敌人。守卫在左面的五班战士王春泰，被敌人炮弹掀起的泥土埋了3次，先后3次负伤，从泥土中爬起来继续战斗。当敌人的第八次冲锋被打退至山腰时，便就地修筑工事，准备再次冲锋。投弹能手于长俭连续甩去十几颗手榴弹，炸得敌人血肉横飞，无法再继续修工事，退了下去。

更加激烈的战斗发生17日。天刚亮，敌人集中一个团的兵力在强大炮火的掩护下，把250高地三面包围。接着，20多辆坦克和5个重炮群集中向二排阵地轰击，8架飞机也轮番在阵地上空轰炸扫射，整个山头硝烟蔽日，泥土石块满天飞，小小的山头如同烧开的锅一样，翻过来滚过去，二排战士们利用残存的工事和弹坑，顽强地战斗着。方国发3次被泥土掩埋又爬了出来，全身6处负伤，张国福命令他去包扎所，他坚决不下火线。阵地上，战士们轻伤不下火线，重伤不叫不喊，继续顽强战斗。刘国强7次负伤，头发眉毛被敌燃烧弹烧光了，仍坚持战斗不下火线。战斗最激烈的时候，张国福冲在最前面，组织火力，率领战士一起用手榴弹打退了敌人，然后跑到塌了的工事里，挖出两箱手榴弹，扛到阵地前沿。战斗到下午4时，二排只剩下10来个战士，每人手里只有两颗手榴弹了，敌人的冲锋又开始了，在这危急时刻，张国福立即大喊："为了祖国，为了人民，不怕牺牲，坚决把敌人打下去！"随声音就把手榴弹投向敌群。方国发打出最后一颗手榴弹后，操起铁锹冲入敌群，揍倒两个敌人，随手拉起子弹箱甩向敌人，不幸被敌人的子弹击中，壮烈牺牲了。柳永林愤怒地大喊："为方国发报仇啊！"端起机枪一边打一边冲向敌群，战士姚茂烈和王锡庆握着最后一根爆破筒冲向了敌群……

阵地突然静寂了下来，静，静得出奇。这时的张国福也身负重伤，昏死过去，当他醒来时，发现阵地上没有一个人，战友们都牺牲了，他是从阵地上爬着回来向首长报告，说他们排基本完成了任务，在场的人全都哭了……

仅仅这两天战斗，二排就打退敌人40次冲锋，歼敌300多名，守住了阵地,对坚守345.6高地主阵地起到了重要作用。

为了彻底粉碎敌人的"秋季攻势",第四十七军指挥所决定,对前沿阵地实施反击作战,大量歼灭敌人有生力量,进一步巩固我防御阵地。据此,第四一八团团长陈明友命令三营对346.6高地实施反击。

13日深夜,在我强大炮火掩护下,三营分两路向前运动。朝鲜的深秋已是寒气袭人,战士们还身着单衣,但谁也没有感觉到冷,一个个像猴子一样,从陡崖峭壁向山上猛扑。七连副连长杨德珍带领突击排首先攻占了第一个山头,将守敌大部分歼灭,残敌溃逃。这时,守卫在阵地主峰及其右侧山头上的敌人,以密集的火力封锁战士们前进的道路。七连一班、十班冒着敌人织起的火网,迅速勇猛地接近了第五个山头敌人的阵地。九连、八连也从正面逼近了山头。在天刚刚蒙蒙亮的时候,三营发起总攻。这时,敌人为了拦阻我冲锋,集中了5个炮群,拼命地向我冲击分队轰击,通信器材被崩坏了,前后失去了联系,枪支大部被掀起的泥土灌得打不响,但战士们仍然勇猛地向前冲击。当九连九班冲上346.6高地时,七连十班也从侧面冲了上来。十班班长张德富头部负了伤,血流不止,仍不顾一切地向前猛冲猛打。战士朱协甫帮他拧手榴弹盖,他一口气投13颗手榴弹,敌人的机枪被打哑

对敌实施反击

了。八连的战士也乘机冲了上来，5分钟就将第五个山头上的敌人大部歼灭，至此，346.6高地已全部被我占领。

敌人企图乘我立足未稳之机夺回已失阵地，在强大炮火支援下，向346.6高地实施疯狂的反扑。七连十班坚守在前沿突出部，副班长邓克洪、党员朱协甫和团员刘祥各带一名战士分守在三面。邓克洪坚守左面阵地上，敌人每次反扑都从这里开始，因此敌人在这里的冲锋也最疯狂。敌人打炮时，邓克洪让战士隐蔽，自己在硝烟弥漫的阵地监视敌人，敌人冲锋时，他对新战士说："只要你供上我手榴弹，来三五十个敌人我都包干了。"这样，他们配合友邻连队，连续打垮敌人5次冲锋。敌人打红了眼，进攻更加疯狂猛烈，约有两个排的敌人向邓克洪这里扑来，邓克洪在战壕里扔手榴弹不得劲，干脆跳出工事投，炸得敌人血肉横飞。手榴弹打完后，就用轮盘枪扫，他一个人用几支枪，新战士帮他压子弹，他打光这支换那支，在战士们的英勇打击下，敌人丢下一片尸体退了下去。由于十班打得英勇顽强，为坚守阵地起到了重要作用，荣立集体一等功，邓克洪也荣立一等功。

八连九班打得同样英勇顽强。在敌人反扑中，有10多个敌人眼看要冲上阵地了，战士高青山勇敢地跳出工事，连续向敌人投去手榴弹，打哑了敌人重机枪，失去火力支援的敌人狼狈地逃了下去。在打退敌人两次进攻后，九班的手榴弹快打光了，高青山的枪也被炸坏了，新战士胡中华递给他一支缴获敌人的卡宾枪，高青山瞄准敌人，连续5枪打死5个敌人，其余的吓得乱成一团。胡中华受到鼓舞，也连续击毙5个敌人。敌人屡次冲锋遭到失败后，就用炮火向我阵地猛轰，当敌人再次冲锋时，高青山一连击毙7个敌人，然后跳出工事，在阵地与敌人打游击，敌人到死也不知道枪是从哪里打来的，进攻之敌终于再次被战士们打退了。

下午4时左右，敌人最猛烈的一次反扑开始了。敌人用炮火在我阵地前构成了一道火墙，8架飞机轮番轰炸扫射，并施放毒气，而后在坦克的掩护下，用1个营的兵力迂回到我阵地后面，另以5个连的兵力分三路从正面向我攻击，七连出现了重大伤亡。在这危急关头，指导员李延年立即将能战斗的人员组成4个班，并进行简短的动员："守住阵地就是胜利！我们在敌人面前都是铁打的英雄汉，没有消灭不了的敌人，同志们，立功的时候到了，这个山头是烈士们用鲜血和生命换来的，绝不能在我们手里丢掉！"在他的鼓励下，战士们顿时战斗情绪高涨，一致表示：坚决守住阵地，为牺牲的同志报仇！当敌人占领了最前面的一个山头时，李延年沉着地对大家说："我们能攻上来，就能守得住，我们是阶级的硬骨头，有办法消灭敌人！"说完便率领战士发起反击，一鼓作气地攻上山头，消灭了敌人。打垮敌人的反扑后，李延年召集4个连队的干部开会，宣传胜利，追悼烈士，带领大家进行阵地宣誓，为击退敌人再次反扑做好准备。

战斗中，部队伤亡不断增大，李延年随时整顿组织调配力量，始终保持了部队不散不乱，有组织有指挥地连续战斗。战斗刚开始，连长便代理营参谋长到营指挥所去了，副连长又在战斗中负了伤，虽然指定了代理干部，但实际指挥责任全落在李延年身上。部队频繁地向敌人发起攻击，伤亡较大，李延年根据自己对每位战士的了解，及时指定了16名连、排、班的代理干部，边战斗边整顿了5次组织，直到全连最后整顿成4个班时，仍保持了有组织有指挥的战斗。当部队攻下第五个山头时，与其他连队会合后，个别连队的干部伤亡较大，李延年挺身而出，将八连的战士组成两个班，指定两名党员代理班长，归八连建制，将九连人员组成1个班，归自己指挥，将另外7名战士和机炮连的8名弹药手组成两个班，给弹药手发了武器，命令机炮连四排长负责指挥，并进行简短的动员和阵地上宣誓。当敌人冲锋时，李延年率领战士用手榴弹一阵猛打，最后手榴弹子弹打光，就用反坦克手雷、枪托、木棒、石头等打击敌人，在第五个山头东南阵地上，最后只剩下爆破班的滕桂桥一人，他突然跳出工事，紧握最后一根爆破筒，拉了导火索冲进敌群，轰然一声巨响，与20多个敌人同归于尽，后面的敌人吓得赶快退了回去。

这次战斗，三营共杀伤敌630多人，缴获轻重机枪11挺、卡宾枪7支、自动步枪52支、无后坐力炮6门、望远镜4具。

我英勇的志愿军广大指战员以大无畏的英雄气概，以有我无敌勇于牺牲精神，以战胜敌人而不被敌人所战胜的一往无前的战斗作风，积极主动地打击敌人，忠诚地履行祖国人民的重托，尽自己的聪明才智把任务完成得更加漂亮。他们英勇作战，打出了国威军威，连敌人也不得不承认我军的顽强，是强硬的对手，也给敌人留下了永远的心理印记。

这次战争，成千上万优秀中华儿女的牺牲，换来了中国在国际上的大国形象，一扫近代中国历史的耻辱，中华儿女真正扬眉吐气，挺起胸膛，真正站起来了！中华民族傲然屹立在世界民族之林！给那些有狂妄想法的人，上了最为生动的一课，使他们永远铭记，中国人是不好惹的！

第一四〇师的一个团在20天防御作战中，先后向敌人发起6次反击作战，歼灭敌人有生力量3个营，给美军"王牌"部队骑兵第一师以沉重打击。

与此同时，第四一四师四二三团一营、三营奉命反击190.8高地之敌。

10月13日晚9时，我强大的炮兵开始向敌据守的190.8高地猛烈轰击，当炮火延伸的时候，我突击队第三连从敌人的两侧开始攻击。二排爆破班长沈志和第一个抱起炸药包冲了上去，炸开了铁丝网。突击部队紧跟着也冲了上去，战士们高喊道："沈志和再加把油！"沈志和带领廖文恒、李为柱去爆破第二道网，窦明已率先带领杨春山冲了出去，一声巨响，敌人设置的第二道铁丝网被炸开一个大口子，突击队顺利地通过了障碍，还没等大家反应，新战士拿根爆破筒就冲向第三道铁丝网，由于距离太近，他举起爆破筒就砸向铁丝网，然后用力把铁柱往怀里一抱猛然一拉，铁丝网吱吱地倒了下去。这时，副连长傅绍宝大喊："冲啊！消灭山头上的敌人，争取立功呀！"带领突击排就冲了上去。敌人在地堡里以猛烈的火力封锁着突击排的前进道路。四班的机枪向敌人猛烈射击，压制敌人火力，战士姜德金抱着机枪正打得起劲，忽然负了重伤，副班长孙文学接过机枪继续射击。五班、六班的战士在我火力掩护下，迅速勇猛地冲了上去。六班长张永发带领战士与敌人对打起手榴弹来，副班长董良佐冲在最前面，把腰里的10多颗手榴弹全部打光了，他也负了伤。战士蒋保安端起冲锋枪一阵猛扫……在我勇猛攻击下，占领了两个山头。这时，二排副排长郭敬修带领部队从右翼攻了上来，消灭了在工事里的敌人。第三个山头的敌人看到情势不妙，用5挺机枪猛扫过来，郭敬修将剩下的10多个战士重新组织，蒋保安一人从左翼冲了上去，机智地扑到敌人地堡侧后，连续甩进去两个手榴弹和一个手雷，将地堡里的敌人全部炸死，缴获1挺重机枪。他继续向前冲去，又连夺两个地堡。副排长郭敬修在冲锋时负了伤，带领战士们冲上了主峰。

在190.8高地东南面，八连、九连也早已向敌人展开了猛烈的攻击。敌人的机枪火力封锁着前进的道路，九连三班战士王学勤与郑丕臣连续爆破了两道铁丝网，当王学勤爬向第三道铁丝网时，距离铁丝网还有4米远的地方，敌人的1挺重机枪正在射击，封锁了九班前进的道路。王学勤接连投出

3颗手榴弹,都没有打进地堡,他抱起炸药包扑向铁丝网,随着一声轰响,土石横飞,铁丝网被炸开一个大口子,王学勤负了伤,他爬起来冲向地堡,用手榴弹炸死了10多个敌人。三排副排长李少其带领九班继续冲上去,八班新战士曾南勋冲到敌人地堡前,将一包炸药塞进枪眼里,炸得敌人血肉横飞。接着,五班战士苏照奎炸开最后一道铁丝网,负了伤还用机枪掩护熊兆辉冲向爆破口。熊兆辉机动地从左侧迂回过去后,发现敌人正抱着枪往地堡里钻,撅着屁股在外面扭动着硬往里挤,苏照奎跑上去扯住敌人的屁股往外拉,并用英语连喊"缴枪不杀"!哪知这些泰国兵听不懂,越用力往洞里钻,苏照奎和熊兆辉看没办法,连投两颗手榴弹,就将13个泰国兵送回了老家。这时,三连已冲上了主峰,一群敌人被赶了下来,想从这里逃跑,九连立即迎上去一阵冲杀,将敌人全部歼灭。

此次战斗仅用1个小时,将泰国1个连143人全部歼灭。

在西线,被志愿军战士打得狼狈不堪的美军骑兵第一师五团一营,经过第三次补充之后,于10月23日拂晓,在强大炮火配合下,向我鱼积里南山阵地冒犯。

鱼积里南山位于驿谷川以南,距345.6高地2公里,面积不大,但位置突出,地势险峻,为敌我双方反复争夺的重要前哨阵地。第四一八团二营四连三排坚守最前沿阵地。

敌人像往日一样,在猛烈炮火轰击过后,便以两个连的兵力向鱼积里南山发起攻击。三排的勇士们奋起抗击,连续打退敌人5次冲锋,歼敌100余人。敌人依仗其炮火优势,地面分队攻占不了,就用成百上千吨的钢铁猛砸,以此来摧毁我坚守分队的阵地工事和人员。三排阵地上一片火海,工事全部被炸毁。炮火轰击后,敌人再次发起冲锋,三排全体同志奋勇抗击,反复争夺,不怕牺牲,坚决地抗击了敌人的疯狂进攻,激烈的战斗使三排出现较大伤亡,为保存实力抗击敌人,于下午3时30分奉命转移到连主阵地,继续打击进犯的敌人。

敌人付出惨重的伤亡代价后,仓促地占领了三排阵地。

第一四〇师师长黎原得到报告后,立即赶到第四一八团指挥所了解情况,团长陈友明简要报告了战斗经过,黎原师长沉思片刻后果断地说:"这个阵地虽然不大,但位置突出,十分重要,敌人占领这个高地就可以此为依托，把我整个防御阵线撕开一个大口子，必须尽快夺回来。你们立即组织力量，今晚就反击，夺回阵地。"陈友明坚决回答道："我们立即组织反击分队，夺回阵地。"

由哪个营组织反击力量呢？陈友明对全团各个连队的战斗作风和战斗力在脑子里过了一遍，一个成熟的方案便酝酿形成了。政委高遂学看团长在沉思，知道他已胸有成竹了，便说道："说吧，什么方案？"陈友明看着高遂学笑笑道："怎么什么事都瞒不过你。"高遂学也笑着说："你我搭档这么长时间了，当然知道你的习惯了，只要有了成熟的方案，便会嘴角露出不易察觉的微笑，不注意是看不到的。"陈友明佩服地说："政委就政委，心就是细。我想由四连、六连各抽两个排，加强团侦察排和炮兵，共5个排兵力，由二营营长冯麟元统一指挥，实施反击，一举夺回阵地。"高遂学点点头道："我同意。让杨副团长亲自到二营明确任务。"

杨副团长急匆匆赶到二营指挥所，开门见山地对营长冯麟元说："根据团党委的决定和黎师长的命令，由你统一指挥四连、六连和团侦察排，共5个排的兵力，今晚对鱼积里南山三排阵地实施反击，坚决夺回阵地，全歼守敌。"二营营长冯麟元坚定地说："请副团长报告师长和团首长，请他们放心，我们保证完成反击任务！"

四连、六连全体指战员听到师、团首长将反击鱼积里南山的任务交给他们后，个个欢欣鼓舞，摩拳擦掌，有的战士们立即检查和擦拭武器，准备弹药和作战器材；有的立刻跑到营指挥所里请求打头阵，要求最艰巨的任务。当营长冯麟元明确了各连、排的反击任务后，两个连和侦察排的指战员一致表示："坚决夺回阵地，全歼守敌，为纪念抗美援朝一周年献礼！"

晚10时，师、团集中了5个炮兵群和团、营迫击炮、六〇炮、重机枪等所有火力，突然"百炮"一齐吐出火舌，漆黑的天空，霎时红光闪闪，炮弹在空中飞过的鸽哨声，瞬间打破了沉寂的夜晚，照明弹把整个天空照得如同白昼一般，鱼积里南山顿时火光冲天，炮声隆隆，硝烟弥漫，经过30分钟的猛烈炮击后，火舌立刻又伸向敌人的纵深，截断了敌人的退路，阻击敌人第二梯队的增援，形成瓮中捉鳖、关门打狗之势。此时，我四连、六连和团侦察排指战员，兵分三路向敌人发起反击。侦察排长张洪斌带领的三班，以迅猛神速的动作，从左侧一直插到敌人中间的一个小山头上。当他们运动到距敌人只有十几米远的时候，发现敌人蹲在交通壕内，毫无目标地乱打枪来为自己壮胆。战士们看到敌人这个屄样，不由得嘴角发出了冷笑，张排长突然大喊一声："打！"一排手榴弹就嗖嗖地飞向了敌群，随着手榴弹的爆炸声，敌人乱哄哄一片，哭爹叫娘，死伤惨重，侥幸没有受伤的和受轻伤的，争先恐后地往地堡里钻。三班战士见状迅速地跃进交通壕，追打着仓促逃命的敌人，一边打一边前进。张排长在打死几个敌人后，与3名迎面冲过来的敌人撞了个满怀，当即与敌人展开格斗。在此紧急关头，战士王立恩、李国际冲了过来，张排长看到自己的战士冲了上来，一走神被敌刺伤倒地。机智的王立恩手疾眼快，"叭叭叭"3枪撂倒3个刺伤排长的敌人，接着他放开嗓门大喊："排长负伤了，现在由我代理副排长……"话音未落，阵地上便响起了"听你的指挥"的回话，王立恩让李国际快点抢救张排长，自己一面指挥战友继续战斗，一面冲到一个地堡出入口处，突然发现地上摆放着两部对话机和一张地图，他立即判断出这是敌人的一个指挥所，随即将6颗手榴弹全部扔进了地堡，接着他又从敌人的尸体上取来几颗手榴弹扔了进去，随着"轰、轰"的巨响声，地堡里40多个敌人死的死、伤的伤，丧失了战斗力。这时张洪斌从昏迷中醒过来，发现有4个受伤的敌人正向他爬过来，心想我决不当敌人的俘虏，突然他猛劲爬起来，挥动着未揭盖的手榴弹向敌人猛砸，一个敌人立刻脑浆崩裂毙命，一个鼻子被打歪，鲜血直流，两个吓得赶紧往回溜，被他用枪击毙了。

与此同时，四连七班班长张玉勤带领本班战士，从右侧向敌人的第一个山头发起攻击，遭到敌人轻机枪火力的阻击，前进道路被火力封锁。张玉勤巧妙地避开敌人的火力封锁网，迂回到距离敌人10余米处的小土坎后隐蔽，随即用冲锋枪对准敌人打了几个点射，接着和其他同志一起投出一排手榴弹，摧毁了敌人的重机枪火力点。四连二排副排长在七班的火力掩护下，带领第二梯队迅速向山头发起攻击，我勇士们突然冲上山头，敌人惊恐万状，顿时乱成一团，二排副排长高喊："同志们，快上来抓活的！"听到喊声的战士应声道："抓活的！"此时，张玉勤一面回答副排长的喊话，一面向敌人地堡冲去，当冲到地堡跟前时发现地堡出入口处放着一支枪，他猜想地堡里一定有敌人，便蹑手蹑脚地走到地堡门前，突然抓起那支枪，他想用不标准的英语对敌喊话，却想不起该喊什么，急得满头大汗，只喊了两声："哈喽！佛罗米，啊……客！"

就这两声意义不完整的喊话，起了极大的作用，一个满脸泥土的美国大兵从地堡里爬了出来，一面举起双手作投降的姿势，一面用生硬的中国话说："投降！投降！"王立恩就这样在另一个地堡里又喊出了两个美国兵投降。王立恩一下抓了3名俘虏。

当四连指战员从右翼发起攻击时，将敌人的火力吸引了过去，六连一排、二排趁势顺利地攻占了第三个山头，堵住了敌人的退路。军械员带着几个人扛着弹药紧跟在进攻部队的后面，不幸在途中负伤，他以顽强的毅力仍坚持运送弹药，大家劝他下去包扎，他坚决不肯，还不时地鼓励大家："同志们，加油啊！保证你们打到哪里弹药就给你们送到哪里，保证不缺弹药。"大家也坚决地回答道："我们保证消灭敌人！"战士们以顽强的毅力连续打退敌人的7次反扑。

战斗中，六连二排长陈广友机智勇敢，率领突击排勇往直前地向敌人的核心阵地冲去。他们一鼓作气拿下3个山头后，在继续向主峰攻击时，遭到敌人猛烈火力的阻拦，子弹像雨点一样在他们周围飞，手榴弹就在他们周围爆炸，陈广友冷静地观察敌人火力点后决定避开其火力，从侧翼迂回过去，占领了较为有利的地形后，先是突然射击，接着打出一排手榴弹将敌火力压制住。这时，一排长带着一个班赶了上来，从正面将敌压下去，陈广友从侧面配合歼敌1个排。敌人更加疯狂了，拼死地反扑过来，陈广友指挥战士们打退敌人一次又一次的冲锋，最后敌人从两侧反扑，而他们的弹药不多了，一排长立即打右面，陈广友打左侧，他用冲锋枪一气撂倒20多个敌人，活着的掉转屁股就跑。不一会儿，另一路敌人又冲了上来，陈广友端起冲锋枪扫了一梭子，敌人慌不择路掉头就跑。陈广友立即令一个战斗小组守住突破口，两位排长各带一个战斗小组守住突破口的两侧等待第二梯队上来后继续进攻。两位排长说："我们只能保住突破口保障第二梯队向敌纵深发展进攻，决不能后退半步！"这时，战士郑光凤气喘吁吁地扛上来一箱手榴弹，他们用手榴弹、冲锋枪连续打退敌人的3次反扑，毙敌80多人。后面赶上来的第二梯队将守敌大部歼灭，迅速展开搜索，逐个歼灭残存的敌人。他们合力拿下了主峰，并打退了敌人的反扑，陈广友荣立一等功。

25日4时，杨副团长命令二营参谋长："坚决把敌人消灭掉，不许一个漏网！"营参谋长坚定地回答道："请副团长放心，我们决不让一个敌人逃掉！"

在反击战斗的间隙，四连二排长问大家："今天是什么日子？"有个战士抢先回答说今天是10月25日。其他战士则异口同声地回答道："今天是咱们志愿军抗美援朝一周年纪念日。"二排长接着又问："那咱们应该怎样来纪念这个有伟大历史意义的日子呢？""坚决完成反击任务，全歼敌人！"战士们的回答声立刻响彻了整个山谷，紧接着就潮水一样地冲过去。与此同时，六连和侦察排的战士从另一方向冲了过来。六连冲到山腰时，敌人的机枪拼命地盖下来，在这紧急时刻，共产党员刘绍福高声喊道："同志们，前进！前进就是胜利！现在正是我们大显身手的时候！是立国际功的大好机会，冲啊！"喊着就勇猛地带头冲了出去。接着十二班班长赵玉林一边猛冲，一边高喊"共产党员跟我来"！战士们蜂拥而上。企图顽抗的敌人，很快就被歼灭了，我各反击连队、排在鱼积里南山主峰胜利会师。

这次战斗，共毙敌430名，俘敌4名，缴获六○炮2门、无后坐力炮6门、火箭筒1具、轻重机枪30挺、各种枪支100余支和其他军用器材一部，受到第四十七军司令部的通报嘉奖。二营伤亡100余人，营长冯麟元在反击作战中身先士卒，壮烈牺牲。

战士们在打扫战场时，兴奋地说："咱们上级真会指挥，打了一天一夜，歼敌1个连和两个连大部，阵地仍然在咱们手里，咱们给'抗美援朝纪念日'的献礼不迟不早正是时候。"

第四一八团反击鱼积里南山成功后，师长黎原决定由第四一九团七连接防坚守。

七连是个有着光荣历史和优良传统的连队，解放战争时期曾获得过14面奖旗。入朝参战后，全连指战员决心在抗美援朝战争中保持历史荣誉，创造新的光荣。8月初，在夜月山反击战中，七连就创造了仅用20分钟就歼灭守敌、攻占阵地的光辉战例。

10月26日，七连指战员正在忙着做反击的各项准备工作，突然又接到营指挥所的命令：四连、六连经约8个小时的激战，攻占了鱼积里南山高地，现命令你连立即上阵地去接替四连、六连的防御任务。当日晚上11时，七连指战员即仓促进入防御阵地。

鱼积里南山面积不足两个足球场大，地形狭小，连指挥所距离各排阵地仅有不到20米远，最前沿突出部阵地距离敌人的阵地只有40米左右，敌人说话声清晰可闻，敌人的主阵地高于七连坚守的阵地，敌人居高临下，七连阵地完全暴露在敌人的火力之下。在反击作战中，鱼积里南山表面工事全部被炮火摧毁，现在只有一块大石头可以隐蔽身体，其余的什么也没有，连根草都找不到了。

为了坚守阵地，七连指战员进入阵地后，连长范德元立即命令各班排除派出警戒外，还要利用夜暗掩护迅速抢修工事，做好战斗准备，随时准备打击敌人的进犯。

翌日早晨5点左右，七连指战员一夜抢修的单人掩体尚未完成，东方的天际就慢慢地露出了亮光，渐渐地越来越亮，当一抹红霞刚刚显露出绚丽的光彩时，敌人的炮火就开始对七连阵地实施轰击了，辛辛苦苦一夜抢修的工事，不到半个小时全部被敌人的炮火摧毁。敌人每次发动攻击，都是老一套，从没改变，先炮火轰、飞机炸，把钢铁扔够了，地面分队才像乌龟一样，战战兢兢地向志愿军阵地冲锋。这次也不例外，先集中6个炮兵群和10多架飞机对七连阵地猛烈轰炸扫射。接着，便以两个营的兵力在6辆坦克的掩护下向三排十一班坚守的前沿阵地发起进攻。指挥十一班作战的三排副排长赵国瑞有勇有谋，特别善于近战。赵国瑞和战士们沉着冷静，以弹坑为工事，静静地等待着敌人向阵地爬来。阵地上一片寂静，静得可以听到一根针掉落地上的声音，进攻的敌人胆战心惊地端着枪向前挪动，200米、100米……还是没有声音，敌人越加恐慌不安，颤抖着双腿走一步停一下，不知道子弹将从何处向他飞来。这时，跟在屁股后面的敌人指挥官挥动着手里红白旗，下令发起冲锋。十一班的勇士们把手榴弹盖全部拧开摆好，眼睛盯着敌人，50米、40米、30米……敌人看到阵地上没有动静，胆子大了起来，加快了前进的速度，突然赵国瑞大喊一声："打！"随着声音，一排手榴弹就像冰雹一样落在了敌群中，敌人被炸起的尸体抛向天空，枪支、残肢断臂、土块、石头一齐飞向天空，进攻的敌人死伤大半，生还者拼命地往回逃，连敌人的指挥官也不管部下，自己率先往回跑了。

敌人经过短暂的调整，又出动1个连的兵力，在10辆坦克和飞机的掩护下，继续向十一班阵地发起猛攻。无数的炮弹、炸弹倾泻在十一班阵地上，激烈的枪炮声震耳欲聋，硝烟遮日，阵地上泥土、石块、树桩、弹片飞向天空又唰唰地落下来，战士们视死如归，浴血奋战在枪林弹雨之中，持续了1个小时的激战，敌人死伤40余人，仍未能越雷池一步。连长范德元、指导员常维湘乘着敌人退下去的机会，跑到十一班阵地，他们的出现给十一班战士以极大的鼓舞。他们握着十一班战士们的手说："同志们，你们打得很漂亮，连里已上报营里给你们请功。只要按照刚才这样的打法，就一定能够大量地消灭敌人的有生力量，守住咱们的阵地，希望同志们再接再厉，打好后面的仗，要注意防止敌人报复。"三排副排长赵国瑞高声答道："请连首长放心，请上级首长放心，我们一定勇猛顽强地战斗，不怕牺牲，顽强抗击，反复争夺，人在阵地在，誓与阵地共存亡！"十一班正副班长也表示："我们是共产党员，现在是实现我们决心的时候了，人在阵地在！"……

敌人不甘心失败，继续发起了第三次对十一班的猛烈冲锋。战斗中，十一班正副班长和几名老战士先后负伤，赵国瑞瞪着愤怒的眼睛，端起班长的冲锋枪向冲上来的敌人猛烈开火，敌人接二连三地应声倒下，他端着冲锋枪正打得起劲解恨，一发子弹穿进了他的胸膛。此时，十一班失去指挥，加上兵力损耗，弹药殆尽，情况十分危急。连长范德元提着冲锋枪，扛着弹药箱带着几名战士冲上了阵地，来到了十一班战士中间，他大声喊道："同志们，狠狠地打，守住阵地就是胜利！"连长突然又出现在阵地上，极大地鼓舞了战士们的斗志，经过顽强的战斗，敌人第三次冲锋又被打下去了。这时连长的声音又响了起来："同志们，你们打得好，不愧是毛主席的好战士！"阵地上"为毛主席争光，人在阵地在"的声音响彻云霄。范德元是一位身经百战的指挥员，指挥勇敢沉着，又机灵果断，他常常是哪里战斗最激烈、最残酷，他就会出现在哪里，是一位身教重于言教的指挥员。他知道十一班是全连的前哨阵地，是敌人进攻的第一关，地位重要，他必须亲自指挥，和指导员一商量便带几名战士冲上了十一班阵地。

20分钟后，敌人又组织了1个加强连的兵力在10多辆坦克和8架飞机的掩护下，继续向十一班阵地进攻。在连长范德元的指挥下，十一班战士奋起反击，负伤的战士不肯下火线。激战中，范连长一面指挥战斗，一面利用一棵被打断的树桩作掩护，用冲锋枪猛烈射击敌群，敌人知道志愿军没有飞机大炮，前面的敌人倒下了，后面的敌人在其长官的督战下继续往上冲。连长瞄准一群敌人，用冲锋枪猛扫，敌人倒下去一片。不幸的是，突然一发炮弹在他身边10米处爆炸，身负重伤的连长不得不中断指挥，在这危急时刻，机枪班班长带领全班战士主动出击，与十一班并肩战斗，机枪班副班长刘保忠，提着机枪冲在最前沿的一条堑壕内，端起机枪向冲上来的敌人猛扫，随着机枪吐出的火舌，敌人像割韭菜一样，一排排地往下倒，正当他打得兴起时，突然子弹打光了，他顺手揭开一箱手榴弹，连续向冲上来的敌群投掷了20多颗，经过艰苦战斗，进攻之敌再次被打了下去。

战斗间隙，指导员常维湘根据伤亡情况，对组织进行了进一步调整，保证了组织健全。宣布刘保忠代理班长，命令六班接替十一班坚守前沿阵地。号召六班要向十一班学习，多消灭敌人，为连长和牺牲的战友报仇，争取当英雄班。

六班迅速进入前沿阵地，利用敌人发起进攻前的短暂时间，立即抢修工事，做好迎击敌人再次进攻的准备。敌人的炮火又开始轰击了。几十门重炮和航空炸弹不停地轰击六班阵地，把刚刚修好的工事炸得面目全非，几乎摧毁了全部工事，六班战士们乘炮火间隙，再次组织抢修。敌人的炮火不停地轰击，不停地摧毁刚修好的工事，勇士们就一刻不停地继续抢修。几轮下来，战士们的体力消耗很大，有的战士开始烦躁起来，对班长说："班长，我们这样抢修不行，还没有等我们修好，就被敌人的炮火又摧毁了，我们体力有限，还是利用弹坑在敌炮火延伸时，赶快改造成简易工事，做好抗击准备，不然我们将会完不成任务的。"班长听了后沉思一会儿说："你说得有道理，我们是不能和敌人的炮弹比赛，是要保存好体力。大家现在注意防炮，先修防炮洞，待敌人的炮火一延伸，赶快进入阵地，迅速改造工事，做好一切战斗准备。"这样，六班避开了敌人的炮火杀伤，保存了体力。但还是有个别战士有情绪，总想打个痛快。班长张传国便耐心地劝说道："同志，我也想冲下去打个痛快，可是敌人的火力这么强，恐怕我们冲不到敌人的阵地前，就会遭到重大的伤亡，我们不能蛮干。如果只图一时痛快，冲下去了，出现了重大伤亡，这不是帮敌人的忙嘛！我们要有耐心，只有我们先把防炮洞修好，才能保存自己、消灭敌人，才能守住阵地，才能为连长和牺牲的战友们报仇！赶快挖防炮洞，有意见打完仗再提好吧！"全班战士在敌炮火下，抢修出了简单工事。青年团员杨春一个人在不到1个小时就挖了两个防炮的猫耳洞。有了简单的工事为依托，敌人虽然连续发动了许多次冲锋，每次冲锋都被勇士们给打了下去。一次敌人已经冲上了阵地，六班副班长向炳仁和战士杨春跃出工事连续投出 4 颗手榴弹在敌群中爆炸，敌人死伤一片。六班长、共产党员张传国是个有着丰富战斗经验的老同志，手疾眼快抓起敌人投过来的手榴弹，又投向敌群，敌人被他这一举动吓到了，正发愣时，手榴弹爆炸了，几个敌人当即倒了下去。指导员看在眼里，不由自主地喊道："好样的六班长，为你请功！"瞬间整个阵地上就传开了向张班长学习热潮，争取立功当英雄的活动便自觉地开展了起来。阵地上的指战员紧密团结、密切配合，战斗热情高涨。激烈的战斗使六班伤亡较大，而敌人还在不停地发起冲锋，就在这关键时刻，六〇炮班请求到最前沿的六班阵地参加战斗，其他战士也纷纷要求到六班阵地上去打击敌人，大家把能到最艰苦、最危险的地方去战斗，视为一种无上光荣的行为，视作实现战前诺言的最佳场所……

　　六班阵地上，战斗极其激烈而又残酷，敌人不惜一切代价，一波接一波地冲锋。为了能守住阵地，先后有 24 个同志主动要求到六班阵地去战斗。敌人第八次冲锋出动了 1 个连又两个排的兵力向六班阵地轮番进攻，激烈的战斗使六班伤亡过半，六班长张传国指挥半个班的战士毙敌 11 人，自己腹部被弹片穿透，用左手捂着伤口，右手拿起冲锋枪向敌射击，直到光荣牺牲，牺牲时仍然保持着端枪射击的姿势，敌人的第八次进攻被打退了。一班班长栗文义立即站出来说："现在由我来代替六班长指挥，大家要团结一致，密切配合，继续战斗到底，坚决守住阵地！"

　　指导员常维湘参加过解放战争和河西剿匪，身经百战，经验丰富，他断定敌人不甘心失败，还要卷土重来，枪声平息的间隙，他去各班排和炊事班进行战斗动员，号召共产党员、共青团员做好打恶仗硬仗的准备，做到"轻伤不下火线，守住阵地"！

　　不出所料，恼羞成怒的敌人运用 1 个多营的兵力，在 10 辆坦克和 8 架飞机的配合下，向七连阵地发起更加迅猛的进攻，以无数的炮弹和凝固汽油弹向我阵地轮番轰击，鱼积里南山阵地浓烟滚滚，火光冲天，隆隆炮声震得地动山摇，七连在指导员常维湘的指挥下，与敌人展开了顽强的拼杀，脸烧伤了，头发烧焦了，手脚打断了，但只要还有一口气就坚决战斗到底！当敌一波冲击被打退后，这次敌人改变了战术，分三路冲了上来。正面的一路遭到我军顽强阻击不能前进，而另两路敌人分别从两侧迂回上来，企图夹击六班。全连轻机枪只剩下欧阳钧的 1 挺是完好的。欧阳钧自己既当机枪射手又当弹药手，顽强地抗击敌人凶猛的冲锋。战斗中，他先后三次负伤，仍顽强地坚持战斗。还鼓励身边的战友说："沉住气，瞄准了再开火，由我的这挺机枪来掩护你们。"六〇炮班班长傅昌贝在狭隘的交通壕内无法架炮，就用两脚夹住炮身进行简便射击，不时地调整距离和射击角度，就这样连续打了60多发炮弹，给冲锋之敌大量杀伤。炮弹打完后又主动参加步兵班战斗，手中无枪就向冲锋之敌投掷手榴弹。战士向长书帮助卫生员抢救伤员，给伤员包扎，看到战斗人员比较少，马上扛起一箱手榴弹赶到前沿阵地参加战斗。炊事员周玉岐得知阵地上伤亡大，二话没说，扛起弹药箱就往阵地冲，刚进入阵地，就看见敌人已冲了上来，放下弹药箱立即投入战斗。他一会儿左，一会儿右，不停地变换位置投弹，连续投出几十颗手榴弹在敌群中开花……在勇士们的顽强抗击下，进攻之敌付出惨重代价后退了回去。

敌人不惜代价，一轮接着一轮地冲锋，战斗越打越激烈，越打越残酷，七连的伤亡也在不断增加，弹药也快光了。指导员常维湘知道，最艰苦的阶段来临了，只有坚持到底，才能守住阵地，因此他和副连长赵文学立即分头来到各班、排阵地进行动员、调整兵力、组织火力，赵文学副连长大声对大家说："同志们，大家要牢记连长负伤下阵地时嘱咐的，不论遇到多大的困难，都要想方设法守住阵地。守住阵地就是胜利！要珍惜咱们连的荣誉！"指导员常维湘也高声说道："同志们，我们要敢于和敌人死打硬拼，坚决守住阵地，保持我们的荣誉！"阵地上立即响起了惊天动地的回答："人在阵地在，坚决消灭敌人，为连长和受伤、牺牲的同志们报仇！"常维湘指导员则在阵地上组织十几名战士庄严宣誓："英勇顽强，不怕牺牲，人在阵地在，誓与阵地共存亡！"声音响彻云霄。赵文学副连长一面告诫大家要注意节约弹药，一面动员轻伤员到烈士身边搜集零散弹药。指导员向营里报告战况，代表全连表示决心：战斗到一人一枪一弹也要守住阵地！同时请求营部迅速派人将弹药送上来。

敌人再次发起了冲击，七连全体指战员凡能动的全部参加战斗，没有负伤的在阵地上机动歼敌，轻伤员就自动坚守一段阵地，重伤员不能动，就趴在战壕里帮助战友压子弹，拧手榴弹盖，团结一心，同仇敌忾，那种悲壮惨烈让参加过这次战斗的人永生难忘！六〇炮排副排长丁良珍腿被打断，一边帮助压子弹，一边大声喊："一定要坚决守住阵地啊！"大家都被他那种无产阶级硬骨头精神所感动。指导员和副连长每人手持一根爆破筒,他们下了最后的决心,与敌人同归于尽。战士们看到指导员、副连长抱定必死的决心坚守阵地,也都纷纷抱定必死的决心,决心与阵地共存亡!他们越战越勇,以一当十,奋勇抗击。就在弹药即将打完的时候,副指导员带着大量的弹药赶到阵地,八连副连长带领1个排增援上来,经一阵厮杀,终于打退了冲锋之敌。

经过几十个回合的激战,鱼积里南山被打断的树桩连根拔起,巨石被炸得粉碎,土地被炮火翻过一遍又一遍,阵地变成了一片焦土,敌人的尸体横七竖八地躺在山坡上。

从拂晓战斗到黄昏,敌人发动了20多次进攻都遭到惨败。夜幕即将降临时,敌人又拼凑起1个多营兵力,在大量大炮和坦克的掩护下再次发动猛攻。七连虽然付出了伤亡100多人的代价,但在常维湘指导员的指挥下,连部通讯员、司号员、炊事员和轻伤的战士共40余人被组织起来奋勇抗敌,常维湘用沙哑的声音鼓舞战士:"党考验我们的时候到了,与敌人血战到底,坚决守住阵地!"勇士们没有了手榴弹,便用刺刀、铁锹、石头等与敌展开近战肉搏战,打得敌人焦头烂额,尸体遍野,敌人损失惨重,无力再组织进攻。

七连在缺乏准备和地形不利的条件下,打退了美军骑兵第一师五团两个营的兵力,在大量大炮、坦克、飞机的支援下,鏖战16个小时,打退敌人大小冲锋20多次,杀伤敌人430余人,坚守的阵地岿然不动。全连用鲜血和生命创造了新的荣誉,荣立集体一等功。指导员常维湘等6名同志各记一等功一次,并各荣获"军功章"和"二级战斗英雄"荣誉勋章一枚。

就这样,在西线,第四十七军在左右翼的第四十二军、第六十四军的配合下,经过激烈的战斗,打垮了李奇微、范弗里特发动的"秋季攻势","联合国军"在这次战役中,又伤亡了2.2万人,而第四十七军仅有4个营失去战斗力。

付出了如此大的伤亡代价,范弗里特并没有得到什么,这让他的顶头上司李奇微感到震惊,他甚至产生了苏联人参战的幻觉。

志愿军内部是一片欢腾,李奇微、范弗里特折腾了一个月的秋季攻势只夺占了467平方公里的土地,相当于在长达250公里的战线上,平均推进了不足2公里,平均日推进只有60米。连同此前的夏季攻势,"联合国军"共伤亡了25万人,志愿军部队伤亡只有9.1万人,敌我人员损失比为2.7∶1。

第九章
坦克分队首次参战显神威
两次反击正洞西山传捷报

李奇微的秋季攻势失败,加剧了美国国内的反战情绪;侵略者在付出惨重代价无可奈何的情况下,不得不再次坐在谈判桌前;而美国首席谈判代表霍治却提出用丢硬币的办法决定谁走下一步;彭德怀司令员下令全线修筑防御工事,志愿军战士在防守要点上展开了大规模的坑道工事构筑;为了迫使敌人接受我方谈判条件,彭德怀下令实施局部反击;强攻新村无名高地,全歼守敌240余人;坦克分队首次参战显神威,装甲对战吓呆了美国坦克兵;正洞西山连续反击,两战两捷。

李奇微刚刚上任"联合国军"总司令时雄心勃勃，但经过他组织的夏季攻势，特别是秋季攻势作战遭到惨重的失败后，不仅在谈判桌上没有捞到什么好处，而且在战场上付出了巨大的代价，换来他的顶头上司布莱德雷的尖刻评价："用这种战法，李奇微至少要20年光景才能到达鸭绿江。"

美国人心里清楚，这是一场看不到希望的战争，战场上不断失败，使国内的反战情绪空前高涨，连好战的美国国会也认为总的形势并未明显改善，不值得付出如此重大的伤亡代价，在无可奈何之下，不得不把停战谈判的地点改在板门店，继续举行停战谈判。

李奇微还想在国内增兵后，再次发起攻势，企图逼中朝方让步妥协，但他心里十分清楚，美国国内的地面部队已经有三分之一的兵力用在了朝鲜，再也很难给他派出部队了，就是有也不会再派了，美国战略重点在欧洲，并不是在亚洲，这是美国决策层心知肚明的事情，因此他后来才肯承认这一点，"对当时军事上的实际情况有着清醒认识的人，没有谁会相信凭我们手中的这点儿有限的兵力能够赢得什么全面胜利。"

应该说李奇微在美军将领中是比较聪明的一个，他曾给志愿军的"礼拜攻势"造成极大的困难，但是，他和任何一个发动侵略战争的人一样，只能暂时得到一点儿甜头，难熬的日子在后头等着他呢。

此时，在朝鲜前线的美军第八集团军司令范弗里特由于"秋季攻势"损失惨重，既不甘心失败，一时又无力发动大规模进攻，便加强工事构筑，深构高垒，以图稳固战线，不敢再发动大的进攻。整个朝鲜的战局，从第五次战役后，敌我形成相持态势，战线相对稳定。

秋季攻势作战结束后，一直为前沿野战阵地遭到敌人数百倍优势火力的狂轰滥炸，造成重大伤亡而担忧的志愿军最高统帅彭德怀，这时看到敌人一

通信兵为了保证指挥畅通以取得战斗胜利，负伤后仍然顽强抢通线路

时不会发动新的进攻，便想要改善前沿防御条件。他曾于7月3日签发电报，转发了第四十七军四一九团构筑工事的经验，十分重视地下坑道工事建设，但因一直与敌人作战，没有大规模的时间来构筑工事，现在终于有了时间，因此，他要求各个防守要点上都要修筑坑道工事。

在朝鲜战场上，美军的火力是绝对的优势，它的强度达到了空前的水平，尤其是在防御作战中，我阵地上1平方尺中竟能捡出大小弹片287块，这是何等的杀伤密度。在这样强大的火力轰击下，我军阵地上寸草不生，连坚硬的花岗石都被炸成深可没膝的粉末，战士们走在上面，松软的焦土有时会陷到脚脖、陷到小腿。黎原师长后来回忆说："哪个山头没有一棵草，一棵树，那就是我们的阵地。"

狂轰滥炸没有吓倒我英勇志愿军战士，他们在与敌人的斗争中找到了对抗敌人空地优势火力的办法，这就是挖坑道。

面对美军的优势火力，志愿军这些农民出身的战士本能地开始挖洞躲藏美军铺天盖地的轰炸，这种单人防炮洞当时叫"窑儿洞"，后来因其形状如同猫耳，便改称"猫耳洞"。

敌人的炮火越猛烈，战士们挖的洞就越深，一个洞口因被炸塌了，人容易被埋进去，而且空气不流通，人在里面时间长了会闷得慌，战士们就左挖右挖，相邻的洞子连起来了，就成了马蹄形坑道，这样只要炸塌一个洞口，还有一个洞口可以出入。

战士们创造的坑道防御体系受到毛主席的好评，1952年8月他在全国政协会议上总结说："能不能守，这个问题去年也解决了。办法是钻洞子。我们挖两层工事，敌人攻上来，我们就进地道。"次年他又在中央政府会议上说："有了坑道以后，伤亡就更少了。我们越打越强。美国人攻不动我们的阵地，相反，他们总是被我们吃掉。"

坑道战法最后扬名在上甘岭。因与本军无关，这里不再赘述。

1951年10月25日，在板门店，美国人又坐下来和中朝方谈判了。

然而，美方代表霍治一开始就重弹"海空优势"的老调，并没有什么新意。

志愿军代表解方好言相劝："我劝你还是不要再谈那套刺激感情的什么补偿论吧！如果一定要谈，那么地面部队的优势就不需要补偿？现在的问题是，你们不同意以'三八线'为军事分界线，我们决不能接受你方的无理主张，难道我们就这样僵持下去，无所作为吗？"

霍治理屈词穷又不想善罢甘休，像个小孩子一样提出了一个建议："我建议我们现在丢硬币，各自选择一面，以丢硬币的结果来确定谁先走下一步。"美国人把国际谈判当成了小孩子们玩耍，直到今天人们仍然感到好笑，头号帝国主义竟然这样不讲道理！当时在场的中朝谈判代表，肯定满脸的鄙视与好笑。

为了不让对方拖延下去，10月31日，中朝方面提出一个就地停战、稍加调整、确定军事分界线的方案。

为积极有力地配合开城停战谈判，逼迫对手接受我方提出的条件，志愿军彭德怀司令员一声令下，志愿军部队6个军开始了局部反击。"联合国军"经过5次战役的挫折和夏秋两季防御战的惨败之后，再次迎接志愿军部队的进攻。

局部反击作战一开始，人们便惊喜地发现，以往只能靠步兵攻击的志愿军部队变了，他们已经能打现代化的多兵种协同进攻战了。

让"联合国军"大吃一惊的是，志愿军不但在夜间发起攻击，现在就是在太阳照耀下，照样敢于发起攻击，这在志愿军的历史上还没有出现过。

在西线的志愿军第四十七军，根据彭总给志愿军各部队下达"应主动出击，集中优势兵力、火力歼灭敌人"这一指示，从1951年11月初开始到月底，不断组织力量，实施有限目标的反击作战，取得歼敌4000余人的胜利。

10月底，朝鲜大地雨季已过，冬季未到，正是秋风萧瑟时节，是歼敌的最佳的季节。第四十七军副军长刘贤权来到第一四一师司令部，与师、团领导研究和选择进攻目标，最后确定：首先攻占新村南山无名高地。

新村南山位于我346.6高地阵地前面，是敌人343高地以北突出部，南北长约1500米，东西宽约500米，由3个稍大的山头组成。敌人发动的"秋季攻势"被粉碎后，美军"王牌"部队遭到惨重打击，10月29日由泰军第二十一团1个连接替防御，坚守这个高地。根据志愿军总部的反击命令，30日，第一四一师侦察营一连奉命采取夜袭办法攻歼该敌，占领高地，但因行动暴露未能成功，师长叶建民当即决定实施强攻，并把任务交给了第四二一团完成。

31日，美军骑兵第一师第八团二营五连加强1个火器排的兵力，接替了泰军第二十一团连的防务。敌占领新村南无名高地之后，构筑了环山交通壕及各类火器和单兵掩体、部分掩蔽部，在阵地前设置了3道铁丝网，前沿布有地雷、照明雷混合雷场，还可得到几个重炮群的支援，企图固守阵地，与我对峙。

第四二一团团长郑波接到师长叶建民的命令后，把强攻新村南无名高地的任务交给了第二营来完成。为了能够一举歼灭新村高地之敌，郑波团长带二营连排班干部对地形进行了反复的抵近侦察，熟悉地形，研究攻击路线，择突破口及前进道路，决定以五连、六连为突击分队，突破后一路由东北向西南冲击，一路由东南向西北从敌侧背后发起冲击；四连从正面佯攻，吸引和牵制敌人的火力，给敌人造成错觉，掩护五连、六连行动。二营受领任务后，积极做好战前政治动员，认真准备各种作战物资、器材、弹药，进行战斗编组，研究攻击战术。同时组织突击班以上干部分别进行了反复的抵近观察，熟悉地形、敌人障碍物的设置、兵力配置、火力位置、攻击道路，明确班排的具体任务等，做好强攻的一切准备。

五连、六连都是有着光荣传统的英雄连队。五连在解放战争时期曾荣获"英勇顽强连"称号，是一支善打硬仗、作风顽强的连队。六连在1947年6月吉林杨木桥子与敌遭遇战中，先敌抢占了有利地形，机智勇敢，配合兄弟部队歼敌1个师又两个团，荣获"杨木桥子连"称号。郑波团长把强攻任务交给有光荣历史的两个连队，相信他们一定能够完成任务，再创新的荣誉。

11月2日凌晨1点多，我军数十门大炮对着新村高地和敌人的纵深炮群猛烈轰击了20分钟，担任突击任务的五连、六连并肩突击，在四连的配合下，以神速的动作通过了500米开阔地，顺利冲到敌人阵地前沿。当我炮火延伸时，爆破组在火力掩护下连续实施爆破，破坏了敌人设置的两道铁丝网，打开了冲锋道路，我突击分队勇猛冲击，连续夺下两个山头。敌人扛不住我排山倒海的攻势，狼狈地逃到最后一个山头，自恃其优势火力企图顽抗。我突击分队继续向主峰冲击。五连担任尖刀任务的五班，在排长张绪瑞的指挥下，冒着敌人交叉火力的封锁，从左翼发起冲锋。当冲到敌人设置的铁丝网前时，班长刘云突然头部负伤，鲜血直流，他转身对副班长张臣大喊："你带大家赶快冲上去，我包扎好伤口就上去。"张臣冲过来说："我给你包扎好了再冲！"刘云一把推开张臣吼叫道："你犯什么糊涂，都什么时候了，不要管我，赶快组织冲锋，快去！再不去我自己冲啦。"张臣大喊一声："爆破组，上！把铁丝网炸开！"配属五班的爆破组组员向昌中不等命令，在敌人密集火力下向铁丝网爬去。张臣一看立即大喊："火力掩护！"向昌中在火力掩护下，将爆破筒准确地塞进敌人铁丝网内，随着一声巨响，铁丝网被炸开一个大口子。张臣带领五班的勇士们迅速冲了上去。敌人看到铁丝网被破坏，便集中了4挺机枪发疯地向五班扫射，企图用火力封锁被我刚刚炸开的突破口。排长张结瑞见状，立即组织火力掩护冲锋。张结瑞腿部和脚部被敌人的子弹打伤，负了重伤不能行动，他趴在地上喊："张臣，现在由你代理我指挥，赶快组织火力掩护，打掉敌人的机枪，快速发起冲锋，不能犹豫。"张臣大声回答："是！"立即带领5名战士，在机枪、冲锋枪、手榴弹的掩护下，迂回到敌人侧后，甩出几颗手榴弹，敌人的机枪顿时就哑巴了。他们乘机冲到敌人的第二道铁丝网前，敌人的轻重机枪又在不停地射击，压得五班抬不起头来，向昌中在没有火力掩护的情况下，爬到铁丝网前炸开铁丝网。这时，五班与支援的连排火力失去联系，张臣鼓励大家说："同志们，大家注意相互掩护，交替前进，坚决把敌人干掉！"湘西参军的新战士吕克华立即偷偷地爬过铁丝网，接连投出几颗手榴弹和1个手雷，将正在射击的敌人机枪给炸飞了。战士向昌中在完成开辟通路的任务后，跟着五班一起战斗，在离敌人只有5米左右的一个小山包隐蔽，这时敌人重机枪、卡宾枪、自动步枪一齐向他们打来，向昌中的棉袄被敌人的子弹击穿了几个大窟窿，他从手榴弹袋里掏出一个反坦克手雷投向正在疯狂扫射的敌人重机枪阵地，这挺重机枪被炸哑了，他一跃跳进了交通壕，立即用英语喊话，有两个美国兵当了他的俘虏。这时，五班副班长张臣也已负伤，但仍然带领本班向敌防守的山头冲锋。刘云班长这时已包扎好伤口，赶了上来。战士们看到班长冲了上来，战斗热情急剧高涨。战士吕辉避开敌人机枪封锁，爬过铁丝网向正在射击的地堡扔进去一颗手榴弹，就在手榴弹爆炸的瞬间，五班长带领本班人员发起冲锋，在机枪火力掩护下，7位勇士猛虎般冲上敌人的主阵地，在最后一个山头上与六连突击班九班胜利会师。

战斗中，二排机枪班副班长张公治头部负伤，满脸是血，他强忍剧痛仍顽强地坚持战斗，掩护战士唐子威打掉敌人两个地堡。唐子威是1950年湖南湘西参军的小伙子，年仅18岁，老实得像个大姑娘，但在战斗中却既机智又勇敢，大家都十分喜欢他。在强攻无名高地的战斗中，他所在的机枪组配属五连二排五班战斗。他们攻占敌人防守的一个山头时，残敌全都退走了，战士们都端着枪搜索残敌。因是夜间战斗，走起来都是深一脚浅一脚地向前冲，冲着冲着小唐就被横七竖八的美军官兵的尸体绊了个跟头，他爬起来一摸，有个"尸体"怎么会动？小唐满以为是个受了重伤的美国大兵，再用手一摸却一动也不动了，他还认为是自己弄错了，便叹了口气自言自语地说："本想抓个活的，没想到也是个死家伙。"他继续往前走了几步，准备跃过第二具尸体时，感觉到有点儿不对，便立即蹲下来仔细地察看周围，却没有发现血迹和搏斗过的痕迹。他猛然想到：美国兵会不会在装死？一瞬间，小唐便作出决定，返回去再仔细察看，他用手摸了摸，感到这个敌人的尸体怎么会是热乎乎的？肯定是个活的，他不由得高兴地大声喊道："起来吧，不要装死了。"可那个"死人"理都不理。小唐自言自语道："我真糊涂，他是高鼻子美国人，我说汉语他怎么能懂吗？"嘿嘿笑了两声，立即改用平时学的英语喊："哈喽，跟我走，不杀俘虏，宽大你。"装死的美国兵仍旧没搭理。他用力踢了几下这个装死的家伙，可还是不动。一时小唐犹豫起来，他再次蹲下身子用手伸向"尸体"的嘴，惊叫道："还在喘气啊！"说着顺势使劲捏住那个装死的鬼子兵的鼻子。那家伙突然爬起来了，跪在地上磕头求饶。小唐又气又好笑，用英语说："跟我走，宽大你。"小唐看到被俘的美国兵还未穿棉衣，冷得直打哆嗦，便把自己的棉袄脱下来给俘虏披上。接着，另外一个装死的美国兵也爬了起来，举起双手表示投降。这两个年轻的美国大兵被送到团部时说："当一个志愿军的俘虏是幸运的。"

五班在此次战斗中，缴获轻机枪2挺、卡宾枪2支、自动步枪2支、对讲机2部，荣立集体一等功。

五连通讯员彭世武在这次战斗中，不仅完成了通信任务，而且还抢救伤员。当他随副连长带突击排冲到敌前沿时，四班长负伤了，他马上将他背了下去，返回时因天黑路难认，便朝枪声激烈的地方奔去，发现四班和六班被敌人的火力封锁得抬不起头，便孤身一人从右侧绕到敌人机枪侧翼，钻过铁丝网，突然出现在敌人的地堡前，扔过去一个手榴弹打死了敌人的机枪手，六班趁势冲了上来占领了敌人的机枪工事，接着向纵深前进，当他看准敌人的火力点后，立即用手榴弹打掉，缴获了一支卡宾枪。

六连九班从敌人的右翼发起进攻。九班副班长黄恒贵带领战士严来奇、刘国才冲在最前面，当他们冲到第三道铁丝网前时，遭到山头上敌人火力的拦阻，前进受阻。黄恒贵冷静地观察当面的敌情，判断敌人是想用火力封锁我刚打开的突破口，阻止我后续分队冲锋，他大声喊道："严来奇，你守住左侧交通壕，陈林，把住右侧；机枪手跟我来。"说完带着机枪手项虎成，迅速跃进占领正面有利地形，一边射击一边鼓励战友："同志们，坚决顶住敌人，一定要守住用生命和鲜血换来的突破口。现在是实现决心的时候了，我们一定要为老英雄王德山报仇！"3名战士边向敌人还击边回答："班长你放心，我们一定巩固好突破口，决不让敌人得逞！"激战20多分钟，敌人的火力更加猛烈，严来奇负伤仍在战斗，在这紧急关头，连长带领一排增援上来，一排机枪班长善福带领一个机枪组迅速将敌一挺轻机枪打掉，有效掩护了部队的冲锋。这时，严来奇再次负伤，仍顽强地坚守着交通壕，未吭一声继续战斗。在与敌搏斗中，他用手榴弹和冲锋枪歼灭了11个敌人，和其他同志一起打掉3个敌人的地堡，毙伤敌20多名。班长黄恒贵打得更加英勇顽强，一个人就打掉敌人7个地堡，与五连的五班在主峰上胜利会师。

最后活着的4名敌人，把枪从地堡里扔了出来，高举着双手，用生硬的中国话喊着"投—降"，幸运地当了俘虏。而在334高地上的敌人，距新村高地不到半里，竟然坐视他们240多人被歼，而不敢增援，仅以火器盲目射击。

当东方发白时，我突击分队胜利地返回了防地。

此战，二营与敌激战两个小时，全歼守敌240余人，俘敌4名，缴获各种炮3门、轻重机枪8挺、其他枪40支。这次强攻战斗的胜利，极大地鼓舞了部队的士气，进一步增强了打掉敌人支撑点的信心，为其后的强攻敌人支撑点创造了经验。

第四二三团接防后，发现经常有敌人在阿谷活动，团长梁青山决定九连三排伏击敌人，歼灭敌有生力量。

11月2日晚，三排埋伏在阿谷，他们依山势，把兵力部署在3个山头上，做成两个口袋，控制着两条要道，并连夜抢修工事，进行严密伪装。翌日上午9时，敌人约两个排兵力在阿谷对面山头上出现。这些经常遭到伏击的敌人，像惊弓之鸟，比以前更加小心，他们走一段路就要布置一次火力，掩护部队搜索前进，好像每个山头上都有志愿军战士在伏击他们。敌人在山头上布置了2挺重机枪、6挺轻机枪，然后分两路缩头缩脑地搜索前进，恰好都进了我设置的口袋里。敌人开始向山上爬来，山上鸦雀无声，右边的一路已接近到十班只有10来米了，突然一阵激烈的枪声震荡着山谷，我山头上机枪早就瞄准了敌人的机枪，还没等敌人架枪，就先发制人压制住了敌人，装进口袋里的敌人，也被打得乱跑乱窜。八班、十班各派出战斗小组冲了出来，向敌发起反击。顿时，手榴弹和冲锋枪子弹密集地射向敌人，战斗约1个小时，打死敌42人，打伤敌20人，剩下20多个敌人像兔子一样逃走了。当敌人的炮弹飞过来时，战士们早已撤离了，战士们远远望着山头上敌人炮弹的爆炸声，自豪地编了一首打油诗："美国鬼子士气低，最怕我们打伏击。生得一对兔子腿，一张嘴巴全啃泥。枪声一响乱了套，跑的像兔子，爬得像乌龟。它瞎着眼睛瞎放炮，我们早已转移了。噼里啪啦震天响，是给我们庆胜利！"

志愿军第四十七军根据志愿军首长"为配合开城停战谈判挫败敌人可能的来犯之计划，应主动出击，集中比较优势的兵力，打敌暴露之侧翼及突击部，继续歼灭敌人"的指示精神，不断组织实施有限目标的反击作战，大量歼灭敌人的有生力量，取得了反击作战的宝贵经验。

在强攻新村高地获得大捷后，第四十七军及时总结了反击经验，为进一步歼灭敌有生力量奠定了基础。遂决定继续组织有限目标反击作战，特别是对我威胁最大的突出部敌人，给予歼灭性打击，并把作战目标锁定在由美军骑兵第一师七团防守的正洞西山。

正洞西山是个不规则的长形高地，由5个大的山头和若干个小山包构成，南北长约2000米，东西宽约600米，海拔高200米，位于驿谷川南岸，距离朔宁6公里。敌既可用火力控制我军防御纵深和朔（宁）涟（川）公路，也可屏障其临津江东岸防御翼侧之安全，还可以瞰制驿谷川第四十七军防御纵深，并可作为向我进攻的桥头堡和掩护兵力集结的屏障，战术价值十分重要。

美军骑兵第一师七团占领正洞西山后，为了增强其防御的稳定性，不停地加修工事，与第四十七军坚守的防御阵地相对峙，时常利用其优势火力袭击我防御目标，还利用暗夜组织小分队偷袭我前沿阵地，给我坚守防御造成很大威胁，第四十七军党委决定拔掉这个钉子，解除对我威胁，并给进一步歼灭敌人创造有利条件。

美军骑兵第一师七团企图长期坚守高地，随时准备向我发起攻击，部署了两个步兵连、1个火器连、1个团直属保障连。其兵力部署和火力配备是：5个主要山头都有分队坚守，主峰兵力配置多、火力强；次要山头兵力配置少，火力也弱。除配置大量的轻重机枪外，还部署了106.7毫米口径的化学迫击炮12门，其中在阵地侧后方配置了9门，在阵地后侧，还配置了1个坦克连配合作战，纵深配备有3个105毫米口径以上的重炮群，随时支援坚守分队的战斗。

为了打好这一仗，第四十七军派出侦察人员积极搜集有关该敌防御阵地、工事构筑、兵力部署等情况，还组织干部对正洞西山地形进行了详细的抵近观察，开设了观察所不间断地了解敌人的动态，用无线收信机监听敌人的活动规律、审问俘虏等手段了解掌握敌情，综合情报得知，敌人在高地上筑有40余个地堡，可容7至10人的掩蔽部30余个，各种火器掩体100余个，主峰挖有可容20至30人的马蹄形坑道两条，交通壕总长约2000米。

为了增强防御的稳定性，敌人还在阵地前设置了大量的障碍物，在主要阵地前设有3道铁丝网，总长约4000米，有防步兵地雷、照明雷混合雷场，设有鹿砦，在铁丝网和鹿砦上挂有照明雷和大量的空罐头盒，我军一接触就会自动报警。

可见，敌人为了坚守阵地是下了功夫的，防御设施基本配套完善，是个难啃的硬骨头。

根据敌情、地形、敌障碍物的设置和兵力、火力的配置情况，第四十七军决定由第一三九师四一五团和第一四一师四二一团，加强5个炮兵营和8辆坦克，联合向正洞西山实施反击作战，务求全歼该敌。我军在正洞西山开设前进指挥所，由副军长刘贤权坐镇指挥。

第四一五团是从井冈山下来的红军团队。先后参加过苏区反围剿斗争、二万五千里长征、百团大战、南泥湾大生产、辽沈战役、平津战役、宜沙战役、大庸战斗、解放重庆、湘西剿匪等重大战役战斗，是一支历史辉煌、战功卓著、能攻善守的英雄部队。

第四二一团是抗日战争时期组建的一支部队。部队一组建就活跃在敌后战场，参加了东北夏季攻势作战、大南屯防御战、双河攻坚战、辽沈战役、平津战役、宜沙战役、解放重庆、湘西剿匪等重大战役战斗，是一支战斗作

1951年11月4日，第四一五团和第四二一团联合向正洞西山反击，歼敌2496名，给美军骑兵第一师七团以歼灭性打击。图为我军向正洞西山之敌发起反击

风顽强、能攻能守的英雄部队。

第四一五团、第四二一团和加强的炮兵、坦克等各兵种分队受领任务后，立即展开了战前紧张而有序的准备工作，深入进行战前思想动员，组织指战员集体宣誓，开展订立功计划，战士们纷纷写决心书，开展杀敌立功竞赛活动。各级指挥员按照军指挥所的部署，分批地组织干部、骨干实地抵近侦察，察看地形、敌情、敌兵力部署、火力配置、障碍物设置等。返回之后，又堆制了沙盘，大家围在沙盘旁，结合实地察看情况，详细分析研究了敌情、地形，确定了突破口的位置，步炮、步坦协同计划和周密的通信联络办法。指挥员在分析研究中认为，防守正洞西山的敌人，其正面火力配备强大，工事多且比较坚固，整个防御体系完整，附防御障碍物多、密度大。主要阵地的左、右两侧，相对兵力、火力部署较弱，工事也没有正面多，坚固程度差一些，障碍物比较薄弱，地形复杂，便于我攻击部队隐蔽，有利于我进攻部队接近。

第四十七军前进指挥所设在布满弹坑的一个小山坡上的地洞里。初冬的残雪挂在那些被烧掉的树枝上，地下暖坑里的炊烟，从积雪间徐徐地冒了出来。在洞里的刘贤权正在看着两个团的团长政委在争主攻任务，谁也不让谁，阐述的理由都很充分，争争吵吵，面红耳赤。刘贤权一句话也不说，看着他们争吵，他有意不明确主攻团，就是要他们来争，以达到激发战斗热情的目的，这是最好的战前动员。不管他们怎么死缠烂打，刘贤权副军长就是按兵不动，急得两个团的主官团团转，他们都知道哪个团打主攻既关系到战斗的胜利，也关系到能不能以最小的代价取得最大的胜利，但他们对自己的部队有信心，一定能够以最小的代价换取最大的胜利。刘贤权副军长看火候差不多了，便召开作战会议，他在会上讲述了自己几天来苦思的作战方案，他说道："组织两次反击，第一次反击成功后，除留少数人员坚守阵地，给反扑之敌大量杀伤后，主动撤离阵地，待敌人再次占领高地后，我们再次组织反击，全歼守敌。"并根据大家分析研究的情况，以及两个团的战斗作风、战斗意志、历史传统等情况，最后确定：第四一五团担任主攻，第四二一团担任助攻，两个团各派一支小分队在正面实施佯攻，吸引敌人火力，以迷惑敌人，掩护攻击部队从侧翼发起进攻，同时明确战斗打响后，什么情况都可能出现，主攻一旦不顺利助攻就要变成主攻，因此必须都要做好打主攻的准备。这个作战计划,得到了大家的一致支持,大家说:"这样打,有把握歼灭敌人,请你下命令吧!"

刘贤权知道这次战斗不同以往,从前都是以步兵为主,少量炮兵支援配合,而这次是步、炮、坦协同作战,这在第四十七军还是首次,因此有必要给大家提醒一下,便说道:"我们要在战斗前就把胜利抓到手里,这是一场多兵种的联合作战,各级指挥员要学姑娘绣花的精神,要耐心、周到、准确地做好一切准备工作……"一切作战部署就绪,各攻击部队按照作战方案,准时进至指定位置。

1951年11月4日,敌我双方阵地上都一片沉寂,有战斗经验的老兵都知道,只有大战前才会这样。天刚黑,几辆志愿军坦克、自行火炮沿着坦克排长莫性才侦察出的道路驶向正洞西山。几辆坦克闯过雷区和炮火封锁线潜行6公里,和另一路志愿军重型坦克连一直冲到了美军骑兵第一师七团一营的鼻子底下,还未被美军发现。

发起战斗前,刘贤权又一次检查部队的准备情况,反复询问敌人方面的每个变化,直到黄昏他才下达了攻击命令。

21时30分,无数条火龙从志愿军阵地后方窜出,准确地落在了正洞西

研究打敌坦克的办法

山上，将美军阵地化为一片火海，这是志愿军火箭炮部队进行火力打击。同时，大量的炮群喷出了火光，成群的炮弹拖着尾光，从我进攻部队头顶呼啸而过，敌人精心修筑的地堡一个个飞上了天，铁丝网被炸得甩向天空，地雷阵和爆炸物也被引爆，敌人阵地上瞬间便淹没在硝烟火海之中。

约20分钟后，我炮火按照预定计划向敌纵深延伸，刘贤权副军长拿起话筒："各攻击分队注意，总攻开始，我等着你们在主峰会合的信号！"

担任主攻任务的第四一五团三营八连，是团里的尖刀连。八连在组织政治动员时就提出："打好反击战，争取立战功。"党支部号召全连指战员向"尖刀"英雄马忠庆学习，不怕牺牲，英勇战斗，争当英雄。各班纷纷提出挑战和歼敌竞赛计划，四班战斗小组组长、二等功臣龙银发说："我们班要做到能攻善守，功上加功。"

我军炮火开始延伸，3颗红色信号弹腾空而起，进攻开始了。11辆志愿军坦克随即伴随着11个连的志愿军步兵发起了排山倒海的攻击，坦克炮弹为冲锋的步兵扫除着前进道路上的美军火力点和障碍物，步兵工兵用爆破筒炸药包将一个个碉堡送上了天……

各个连队争先恐后地向各自的战斗目标冲去。按照作战方案，八连从左翼发起进攻，勇士们在本营火力的直接支援下，迅猛地向前冲去。在他们前进的道路上，敌人的照明雷腾空而起，将天空照得像白昼一样，有的同志在冲锋时还开玩笑说："美国鬼子还真够'朋友'，怕我们天黑看不清，专门为我们照亮前进道路。"他们借着照明雷的光亮迅速地向前冲去，当距离敌人不到100米时，敌人的轻重机枪发疯似的射击，霎时，手榴弹的爆炸声、机枪"嗒嗒"的射击声、炮弹飞过的鸽哨声、喊杀声混成一片，子弹拖着后尾的光亮，在天空中划过一道道弧线，如同除夕燃放的烟火在空中竞相绽放。冲在最前面的二班被密集的火力压制得抬不起头来，机枪射手——共产党员王新云迅速观察了一下，未等班长下命令，便快速选好位置，嘴里骂了一声："狗东西，还狂起来了。"沉着地瞄准敌人，连续扫射了两梭子。他一边打一边骂："奶奶的，老子让你知道志愿军爷爷的厉害！"他屏住气，稳稳地又打了两梭子，敌人的轻、重机枪顿时变成了哑巴。二班的勇士们乘机跃起冲了上去。青年团员丁绍辉第一个攻占了敌人的前沿阵地，正当他要继续向前冲锋时，猛然感到肩膀被什么东西撞了一下，差点儿把他撞倒在地，他用手摸了一下，才发现自己左肩负了伤，卫生员跑过去要给他包扎，他一把推开，坚决地说："我没事，一点儿皮肉伤，赶快前进，等胜利了再包扎。"说着就冲了出去。八班的勇士们冲上去用冲锋枪、机枪一阵猛扫，并将手榴弹投向敌群，歼灭了10余名敌人，抢占了前沿阵地，这时离发起冲锋仅仅用了7分钟时间。

战士们继续向主峰攻击前进。主峰上的敌人用10余挺机枪和几门火炮，在8连前进的道路上组成一道密集的火墙，妄图阻挡八连勇士们攻击。尖刀组长杨辉先机智沉着地避开敌人的火网，带领突击组绕到翼侧，想从翼侧对敌实施突然打击，却被铁丝网挡住了去路，他找到一条小沟处铁丝网稍高一点儿的地方，从下面爬了过去，两个组员跟着爬过去。这样他们连续冲过敌人三道铁丝网，距离敌人坚守的主峰越来越近了，可是敌人的火力也越来越猛，越来越集中。正当他们准备冲锋时，九班的同志从后面跟了上来，青年团员九班班长张明照，看到敌人的火力太猛，他立即让其他战士隐蔽，自己不容分说抢过机枪手手中的枪，冒着密集的火力匍匐到了一个山包后面，刚架好机枪准备射击，正好敌人的炮兵发射了一颗照明弹，他借着亮光对准敌人的机枪打了两梭子，当即敌人的机枪就被打成哑巴。

美国人顶不住了，刚想开溜但为时已晚，两翼被包围了……

这时在指挥部里一直听着前线枪炮声的刘贤权副军长，抓过电话筒喊道："到时候了，第二支攻击部队冲上去！"电话筒刚刚放下，在山头上观察战况的参谋就报告着："第八连打上去了！"刘贤权副军长得到报告看了一下表，从发起攻击到占领阵地，仅用了13分钟时间。接着红绿信号弹一发接着一发地飞舞起来，敌人的山头阵地也一个个地被占领了，阵地上的守敌被全歼了。

在战斗中，指挥员不为自己的一时胜利而松劲，他们始终冷静地注视着战斗发展，随时准备迎接新的战斗，争取新的胜利。当部队把守敌全部消灭以后，刘贤权副军长一刻也没有停。他忙着交代部队，如何不要骄傲，如何去打扫战场，又如何从俘虏那里查明敌情……他预料敌人不会甘心，因此他要求前线指挥员迅速把部队收拢回来。按照作战方案，第四一五团四连和第四二一团二连组织防御，其余部队撤出战斗。

美军不敢相信自己的眼睛，志愿军真的会打现代化战争了！这么短的时间内一个装备精良、得到大量空地火力支援、有坚固防御阵地的"王牌营"

被全歼，这是同志愿军部队交战以来从未有过的事情，美军士兵的心理被深深地震撼了。

接下来是各个连队的具体战斗行动：

第四一五团六连在正洞西山反击战中，担任伴攻任务。二班青年团员姚云在战前的青年团小组会上表决心说："这次反击战是我争取火线入党和为人民立国际功的最好机会，我是青年团员，坚决完成上级交给的一切任务。"战斗打响后，副班长带着姚云冲在全班的最前面，他们很快就摸到距离敌人哨兵十几米处，敌人还未发现。副班长端起冲锋枪一枪就击毙敌人的哨兵。顿时，惊慌失措的敌人向他们投来一排手榴弹，暴露了敌人火力点的具体位置，配合作战的坦克立即对其实施火力摧毁。

总攻发起后，二班立即向3号目标冲去，姚云小组一马当先，冲在最前头，快接近目标时，一个敌人突然从工事里钻了出来，姚云用英语喊："stop！"那个敌人的士兵非但没有站住，反而举起枪就向姚云射击，姚云机灵地一猫腰，子弹从姚云的帽子上穿了过去，把帽子打了一个洞。姚云手疾眼快投出一颗手榴弹，敌人应声倒地。这时，八连冲了上来，残敌立即向2号目标退去。我军紧追不放，姚云从排长那里要了5颗手榴弹，同小组的同志一起从敌人右翼追了下去。突然，发现前面有敌人的几个掩体，里面还有人叽里呱啦地喊叫，好像在打电话，他立即投进去两颗手榴弹，趁势冲了上去，敌人死的死、伤的伤，生还者撒腿就跑，姚云缴获了敌人留在掩体内的一部报话机，一看就是敌人的一个排指挥所。正当姚云继续追击时，与他一起冲锋的几名同志相继负了伤，姚云便独自一人继续向前冲，刚冲到山腰，敌人发现就他一个，立即从两侧向他包抄过来，姚云毫不畏惧，立即端枪射击，可是枪出了故障，怎么也打不响，手上也只剩一颗手榴弹了，他拧开手榴弹盖，准备与敌人同归于尽。恰在这时，五班冲了上来，姚云立即投出他唯一的一颗手榴弹，协同五班将敌打退。姚云便自动加入到五班的战斗中，和五班其他6名同志，一鼓作气攻占了3号目标，而后转入防御，一直坚持到战斗胜利结束。

第四一五团二连在参加正洞西山反击战中，担任火力掩护任务的六〇炮，打得既准又狠，为战斗的胜利作出了贡献。尤其是六〇炮手陈瑞忠更加突出。陈瑞忠原是军直警卫营的一名老战士，在军警卫营时他就是六〇炮的射手，炮一直都打得很好，在训练打靶考核时就发发命中环靶中心，粉碎敌人"秋季攻势"后，由军直警卫营调任二连六〇炮班任班长。到二连后他经常听指导员讲二连在粉碎敌人"秋季攻势"战斗中的英雄事迹，很受教育和鼓舞，他暗下决心：一定要在战斗中带领六〇炮班立大功。为了实现目标，他利用战斗间隙，手把手地教炮手学习射击技术。

正洞西山反击战打响后，陈瑞忠带领全班紧随突击队前进，途中遭到敌人严密火网的封锁，突击队被敌人的火力压制得抬不起头来，前进受阻。这时，陈瑞忠班长的头部被弹片击伤，他用救急包简单包扎一下，继续指挥战斗，有的同志劝他到连包扎所去救治，他说："我是共产党员，是咱们班的班长，我们的任务就是用火力掩护突击队冲锋，任务还没有完成，突击队还被敌人火力封锁的不能动弹，我怎么能去呢？什么都不要说了，赶快向前面那个小高地前进！"战士们在他的带领下，迅速占领了小高地。他一边让炮手迅速架好炮，一边测好距离，装好射击诸元，对敌人的火力点实施快速射击，敌人的火力点很快就被打掉了，他一连发射了20发炮弹，有18发命中目标。突击队的勇士们乘机冲了上去，占领了敌人的阵地。战后，第四一五团三营营长、战斗英雄倪恩善紧握着陈瑞忠的手说："你们炮打得真准、又快、又猛，为我营胜利完成战斗任务作出了贡献！我认为打得好就应该立功！"

青年功臣马一钧是第四一五团二连战士，湖南武冈人，1951年春天参军，参军时年仅19岁，因家庭贫寒，从小就给地主做工，解放初还做过木工学徒。入朝以来一贯工作积极，曾多次向领导表示："一定向老同志学习，坚决和侵朝的美国鬼子作战到底，要在战斗中争取立功，挂上军功章，加入青年团。"在练兵中勤学苦练，他说："参军后我搞懂了一个道理：非学好技术、战术不能消灭敌人。"

他参加的第一次战斗是强攻338.1高地。那时他是突击班的战士。在突破敌人铁丝网后，他一马当先冲在最前面。正面敌人地堡里突然用机枪封锁他们前进的道路，火力很密，他熟练地拿出一个绑着炸药的手榴弹猛扔了过去，一下就把地堡盖炸翻了，敌人的机枪也立刻哑巴了。接着他一口气冲上了山腰。但他回头一看，战友们都向右边堑壕里的敌人冲去，在这时友邻部队从另外一个方向也冲上来了，马一钧就索性参加了友军行列向另一个山头冲去。他一个人解决了敌人1个掩蔽部，并缴获了1部电话机，遇到负伤的战友，他立刻拿出救急包给包扎好，背到隐蔽的地方，然后对伤员说："你就在这里等着担架，我给你报仇去！"于是继续向敌人冲去。激战一个晚上，我军顺利完成任务，马一钧荣立一等功。

此后，在粉碎敌人"秋季攻势"中，马一钧一直坚守在前沿阵地上，勇猛顽强机智地战斗着。在272高地上他与战友与敌奋战数昼夜，连续打退敌人的数次冲锋。最后在战斗最激烈的那天，他们弹药消耗殆尽，他们便冒着敌人的炮火跑回弹药所扛回4箱手榴弹，和班长两天连续打退敌人3次冲锋。班长牺牲了，就一个人孤单奋战，打退敌人的冲锋，在战斗中他锻炼成了"钢铁"战士。由于他战绩卓著，又荣记二等功一次，提升为副班长，并光荣入了团，这时马一钧又下定决心：一是学习尖刀英雄马忠庆，多杀敌人立特功；一是打出英雄称号，全班记功挂功章。

我军反击正洞西山，二连的任务是配合团主力，消灭侧翼守敌，马一钧的班又要求了尖刀任务。战斗开始后，在主力连队攻上正洞西山时，他们全班也冲进了198.6高地敌人的交通壕。这时敌人1个排兵分两路反扑过来，班长善守春负伤，马一钧立刻宣布："同志们沉住气，听我指挥，由我代理班长，第二战斗小组组长龙金福代理副班长。现在兵分两路，二组打右面、三组打左边，给班长报仇啊！"接着敌人就冲到交通壕了，他们便两面夹击。马一钧带着三组守在左翼，把敌人放到10多米时，他率先打出两个手榴弹，接着用轮盘枪猛扫，大家也跟着猛打。守在右翼的青年团员龙金福在马一钧的鼓励下，用八发机连续射击，不停地投手榴弹。机枪射手于生池也端起机枪猛扫一阵，机枪发生故障后，抓起手榴弹继续投向敌人。一时间，子弹、手榴弹像雨点似的打砸在敌人头上，这充分发扬了短兵火器的威力。美军大兵上来一个被打倒一个，上来两个被打倒一双，上来一群被打倒一堆。就这样不到20分钟的激战，30多个敌人全部毙命。接着马一钧带着同志们又积极扩大战果，给连主力打开了前进道路。后续部队很快冲了上来，攻占了敌人的阵地，完成了战斗任务，缴获无后坐力炮、六〇炮各1门，自动步枪4支。马一钧再次荣立二等功一次，并升任为班长。

步兵第四一五团四连二排排长魏田林，在正洞西山反击战斗中，他带领全排，隐伏在一个小山头后面待命，他听着前面激烈的战斗，心里有说不出的着急，前面部队打得热闹，可他们排却在人家的屁股后面蹲着，听着心里就有点儿痒痒。他始终牢记自己在战前全营干部动员大会上,挥舞着拳头表决心时说的话:"请领导把最艰巨的任务交给我们排,坚决完成一切战斗任务!在战斗中创造出一个能攻善守的排来,为祖国争光!为毛主席争光!为我军争荣誉!"可是现在的枪声离他们排越来越远了,信号弹从远处的山头上不断升起,部队不停地前进着,他们却留在了后面,魏田林心里十分着急,战士们也都急躁起来。部队有句俗话:战士们不怕向前冲就怕在后面听枪炮声。这时,他的心情十分复杂,既高兴又着急,高兴的是前面的部队打得好,节节胜利;着急的是战斗快要结束了,他们却还在这里待着,心里像丢了什么似的,忐忑不安。他想:"得向连里要任务,不然这次战斗怕是参加不上了,战前的决心就无法实现了。"正当他在琢磨的时候,通讯员闪电般站在他的面前说:"排长,任务来了,你们排去支援突击排战斗,攻打最后一个山头。"魏田林排长一听就跳了起来,紧握的拳头向空中有力一挥:"同志们,立功的机会到了,跟我来!"四班的同志一听,迅速地爬起来,个个精神抖擞向前奔跑,由于大家都想往前冲,一时队形有些乱。魏排长为战友们这种勇往直前的行动很受鼓舞,然而他丝毫不能容忍这种盲动行为,当即很严肃

正洞西山反击战,我军首次实行步坦克联合作战

地喊道："四班长，你给我站住！你们班不是要争取荣誉称号吗？就你们这样的队形能完成任务吗？敌人的子弹会教训我们的……赶快疏散队形前进。"经排长提醒，队形马上就疏散开了，在运动中还特别注意利用地形地物，一直前进到敌人占领的山头下，无一伤亡。

魏田林带领战士继续往前冲时，遇到了敌人设置的铁丝网，没有任何地形可以利用，全排完全暴露在敌人的火力之下，山上敌人射出密集的子弹贴着地皮嗖嗖地乱飞，在此地多停留半分钟就可能造成伤亡，影响战斗任务的完成，魏田林排长果断地命令："火力压制，掩护爆破组爆破。快！"全排立即就地卧倒向敌人猛烈射击，爆破组乘机跃起冲到铁丝网前实施爆破，但敌人的火力太猛，爆破组没有炸开铁丝网。情况不允许有半刻犹豫，魏田林突然感到肩上的担子一下子沉重起来，再不采取行动就会造成重大伤亡，他用力将拳头往自己胸前砸下去，竭力来控制自己的情绪使自己镇静下来。突然，他摸到软绵绵的棉袄，瞬间来了灵感，一边脱掉自己的棉袄搭在铁丝网上，一边喊道："机枪掩护。四班赶快脱棉袄搭在铁丝网上从上面翻越过去！"机枪、冲锋枪集中火力掩护，四班战士学着排长样子迅速脱下棉衣，搭在铁丝网上翻越过去。魏排长跟着四班越过铁丝网后，指挥部队冲锋，带领全排一鼓作气打到山顶，占领了敌阵地，打死打伤敌人30余名，俘敌7名，缴获重机枪4挺、轻机枪6挺、卡宾枪和冲锋枪18支、六〇炮1门、九〇火箭筒1具，与友邻连队胜利会合。

东方显露出了鱼腹色，新一天的黎明又到了。主力部队都转移了，魏田林又接受了坚守刚刚占领的敌人阵地的任务，带着6个同志防守两个山头。接受任务后，他立即对战士进行了动员："同志们，我们刚刚攻占了敌人的阵地，上级要求我们坚守阵地，这是对我们的信任和考验，我们一定坚决完成任务。二班长带两名同志守一个山头，我带两名同志守另一个山头。现在赶快搜集子弹、手榴弹和抢修工事，准备迎击敌人的反击！"战士们立即行动起来，搜集弹药，加修工事，准备迎接更激烈残酷的战斗。

敌人坦克的轰隆隆声冲破了黎明的寂静，大炮也跟着轰鸣起来，8架"P-51"战斗轰炸机分两批从南山头上冲了过来，成串的炸弹扔在阵地上，咕咕……嘟嘟……轻重机枪也响个不停，敌人的反扑开始了。因我攻占阵地时使用了大量火炮，山头上的工事早已被摧毁，刚刚占领阵地后进行了加修，但根本抗不住敌人强大炮火的轰击，瞬间便被摧毁了，弹药也不多了，魏排长冷静地说："同志们，注意利用炸弹坑、炮弹坑隐蔽自己，灵活机动地打击美国兵，打阵地游击战，注意节省弹药。"就这样，他们忽东忽西，忽南忽北，连续打退了敌人的4次冲锋。

敌人发现阵地上只有几个人，便用1挺轻机枪紧紧地盯着他们，只要他们一动，敌人的机枪就会打过来，使他们的机动受到极大的限制，被压制在原地动弹不得。魏田林在心里骂道："他妈的，你想压制住老子，没门！我非要你的狗命不可！"牙咬得嘣嘣直响。他冷静下来，得想个办法，吸引敌人的机枪火力。再探一下头，"嗖嗖"的子弹就飞了过来。他灵机一动，摘下军帽，爬到一个弹坑里用小铁锹插到弹坑边上把军帽放在锹柄顶端，敌人的机枪立刻被吸引了过去，乘机他爬到另一个弹坑里，发现敌人还在射击他的军帽，便静悄悄地向敌人侧翼迂回过去，迅速投出两颗手榴弹，消灭了敌人的机枪火力点。接着，他们又打退了敌人3次小规模的冲锋。后奉命撤出阵地，转移到连坚守的主阵地。

第四二一团一营一连在攻打正洞西山的战斗中，担负第一梯队任务。连队受领任务，进行了深入的政治动员，在动员大会上指战员们纷纷表决心：我们一定要发扬连队的光荣传统，反复冲杀，坚决完成战斗任务。一连在解放战争时期的东北战场上，在杨木桥子战斗中歼灭国民党军80余人，荣获"反复冲杀奖旗"一面。

英雄连长马忠臣和副连长于海龙，带领班以上干部摸到距离敌人前沿阵地200米处侦察敌情和地形，熟悉进攻道路。返回后，继承连队光荣传统，充分发扬军事民主，发动大家献计献策，谈战术、论战法。于海龙副连长对大家说："办法是人想出来的，办法总比困难多，办法想得越多，打起仗来困难就越少，伤亡就越小，胜利越大。""同志们，大家都打过仗，都知道战场纪律，就是要服从命令听指挥，团结协作，讲究战术，发挥自己武器的威力，它就是铁山、钢山，我们连也要把它打下来！"

于海龙副连长带领突击排，出发前营教导员再次嘱咐："海龙同志，你是个经过残酷战斗考验的老同志，有着丰富战斗经验的好干部，请你记住，对敌人一定要狠、要硬、要滑（滑就是机动灵活不吃亏），党交给你们连的任务很艰巨，你只要有压倒敌人的勇气，运用机动灵活的战术，顽强的战斗作风，胜利一定属于你们！"

突击排三排在于海龙的率领下，静悄悄地运动到敌人阵地前，于副连长即令三排副排长带七班发起冲锋，自己带四班掩护，七班迅速攻占了两个山头。这时，我军的火箭炮和榴弹炮向敌人主峰阵地轰击了7分钟，等炮火延伸射击时，于副连长发出夺取主峰的命令，全排一鼓作气打下几个小山包，消灭敌人1个排。这时，连长指挥一排和二排也冲了上来，连长和副连长简单地交换了一下情况，立即调整了部署，组织火力，命令一排积极实施佯攻，吸引敌人的火力。要把佯攻当主攻打，敌人立即上当，注意力都集中到一排方向；三排乘势发起冲锋，于副连长带八班、九班连续拿下4个山头。

主峰阵地的敌人被我军紧紧包围，但敌人还在作最后的垂死挣扎，不断用火力阻击我冲锋的分队，三排被火力压制在山坡上不能前进，关键时刻，连长组织一、二两个排的轻重机枪、六〇炮集中火力压制主峰上敌人的火力，于副连长带领二排和一排勇猛地冲了上去，他们用手榴弹、手雷炸掉几个敌人的地堡。五班副班长何贤礼冲上去用爆破筒和反坦克手雷将敌人的大掩蔽部炸塌，五班长用小锹敲打被毁工事里是否还有活着的敌人，突然从被毁工事里钻出一个敌人，何贤礼一愣神，敌人就用刺刀向他刺过来，何贤礼来不及打枪，挥起小铁锹挡开敌人的刺刀，后退两步，乘敌人再次准备刺他时，他选准时机，用力挥动小铁锹向敌人的头部砍去，当即就把敌人劈死。占领主峰阵地后，于副连长立即命令："同志们，快收拾残敌，决不能给敌人一点点喘气的机会，也不允许有一个敌人漏网。"边下命令边拿着手榴弹顺着交通壕搜索前进。发现敌人掩体里有1挺机枪仍在射击，便冲过去将两颗手榴弹塞进掩体内，随着两声巨响，敌人的掩蔽部被炸飞了。通讯员也用同样的方法炸掉敌人另一个掩体，于副连长立即用英语喊了几声"缴枪不杀、优待俘虏"，4个美国兵双手举着枪当了俘虏。在被炸塌的工事里搜索到两挺轻机枪、5支半自动步枪，他们在主峰上与第四一五团的连队会合，全歼美骑一师七团一营。

美军"王牌"部队骑兵第一师实在咽不下这口气，11月5日8时，调集了两个步兵营和1个坦克连的兵力，在30多辆坦克和20多架飞机的掩护支援下，向正洞西山扑来。为了夺回已失阵地，美军先实施了30分钟的狂轰滥炸，把几十吨的钢铁倾泻在正洞西山上，整个正洞西山硝烟弥漫，隆隆的炮声震得地动山摇。炮轰过后，上千美军士兵在坦克的掩护下发起了冲锋，然而等待他们的是我第四一五团四连和第四二一团二连的一顿手榴弹和子弹，随即大批炮弹呼啸着飞过来将美军冲锋的队形炸得七零八落。紧接着，更令美军士兵瞠目结舌的景象出现了：一批严密伪装的志愿军坦克，竟敢在光天化日之下冲上阵地，将两辆美军坦克打得浑身冒火。一向肆无忌惮的美军坦克兵惊呆了，志愿军居然打起了装甲对战，吓得美军坦克兵全跑了……

前线的电话打来了，刘贤权副军长以他的自信和镇静一字一句地说道："我们决不能放走每一个收拾敌人的战机。同志们！迅速准备，等候我的命令。"

还在他制订这次作战方案的时候，对敌人的这招他已经做了周密的计划。也许反扑过来的敌人，总以为我军在一次攻击以后，不能再进行第二次、第三次的攻击。当时，刘贤权副军长就暗暗地想：要是敌人真敢来，那么就让范弗里特来尝尝我们的厉害吧！他在向部属说明了连续作战的胜利条件后，用着乐观而严肃的声调说道："当然部队是疲劳的，可是我们有着胜利的鼓动，特别是具有顽强坚忍的精神，就能够克服一切困难！"

第二连奉命在正洞西山组织防御，以大量歼灭敌人的有生力量为目的，为我第二次实施反击创造条件。二连上阵地后，硝烟尚未散尽，残树断木还在燃烧着，烧焦的敌人尸体散发着呛人的焦臭味，敌人的炮弹仍在高地上轰炸，二连指战员们迅速进入阵地后，从垮塌的工事中清除美军官兵的尸体，积极加修被毁工事，做好粉碎敌人新的进攻的准备。全连指战员在阵地上宣誓："兄弟部队用鲜血和生命夺取的阵地决不能在我们手里丢掉，我们要比其他连队打得更好，消灭的敌人更多，打得更漂亮。"

天刚放亮，敌人又集中了大量炮兵，猛烈轰击这个血肉横飞的阵地。炮火刚一延伸，大约有两个步兵连在 1 个坦克连、1 个迫击炮连的直接支援下发起新的进攻。连、排规模的 3 次冲锋均被一排打退。然而敌人并不甘心，下了更大的赌注，付出了很大的伤亡才攻占了二班的阵地。一排副排长王振生率一个班趁敌人立足未稳突然发起反击。共产党员赵先有同志带一个战斗小组运动到距离敌人 10 多米处时，突然用冲锋枪一阵猛扫，其他同志连续投掷手榴弹，副排长带的几个同志一齐冲向敌人，一阵激战将敌击退，夺回二班阵地。连长王汝启赶到一排立即调整组织，重新部署，并率领大家抢修工事后运伤员准备再战。1 个多小时后，敌 P-51 飞机对二连阵地实施轮番轰炸和扫射，敌约1个营的兵力，分两路冲了上来。勇士们用轻重机枪、冲锋枪一阵猛打，给进攻之敌很大的杀伤。敌后续部队以密集的队形往上涌，遭到我炮火的杀伤。一排副排长王振生带领8个同志实施反击。王振生端着冲锋枪高呼："同志们，跟我来！决不能让敌人占领我们阵地！"勇士们立即甩出一排手榴弹投向敌群。共产党员林振光身负重伤仍不停地将手榴弹投向敌人，机枪射手霍树德打红了眼，端着机枪跳出工事，像猛虎扑向"羊群"一样一阵猛扫。敌人不顾伤亡仍继续向上冲，又一次被勇士们用手榴弹给打了下去。就这样，连续打退敌人的4次冲锋。这时，一排也有很大的伤亡，子弹、手榴弹所剩无几。王振生抓住战斗间隙，一面派人向连队报告情况，一面调整组织，说："现在由我来当班长，大家都听我的指挥，咱们十几个人一定要守住阵地！"大家利用敌人还未发起冲锋的间隙，赶快到阵地上收集子弹、手榴弹，准备与敌人作最后的决战！敌人再次发起冲锋，该排子弹、手榴弹都已打光了，就与敌人展开肉搏战。

　　在战斗间隙，连长王汝启冒着敌人炮火跑到一排阵地调整部署，并督促战士们抓紧抢修工事。不一会儿，敌人派出6架飞机在二连阵地上猛烈轰炸扫射，接着便以两个营的兵力分两路冲来。战士们用短促火力猛烈射击，给敌大量杀伤，但后面的敌人在军官的督促下成群地往上涌。一排副排长王振生带领8名战士勇猛地反击出去，一排手榴弹顿时飞向敌群，共产党员林振光负了伤仍拿着手榴弹战斗，机枪射手霍树德打急了眼，抱起机枪跳出工事追扫着敌人……但是，退下去的敌人在督战队威逼下继续往上冲，没有被截住的便侥幸逃脱。狼狈的敌人就这样乱七八糟地有的往上冲，有的往下跑，二连战士与敌展开了反复冲杀，敌人的第4次冲锋被打退了。不久，敌人又探头探脑地爬上来了，一排的勇士们一阵手榴弹打得敌人骨碌碌往山下乱滚。

　　一排的顽强战斗激发了坚守主阵地的二排、三排，立即提出开展向一排学习，和一排比赛。四班长徐金蓝3次负伤，不下火线；战士彭忠贵两次负伤，仍顽强战斗；四班副班长赵树支的脸被炮弹炸伤，仍连续投出200多颗手榴弹，打死一大片敌人；新战士田正富没子弹了，一个敌人跳上来抓住他的帽子，他抡起铁锹一下把那个敌人砍得脑浆崩裂。

　　战斗持续到14时，美军又发起新的进攻。连长王汝启、指导员王占德把阵地上所有还能战斗的伤员、勤杂人员都组织起来，连长、指导员各带一路实施反击，他们用手榴弹和石块将敌人打了下去。这时，接到上级命令：你连任务已完成，迅速转移阵地。战士们抬着重伤员和烈士撤出了战斗。

在这次正洞西山反击战中，第四二一团第二连在组织阵地防御战中，打得英勇顽强，战胜敌人的多次进攻，消灭了大量敌人，给我军再次反击争取了时间，给歼灭美军骑兵第一师七团一营创造了有利条件。军党委给二连记集体一等功。连长、指导员、副排长王振生、四班长徐金蓝、副连长赵树云各记一等功一次。

我军坚守分队刚刚撤离阵地，敌人便兴高采烈地登上这个高地。早已精确测算好射击诸元，做好充分准备的我军50门大炮和火箭炮部队，趁敌人立足未稳，一阵急袭，发发炮弹在敌群中开花，顿时敌人的尸体、残肢断臂、武器被炸得满天飞舞。敌人遭到突然的打击，死伤惨重，他们做梦也没有想到，刚占领的阵地顷刻之间变成了坟墓。

11月5日23时45分，在10多辆T-34坦克掩护下，对正洞西山第二次反击作战开始了。天空中升起一串红色信号弹，我炮火按预定计划向敌纵深射击，担任主攻任务的第四二一团三营，突击分队七连、八连立即发起冲锋。

美军骑兵第一师七团在4日的战斗中有5个连被歼灭，又立即进行了补充，达到了满员。我第一次反击就打得美军士兵惊魂未定，新上阵地的人员情况和地形都不熟悉，与他们的长官也互不认识，提心吊胆地前进到正洞西山，脚跟尚未站稳就遭到志愿军猛烈炮轰，一时间被打得蒙头转向，心慌意乱，胆战心惊。

第四二一团三营营长孙洪昌带病指挥战斗。战斗打响后，突击连运动到驿谷川时遭到敌人的炮火拦阻，攻击分队前进受阻。身先士卒是我军光荣传统，在遇到危险时干部总是冲在最前面，孙洪昌看到敌人炮火猛烈，大喊一声："冲过去就是胜利！"话音未落便率先冲了出去，这种不怕牺牲的精神和顽强的战斗作风、坚强的革命意志，就是无声的动员和命令，突击连在他的率领下，冒着敌人的炮火继续前进，迅速跃过驿谷川，穿过300多米的开阔地，逼近到敌人的前沿阵地。

担任突击任务的七连三排，在我火力支援下，首先攻占了敌前沿阵地，歼敌1个排，缴获轻重机枪6挺、其他枪支20余支。冲在最前面的尖刀班八班，一鼓作气连夺两个山头，前进到距离主峰100多米的一个小山包处，这时他们因冲击的速度太快与连队主力和重机枪、六〇炮等火力支援分队失掉了联系，敌人的轻重机枪火力严密地封锁了八班的前进道路，八班长立即指挥战士们占领了一段交通壕，命令全班迅速抢修工事，监视敌人，准备打击敌人的反扑，并派副班长去联系连队主力。敌人的轻重机枪不停地向他们射击，有两名战士一边修工事一边说："敌人并没有发现我们为什么乱打？"另一位老同志说："就像一个人走夜路吹口哨给自已壮胆一样。"一位新兵说："老同志你仗打得多，你看他们火力那么猛不怕我们的炮弹打它吗？"老兵回答道："美国鬼子依仗他们武器好，火力猛，所以只要战斗一打响，就不会吝惜子弹炮弹，不过我看那也是'瞎子点灯白费蜡'。"这时，副班长带着连主力赶到了，连长马上布置火力掩护三排冲锋。机枪射手孟玉贵瞄准敌人射击发出的火舌，一口气打完两个弹夹，轻重机枪和六〇炮也一齐打响，压制住了敌人的火力。八班立即发起攻击，战士蒋自治被一发子弹打伤腿部血流不止，他立即取出救急包把伤口包扎好，他身后的金邦文、郭景云问："你负伤了？"蒋自治干脆地回答："不要紧，还可以继续干！"接着又说："郭景云你在我的左边，金邦文你在我的右边，咱们匍匐前进，减少伤亡。"蒋自治忍着剧痛向前爬去，他发现敌人从地堡洞口向外射击，似乎忘记了疼痛，跪在地上端起冲锋枪对准洞口就是两个长点射，在他的掩护下金邦文连续将两颗手榴弹扔了进去，敌人的机枪被炸掉了，3个人勇猛地冲了上去，夺占了这个高地，蒋自治因流血过多已经倒下，排长赶过来劝他到连包扎所去救治，他坚定地说："我腿不能动了，还可当机枪助手往弹夹里压子弹嘛，也可帮大家打开手榴弹盖嘛……"八班实现了在誓师大会上"连续突击"的誓言！

当七连攻占第一个山头时，八连连长则命令二排五班配合七连三班战斗。五班长尚瑞海二话不说，趁着敌人照明弹的亮光察看地形，指挥第三战斗小组从敌人工事右侧迂回过去吸引敌火力和注意力，他本人带两个战斗小组从敌人左侧冲了上去。副班长路有才突然出现在敌人面前，未等敌人缓过神来就冲了上去，将敌九〇火箭筒夺了过来，同时第一战斗小组打掉了敌人的一个重机枪火力点。

在攻占第二个山头时，三排的几个人和四班副班长秦怀也跟了上来，因伤亡较大，各班的建制已被打乱，为继续战斗的需要，班长尚瑞海当即宣布："现在我们组成一个班，凡是八班的同志全由我指挥。"并鼓励大家说："等完成这次战斗任务后，我给大家请功！"勇士们大声回答："我们坚决听从你的指挥，坚决完成战斗任务！"这时，秦怀和潘希亮用机枪掩护其他同志冲锋，机枪只打了两梭子就出了故障，他让助手排故障，自己拿起冲锋枪继续掩护大家冲锋。冲在前面的战士刘义负伤，五班长气喘吁吁地赶了上来，他让三排新战士姜延祥编到本班战斗，刚要发起冲锋又遭到敌人火力阻击，五班长尚瑞海和四班副班长秦怀指挥的战士合在一起向敌连续投出一排手榴弹将敌机枪炸掉。四班机枪故障也已经排除，两个班协同歼灭守敌。

前线不停地向指挥所报告情况："敌人被包围了，第一个目标占领了，第二个目标上空也发出信号了。可是部队在第三个目标上受阻，敌人在拼命地反扑！"刘贤权副军长看了看表，虽已经3点了，可是他依然从容不迫地下命令："把第二、第三支部队向前靠拢，直接开火！"

在主峰的山腰上，我军战士同敌人进行着反复的冲杀，虽然敌人拼命地挣扎，然而我军越战越勇，兵力越来越多。恶战一直快到4点钟了，刘贤权才发出了命令："把全部兵力投入战斗！"说罢，他站起来走动着，并不时地向他身边的人员说着："瞧吧，美国兵是没有坚持到最后的顽强精神的，我们一定会成功！"

仗打到这份儿上，部队伤亡较大，天黑夜暗，部队比较乱。九连一排副排长王宝财带着十几个战士打了过来，他把大家组织起来说："同志们，五班、四班都由我指挥，我们一起把主峰拿下来。"五班长尚瑞海说："同志们，大家都听从王宝财排长指挥，赶快组织火力掩护，拿下主峰就是胜利！"王宝财说："八连的同志由五班长指挥，迂回到敌左翼，九连的同志准备好手榴弹，留一个战斗小组在正面佯攻牵制敌人，其他同志跟我来，从敌人右侧配合五班、四班夹击敌人。现在听我小号三声就向主峰冲，动作一定要快……"

主峰是敌人的核心阵地，组成了环形防御，有轻重机枪20余挺，企图以强大的火力坚守待援。

此时的美军士兵心惊肉跳，士气降到最低点，他们怕志愿军战士的手榴弹和冲锋枪，更怕端起刺刀的志愿军战士，因此想尽办法进行躲避，以保全自己的性命。当王宝财副排长带领三班沿交通壕迅速前进时，受到敌人火力拦阻，仔细观察，发现这是敌人的标定射击，王宝财果断命令快速匍匐前进。三班副班长姜和鸣右臂负伤，他一声不吭地利用敌人火力射击间隙跃起扑向敌重机枪，但发现只有枪口在不断地喷出火舌，就是不见射手，再仔细检查才发现，原来机枪扳机上拴着一根绳子拉到掩蔽部里，一个美国大兵正坐在那里停一会儿就拉一下绳子，机枪就发射，一松手就停止发射。姜和鸣见此情此景，既好笑又好气，这就是美军士兵的发明！美国士兵的斗志是彻底丧失了。他悄悄地端起冲锋枪，向掩蔽体里打了两个点射，击毙了这个聪明的射手和他的几个同伴。三班的勇士们趁势冲上了敌人的阵地，夺取2挺轻机枪和1挺被打坏的重机枪。坚守在这个高地上的其余敌人见大事不妙，争先恐后地往山下跑，王宝财当即端起冲锋枪对准逃跑的敌人扫了两梭子，接着三班的同志又投了几颗手榴弹，他们迅速攻占了主峰。占领主峰后，三班和其他两个班在肃清残敌过程中，又打掉敌人8个地堡和掩蔽部。最后在主峰上与第四一五团的连队会合，发出占领主峰的信号。

第四二一团三连七班被誉为"钢七班"，班长赵连举是师补充团的战士，1951年9月调到七班任班长。在七班他常听到老同志讲"钢七班"在粉碎敌人发动的"秋季攻势"中，圆满地完成了阻击战斗任务，在同强敌的战斗中，曾打退美军两个步兵连、1个坦克连在大批飞机、炮火支援下的7次进攻的英勇事迹，很受鼓舞和教育，暗下定决心：自己一定要在"钢七班"立战功，为英雄班争光。

在正洞西山反击战中，三连是一营的尖刀连，担负攻占3号目标的任务。在全连军人大会上，赵连举代表全班向连队提出：担任尖刀班任务。散会后，他立即召开班务会进行再动员："我从调到七班后，上级首长非常关心我们，经常讲新补来的同志大部分是老同志，战斗积极性很高，每次开大会或看戏都让我们新调来的同志们坐在前排，'钢七班'的荣誉是老同志们用鲜血和生命换来的，咱们连这次接受反击任务，一定要坚决勇敢，打出能攻能守的'钢七班'来，谁要是怕死，不积极勇敢，谁就不是毛主席的好战士，谁就是给咱们'钢七班'的荣誉抹灰！"全班一致表示要为七班争取新的荣誉。赵连举在班务会上提出向模范一连的功臣们挑战，全班一致同意。赵班长说："如果我负伤或光荣（牺牲）了，一切由副班长代理我指挥。"会后，全班转入战前的各项准备工作，就等一声令下立即出战。

反击战斗打响后，赵连举带着一个战斗小组走在最前面，接近敌前沿阵地地堡时，小组中的两名同志负了伤，赵连举迅速地爬过去，从地堡顶上对准出口处投进两颗手榴弹,地堡被炸塌。这时,侧翼的地堡里还在不停地向外射击,严重在威胁后续部队的冲击,赵连举顾不上多想,避开敌人的火力从侧面迂回过去,从射孔里塞进两颗手榴弹将地堡炸塌,后续部队顺利地冲了上来。在继续往山上冲击时,山上敌人的掩蔽部和地堡内的火力不停地射击,他仔细观察地形后,利用敌人火力死角从地堡侧面迂回前进,刚运动到地堡门口,正好有个敌人从里面往出走,赵连举眼疾手快用冲锋枪将其击毙,随后对着地堡口就是一阵猛扫,将里面的敌人全部消灭。其他掩蔽敌人也被冲上来的其他战士相继消灭。

三连攻下3号目标后,又接受攻打2号目标的任务。赵连举又是一马当先冲在前头,他的手榴弹这时已经打光了,就从敌人的尸体上搜集了10多颗手榴弹。有一股敌人向他反扑,他沉着应战,用冲锋枪、手榴弹打退了敌人的反扑。在此次战斗中,赵连举一个人毙伤敌20余人,打掉敌人3个地堡、两个掩蔽部,荣立一等功。

"钢七班"必然是钢铁般的战士组成,就连说话都是落地砸坑。共产党员袁清泉在班务会上发言:"怎样做才配当一名钢七班的战士?只能是英雄才配当英雄班的战士。"因此,他平时积极钻研战术技术,主动帮助其他同志学习政治、军事。连队受领反击任务后,袁清泉同志积极主动向党支部递交了决心书,请求将最艰巨、最危险的任务交给他,决心在战斗中立国际功。

在部队开始接敌运动中,七班迅速前进。袁清泉敏锐地发现敌人炮兵射击的规律,马上向班长建议:"敌人炮火正在向我左翼的兄弟连队射击,对我们班威胁不大,咱们应迅速从敌人右侧绕过去。"班长采纳了他的建议,全班安全通过了敌人的炮火封锁线。

部队正向山头冲锋时,遭到敌人密集火力袭击。敌人设在山腰上的火力点对七班威胁最大。袁清泉选择好前进道路,迅速绕到敌人火力点的背后,发现几个敌人端着枪正向山下射击,袁清泉定了定神瞄准敌人"叭叭"几枪,接着甩过去两颗手榴弹,将敌人全部消灭。工事里的敌人发现袁清泉从其背后冲了上来,慌忙往回跑,袁清泉又将逃敌击毙。我后续部队也冲了上来,阵地被我突破。七班占领一个小山头,发现敌人无序地向后面的高地溃逃,七班边打边追,袁清泉一个人就击毙3人。正当七班不顾一切地向前冲时,突然背后有敌人向他们射击,原来他们班只顾向前冲,漏掉了几个掩体，袁清泉仔细观察一阵，发现这几个掩体里的敌人对他们班威胁极大，他立即冲了过去和本班其他同志将掩体里的敌人肃清。又发现一股敌人向七班刚占领的山头反扑过来。袁清泉马上一边大喊"敌人反上来了"，一边甩手榴弹；其他同志的手榴弹也雨点般在敌群中爆炸，很快就把冲上来的敌人打了下去。就在这时，赵连举带着八班的几个同志从敌人右侧冲上来，占领敌阵地。紧接着部队就向2号目标攻击。袁清泉则受命与侯继奎防守新夺取的敌阵地。侯继奎是个新同志，而且已经负伤，袁清泉鼓励他："你要坚持住，只要坚持我们就必能取得胜利，这是立功的最好时机！"说罢就去搜集手榴弹，回来后揭开盖交给侯继奎，并对他说："咱们俩要隐蔽好监视敌人，敌人冲上来咱们俩一起打。"就这样，他们俩一直坚持到战斗结束。

在这次战斗中，袁清泉毙伤敌10多人，缴获轻机枪1挺、卡宾枪1支、报话机1部，荣立一等功。

第四二一团二连六〇炮班班长共产党员钟万福在反击中负伤，第二次反击仍参加战斗。在修工事时，他每铲一锹土受伤的胸部就往外渗血，同志都劝他下阵地休息，接受救治，他却坚定地说："我是共产党员，现在正是战斗最需要我的时候，我怎么能下去呢？阵地上多一个人就多一份力量。"敌人扑上来，他坚持指挥炮手射击，炮弹一发接一发地打出去，发发都在敌群中爆炸，给进攻之敌大量杀伤。正当他集中精力指挥射击时，左肩被敌人射来的子弹击中再次负伤，鲜血立刻喷涌而出，因流血过多昏倒在阵地上。战友们立即将他抬到包扎所救治，刚给他包扎好伤口，他便苏醒了过来，看到自己躺在包扎所，不顾医护人员的再三劝阻，艰难地往炮班走去。炮班的战士看到班长伤势太重，就强行把他扶进一个掩蔽部里。当他躺下时才发现，掩蔽部里还躺着一个战士，仔细一看才知道是连部17岁的通讯员周彬。

周彬在战斗激烈时，冒着敌人的炮火完成3次通讯任务。在第三次到最前沿的一排送信时，左臂被敌人的炮弹片炸骨折。他爬着把信送到一排阵地。往回返时，因过度疲劳和流血过多昏倒在途中。同志们给他包扎好伤口，把他扶进这个掩蔽部里休息。

过了一会儿，六班战士项二双也因负伤被扶进掩蔽部，他和周彬在战前曾挑战看谁在战斗中打得英勇顽强，看谁先立功当英雄！

由于部队撤离阵地时比较仓促，加之天黑，转移伤员的人员搜集不仔细，使个别伤员未能转移下阵地，他们3个人只好留在阵地上。为了防止敌人攻占高地后危害他们，他们组成一个战斗小组，研究决定：依托掩蔽部，同时快速搜集枪支、弹药和手榴弹准备与敌人战斗到底。他们紧紧地握紧拳头，庄严宣誓："只要还有一口气，就战斗不止，决不向敌人屈服！宁死不当俘虏！"他们搜集了许多手榴弹和一大批子弹，通讯员周彬有一支小马枪，钟万福和项二双各有一支步枪。当敌人全部占领高地进行搜索时，项二双紧握着枪说："来吧！我们就是孙悟空钻在你肚子里打！"3个美国兵端着枪东张西望地向掩蔽部走过来，后面还跟着好几个人。这时，钟万福轻声说："注意，准备好家伙，等他们走到跟前再一起打！"

3位勇士屏住气把手榴弹弦套在手指上，6只眼紧紧地盯着走过来的敌人。当敌人距离掩蔽部只有几米时，他们3个人连续投出10多颗手榴弹，敌人大部被炸死，剩下的两人想跑，项二双"啪啪"就是两枪，美国鬼子应声倒地。天黑后，我组织强大炮火再次实施火力急袭，准备实施反击，3位英雄都会心地笑了。接着，密集的枪声、手榴弹的爆炸声越来越近。敌人一面应对我军大部队的攻击，一面想打掉3位勇士占领的掩蔽部，但每攻一次都要付出惨重的代价，3位勇士一直坚持到我反击攻上阵地。当钟万福、项二双、周彬与自己的战友在阵地上相会时，他们兴奋得忘记了一切，营长看到他们身负重伤仍顽强战斗，一把把他们拥抱在怀里，顿时泪流满面一句话都说不出来，而3位勇士则再次昏了过去。

3位顽强的战士，凭着革命军人坚定的信念、高尚的品质，不畏强敌、敢打敢拼的勇气和一不怕死、二不怕苦的顽强战斗作风，压倒一切敌人的英雄气概，危难中共产党员以自身的模范行动团结同志，形成坚强的凝聚力，运用机动灵活的战术，不断打击敌人，他们不愧为可敬、可爱、可亲的英雄！战后，3位勇士的事迹在部队被广泛传诵。

整个战斗进行了1小时20分钟，又将这个敢反扑的美军骑兵第一师七团的加强营歼灭了。前线的各个阵地上都打出了胜利的电光弹，所有的人都欢腾起来了。在这时，刘贤权副军长连声感谢着前线的指战员和战斗员，说："好部队，打得很猛、很快！"然后，他拿起电话筒要求前线报告战果。

美军"王牌"部队骑兵第一师七团的一、二、三、五、六等5个连和1个营部火器连、团直属队的搜索连共7个整连就在这一天两夜的战斗中被全部歼灭了。

后来，第四二一团团长郑波晚年回忆说，第二次反击上去后，阵地上的美国鬼子比第一次反击上去后的美国鬼子要幸运得多，他们知道志愿军优待俘虏，因而许多人明智地举起了手当了俘虏……

美军骑兵第一师主力团第一营就在志愿军勇士惨重打击下全部覆灭，据被俘的该团第二连第二排中尉排长克洛彭那说："二连在第一夜的战斗中就全部被歼。"第二天营里又从后方补充到一个连，恢复了二连的建制，但是在当晚又和全营一起被歼，无一漏网。克洛彭那自己就是白天才补充到二连的，他垂头丧气地说："有许多刚从国内补充来的新兵，连一枪也未放就被打死或当了俘虏。"

第四十七军在正洞西山连续实施两次反击作战，都获得大捷，给敌人以沉重打击，后来有位战士晚年回忆说，敌人一听到我军吹响的小喇叭声就两腿颤抖，不知道志愿军战士又会在什么地方冒出来，打他们个措手不及。

彭德怀司令员部署的一个月局部反击作战结束了，志愿军部队夺取并巩固了9处阵地，开城以南附近的大韩民国军被扫荡一空，扩展土地280平方公里。李奇微辛辛苦苦进攻半年的战果快丢光了，志愿军居然打起了步、炮、坦协同作战，把美军将军们看得目瞪口呆，好像不是跟中国人在作战，而是在跟苏联人打仗，美国人在谈判桌上的筹码又输掉了一个。

第十章
李伪军来凤庄破坏和谈
姚庆祥为和平以身殉职

美国武装侵略朝鲜一年来，武器装备有了很大加强；但在战争中的物资消耗也急速加重，政治上的压力也在不断增大；美国看不到战场上胜利的希望，杜鲁门的美梦方醒；美国人找不到谈判的大门，便像猎狗一样到处寻找线索；第一三九师奉命进抵开城，警卫停战谈判；一波三折的停战谈判；大韩民国军蓄意破坏停战谈判，姚庆祥为和平以身殉职；开城各界追悼和平卫士姚庆祥，美国人看到悲愤气氛跳窗溜走；美军飞机轰炸中朝代表团驻地，颠倒黑白不承认事实，却因自己的飞机再次"光临"而无言以对；朝鲜战争美国的战损和中朝的战损对比。

第五次战役之后，志愿军在总结教训，并积极准备第六次战役的同时，朝鲜战场发生了一个重大转折——美国人求和了。狂妄的美帝国主义，终于低下了他不可一世的头颅，这在中国近代历史上是头一次，中国人民真正挺起胸膛扬眉吐气了！

美国人清楚地知道，面对拥有无穷人力资源的中国，自己能够守住"三八线"已经谢天谢地了，朝鲜战争是一场无法打赢的战争。

从朝鲜战争爆发到1951年6月，"联合国军"总兵力由42万人增加到69万人，其中地面部队美军7个师和1个海军陆战师、1个空降团；大韩民国军10个师和1个海军陆战团，英军两个旅，加拿大、土耳其各1个旅及其他国家的部队。大韩民国军有26万人。

武器装备也有很大加强。美军坦克由880辆增加到1130辆，轻迫击炮以上口径火炮由2820门增加到3720门，装甲车490辆，3.8英寸口径火箭筒7080具。美军1个步兵师有坦克140辆，有70口径以上火炮330门，空军、航空兵、海军陆战队航空兵和舰载航空兵，由20个大队和几个中队，增加到23个大队，另8个中队，计各种飞机由1200架增加到1700架。其中含战斗轰炸机、战斗截击机、轻轰炸机、战斗侦察机、空中救护机等各型飞机1030架、战略侦察机115架、运输机220架、轰炸机和炮兵射击校正机120架。海军可用于朝鲜海域的舰艇270艘，仅第七十七和九十五两个特混舰队，即编有5艘航空母舰等各种舰共计108艘。

美国在朝鲜战争中的物资消耗也急速加重。从1950年6月至1951年6月，侵朝战争一年来，已付出10万人的伤亡（美国公布为7.88万人），运到朝鲜的军事装备达1500万吨，直接使用于战争的经费高达100亿美元，这几个数字比第二次世界大战中第一年的消耗多一倍，美国1951年6月30日，财政年度的军费在420亿美元预计拨款以外，又特别补充拨款64.6亿美元，1951年7月1日至1952年6月30日，财政年度军费预计拨款增加到600亿美元，进一步加重了国民的负担，经济压力越来越大，人们反战情绪不断高涨。

在政治上的压力也在不断增大。朝鲜战争付出这样巨大的代价，并未取得理想的结果，特别是中国人民志愿军入朝参战以后，美军在战场上连遭失败，被志愿军从鸭绿江边赶回到"三八线"以南，一度被打退到37度线，依当时的军事力量，不但根本无力再打回到鸭绿江边，就是再向"三八线"以北推进一步也不是易事，并且还在不断付出重大的伤亡代价。

美国面临的第一个难题就是兵力不足的问题。美国政府曾经试图向朝鲜增调部队，来打破作战双方在战场上军事力量的平衡。

美国自武装入侵朝鲜以来，总兵力由150万人增加到330万人，但因在世界许多国家和地区建立了军事基地，所以兵力仍捉襟见肘、不堪使用。

1951年5月，美国陆军150万人作战部队编制18个师又18个团。正如美国国防部长马歇尔所说："这已经是美国目前所能匆忙地准备的全部数目了。"美军已投入到朝鲜战争中有6个陆军师、1个空降团，约占陆军18个师的三分之一，还有1个海军陆战师在朝鲜作战，在日本有2个师、1个团，在欧洲有4个师，国内的6个师大多是动员组编时间不长，编制员额也不足，缺乏训练，战斗力不强的部队。因此，美国陆军已没有机动作战部队再往朝鲜调动了。

美陆军参谋长柯斯林说："为了把在朝鲜作战部队的美军补充到接近于作战员额，必须实际上调光国内正规军，但连这样做都不够，还要动员后备队。"

美国五角大楼的"精英"们曾考虑麦克阿瑟提出的即轰炸中国东北的军事基地和工业体系，封锁中国海岸和允许蒋介石的军队攻击中国大陆，迫使在朝鲜作战的中国人民志愿军撤回到中国境内。由此可以看出五角大楼那帮谋士不是什么精英，而是一帮实实在在不顾后果的好战分子，是一帮蠢材！

从中国方面来讲，总的方针是促进国民经济进一步恢复和保证这场战争的胜利。从1950年10月至1951年10月，抗美援朝战争历时已经一年，中国人民志愿军在朝鲜战场上取得了巨大的胜利，将以美国为首的"联合国军"从鸭绿江边打回到"三八线"，迫使美国不得不开始了朝鲜停战协议的谈判。

抗美援朝战争开始以后，全国各项工作主要是土地改革、镇压反革命、国防建设、经济建设、文教建设等各项工作，围绕抗美援朝这一中心任务，在各方面都取得了巨大成就。

西藏已于1951年5月和平解放，中国大陆出现了历史上从来没有过的统一，人民民主专政已获得进一步巩固。人民解放军的编制、装备、技术、训练正在向现代化迈进。

中国人民志愿军和朝鲜人民军，总兵力由41万人增加到112万人。其中志愿军由11万人增加到34万人，计志愿军14个军、10个炮兵师（含高射炮师）、两个坦克团，及其他保障部队；人民军有7个军团。志愿军装备有坦克80辆，轻迫击炮以上火炮（含火箭筒）8500门（具）；人民军有1个坦克师约有坦克100辆，轻迫击炮以上2500门（具）。苏联空军有两个歼击机师，有飞机120架；人民军航空兵师有飞机40架，这些航空兵师，从1951年第二季度开始，掩护清川江以北地区铁路运输线；志愿军只有1个航空兵师在苏军空军带领下完成实战练习，尚未参战，志愿军和人民军没有海军参战。

志愿军和人民军与"联合国军"在投入到战场上的军事力量对比是6：1，前者占绝对优势，但在武器装备上"联合国军"占绝对优势，并掌握着战场上的制空权和制海权，但兵力不足，兵员补充困难。经过5次大规模战役的较量，特别是从1950年12月30日至1951年6月上旬，在"三八线"附近至37度线以北地区进行了5个多月的拉锯战，表明双方在战场上的军事力量已趋于均势、旗鼓相当。

"联合国军"虽在武器装备上暂居绝对优势，但像美国人自己所承认的，其最大的弱点在于地面步兵战斗力弱，部队士气低落，严重厌战情绪，所谓"铁多气少"。在1951年春季攻势的较量中表明，"联合国军"仅仅依靠战场上的军事力量，不但根本不可能再打到鸭绿江边，而且在被打回到"三八线"以南地区后，每向"三八线"以北推进一步都很困难，并且要付出重大的伤亡代价。

在第四次战役中，"联合国军"依靠其优势的武器装备和强大的火力，实行陆、海、空军联合，全方位的立体作战，用了87天时间，付出7.8万余人的伤亡代价，才将战线从37度线附近推进到"三八线"附近，平均每天伤亡900余人，才向北推进1公里左右。在第五次战役中，志愿军和人民军主力后撤准备休整,"联合国军"全线反扑,用20天时间,付出了3.6万余人的伤亡代价,才将战线从汉城至珍富一线推进到"三八线"附近,平均每天伤亡1800余人,才推进23公里。

美国陆军参谋长柯林斯在讲到这时的朝鲜战场形势时曾说:"虽然美国第八集团军向共产党发动了反攻,但把敌人逐出'堪萨斯—怀俄明'一线并不容易,共军仍有很强的战斗力。"这一点在6月中旬"联合国军"试图夺取"铁三角"地区所受到的激烈抵抗中得到了证明。

此外,成千上万的志愿军正从东北地区开过来,在那里集结比可用于战斗的"联合国军"还要多的预备队。朝鲜地区路况崎岖,公路和铁路已被"联合国军"的炸弹、炮弹摧毁破坏了,不便于高度机械化的美国第八集团军行动,第八集团军越向北推进,对金山和仁川的补给就越困难;相反,志愿军的补给则越来越容易。

志愿军方面占有兵力优势,步兵作战勇敢,战斗意志顽强,依靠劣势的武器装备在少量炮兵支援下作战,连续取得了5次战役的胜利,迅速打开了战争的有利局面。但由于武器装备落后,特别是没有空军和海军的支援配合,因而作战中的困难很多,在敌我武器装备优劣悬殊大的状况,没有得到根本改变之前,难以歼灭美英重兵集团,不可能在短时间内根本解决朝鲜问题,彭德怀司令员在1951年9月曾指出:在朝鲜战场上,经过5次战役,特别是5次战役给予敌人的打击,使敌人认识到了我们的力量是势不可挡的。同时也使我们认识到,目前敌我装备悬殊的情况下,想一下打到釜山去也有困难。

对美国来说,如果在朝鲜继续打下去则无力取胜,寻求盟国继续派增援部队无望,长期僵持则不符合美国的战略利益,寻求在朝鲜战场以外开辟新战场又担心引起世界大战,就此撤出朝鲜又太丢面子,所以处于骑虎难下、进退维谷、举措无据的状态。

在西方阵营里面,英国人出于自身利益的考虑,一直在扯美国人的后腿。英国首相艾德礼一再提醒杜鲁门,不要忘记主要的敌人是苏联人,战备重点在欧洲不在亚洲,我们的敌人正四平八稳地坐在克里姆林营里,还一根毛发都没动。美国军队被牵制在朝鲜与中国军队作战,消耗不断加大,而苏联则隔岸观火,无须投入一兵一卒到地面战场。美国在朝鲜大量消耗人力和物力,而苏联则养精蓄锐积蓄力量,美国把主要精力和军队力量长期陷在朝鲜，这与美国以欧洲为重点，以苏联为主要对手的全球战略是相悖的。正如美国国防部参谋长联席会议主席奥马尔·布莱德雷在 1951 年 5 月 15 日被调查做证时所认为的那样："中国不是一个寻求世界霸权的强势国家，如果把战争扩大到共产党中国，这一战略将使我们在错误的地方、错误的时间、同错误的敌人、打一场错误的战争。进攻共产党中国并不是一个能起决定作用的行动，不能保证朝鲜战争的结束，也不会让中国屈服。由此可以看出，他在美国军界、政界中算是比较明智的。

美国人终于不情愿地承认："只有傻瓜才会在碰都没碰共产主义世界核心的情况下，同中国发生对抗。"解决朝鲜战争的出路只有一条——和中国谈判。

但是，同中国谈判的大门在哪里呢？这时的美国人像一群猎狗那样到处寻找线索。

杜鲁门自从任美国总统后，他在中国的形象是"街上的老鼠，人人喊打"。在抗日战争胜利后，他积极帮助蒋介石打内战；不讲信用，出尔反尔，入侵台湾海峡，阻挠中国统一；侵略朝鲜……可以说是恶贯满盈，坏事做绝。中国在出兵朝鲜的同时，在国内开展了一场声势浩大的"抗美援朝 保家卫国"运动，美国在中国大陆的残余势力被扫荡一空，所有的联系渠道已彻底闭塞。杜鲁门要想和中国谈判，首先要打开和中国接触的大门，可大门在哪里，杜鲁门不知道，他的幕僚们也不知道，于是便挖空心思，甚至还派人到香港去碰运气，结果无功而返。理屈智穷的杜鲁门好想把一封信装进瓶子里，放入旧金山附近的大海里，期望能有奇迹出现。

美国国务卿艾奇逊对朝鲜战争前景忧虑重重，与杜鲁门商议，设法与中国谈判，争取尽早从朝鲜抽身摆脱危局。艾奇逊开始到处寻找线索，试图与中国建立联系。又恐失体面，悄悄暗中进行，但又一再碰壁。他先请驻法大使波伦与苏联驻德国外交官接触，请其斡旋在朝鲜停火，后又请美国驻联合国官员格罗斯与苏联驻联合国官员马立克接触，均被拒绝。美国方面分析，苏联不相信他们的诚意。他们想起那个因与国务院政见不和，离职去普林斯顿大学任教的凯南。凯南是个"苏联通"，又是个好功之人。闻其国务卿艾奇逊召见，驱车赶往华盛顿相见。随后，马立克收到凯南的亲笔书信，约定在其乡间别墅见面。

凯南精通俄语，马立克精通英语。两人以俄语交谈，偶尔夹杂着几句英语，一番寒暄之后，凯南开始切入正题。经过一番交谈，马立克分析，所议之事不但涉及朝鲜战争前景，更关乎世界和平大局。送走凯南，他反复思考今天谈话的过程，尤其对有关停战条件所说的话，反复回忆，并用笔记下备忘。在确信凯南之言反映美国政府高层意图后，将此次凯南来访过程、所谈内容以及可靠性的判断，向莫斯科一一报告，并建议速与中国、朝鲜方面联系，找到应对之策。

莫斯科收到马立克电文后，知悉凯南访马立克经过和美国政府请和意图。苏联政府将电文内容转告中国、朝鲜政府。

心知肚明的毛泽东、周恩来，对形势的判断实际又客观。中国人民志愿军入朝参战以来，把不可一世的美帝国主义侵略者赶回了"三八线"以南，向南足足推进了400公里，这毋庸置疑已经取得了巨大胜利，但是想把美国人赶出朝鲜，取得这场战争的绝对胜利，以现有的实力还达不到，那么和谈就很自然地成了一个选项。

中朝两国很快协商确定了停战谈判的政策和方案。这样，在双方都有意和谈的情况下，谈判的车轮便很快地转起来了。6月23日，苏联联合国代表马立克应联合国秘书处新闻部邀请，欣然在纽约发表题为《和平的代价》演说。各国电台、报纸纷纷全文转载转播，附加评论，皆说马立克的演说表示中、苏、朝方面愿意在朝鲜停战，与美国和"联合国"谈判。

中国在朝鲜战争爆发周年纪念日之时，在《人民日报》发表社论，称马立克的提议公平合理，表示中国人民志愿军和中国亿万人民愿与美国和"联合国"谈判，和平解决朝鲜问题。

美国国务卿艾奇逊通过中国媒体发表的社论，断定中、苏、朝方面愿意停战。6月25日，美国总统杜鲁门在田纳西州表示："愿意参加朝鲜问题的和平解决。"

美国总统杜鲁门思及总统换届大选在即，若能促成朝鲜停战，可为竞选多得选票。美方尽可能获取最大利益。众所周知艾奇逊智计百出，能使这次谈判让美国获得最大利益。然而，杜鲁门这次又失算了。

世界舆论纷纷评议，皆说中、美、苏三大国既然表态，朝鲜停战将指日可待。然而，世界爱好和平的人们太天真了，此后的谈判曲曲折折，困难重重，打打谈谈，谈谈打打，边打边谈，久拖不决。

6月29日，李奇微奉美国国家安全委员会的指示，向中朝及报界发表如下电文：

"我奉命以联合国军总司令的资格，以讨论一下停止在朝鲜的敌对行为及一切武装行动。……在接到你们愿意举行一次会议的通知之后……我将提出会晤的日期……我提议这样的会议可在元山港内的一只荷兰医院船上举行。"

停战谈判按照计划在进行着。7月1日，金日成、彭德怀复电同意举行谈判，并建议将会晤地点改在"三八线"上的开城地区，李奇微复电表示同意。

大韩民国总统李承晚得知美国要与中朝进行停战谈判的消息后，心里是酸溜溜的，他坚决反对在现状之下休战，李承晚希望自己能够统一朝鲜半岛，但美国人一开始并没有与他商量，李承晚便到处诉苦说"自己国家必须由自己保卫""借他人之物谋私利无情"等等，但他只能吞食这个苦果。

美国人心里清楚，即使与大韩民国商量，也不可能谈妥，如果大韩民国的李承晚同意这个决定，就会从根本上推翻政府政策的基础，还会给事事都批评李承晚政权的在野党提供有利材料。美国人的这个决定对大韩民国政府来说，是一个"充满了痛苦的问题"，是"不能表示同意的决定"。

李承晚发表声明强烈反对谈判，并发动群众运动表明他们的意志，给谈判的进展造成复杂的影响。

战争史上最艰难曲折的谈判开始了。

开城旧名松都，曾是古高丽国故都，城墙用巨石垒成，城内有故宫、王陵、朴渊瀑布、松岳山等名胜古迹。盛产的高丽参是世界名产，远销各国。开城是一个中等城市，当时有人口约30万，位于临津江和礼成江之间，在"三八线"南侧，背靠松岳山，面临沙川江，铁路、公路交通十分便利。

奉命进行谈判前的相关准备的张春山、柴成文、金一波先去开城。大家驱车在开城市区巡视，由于开城市区多次遭轰炸，到处是残垣断壁。开到城区西北距市中心约两公里处，见一小村，当地人说是高丽里广文洞，环境优雅，四周开阔。进去勘察，小村中央有一花园别墅，名来凤庄。别墅坐北朝南，进大门是一过厅，穿过过厅，是三间正厅，皆有屏风，非常宽大。别墅花园内，古松矗立，若龙若凤，因逢盛夏，古松周围花开正艳。来凤庄的西南是青翠如画的松岳山。在山边有一幢别墅式平房，在附近另有南山中学，在西北 400 米远近，还有一栋二层小楼。

大家看后，都认为选择来凤庄为会址，周边的别墅、小楼、学校可作为志愿军、人民军及美军代表团住所。

当即议定后，就与开城市人民委员会联系，开始整治会场。找来工兵进行扫雷排弹，同时令我驻守在开城的第四十七军布置警戒，消除一切安全隐患。

第四十七军接到命令后，在坚守临津江防御阵地的同时，命令第一三九师配属炮兵第十团野炮营，担负保卫开城停战谈判的任务。

1951 年 7 月 7 日，第一三九师根据志司命令，进抵开城城郊，按照指定地域占领阵地，组织防御。具体部署是：步兵第四一七团配属两个山炮连在阳陵里、进凤山、德老里占领阵地，组织防御；步兵第四一六团在大院里、盘岘、大庙洞地区占领阵地，组织防御，并随时准备策应步兵第四一七团作战；步兵第四一五团（欠第一营）位于福宁洞、月老洞地区控制主要阵地，该团第一营在开城地区担任直接警戒任务；炮兵第十团野炮营在冰库洞占领发射阵地，随时准备支援第一线作战；师高炮营掩护会场上空安全；从各团选调部分人员组成仪仗连，担任谈判会场及我方代表团住地的警卫任务；师指挥所设在城均馆，对外代号仁川部，直接受中国人民志愿军停战谈判代表团的领导和指挥。

部队进入位置后，一面严守阵地，抓紧时间做好战斗准备，防止敌人突然袭击和破坏；一面深入群众，帮助送肥、收割、治病等，取得群众的信任，揭露敌人的阴谋。广大指战员在执行警卫任务期间，严守谈判双方达成的协议，服从命令听指挥，规规矩矩、兢兢业业地完成警卫任务。对企图阻挠、破坏谈判，挑起、制造事端的美军和伪军以及特务破坏行动，予以充分揭露和坚决打击。

停战谈判是个没有硝烟的战场。这个战场虽然没有硝烟，它却与真枪实弹的战场紧密相连，谈判桌上的争斗是唇枪舌剑的战斗，而战场真刀真枪的打拼却是你死我活的较量。战场上的胜负决定着谈判桌上的筹码，侵略者在战场上得不到的东西，同样在谈判桌上也不会得到。因此，谈判桌上的战斗既激烈又复杂曲折，双方既是斗智又是斗勇，斗智也好，斗勇也罢，有一个事实是不能改变的，那就是只有战场上捷报频传，才有谈判桌上的风光灿烂。

大千世界纵横纷繁，分久必合、合久必分。外交舞台上永远有让人目不暇接的演出，生存与死亡、战争与和平、冲突与谈判、僵局与妥协都是斗争的需要。领袖人物的英明与愚钝，外交家的斗智与军事家的斗勇，都有个最基本的条件，那就是实力。这些现实中的实力较量演绎出多少惊心动魄的外交事件和紧张曲折的外交故事。

美国哈佛大学教授约克说过这样一段话："生存，就是与社会自然进行一场长期谈判，获取自己的利益，得到你应有的最大利益，就看你如何把它说出来，看你怎样说服对方了。"

要说服对方，就必须有个合适的场所和合适的方式，那就是通过对话、谈判。

要谈判就必然有讨价还价。双方都想得到自己要得到的东西，维护自己利益的最大化。对外交人员来说，谈判桌上的讨价还价就成了斗争的焦点。这个焦点左右着这场没有硝烟的斗争，这个唇枪舌剑的斗争却无时无刻不决定着斗争者的荣辱与胜负，乃至生死的残酷，这就是斗争的一个至关重要的因素。

不懂得其中道理的人，往往被拖得精疲力竭、无所适从，最后不得不付出代价。而深谙其中奥秘、游刃有余者，往往在轻松的谈笑中占尽了先机而立于不败之地！

谈判桌上精彩的讨价还价，必然是以实力为后盾的智慧较量。

所谓的谈判，不仅是指众人围坐在谈判桌旁开会。一旦坐到一起了那就要或多或少总是必须做些让步——做必要的妥协。一个谈判者若是缺乏谈判能力，无论他有多么卓越的才华，仍无法在谈判中取得胜利。

在作出和美国人谈判的决策后，毛主席脑海里立即就浮现出了戴着眼镜、留着两撇漂亮胡子的李克农的形象。于是，毛泽东主席在中南海召见了他，一见面毛泽东就说："我点了你的将了，要你去坐镇开城，与美国代表谈判朝鲜停战的有关问题，外交部组成一个班子，乔冠华也去，军队也要有人参加。"虽然李克农此时严重的哮喘病复发，但他不顾病痛，毫不犹豫地回答："我马上准备出发！"在中国，无论是党内党外、军内军外、内政外交、经济文化，只要是有了大事，最忙的就是周恩来，他总是实际的主持人。从马立克信号发出的时候起，他就关注着各方面的反应，着手谈判人选的考虑，与毛泽东不约而同地想到了李克农。

李克农，祖籍安徽巢县，1899年生，1926年加入中国共产党，第一次国内革命战争失败后，从1928年起就在周恩来直接领导下工作。他参加了保卫上海的党中央领导机关安全重要工作，成功地挫败了敌人妄图破坏我党中央领导机关的大阴谋。1936年年初，任中共中央联络局局长，作为周恩来、叶剑英的助手，是他首先同张学良将军的代表谈判，协助周恩来在毛泽东、党中央的领导下和平解决西安事变，为争取抗日民族统一战线的形成作出了出色贡献。抗日战争时期，他先后担任八路军、新四军驻上海、南京、桂林等地办事处处长，中共中央社会部副部长等职，表现了他的革命才干和斗争艺术。第三次国内革命战争时期，他担任中共中央社会部部长，国共谈判时，任军调处执行部中共代表团秘书长，协助叶剑英同国民党、美国代表进行了针锋相对的斗争。他常说："同敌人斗争，硬的我们不怕，软的也要斗得过人家。"全国解放后，出任外交部第一副部长兼军委情报部部长。他坚定不移地执行中央的每项指示，有谈判的丰富经验。由他担任谈判的第一线指挥是可以放心的。同时，又为他选配了一位对国际问题研究较深而又文思敏捷、才华横溢的乔冠华作为他的助手。

　　乔冠华，出生于江苏盐城东乔庄（现江苏省建湖县庆丰镇东乔村）。天资聪颖，有过目成诵之誉。早年在盐城第二高等小学、宋村亭湖中学、盐城淮关中学上学，由于学习成绩优秀，他在初中高中时几次跳级插班，16岁高中毕业即考入清华大学哲学系，成为大学同届中最年幼的学生。在大学期间，他广泛涉猎各种进步书籍，1933年，他在日本东京帝国大学继续攻读哲学，并参加革命活动，由于他的进步活动为日本反动派所不容，不久被驱逐出境。1935年乔冠华又赴德国图宾根大学留学，一年多后，即在23岁那年，他以优异成绩获得德国图宾根大学哲学博士学位。1950年10月，乔冠华作为顾问，陪同中华人民共和国特派代表伍修权出席联合国安理会，控诉美国对中国领土台湾的武装侵略。1951年7月，担任中国代表团团长李克农的主要顾问，参加板门店朝鲜停战谈判，时任外交部政策委员会副会长兼任国际新闻局局长。

　　李克农、乔冠华受命后，毛泽东专门接见了他们，同他们就停战谈判进行了长时间的谈话，并要李、乔立即组织一个工作班子。在这个班子里，有美国哈佛大学毕业的经济学博士浦山，曾作为伍修权特别助理出席过安理会的会议，有新华社丁明、沈建国等。

组成一个谈判班子，如同组织打仗的指挥班子一样，没有通信是无法实现指挥的。所以，李克农选调了精通业务的译电人员，配备了电台收报机，以便了解各方面的反应，并请志愿军派出一个参谋班子前往开城。

临行前周恩来也和李克农、乔冠华作了谈话，并送他们一句意味深长的古语："行于所当行，止于所不可不止。"

关于中朝代表团代表名单，根据彭总的提名，中共中央已确定志愿军方面由邓华、解方出任。

邓华是1908年参加红军的老同志，出席过著名的古田会议，参加了二万五千里长征，1938年挺进冀东开辟抗日根据地，曾是中共第七次全国代表大会的代表。解放战争时期，参加了辽沈战役、平津战役，担任第四野战军第十五兵团司令员，挥戈南下解放广州和海南岛等。组成中国人民志愿军时，他调任第十三兵团司令员，后任中国人民志愿军副司令员，是彭德怀的

我方谈判代表李克农（前）、乔冠华（后中）、邓华（后左）、解方（后右）前往开城具体部署朝中方面谈判工作时合影

得力助手。

解方，是一位从旧军队投身革命的我军将领。1930年毕业于日本陆军士官学校，曾任过张学良东北军的师参谋长，1936年加入中国共产党。1941年到达延安，先后担任军委情报部的局长和东北民主联军的副参谋长，兵团参谋长，当时任志愿军参谋长，是我军难得的既富有军事理论又有实战经验的高级将领。

人民军方面，金日成指派南日大将为朝中方面的首席代表，李相朝为代表。

南日大将，毕业于苏联塔什干师范大学，后改学军事，朝鲜北半部解放后回到朝鲜，担任过教育局长，人民军总参谋长姜健牺牲后接任总参谋长。

李相朝，抗日战争期间曾是活跃在中国太行山上的朝鲜义勇队队员，为人敦厚，对朝鲜人民的解放事业忠心耿耿，每看到中国的长处，总设法学习，向人民军介绍。

1951年7月7日，李克农、乔冠华、南日、李相朝、邓华、解方相继赶到谈判地点，准备展开谈判。至此，朝鲜停战谈判中朝代表团已组成并开始工作。

朝鲜停战谈判开始之前，美国总统杜鲁门决定由美国军方出面进行谈判，并由国务院、国防部组织一个小组负责起草关于谈判的目标、内容等文件。按照国务卿艾奇逊的看法，这些文件都经过参谋长联席会议、马歇尔、李奇微和他审阅修改，然后经送总统亲自修改后签发。

1951年6月30日下午，"联合国军"总司令李奇微指定美国远东海军司令特纳·乔埃海军中将为首席代表。此人中等身材，在以后的谈判会场上表现得非常沉着老练，从谈判的技巧上给中朝方代表团新手留下了深刻印象。但他作为一个职业军人，只能够坚决贯彻杜鲁门、艾奇逊、李奇微的意图。可以看出，谈判中的几次中断会谈，他本来没有中断的意向，是回去之后变卦的。

乔埃接受担任首席谈判代表的任务之后，推荐他的副参谋长奥尔林·勃克少将为谈判代表。另外，美国远东空军司令推荐他的副司令劳伦斯·克雷奇少将、第八集团军范弗里特推荐他的副参谋长亨利·霍治少将和韩国第一军军团长白善烨少将为代表，均经李奇微批准。

克雷奇精于分析、富于雄辩；霍治曾任美陆军第七师副师长，比较朴实，心直口快，不善辞令，雪茄不离口；勃克，虽然乔埃说他是非常有智慧和才能的军官，但是在谈判期间，没有明显表露出来。

此外，从华盛顿参谋长联席会议、国务院和李奇微总部抽调了一批军官和官员，成立工作班子和智囊。他们中有瑞格海军上校，是乔埃从海军司令部抽调的一位思维敏捷的军官，担任代表团的秘书，盖罗威陆军上校和韩国军李树荣中校担任联络官。

在后来的谈判过程中，美空军上校肯宁显得轻浮傲慢、语言刻薄；美陆军上校穆莱上校则给人一种颇有修养、比较文雅的印象。有时候会场上也坐着一些文官，看来可能是国务院的官员。白善烨、李树荣都是美国培养出来的韩国青年将校，他们在代表里纯属摆设，白善烨本来坐在乔埃的右首，但乔埃写条子征求意见时，往往越过他交给霍治。李树荣更不被他们放在眼里，竟有一次休会之后，对方代表团所有人员都坐车走了，把他丢在我们驻区里，搞得他异常紧张。我方只好由毕季龙出面请他在会场休息、吃饭，并用无线电话通知对方来接他。

美国第八集团军在临津江以南的汶山附近一片苹果园里为美国谈判代表设立一个帐篷营地，谈判期间美方代表团就住在那里工作。

事后了解，那些直接参加谈判的人员也是准备早日谈成的。乔埃在回忆录中说："他开始时认为有两个月就够了。但是，乔埃当时的思想是很不平静的，美国作为第二次世界大战后第一号强国，战场上没有打赢，而且要他作为'联合国军'总司令的代表到对方控制区域去谈和，这件事情本身就在心理上给了他本人和他的助手们一种说不出来的压力。虽然华盛顿、李奇微都有系统指示，但他的对手到底是什么样子，会场上将会遇到什么情况，他又如何处理，心中无底。所以他心情沉重，只能够'走着瞧'，他同中朝代表团成员一样也要求他们代表团的所有人员都要注意对方的一举一动。"

经过双方协商，将谈判的地点暂定在位于"三八线"上的开城来凤庄。

7月8日，双方联络官按照事先约定在来凤庄举行首次联络会议。

"联合国军"方面派来3位联络官，分别是美国空军上校肯宁，任"联合国军"首席联络官；穆莱是美国陆军上校，代表美军；李树荣是韩国陆军中校，代表韩国军队。除联络官外，另有两员翻译。中朝方面也是3名联络员、两名翻译官。

双方联络官依照预定程序，交换代表团名单、商谈安全保障。肯宁上校代表"联合国军"方面发言，称开城为中朝部队控制，安全不能保证，请划开城为中立区，另在双方代表团驻地之间划中立走廊，以保证安全。张春山心知肯宁本意不是担心安全，而是对在中朝军队控制区举行谈判略有不服，便对道："择开城谈判，是李奇微将军与人民军司令官金日成、中国人民志愿军司令员彭德怀三人商定，怎能出尔反尔？安全问题，我方绝对保证，没有必要划分中立区和中立走廊。"

两人正讨论激烈之时，忽然场中一声巨响。大家回头一看，韩国联络官李树荣中校所坐椅子四脚不稳，加之他个大体重，重心不稳，连人带椅四脚朝天摔倒在地。一向大大咧咧的美国军官哄堂大笑。经过这一插曲，本来就不占理的肯宁上校也无心再讨论另设中立区的事情，因此暂时作罢。

韩国总统李承晚看到谈判已不可避免，在无可奈何之下，发表了五项休战条件声明，以明确其立场。这些条件是：中国军队从现在起不再进行战斗行为或破坏韩国财产的行为，并撤回鸭绿江北岸；完全解除全部朝鲜军队武装；联合国保证任何第三国不向朝鲜共产主义者提供军事的和财政的援助；不仅是停战，而且出席一切有关朝鲜问题国际会议的只能是韩国政府；拒绝和韩国主权与领土统一相矛盾的协定。

李承晚再次高估了自己，他把自己看成了一个胜利者。然而从其中的任何一个条件来看，不仅中朝不会接受，就是联合国也不承认，因此这个声明被认为只是用与过去不同的形式来表明其绝对反对停战的立场。

李承晚还再次声明：在"三八线"附近停留下来进行停战是绝对不能接受的。强烈表达继续战争和完全统一朝鲜半岛的立场，要求中止谈判。

一些被鼓动起来的激进分子，采取脱离政府规范的过激行动给谈判的进行投下了微妙的阴影。

李承晚倒行逆施、破坏谈判，给第一三九师警卫谈判带来了直接的影响。

此次谈判已引起世界各国的关注，爱好和平的国家都希望谈判能够取得实质性的进展，尽快结束朝鲜战争。谈判的帷幕已经拉开，新的斗争形式即将开始，战场上真枪实弹的战斗是残酷激烈的，但谈判桌上的斗争也不轻松，甚至更为复杂，因此必须有信心和耐心。

为了保卫开城谈判，第一三九师抵达开城后，立即抽调精兵强将组建了一个警卫营。由于政治斗争和军事斗争错综复杂，因而营长人选就特别谨慎，第一三九师反复研究决定由第四一七团副团长钱锡候担任，降级使用以适应客观环境形势的需要，并对外称军事警察，担负来凤庄谈判会场区的警卫工作。

部队到达驻地后，志愿军谈判代表团党委书记李克农同志，给担负执行警卫任务的连队讲话，他反复强调警卫工作的重要性，执勤时要一丝不苟，严格遵守中立法，他还风趣地把参加谈判的代表比成是京剧演员，把担负警卫工作的战士比成是打锣鼓的，说："你们锣鼓不响，我们唱戏的就迈不开步。"李克农的讲话对战士们完成警卫任务起到了重要的教育作用。

经过双方协商达成协议："双方代表团的车队前往开城赴会时，每辆车上均覆盖白旗一面，以利识别。"应对方要求，我方负责保证对方谈判代表、联络官及随行人员进入我控制区后的行动安全。

1951年7月10日，阳光灿烂，晴空万里。松岳山因阳光映照，备添翠色，沙川江亦是金波万顷。中国人民志愿军第四十七军官兵和朝鲜人民军卫兵持枪守住路口要道，警戒开城谈判区域安全。大家个个精神抖擞，穿着凡立丁棕绿色新军服，左胸佩戴红色布徽，上面用中朝两种文字写着"中朝停战谈判代表团"。

清晨日出不久，中朝代表团便派安全军官和翻译人员在沙川江畔小村板门店设立联络站，接引"联合国军"代表团。

8时左右，担负警卫任务的第一三九师的战士们看到，在板门店至来凤庄的公路上，一列吉普车队越过临津江，由汶山方向飞驰而来，扬起漫天尘土。头车上插着白旗，司机座旁端坐一位美国将军，打着领带，一身海军中将服，一尘不染。看是"联合国军"谈判代表的车队，中朝安全军官便接住，导引车队过板门桥，渡沙川江，穿越开城市区，径奔来凤庄。一路上岗哨林立，中国人民志愿军和朝鲜人民军卫兵持枪守住路口要道，个个精神抖擞。

美国首席谈判代表乔埃中将乘坐插着白旗的车辆前往来凤庄，成为古都一道亮丽的风景。好事的记者们抓住了这一新闻，把乔埃坐着插着白旗的吉普车到达来凤庄会场照片，醒目地登载在国内外许多报刊上。有的报刊报道说：乔埃是打着白旗来开城谈判的。在国际上，白旗是象征着和平，而东方一些国家习惯上认为白旗是表示投降的意思。后来美联社的一名记者写了一篇有伤对方感情的报道，感叹说："一个美国司令官，在美国政府的命令下，插起白旗前去和敌人谈判，在美国立国170多年来，这是第一次。"消息发表后，经众多媒体热炒，美国朝野震动，惹出一场"白旗风波"。美国参谋长联席会议情报委员会认为："尽管开城是一个可以接受的地点，但它向敌人提供了明确的政治上、心理上的好处。"美国有的上层人士也说："开城在过去几个世纪一直是朝鲜的首都，打着白旗去那里会谈，可以解释为共产党在战争中占了上风。""联合国军"总司令李奇微也指示他的谈判代表，要力争改变开城的谈判环境。美国谈判代表坐在标有白旗识别记号的车上，更感到脸上无光、处境尴尬，原来那股傲气受到很大的冲击，在心理上有一种苦涩的滋味，说什么开城没有中立气氛，制造事端破坏停战谈判。

9月27日，李奇微来函，要求改变谈判地点，把会址迁到不在任何一方控制下的地区，具体建议在板门店以东的松贤里。

为了扫除对方阻挠停战谈判的借口，避免在枝节问题上纠缠，我方提议将会址移到双方军事接触线上的板门店，由双方负责保护会场安全。10月10日开始，双方联络官在板门店新搭起绿色帐篷内，进行了长达两个星期的协商，就板门店会场安全问题达成协议。朝鲜停战谈判会场移至此地后，这个鲜为人知的小村庄在地图上有了它的坐标，就此闻名于世了。

第一三九师虽然在部队进入警戒任务区前组织进行了教育，进入任务区后，再次进行教育，特别是中朝谈判代表团党委书记李克农给战士们专门作报告，强调外交纪律的重要性，但由于广大指战员缺乏外事活动经验，无意中还是出现了麻烦，对方借故给我方施加压力，达到破坏谈判的目的。美方谈判代表借口我方警察部队冲入（是误入）会场区而大做文章。

事情的发生是这样的：为了使谈判有一个和平气氛，双方在7月14日谈判达成了中立区协议，规定以开城市交通中心为圆，5英里半径的圆形区（后改为3英里），以及开城、板门店、汶山通道两侧各200米地区为暂时中立区，会议期间中立区不能从事任何敌对行动。

按照协议，我方在中立区除留少数军事警察外，其余的撤至会场区以外担任警卫任务，仍由第一三九师部队负责。

8月4日13时，警卫部队一个连队在高丽洞广场集会，布置维护中立区内的秩序和安全任务。由于部队住得比较分散，也由于广大战士对中立区的位置不太清楚，一部分分队在参加会议的途中误入双方达成的以开城为中心、圆心半径5英里的会场区。这本来是一件小事，但美方谈判代表借此说中国军事警察部队冲进会场区，破坏和平谈判。在8月4日会议上，美方首席代表乔埃就此事向我方谈判代表提出了严正抗议，经我方联络官调查确有此事。中朝代表对此事十分重视，立即向志愿军联合司令部做了报告，并再度严令所有警卫人员必须严格遵守双方达成的协议，不得进入会场区。8月5日清晨，中朝方正式将调查结果告知对方，并保证此类事件不再发生。

按常规惯例，一方提请另一方注意，一方查明事实并作出保证，此事本应该结束了。但让我方谈判代表没有料到的是，对方竟小题大做，8月5日拒绝到会，并送来李奇微致金日成、彭德怀的一封信，表示待我方警卫部队进入会场区一事获得"满意解释和不再发生类似事件以保证时，即准备继续谈判"。

对这样由我方引起的偶发事件，我方的态度是严肃认真的。毛泽东主席曾说："不管对方如何，只要是双方达成的协议，我们都要坚决执行，决不可轻言寡信。如有违反，只要是我方的责任，我们就应实事求是地承担并予以妥善解决。事关国际信誉，说话算数，这是中国外交风格，这样才能站得住脚，才能永远立于主动地位。"中国人民志愿军领导机关为此还给警卫部队首长以纪律处分。据曾参加过开城谈判警卫任务的老同志讲，这一事件在朝鲜方面也引起了极大的风波，有人提出要枪毙这个连的连长，经过反复说明情况，也因彭德怀司令员不明确表态，此事最后就这样平息下去了，这个连长差一点儿就死在自己人的枪口下。

针对李奇微的来信，8月6日金日成、彭德怀两位将军复信称：关于我方在开城中立区警卫部队违反协议误入会场区一事，我方首席代表已命令他的联络官张春山上校于5日晨9时30分通告你方代表团有关此次违反协议事件发生的经过，以及我方首席代表已再度命令开城中立区警卫部队负责人员切实注意警卫部队不得进入会场区的规定，并保证严格执行该项命令，以使这类事件不再发生。为了使我们的会议不致因这类偶发的枝节事件而受到阻碍，我们已再度命令开城中立区的我方警卫部队，严格遵守7月14日的协议，并保证不再发生违反协议的事件。

按说这件事就应到此为止了，可是李奇微8月7日又来信说：这类事件既不是小事，也不是枝节事件，这类事件的偶发性质是可以怀疑的。据此仍拒不恢复谈判。从以后的事实不难看出，当时倘若能在我违反协议的事件上致使谈判陷于中断，则更符合他们的心愿。然而，在国际交往中，任何一方做过了头，都必然导致自己被动。

8月9日，金日成、彭德怀再次复信，针对其过分要求严正指出："除非对方有意制造事端作为终止停战谈判的借口，就不可能设想我们仍有不可能履行协议的情况发生；如对方发生类似事件，我方也绝对不会不经过抗议、调查、协商解决等程序，便轻率终止谈判。"随后，乔埃乃于8月10日通知南日，说他"已奉命复会"，这个事件到此才结束。

从这件事的发生到整个处理过程可以看出，部队参加军事方面的涉外活动，是事关全局性的问题，任何活动必须慎之又慎，不然就会陷入被动，给正常的涉外活动带来麻烦。由于我军事警察误入会场区，给敌人以借口，使其利用偶发事件大做文章给我方施加压力，想达到他中止谈判而把责任强加在我方的阴谋，这个教训必须吸取。

其实，在李承晚的搅局下，美方也不断违反协议，派遣武装人员窜入中立区骚扰和挑衅，破坏停战谈判。其中最为严重的是在8月19日，制造了枪杀我方军事警察排长姚庆祥，重伤军事警察王仁元的骇人听闻的流血事件，轰动半岛，震惊中外。

姚庆祥是第一三九师担负军事警察任务的师直侦察营三营三排排长，是担任保卫停战谈判安全任务的部队，经常组织小分队进行巡逻。8月19日凌晨，姚庆祥率领一个班的9名军事警察，在板门店西侧2公里的中立区正常巡逻执勤。5时55分，巡逻小分队行至松谷里和钵山里之间的山道时，突然遭到非法潜入中立区，埋伏在丛林中的30多名韩国武装人员的袭击。这是李承晚为了阻止停战谈判，有预谋地指示其军队进行伏击我军事警察的暴行，也得到了美军的默认。姚庆祥排长腹部中弹，战士王仁元左腿负伤。在生死紧要关头，姚庆祥临危不惧，坚持指挥，命令战士严守中立区协议，不要开枪还击，忍痛后撤。九班长葛文学看排长姚庆祥伤势较重，跑过来要背他下去，姚庆祥摆着手说："别管我，你快隐蔽，敌人的火力很密。"自己紧握手中的枪，仍留在高地西坡。这时，敌人继续向前冲来，冲到姚庆祥跟前，向他的前额打了两枪。这位人民战士为保卫中立区的安全而光荣殉职了。王仁元负伤后，被当地 19 岁的朝鲜姑娘洪淳芬，冒着生命危险背下山岗，藏在她家伙房的柴草堆里，幸免于难。

这天是星期天，谈判双方本着人道主义精神，节假日从不休会，因为战场上天天都是炮声隆隆，伤亡天天都有，能早一天达成停战协议就会减少战场上的伤亡，所以谈判仍在继续。可是，善良的人们万万不会料到在中立区内会发生蓄意谋杀事件……

美方武装人员侵入中立区枪杀我方人员，是破坏中立区协议的严重事件。事件发生之后，根据我方代表的强烈要求，当天双方联络官赶到事发现场，在新闻记者的目睹之下进行调查，听取当地居民和我方当事者的报告，检视了现场的物证。在铁证如山的人证物证面前，美方联络官詹姆斯·穆莱上校张口结舌无可辩驳，当场承认了事件的真实性。据此，我方联络官当面向对方提出强烈抗议，要求严惩凶手，并保证不再发生任何违反中立区协议的事件，并等待对方答复。联合调查结束后，烈士的遗体被安放在我方代表团的驻地。

当日下午 2 时，谈判一结束，我方代表李相朝、解方即赶到姚庆祥遗体前致哀，他们抑制着内心的悲痛和愤怒，注视着姚庆祥的遗容，静默并三鞠躬。李相朝将军向在场的人员说："姚庆祥烈士是为保卫和平谈判而以身殉职的，他永远活在我们朝鲜人民的心中。"解方将军说："姚排长是为保卫世界和平而献出了他宝贵的青春，这一事件必将激励中国人民志愿军全体将士为了世界和平而战的决心和信心。"在场的中朝军队的战友，无不含着悲痛和愤怒的泪水，谴责敌人犯下的滔天罪行！

姚庆祥烈士是为和平事业而光荣牺牲的。志愿军总部授予他"国际和平战士"光荣称号，朝鲜政府授予他"一级战士荣誉勋章"。

姚庆祥被韩军杀害的消息传开以后，当即就轰动了松都，震惊了半岛。我方代表团决定，在 8 月 20 日上午 10 时于开城市隆重举行追悼会，并将此决定正式通知了美方。灵堂设在开城高丽小学里的一个残存的教室里，第一三九师首长派政治部宣传科和宣传队负责布置灵堂，要求庄严、肃穆、隆重、简洁，必须在 20 日拂晓前完成。但是，当赵维寰科长带领大家开始布置

乔冠华同志为姚庆祥题写了挽联：世人皆知李奇微，举国同悲姚庆祥

时，才发现烈士生前没有留下一张照片，大家经过认真研究，最后决定请宣传队美工舒服同志凭记忆画了一幅烈士遗像，悬挂在开城市各界追悼姚庆祥烈士大会的横幅下面。灵堂两侧悬挂着两条大幅挽联，上联是"为保障对方安全反遭毒手"，下联是"向敌人讨还血债以慰英灵"。会场中央摆放的是中国人民志愿军第一副司令员、朝鲜停战谈判志愿军首席代表邓华送的花圈，绶带上写着"站在和平前哨死难的烈士姚庆祥同志永远活在我们心中"。在周围布满了志愿军总部、朝鲜人民军和开城市人民送的花圈，在墙上悬挂着有中、朝两国文字书写的挽联。一些国家的记者送来的花圈陈列在会场右侧。为了寄托痛失战友的哀思，宣传科的同志连夜撰联泣挽，抒发悲愤之情。其中有一副是这样写的："碧血洒开城，革命烈士酬壮志；丹心卫和平，共承遗志慰忠魂。"以仁川政治部名义写的挽联"忍看战士成新鬼；誓灭凶徒报此仇"悬挂在灵堂之中。

8月20日凌晨，第一三九师领导陪同停战谈判代表团的李克农、乔冠华等首长亲临灵堂检查，他们边说边看，仔细检查了灵堂的遗像、花圈、挽联。检查了接待室后，李克农自言自语地说："虽有了这么多的挽联、花圈，但总觉得还有点儿不足，难以表达人们的愤慨之情。"他缓慢地回头对身旁的乔冠华说："老乔，还是你想想，是否再写一副更为醒目的挽联？"老乔应了一声，紧锁眉头，来回踱了几步念出了一副挽词，李克农立刻说："好！好！就这样，让他们赶快布置。"

乔冠华的挽联是："世人皆知李奇微，举国同悲姚庆祥。"这副挽联派人书写后，立即悬挂在灵堂中央。

在沉痛悲壮的哀乐声中，姚庆祥烈士的追悼大会隆重开始了。

灵堂不大，但布置得庄严肃穆，前来悼念的朝鲜各界人士、中朝谈判代表团的成员、志愿军和人民军官兵代表以及各国前来采访的新闻记者挤得满满的，人人都佩戴白花、臂戴黑纱。追悼大会由朝鲜劳动党开城市委员会代表金兴会担任主席，第一三九师宣传科长赵维寰主持追悼会。当赵维寰宣布向烈士默哀时，正在开城慰问演出的朝鲜中央艺术团的乐队奏起了哀乐。第一三九师政治委员袁福生报告姚庆祥烈士遇难经过，介绍了烈士的生平事迹。

袁福生政委用低沉悲愤的声音说道：伟大的和平战士姚庆祥同志是为和平而殉职的，他虽死犹荣。

姚庆祥烈士祖籍山东省即东县（现烟台市即墨区）姚家庄人。1929年出生于一个贫困家庭，从十来岁就给有钱人家做工。1945年参加八路军，1948年6月加入中国共产党，入党后工作更加积极和勤奋，努力学习政治文化，刻苦练习军事技术，很快就成长为一名优秀的共产党员，优秀的革命军人。在解放战争中立过战功，在学习中被评为模范，在工作中被评为先进。

1948年他当了班长，所带领的班被评为学习模范班。在向江南进军中，他们班发扬团结友爱精神，互相帮助，班长带头帮助体弱的同志扛枪、背背包，宿营后不顾自己的疲劳帮助房东扫院子、挑水和给全班烧洗脚水，帮助战友挑脚泡，全班始终无一人掉队。

姚庆祥同志在湖南湘西剿匪建政期间，一贯积极贯彻执行既是战斗队又是工作队、宣传队的任务，持枪打土匪，到达驻地就宣传党的政策，发动群众，组织农会，组织训练民兵，都卓有成效。

他积极响应祖国号召报名参加抗美援朝、保家卫国运动，部队入朝后，他仍像在国内一样坚持我军的优良传统，每到一地都积极帮助老百姓干活儿，深受朝鲜人民的爱戴。

在执行开城停战谈判警察保卫任务时，他住在金绵珠老太太家，天天帮助老太太家顶水（朝鲜人大都头顶装水的陶罐）、扫院子和干一些家务活儿。金老太太说："姚排长就是我们的家人。"

1951年8月19日，姚庆祥带领一个班按常规去执行巡逻任务，一直未见人回来，金老太太多次到门外去看，后来其他同志听说姚排长在执行任务中被大韩民国军杀害了，金老太太一家人顿时号啕大哭。

袁政委最后说："我们全师官兵要化悲痛为力量，完成姚庆祥烈士未竟事业，继续奋斗直至胜利！"

伟大的和平战士姚庆祥万古流芳！永垂不朽！

中国人民志愿军第一副司令员、停战谈判首席代表邓华将军站在烈士遗体旁，追思逝者的功绩，激励生者奋发，深切缅怀中国人民的优秀儿子姚庆祥同志："姚庆祥排长是为了执行保卫中立区安全任务，为争取实现朝鲜停战而以身殉职的，他虽死犹荣，他生命虽短暂，业绩炳千秋！"邓华将军沉痛地说："我作为一个停战谈判的代表，我发誓坚决秉承我们战友的遗志而奋斗，如果我们不能经过谈判而争得公正的和平，那我们就必须用反侵略的斗争来赢得和平，以安慰死者的英灵。"

开城市群众代表朴逢春、朝鲜人民军代表金俊甲，烈士生前连队副连长乔万凤先后在追悼大会上讲话，他们纷纷表示：要化悲痛为力量，狠狠打击侵略者，为赢得朝鲜和平而奋斗！

美方谈判代表团来了3名工作人员，开始在会场外徘徊，后来还是悄然进了会场，我方工作人员给他们戴上了吊唁的黑纱，他们看到追悼会上悲愤的气氛，就爬窗溜走了。

当天下午，开城市各界人民代表和部队首长来到位于"三八线"的紫男山，安葬了姚庆祥烈士。1952年清明节，朝鲜人民军和中国人民志愿军停战谈判代表团为他竖立了墓碑。志愿军政治部主任杜平亲笔为这位英雄撰写碑文，杜平主任后来回忆说："我记得石碑是一块'黑海石'。给姚庆祥刻凿碑文的石匠是个华侨，祖籍山东，和姚庆祥是同乡。当时，我每天去写上几行字，写多了不刻凿怕被擦掉，待石匠刻凿完后再写几行，就这样边写边凿，进行了好几天才完成。1954年，抗美援朝山东省分会还在姚庆祥烈士的家乡修建了姚庆祥烈士祠，也立了一块碑，那碑文比我写得更详细。"

中朝代表参加姚庆祥烈士墓落成仪式

　　志愿军撤离朝鲜后，姚庆祥烈士的遗骸移至志愿军烈士陵园。青山处处埋忠骨，历史将会永远铭记这些长眠在朝鲜土地上的英烈！

　　在这铁证如山的事实面前，美方首席代表乔埃竟于8月21日在复函中说："根据我方初步报告，不能证实杀害姚庆祥一事的指控。"当我方代表团再次提出抗议之后，他22日又说："'联合国军'方面不能对游击队的活动和有关治安问题负责。"在日本东京美军总部广播中甚至说："可能是朝鲜或者韩国非正规部队所为。"这种无耻的诡辩，竟代表"联合国军"，这纯粹是对联合国名声的玷污！

　　美国人的拙劣表演让中朝感到，对方对各种破坏谈判的层出不穷事件的承认与否，并不取决于调查结果。如果需要承认时，当着上帝的面，美国人也能把白的说成黑的。

　　事情并没有结束。接着，美军飞机居然多次轰炸扫射中朝代表团驻地，美国联络官肯宁上校勘查现场时，竟指着弹坑内的弹片吹了一声口哨："见过炸弹的人都不会相信这是炸弹。你们说飞机来了,那架飞机有几个发动机?"这种蛮不讲理的态度把中朝代表气得够呛。

类似的事件一个接一个,不要说工作,连日常生活都没法正常进行。

在"满月里事件"发生后,美国出席现场的不再是那位出言不逊的肯宁上校,换成了比较沉着冷静的戴罗上校。

中朝方的代表张春山指着弹坑说:"人证、物证俱在,你方违反协议的事实不是很清楚了吗?"

哪知这位戴罗上校却说:"还不能肯定,我没有看见是我们的飞机。"

话音未落,巨大的飞机轰鸣声由远及近,震耳欲聋,美军轰炸机战斗机混合编队再次飞临中立区上空。中朝联络官用手指指天上的飞机,用嘲笑的眼光看着戴罗上校。戴罗上校尴尬无比,心中不禁暗自大骂:"该死的空军,真他妈的是一帮蠢货,来得真不是时候!"

美国终于撕下了遮羞布,开始拍着桌子叫嚷:"让炸弹大炮和机关枪去辩论吧!"李奇微早就沉不住气了,在东京叫嚣:"用我'联合国军'的威力,可以到达'联合国军'爱国者所要求的分界线位置。"

然而,现实是无情的,此后在战场的李奇微并没有得到他想要的东西,反而是损兵折将,不得不再次坐在谈判桌前来……

两年多来的谈判,显得如此艰难而漫长。当历史的时针指到1953年7月27日,这一天板门店格外热闹,世界各地记者云集会场,朝鲜停战协议的签字仪式即将在这里举行。

双方首席代表南日和哈里逊从东西两侧走进会场,这两个充满敌意的军官彼此未说一句话,也没有正眼看对方一眼,在短短的几分钟内各自签字完毕便扬长而去。长达3年之久的朝鲜战争至此终于落下了帷幕。

为防意外事端发生,确保签字成功,早在7月26日,李克农就提出:双方司令员(官)不到现场签字,而由双方首席代表签字生效,然后各自向本方司令官(员)送签互换文本。因为从汉城传出消息,李承晚很可能派人来板门店搞刺杀活动。美方对李承晚似乎也不太放心。因此,这一锦囊妙计被双方接受。

彭德怀司令员是在开城签的字。7月28日上午9时30分,"彭大将军"倒背着手,大踏步地走进开城来凤庄签字大厅,胡子刮净的李克农领着杜

中朝代表和群众向姚庆祥烈士墓敬献花圈

平、乔冠华、张明远、肖全夫、李逵瑞等人跟随走进会场。

彭德怀拿起毛笔在协定文本上签了"彭德怀"三个大字，40余名记者一拥而上，拍下了这一历史性的镜头。

据朝中方面1953年8月14日公布的战绩，自1950年6月25日至1953年7月27日，朝鲜人民军和中国人民志愿军共毙伤敌军109.3万余人，其中美军39.7万余人，韩军66.7万余人，英、法等其他国家军队2.9万余人。同一时期，朝鲜人民军和中国人民志愿军共伤亡62.8万余人。按朝中方面公布的歼敌数字计算，中朝军队和"联合国军"人员伤亡损失对比为1∶19。

朝鲜人民军和中国人民志愿军共缴获飞机11架、坦克374辆、装甲车146辆、汽车3239辆、船只20只、各种炮6321门、各种枪119710支、火焰喷射器117具。击落敌机5729架、击伤6484架；击毁坦克1849辆、击伤841辆；击毁装甲车42辆、击伤3辆；击毁汽车3600辆，击伤511辆；击毁各种炮1374门，击沉击伤各种舰艇257艘、各种船只295只。志愿军损失飞机231架、坦克9辆、汽车6060辆，各种炮（含被击毁）4371门。

美国开支战费400亿美元，消耗作战物资7300余万吨。中国开支战费62.5亿元人民币，消耗作战物资560余万吨。

美国官方公布，美国阵亡3.36万余人，战伤10.32万余人，失踪和被俘0.51万余人，共计14.2万余人；韩国国防部公布韩军阵亡22.78万余人，战伤71.71万余人，失踪被俘4.3万余人，共98.84万余人。美国和韩国官方公布的各自减员数的总和为113万余人（不包括英、法等其他国家军队的损失），即超过了朝中方公布的歼敌数字。另1953年10月23日，美联社发表的"联合国军"和韩军人员损失为1474269人。

中国人民志愿军和朝鲜人民军取得了这场战争的伟大胜利。世界霸主、自由世界的领袖——"山姆大叔"，在朝鲜战场上失去了光彩与威风，在中国人民志愿军和朝鲜人民军面前输了，而且输得很惨。

美国人对朝鲜战争有自己的看法。

克拉克后来回忆朝鲜战争情况时说："1952年5月，我受命为'联合国军'统帅，代表17个国家，在韩国抵抗共产党侵略。15个月以后，我签订了一项停战协定，这协定暂时停止了……那个不幸半岛上的战争。对我来说这亦是表示我40年戎马生涯的结束。他是我军事经历最高的一个职位，但是他没有光荣。在执行我政府的训令中，我获得了一项不值得羡慕的荣誉，那就是我成了历史上签订没有胜利的停战条约的第一位美国陆军司令官。我感到一种失望和痛苦，我想我的前任麦克阿瑟和李奇微两位将军一定具有同感。"美国知名的政论著作家约瑟夫·格登，在他所著的《朝鲜战争——未透露的内情》一书的引言中，一开篇就说："美国政坛老手艾夫里尔·哈里曼谈到朝鲜战争时，称它是一场苦涩的战争。"在美国人的眼里，朝鲜战争是美国第一次没有凯旋班师的战争，美国使朝鲜处于僵持状态，同共产党中国这个庞大而落后的亚洲国家打成了平手。

中国人和朝鲜人也有着自己对这场战争的看法。朝鲜停战的实现，只是迈出了以和平方式解决朝鲜问题的第一步。同时也标志着中朝人民反抗强权、打击侵略者的伟大胜利。朝鲜人民和军队沉浸在胜利的喜悦之中，以各种方式庆祝这一来之不易的伟大胜利……

1953年7月28日，彭德怀关于朝鲜停战发表谈话，庆贺英雄的朝鲜人民以及中国人民志愿军和朝鲜人民军并肩作战取得了战争的胜利。他指出："这个战争证明，一个觉醒了的爱好自由的民族，当它为祖国的光荣和独立而奋起战斗的时候，是不可战胜的。"彭德怀代表中国人民志愿军向金日成领导下的朝鲜人民和人民军致敬，中国人民志愿军在朝鲜作战，受到了朝鲜人民衷心的爱护和热情的支援；向热烈支援前线的祖国及同胞致谢，祖国人民的支援大大地鼓舞了战士们的战斗意志，增强了我们的战斗力量；向以苏联为首的和平民族国家致敬，由于他们的大力支援和不懈努力，朝鲜停战才终于实现。

第十一章
罗盛教勇救少年彰显国际精神
侵略者穷途末路发动细菌战争

移交防务,后撤整训;根据作战需要,调整编制装备;根据志愿军党委的统一部署,组织开展了"三反"运动;罗盛教勇救落水朝鲜少年,彰显"国际主义精神标志";整顿党的组织,评级和授勋;宣传胜利,总结5个多月坚守防御作战的经验;组织军事大练兵,为再次接防做好准备;李奇微听从其远东空军司令建议,发动了震惊世界的细菌战;志愿军大搞防疫灭菌运动,彻底粉碎了敌人的阴谋,第四二二团二连被命名为"全国爱国卫生运动模范连"。

第四十七军在粉碎敌人发动的"秋季攻势"之后，于1951年11月底奉命将防御阵地全部移交给志愿军第三十九军，而后撤离阵地，准备集结整训。根据志愿军司令部的命令，军部进至间洞，第一三九师进至江东郡，第一四〇师进至龙化郡，第一四一师进至成川郡，炮兵第十团进至顺川等地域。部队集结后，首先遵照中央军委命令和志司的指示，调整了部队的编制装备。

1951年11月至12月，第四十七军以40天的时间，根据中央军委统一部署和志愿军司令部新的编制命令，对部队编制装备进行了调整。调整编制装备，是为了适应新的形势和作战的需要，是在部队完成作战、换防、行军等项任务的情况下同时进行的。为了统一思想，明确任务，确保按时完成调整工作，11月10日，第四十七军召开党委扩大会议，传达整编精神，统一思想认识，具体研究整编方案，决定分阶段实施：11月15日至25日为第一阶段，整编机关和二线部队；12月5日至15日为第二阶段，整编尚未整编的部队。为了适应当时作战的实际需要，在整编中，以缩编机关充实连队为原则，新组建增编了军直属队警工营、高射炮兵营；各师成立了炮兵团，辖山炮、野炮、榴弹炮各1个营；各师后勤直属队增编担架营、监工连；各步兵团后勤直属分队增编运输连、电话通信排。各师警卫营改编为警工营，运输营缩编为运输连，医院缩编为野战收容所；各步兵团侦察、警卫、工兵连合并为警侦工连。撤销了各师、团司令部军训科、股，政治部、处之青年、民运、敌工科、股，团直工股和各师司令部招待所。各级从作战需大局出发，积极工作，机关许多同志自愿要求到战斗连队，各级机关先后调整充实排以上干部700余人，班以下骨干、战士3800余人，调整之后，使战斗连队作战减少的员额全部补齐，达到了满员满编。在调整编制的同时，还补充了部分武器装备，共补充重机枪 163 挺，六〇迫击炮 89 门，八二迫击炮 21 门，火箭筒 26 具，野炮 12 门，汽车 60 台，马车 77 台及其他器材等。这次整编，基本上达到了编制上的统一，精简了机关，充实了连队，扩大了专业技术兵种，火器得到了加强，部队的作战能力有了进一步的提高。

整训期间，第四十七军根据志愿军政治部的统一部署，组织开展反贪污、反浪费、反官僚主义的运动（以下简称"三反"运动）。开展"三反"运动是根据毛泽东主席 1951 年 10 月在政协第一届全国委员会第三次会议上关于"增加生产，厉行节约"和同年 12 月提出的"应把反贪污、反浪费、反官僚主义的斗争看作如同镇压反革命的斗争一样的重要，一样的发动广大群众包括民主党派及社会各界人士去进行"的指示以及中共中央、志愿军党委的统一部署进行的，从 1951 年 12 月下旬开始，至 1952 年 4 月中旬结束，历时 4 个月，共分三个阶段进行。

1951 年 12 月下旬至 1952 年 1 月为第一阶段，重点是反浪费。广大指战员对反对浪费是积极支持参与的，但对在战场环境下开展这一运动也有模糊认识，因此，首先在部队中进行了深入的宣传动员，提高了广大指战员对开展增产节约、反对浪费重要性的认识。思想认识解决之后，发动大家联系实际，开展"四查"活动，即查账目、查物资、查思想、查漏洞。广大指战员热情高涨，通过算账对比，检查个人和本单位存在的浪费行为，有的同志甚至把在作战中使用的子弹、手榴弹都进行认真检查，收到了很好的效果。据不完全统计，入朝作战一年多来，共检查出浪费物资折合旧人民币达 25.3174 亿余元（每 1 万元合现人民币 1 元）；损失各种物资折款达 174.8720 亿元。在找问题的基础上，开展了批评与自我批评，制定了节约公约，进一步建立与健全了各种制度。

1952 年 2 月至 3 月上旬为第二阶段。总结前一阶段工作中的经验教训，为下一步工作摸索路子，而后转入反贪污运动。根据志愿军党委的安排，在军党委的统一领导下，各级成立了"三反"办公室，掌握运动形势，总结交流经验教训。由于反贪污运动政策要求严格，为防止在运动中出现偏差，各师先后召开了党委扩大会议，学习文件，搞清运动的目的、意义和方法。接着，各级分别召开了干部会、党团骨干会，深入进行动员，不断提高思想认识，使大家明确了斗争方向。为了确保运动的实效，这个阶段开展了为期一个多月的检举揭发和批判斗争，揭发出来的有贪污行为的人，除少数是混入军队的不良分子外，绝大多数是存在个人主义思想，属于内部矛盾问题。

1952年3月中旬至4月为第三阶段，主要对查纠出来的问题进行审查核实，甄别处理。为搞好审查甄别工作，做到"不冤枉一个好人，不放掉一个贪污分子"，运动后期，在组织干部战士学习党的方针政策和有关规定的基础上，对每一个有贪污行为的人进行民主评议，而后由"三反"办公室逐个核实，再提交团以上各级党委进行审查，按照有关规定进行了法律、党纪的处理。甄别处理工作结束后，各单位用半个月时间，在深入批判资产阶级思想和官僚主义作风后，联系本单位的实际总结提高，对一贯廉洁奉公、勤恳工作、出色完成各项任务的1721名干部战士，分别给予了各种奖励。

"三反"运动取得了一定成绩，但由于当时是在战场环境下进行的，大家刚刚从阵地上撤下来，还未能得到休整恢复，在运动中也存在简单化的倾向，当时伤害了一些同志，给部队带来一些消极后果。

在整训期间，第四十七军涌现出了国际主义战士、一级爱民模范罗盛教烈士。

中国人民志愿军在对以美国为首的侵略者的斗争中，广大指战员爱护朝鲜的一山一水、一草一木，不拿朝鲜人民的一针一线，自觉发扬崇高的国际主义精神，团结朝鲜人民一道战胜了武装到牙齿的侵略者，为维护世界和平作出了突出贡献，涌现出了许许多多可歌可泣的国际主义英雄壮举，罗盛教就是其中最突出的典型代表。

罗盛教，湖南省新化县人，1931年出生，1949年11月入伍，1950年7月入党，中国人民志愿军第一四一师侦察连文书。1952年1月2日，在朝鲜北部成川郡石田里，为营救落入冰窟的朝鲜少年英勇献身。他的英雄壮举，集中体现了伟大的国际主义精神，被彭德怀司令员称为"我们全军的国际主义觉悟的标志"。1952年4月，中国人民志愿军给他追记特等功，追授"一级爱民模范"荣誉称号；中国新民主主义青年团追认他为"模范青年团员"；朝鲜民主主义人民共和国授予他"一级国旗勋章"和"一级战士荣誉勋章"。

1931年4月22日，罗盛教出生在湖南省新化县松山乡桐子村马龙坳山下一个贫苦的农民家里。在他刚满4岁那年，几个凶神恶煞的国民党士兵来到罗盛教家，抓起他父亲一顿猛打，并捆起来要其做壮丁，母亲苦苦哀求却被一脚踢开，母亲搂着罗盛教，泪水滴在他的脸上，罗盛教猛地打了个冷战。从此，国恨家仇深深地埋在了他的心底……

"东方红，太阳升，中国出了个毛泽东，他为人民谋幸福，他是人民大救星。"雄伟嘹亮的歌声，飞过巍巍山峦，越过滔滔江河，响彻云霄。1949年秋，湖南省新化县城解放了，人们敲锣打鼓，欢天喜地庆翻身。

出生在贫困农民家里的罗盛教激动得热泪盈眶，迎着太阳，手里起劲地挥动着红旗，纵情地高呼："毛主席万岁！""中国共产党万岁！"透过晶莹的泪花，罗盛教看见一队威武雄壮的中国人民解放军的队伍，斗志昂扬地行进在人群中。他心里热乎乎的，暗下决心：背杆钢枪，走南闯北，跟着毛主席，跟着共产党，为人民打江山……

罗盛教怀着对党、对毛主席无比深厚的感情，从新化县城步行200多里，来到沅陵城，进了湘西军政干部学校。这天，学校举行开学典礼，罗盛教和学员们穿着崭新的军装，齐步向会场走去，他的心情是那么激动啊！

在学校里，罗盛教如饥似渴地学习马列主义、毛泽东著作。他们这个班里，要数罗盛教文化最低，听课的时候，想多记点儿笔记，可是手里的笔不听使唤。但是，罗盛教毫不退缩，拼命地记。每次下课以后，他就把同学记得详细的笔记借来，和自己的笔记对一遍，有漏了的就补上，然后再用钢笔整整齐齐地重抄在另一个本子上。晚上，罗盛教总是最后一个睡觉。人们酣睡了，他却在油灯下捧着笔记本，温习白天老师讲的《目前形势和我们的任务》等课程的内容。

不久，学校开始劳动建校。罗盛教他们这个中队的任务是搭桥。他们锯了棵大树做桥梁，一不小心，大树滚了下来，一直滚到了河沟里，可把大家急坏了。他们找来绳子拴在树上，像拔河似的摆开阵势，拉了一阵，还是没把大树拉上来。正在大家焦急时，忽然听到"嘡"的一声，有个人穿着条短裤跳到河沟里。大家仔细一看，原来是罗盛教。他的行动感动了大家，紧接着，二三十个人一个接一个地跳到河里，抓住枝丫往岸上拖。大树终于被大家拖上了岸。罗盛教虽然冻得浑身发抖，但心里却热乎乎的。这一来，像颗火花落到火药筒里，爆发出不可抑止的热情。大家的劲头越来越大，不到两个钟头，桥就搭好了。第二天，桥头上挂了一块匾，上面写着"开路先锋"四个红字。这块匾是校部奖给罗盛教他们这个中队的。看着这块匾，大家就会想起罗盛教冒着寒冷，带头跳到河沟里搬大树的动人情景。不几天，校舍焕然一新，看了叫人心里舒坦。罗盛教更是干得欢，大清早起来，悄悄地打扫天井。同学们起了床后，准备去打水，可是水桶不见了。不一会儿，罗盛教挑着满满一担水回来了。打柴的时候，罗盛教总是眼明手快地把柴捆得结实利落，一个人背了八九十斤抢在头里，到地方放下后，又转身回去帮助别人背。

劳动建校告一段落。一天，报上公布了发行公债的消息，紧接着报道了各地人民热烈认购公债的动人事迹。学校里也马上轰动起来了。班级里、宿舍里，三五成群地议论开了。罗盛教带头把积攒下来的津贴费全部拿出来交给班长，认购了公债。于是，班里很快掀起了认购公债的热潮。

不久，学校里开始组建共青团组织。罗盛教最早提出入团申请，申请书上写下了永远跟着毛主席，永远跟着共产党干革命的誓言。但是，团支部宣布的第一批批准入团的名单里，却没有罗盛教的名字。罗盛教并不泄气，而是越来越严格要求自己，他在日记本上写道："从此刻起，我就百分之百地以对团员的要求来要求自己！"

当时，湘西一带实行土地改革，学校里进行土地政策的学习。一天晚上，军部文工团到学校广场上演戏，揭露地主老财的罪恶。罗盛教看到恶霸地主残酷地剥削和压迫农民的情景，心里万分愤慨。突然，他霍地从人群里站起来，振臂高呼："为阶级姐妹报仇！"全场立刻便爆发出雷鸣海啸般的口号声："为阶级姐妹报仇！""打倒地主恶霸！""将革命进行到底！"散戏后，罗盛教躺在床上翻来覆去睡不着，戏里的情景在眼前一幕幕闪过，他想到家乡，想到苦难的岁月。从他记事起，家里总是有了上顿没下顿，经常揭不开锅。国民党反动派和地主恶霸的残酷压迫剥削，使他家背上了一身的债。逼债的把门槛都快踩塌了。想起这些悲惨的往事，过去，他并不清楚到底是为什么，今天他明白了，天下的穷苦人，都有一本血泪账，都是因为在他们背上有三座大山啊！第二天晚上，班里开小组会漫谈看戏后的感想。大家你一言，我一语，揭露地主阶级的罪恶，漫谈会变成了控诉会，使罗盛教受到了一次深刻的阶级教育，他激动得连连高呼："不忘阶级苦，牢记血泪仇！"

1950年3月，罗盛教在湘西军政干部学校毕业后，领导上决定调他到文书训练班学习，并征求他的意见。罗盛教说了声"党叫我干啥，我就干啥"，打起背包，愉快地踏上征途。7月1日，在党诞生的日子里，罗盛教光荣地加入了中国新民主主义青年团。这天，他向着伟大领袖毛主席的画像，庄严宣誓：我要永远跟着您，为实现共产主义伟大理想而奋斗终生！

罗盛教在文书训练班结业后，被分配到侦察队当文书。他住的是一间茅屋，晚上蚊虫成群，可是，罗盛教忙完工作后，总是伏在豆油灯旁，认真地阅读毛主席的书，一刻也不放松，一天也不间断。

在侦察队里，罗盛教很快结识了队里的老杨。知道老杨是团里有名的战斗英雄，总是拖住他讲故事。老杨呢，说什么也不肯讲，却打开了《为人民服务》和罗盛教学起来。这一学使罗盛教心里亮堂起来，毛主席的话，字字句句是明灯，"我们的干部要关心每一个战士，一切革命队伍的人都要互相关心，互相爱护，互相帮助。"罗盛教一边学，一边认真地思索着。他突然问老杨："不论老乡、战士，都爱和你接近，一家人似的，你教教我，怎样才能搞好群众关系？"老杨笑笑说："只要你心里确实把战士们、老乡们当作亲人了，他们也就亲你啦！"老杨的一番话使罗盛教开了窍，于是，他千方百计挤出时间去跟战士们接近，经常来回奔跑在相距六七里地分散剿匪的各班排之间。战士们爱唱《东方红》《三大纪律八项注意》等革命歌曲，罗盛教就和他们一起唱。罗盛教用更多的时间同战士们一起读毛主席的书，还经常主动把自己的学习体会讲给大家听，并虚心听取战士们的意见。

罗盛教不仅和战士们打成一片，而且和他的邻居刘老太太可亲热呢。大清早，起床号未吹响，罗盛教就悄悄地跑去，把刘老太太家的水缸挑满了。他知道刘老太太是军属，家里人手少，于是总是挤出时间到田地里去帮助刘老太太干活儿。刘老太太也总是亲热地拉住他的手说："哎哟，解放军真是咱老百姓的队伍，全亏毛主席领导得好啊！"军爱民，民拥军，军民本是一家人。刘老太太也帮着战士们做事。战士脱下要洗的衣服，赶紧藏好，不让她看见。即使这样，她也常常把衣服拿走了，洗得干干净净，叠得平平整整，又给战士们送来。

部队就要离开这里了，那天晚上，罗盛教正在整理行装，刘老太太拿着一双鞋、一双袜来看他。罗盛教一见就着急了，说什么也不肯要。刘老太太说："你讲解放军是老百姓的队伍，军民是一家嘛。好，我问问你，亲人给你鞋袜，你收不收？"罗盛教还是不收："这是我们解放军的纪律嘛，不拿群众一针一线。"推来推去，刘老太太却非得让他收下："就是三大纪律八项注意也只是规定不拿群众一针一线，可我们是一家人哩！"缠了半天，刘老太太见罗盛教还是不肯收，便连声说："好好好，我留下。"说着拉住罗盛教的手，叮咛道："你要好好听毛主席的话，跟共产党走，为人民打江山，不使咱穷人再受苦。"罗盛教说："我一定这样做！"

不几天，部队到了李家洞，罗盛教打开背包整理床铺时，不觉一惊：那双鞋袜，端端正正地在背包里塞着呢。罗盛教手捧鞋袜，仿佛又看到刘老太太戴着老花镜，深夜里凑在油灯前，一针又一针地纳着鞋底……罗盛教想：这一针针里包含着人民群众对子弟兵的多少爱啊！他决心将自己的一切献给党，献给人民。

战士们在李家洞紧张地战斗着。这天，罗盛教正在树荫下学习，突然传来了惊叫声，出什么事啦？回头一看，原来是老乡家的房子着火了。罗盛教立刻赶去。火势已经很大了，他高呼着："同志们，救火来呀！"战士们应声赶来，有两名共产党员带头钻进了火海，罗盛教也飞身冲了进去，在火里钻来钻去，透过浓烟，他立即将正在抢救东西的老大娘背了出来。老大娘看到罗盛教身上的衣服被大火烧了几个窟窿，流着热泪说："你们真是毛主席教出来的人民子弟兵呀！"

1950年6月25日，美帝国主义悍然发动了侵朝战争，妄图吞并朝鲜，进而进攻中国。英雄的朝鲜人民在金日成首相和朝鲜劳动党的领导下，以大无畏的革命气概，奋起抗战，狠狠打击侵略者。

6月28日，毛泽东主席发出了"全国和全世界的人民团结起来，进行充分的准备打败美帝国主义的任何挑衅"的战斗号召，中国人民派遣自己的优秀儿女——中国人民志愿军，跨过鸭绿江，与朝鲜人民并肩战斗。

罗盛教所在的侦察队里，战士们以无比愤慨的心情，控诉和声讨美帝国主义的侵略罪行。罗盛教满怀愤怒，跳到台上，激昂地表示自己杀敌的决心。

1951年4月，罗盛教所在侦察队被编为中国人民志愿军步兵第一四一师侦察连赴朝参战。罗盛教和战友们全副武装，高举抗美援朝的旗帜，高举无产阶级国际主义的旗帜，唱着雄壮的战歌，踏上了征途。

部队从长沙到安东，只见田野上翻身的农民正在忙着播种，工人们正在脚手架上修建厂房，全是一片欣欣向荣的气象。罗盛教看到辽阔美丽的祖国山河，心潮澎湃，祖国的大好河山，绝对不能容忍美帝国主义再来侵犯！

一过鸭绿江，举目四望，只见那些高楼瓦房，全被美帝国主义的飞机炸成一堆堆瓦砾。战士们怀着对美帝国主义的无比仇恨，加快了行军的脚步，在暴雨中急促地行进着。突然，在那无边无际的黑暗里，远远地闪着一点亮光。越往前走，那亮光越明亮，原来是位朝鲜老大娘手提着一盏灯。在这深夜里，在这暴雨中，她站在这里干什么？但见她一会儿摸摸战士身上湿透的衣服，一会儿指指脚边的一个炸弹坑，意思说："当心别掉进坑里去了。"战士们全明白了，朝鲜人民把中国人民志愿军看作自己的子弟兵，不顾一切艰难困苦，甚至不惜用生命来保护志愿军。战士们一个个绕过水坑，亲切而深情地叫着："阿妈妮。"

部队在继续前进着。"多想一想朝鲜人民，你就能够坚强起来……"罗盛教想起自己在出征前写的日记，浑身是劲。他看见炊事班副班长挑了口大锅，正在一拐一拐地走着，便跑上去猛地夺过他肩上的担子，挑起就走，副班长还没有弄清是怎么回事，急忙赶来夺。可是罗盛教怎么也不松手，一个劲地挑着大铁锅往前跑去。副班长只好由他去了，无可奈何地摇摇头。

足足走了20来天，部队到了南映里。这天，罗盛教和炊事班副班长到阵地上送饭回来，敌人的炮弹又向村子里飞来，忽然听到山坡那边传来孩子的哭声。他俩翻过山坡，循声望去，在一座防空洞旁边，有个浑身沾满鲜血的小孩，扑在一位妇女的胸脯上，一边哭，一边叫"阿妈"。罗盛教目睹美帝国主义的暴行，义愤填膺，满腔愤怒，他赶快过去把孩子抱在怀里，拭着他满身的血迹，两眼喷着怒火，嘴里默默地念着："我们决不会饶过杀人的刽子手！"罗盛教找来一位朝鲜老大爷，让他把孩子领去抚养。这时，那孩子从昏迷中清醒过来，两只眼睛诚挚地盯着罗盛教。罗盛教脱下自己的衣服，披在他身上："我们一定要替朝鲜人民报仇，讨还美帝国主义欠下的血债！"罗盛教愤怒地说。晚上，罗盛教想起白天的情景，无法入睡，他一骨碌坐起来，打着手电筒，翻开日记本，写道：

"当我被侵略者的子弹打中以后，

希望你不要在我的尸体前停留；

应该继续前进，

为千百万朝鲜人民和牺牲的同志报仇！"

美帝国主义一刻也没放松对朝鲜人民的屠杀。一天，几架敌机轮番向村庄轰炸扫射。村庄上空升起浓浓烟雾，残存的茅屋纷纷被炸得飞散，地下只留下一个个深深的弹坑。这时，侦察队队部的人都在阵地上执行任务，只剩下罗盛教一个人在家。一听轰炸声，他立刻往村子里冲去。火势熊熊燃烧，浓烟滚滚，罗盛教隐约看见一间屋里一个小孩背不动老大娘，跌跌撞撞不知如何是好。罗盛教不顾一切地冲了进去，立刻被火焰熏得头昏眼花，差点儿昏倒。他镇定了一下自己，不顾烈火烤得浑身剧痛，透过浓烟，仔细在屋里搜索，终于找到了老大娘和小孩子，便抢步上前，背起老大娘，抱住小孩，朝屋外冲去。烈火的热浪像毒蛇似的逼人，罗盛教终于冲了出来。老大娘抚摸着罗盛教衣服上被烧焦的破洞，感激得热泪盈眶，一句话都说不出。

几天后，部队准备去牛尾洞打埋伏。那时，美帝国主义在板门店谈判桌上玩弄各种手段都没得逞，叫嚣什么要"让飞机大炮去继续辩论"。战士们个个摩拳擦掌，决心在战场上狠狠地揍侵略者。为了表示杀敌决心，罗盛教拿起几颗手榴弹，站在指导员面前请战："指导员，给我最艰巨的任务吧，我要亲手严惩美国侵略者，替朝鲜人民报仇！"指导员端详着罗盛教刚强沉毅的目光说："好，答应你去参加抢救伤员吧！"又意味深长地说："罗盛教呀，钢铁可不是冲一下就成，是需要经过千锤百炼的！"罗盛教斩钉截铁地答道："请党考验我吧！"

部队很快就投入了战斗，大家淋着雨，在一个山头上连夜赶修工事。天亮不久，敌人钻进了伏击圈。我军火力压住了敌人，可是敌人还是像蠢猪一样地爬过来。两个美国鬼子爬了上来，张牙舞爪地想夺一个战士的枪，那个战士枪膛里没子弹了，猛一下跳出了工事，高高地举起枪托，冲了过去，抡起枪托一下子砸死了这个敌人，另一个敌人吓得不敢动弹，乖乖地被活捉了。"打得好！"罗盛教望得出神，情不自禁地叫出声来。突然，"轰隆"一声，敌人打来的枪榴弹在罗盛教右边爆炸了。他扭头一看，只见一个战士的头部和肩部负了重伤，就立即跳出工事，往伤员跟前爬去。敌人的机枪子弹在罗盛教身边扫起阵阵尘土，但他毫不惧怕，镇静地替伤员包扎好伤口，背起就往山下跑。还没有走多远，又一阵机枪扫射，罗盛教一个踉跄，摔倒在地。伤员从他背上滑了下来，罗盛教赶快用自己的身体掩护他。"快走，沉住气",那伤员支撑起来,"来,你听我的指挥。"罗盛教急忙把他背在身上,"右转,左拐,隐蔽",罗盛教依着伤员的命令,机灵地躲过敌人的机枪扫射,顺利地把他背到了山脚的包扎所。

罗盛教将伤员安置好后,又重新爬上高地,刚回到工事里,正好敌人进行反扑。只见成群的敌人,弓着腰,向工事前沿爬了过来。罗盛教狠狠地盯着爬近工事的敌人,一咬牙,用尽力气,举起手榴弹猛地扔了过去。"轰"的一声,手榴弹在敌群中爆炸了,在闪闪的火光里,他亲眼看到敌人倒了下去。

战斗越打越激烈,罗盛教在纷飞的战火中穿来穿去,到处寻找受伤的同志。正当他弓着身子朝前走的时候,左边忽然传来一阵叫骂声,赶过去一看,原来是一个已经负伤的战士正在和敌人扭打在一起,死死地拼命。罗盛教怒火万丈,拾起一支枪,像猛虎下山似的冲上前去,给那个敌人一枪托,敌人惨叫一声,结束了性命。罗盛教迅速将战士的伤口包扎好,又拾起地上的手榴弹,背起战士往回走。刚迈了两步,又一个敌人持枪从侧面袭来,罗盛教背着伤员卧倒,注视着敌人的行踪。看着敌人气势汹汹地逼近过来,他一挺身子,拉响了手榴弹,扔了过去,"轰隆"一声,那个敌人被炸得粉身碎骨。罗盛教立即将伤员背到临时包扎所,来不及抹一把汗,就又返回防御阵地前沿,继续抢救伤员。"一切反动派都是纸老虎",来犯的敌人被彻底歼灭了,伏击战取得了全胜。战斗结束后,战士禁不住唱呀跳呀,欢庆胜利。罗盛教也和大家一样,兴奋地唱着跳着。

1951年冬,侦察连奉命到后方休整,住在一个秀丽的小山村。纷飞的战火送走了金秋,皑皑的白雪迎来了又一个严冬。曲折蜿蜒的泥栎河像一条玉带围绕在村前,透过河面上那层晶莹的薄冰,数得清嬉戏的游鱼;河对岸的佛体洞山银装素裹,却依然显得青葱茂丽;房屋上炊烟袅袅……披着硝烟走下战场的人们,难得看到一幅这样恬静娴雅的图画。

罗盛教热爱朝鲜人民,来到石田里没几天就和村里的群众打成一片。他经常帮助房东老大娘担水、劈柴、打扫院子,忙个不停。大娘只要一看见志愿军战士,就指着自己的家,用手比比高矮,竖起大拇指,意思是说:住我家的那个志愿军同志,真是好样的。平时,孩子们也常常来找罗盛教玩,他也喜欢和孩子们在一起,平日里沉静的罗盛教,现在俨然一个"孩子王"。

他走在街上，后面孩子就会跟上一长串。他教孩子们唱中国歌曲，孩子们教会了他用头顶罐子运水。他们一起游戏，一起歌唱……要是看到罗盛教正在工作，孩子们就会悄悄溜走。要是空着了，孩子们就"噢"的一声，蹦到屋子里，笑嘻嘻地跑到他面前，把他拉走，门前早有一大群孩子等着呢。然后，罗盛教会让他们排好队，教他们唱歌、做游戏。望着这些活泼可爱的孩子，盛教明白，之所以有那么多为保卫祖国，保卫和平，与死神搏斗着的人，正是因为这些孩子身上寄予着他们为之奋斗的希望与理想。

转眼间，1952年除夕到了。那天晚上，罗盛教和侦察队的理发员小宋商量好给朝鲜小朋友理发，替他们打扮得漂漂亮亮过个热闹的新年。摊子一摆开，孩子们就一窝蜂地拥了上来，顿时茅屋里就不断响起愉快的哄笑声。理完发的孩子们赶忙去换上新衣或彩裙，在镜子里照来照去，高兴地比画着罗盛教和小宋。晚上，村里的群众请战士们一起欢度除夕。小姑娘们打扮得红红绿绿，敲着长鼓来助兴，满屋子载歌载舞，非常热闹，罗盛教也参加到了跳舞的行列……

新岁之际，"风雪大练兵，过个革命化的新年"，这是侦察连官兵们提出的战斗口号。只见战士们有的在积雪的山坡上，做战术动作，有的在小操场上喊声震天地练刺杀，有的在河边练投弹、射击……

1月2日早操后，罗盛教忽然想起昨天训练时，河边还有两枚没有爆炸的手榴弹未找到，就与战友宋惠云一道去河边寻找，以免误伤村民。

山野间，绿色的外衣镀上了一层银光，清清的泥栎河，已被亮晶晶的冰层盖住。几个朝鲜少年正在河上滑冰嬉戏，玩得很起劲，不时传来欢快的笑声。

罗盛教低头寻找着手榴弹，突然听到"咔嚓"一声，紧接着传来了朝鲜少年惊慌失措的喊叫声。罗盛教抬头一看，只见刚才滑冰的几个少年焦急地比画着，虽然听不懂他们喊什么，但从他们的手势可以看出，有人掉到冰窟里去了。他隐隐约约地看到，一个少年在冰窟窿里拼命挣扎着，双手胡乱扑打着，身子在冰窟中忽上忽下。原来是朝鲜少年崔莹掉进河里了。

情况非常危急！

罗盛教飞速向出事地点跑去。他一边跑，一边连撕带扯地脱衣服，一路上，帽子、棉衣、棉裤不停地甩在身后的冰面上，当赶到出事地点时，身上仅剩一件单衣，被寒风吹得呼啦啦飘动，但罗盛教却没有感到一丝寒意。

"噗"的一声，罗盛教甩掉脚上的大头鞋，毫不犹豫地一头钻进了冰窟窿。那几个滑冰的少年，紧张地瞪大眼睛，看着冰面飞溅的水花，吓得连喊都不会了。寒冷的河水，像针扎在身上一样刺骨，但他已顾不上这些了。

河水有多深？掉下去的人已经被冰层下的流水带到哪里去了？过了好一阵子，只见罗盛教钻出水淋淋的脑袋来，深深地吸了一口气，又钻进了水里。时间一分一秒地过去了，刺骨的北风呼叫着，拼命晃荡着漂满浮冰的水面，大大小小的冰块互相挤碰着，发出令人心碎的撞击声。

又过了一会儿，罗盛教又猛地一下从水面钻出头来，脸色像张白纸，牙齿咬得紧紧的，浑身打着哆嗦。他张着嘴，不住地喘着气。可是，那个朝鲜少年还在冰层下的流水里，生死不明。罗盛教一咬牙，又钻到水底下……

水面上一阵晃动，伸出两只小手来，随即露出少年的头来。只见他眯着眼，两手乱抓。几个朝鲜少年屏住气，谁也不敢呼一下。一会儿，那少年好不容易抓住了冰窟窿的边沿，罗盛教终于从水底把少年托上来了。眼看那少年两只手臂已经扒住冰面，颤抖地爬上来了。冰面上的少年高兴得还没来得及叫一声，冰又坍了，连人带冰又一次掉进水里。水花冒起老高，窟窿越来越大了。

正在这时，小宋拎着一颗手榴弹赶到河边。他立刻明白了一切，怎么办？急中生智，拔腿往回跑，在村口看见一根电线杆，往肩上一扛，直向河边奔来。

不一会儿，罗盛教又钻出水面，再次深深地吸了一口气，又沉到水底。好久好久，那少年又升到了水面上。眼看就要把少年托上冰面，突然"哗啦"一声，冰又塌了，连人带冰一起又掉进水里。

此时，河面上几个少年急得团团转，有的呜呜地哭了起来。小宋看着眼前的一切，只恨自己不会游泳，急得心差点儿蹦到了嗓子眼儿。

这时，罗盛教再次钻出水面，脸已冻得乌紫，两条胳膊和两只手直发颤。他吃力地吸了一口气，又一次沉到水底。

这次潜水的时间更长，罗盛教用头和肩膀再次把那少年顶出水面。小宋刚好拖着半截电线杆子赶到，急忙把电线杆子伸过去，崔莹终于抱住电线杆子，被小宋拉上了水面。

但是，罗盛教却没有再浮出水面。

小宋和其他少年急切地呼唤着罗盛教的名字……

第一四一师侦察连文书罗盛教

朝鲜老乡们赶来了,战友们赶来了,大家一齐动手,砸开冰层,终于捞起了罗盛教。

"罗盛教!罗盛教!"人们大声地呼唤着。

没有声音,没有回答!

空气似乎在这一刻凝固了……

一颗年轻的心脏就这样停止了跳动,一位优秀的战士在这个北风呼啸的寒冷早晨,永远地闭上了眼睛……

人们一声声呼唤着,呼唤着,这个不朽的名字——罗盛教,而他却静静地躺在雪地上,冻僵的躯体像一尊冰雪雕像……

这是一座永恒的塑像!不朽的塑像!

他留在了异国的土地上,留在了亿万人民的心中!

…………

罗盛教牺牲后,志愿军总部为他追记特等功,并授予"一级爱民模范"荣誉称号。朝鲜民主主义人民共和国授予他"一级国际勋章"和"一级战士荣誉勋章"。

中国新民主主义青年团中央委员会追认罗盛教为"模范青年团员",并作出追授奖状的决定。决定中指出:"罗盛教同志这种舍己救人的英雄行为,充分表现了伟大的国际主义精神,而这种精神是毛主席和中国共产党所培养与教导的结果,是中国新民主主义青年团团员所应具有的革命品质。他的英雄行为的意义不仅在于牺牲自己的生命挽救了一位朝鲜少年,重要的是……增强中国人民与朝鲜抗美援朝的决心与力量。罗盛教同志的爱国主义与国际主义的精神是全体团员与广大青年学习的榜样。……将他的英勇事迹编印成册,教育全体青年团员和全国广大青年。"

围绕安葬烈士,中朝人民又演出一幕荡气回肠的友谊之歌。

侦察连根据上级的指示,买了几块木板钉好棺材,派人到师后勤部领来军衣、军帽、鞋子,给罗盛教穿好入殓,葬在石田里后山。然而,当朝鲜当地政府和石田里群众知道后,强烈要求按照朝鲜风俗,要把罗盛教烈士遗体在家安息3天,然后再举行隆重的葬礼。

侦察连领导婉谢道："志愿军到朝鲜来就是和朝鲜人民共同抗击侵略者的，罗盛教舍命救人也是应该的，他确实是中华民族的优秀儿子，也是朝鲜人民的好朋友，哪能麻烦乡亲们呢！"

第二天一大早，村民到连部找连长："请问你们是不是不同意按朝鲜风俗安葬我们的亲人罗烈士？"连长从乡亲们的表情中能够看到他们对烈士的崇敬之情，但上级已经作出决定，而且烈士也已安葬，便让联络员向大家讲清楚为什么未按乡亲们的要求安葬的理由，话还未讲两句，乡亲们便炸开了锅，不管连长如何解释，他们都不听，村长代表乡亲们说："一定要按照我们的风俗重新安葬！"连长没有办法，只好再次请示上级，得到的答复是"耐心地劝说"。经过长时间的劝说，乡亲们总算是回去了。

1月3日，石田里党支部书记召集村民商量到底怎么办，大家一致要求重新安葬。这时，55岁的阮善女大嫂说："我愿把我故后埋葬墓地献出来葬烈士。"大家一致表示同意。随后，全村凑了17斗黄豆、玉米，送到侦察连表示慰问，并将重新安葬烈士的呼请书交给连长。连长当即婉言谢绝。乡亲们顿时呜呜大哭起来，崔莹的父母边哭边说："如果不让重新安葬，我们全家就不吃饭。"

罗盛教烈士舍身救崔莹的泥栎河，对岸山上矗立着罗盛教烈士纪念碑和纪念亭

村民们看到得不到答复，便回家拿起锹、镢头直奔罗盛教烈士坟墓，他们把墓挖开，从棺材中轻轻地把遗体抬出来，脱掉军衣后，全部用白布缠上，重新入棺，抬到阮女士献出的佛体洞山那块"风水宝地"，重新安葬了罗盛教烈士。崔莹和他的弟弟、妹妹与父母抬着一块长条石供桌摆放在新墓前，两位姑娘从不远处移过几棵小松树栽在墓的两旁。隆重的祭奠开始了。崔莹跪在墓前恭敬地将一碗米饭、一碗豆腐和一瓶酒摆放在石桌上，顿时哭声震天……崔莹紧握着拳头，向罗盛教宣誓："罗同志，我永远忘不了你的救命恩情，我们要世世代代纪念着你。我决心参加人民军，继承你的遗志，学习你的国际主义精神，和志愿军同志一起打败美国侵略者！"石田里村支书崔台元流着泪轻轻地说："乡亲们，志愿军救了朝鲜无数人，罗盛教救了崔莹，我们要牢记，美帝国主义、李承晚军队屠杀了我们无数同胞，谁是我们的死敌，谁是我们的朋友和亲人，我们要永远牢记……"人们的泪水再也抑制不住了……在罗盛教墓前立了一块墓碑，用汉字书写了部队番号，烈士的出生地及牺牲的年月日，中央写着罗盛教之墓，右面写着1952年1月6日敬立。

1952年8月1日，在我军建军节之际，成川郡人民委员会在石田里村北的朔仓里合作农场，在苍松翠柏环绕的"罗盛教山"上，修建了壮丽雄伟的纪念碑和纪念亭，并在10月3日隆重举行落成典礼和公祭。参加典礼的有朝鲜劳动党平安南道委员会副委员长姚俊镐、朝鲜平安南道人民委员会委员长宋昌稔、朝鲜人民军代表、当地人民代表、被烈士营救出来的少年崔莹及中国人民志愿军领导机关代表和罗盛教烈士生前战友等700多人，还有从几十里外赶来参加的许多群众。

公祭典礼开始。哀乐四起。

第一四一师师长叶建民庄严地剪断了拦在墓前的彩绸。耸立在墓前10米高的纪念碑正面的白布缦帐被徐徐拉开，镌刻着金日成首相亲笔所题的金色大字——罗盛教烈士的国际主义精神与朝鲜人民永远共存。罗盛教的遗像出现在人们的眼前，他像活着一样注视每一个参加祭典的人们。他的眉宇眼梢，充满着坚毅和果敢，在哀乐声中，人们低下头静默得没有一丝声响，初秋的风吹着山上的小松树，给每个人带来难以言状的情感。

碑的背面写着："朝鲜三千里江山的人民都知道中国人民志愿军部队的罗盛教烈士。石田里村人民将永远记住他的英名，学习他伟大的国际主义精

> 罗盛教烈士的国际主义精神与朝鲜人民永远共存！
>
> 金日成

罗盛教烈士墓。朝鲜人民的领袖金日成亲自为罗盛教烈士纪念碑题词："罗盛教烈士的国际主义精神与朝鲜人民永远共存！"

神。并把墓址保护好、爱护好。"有中国人民志愿军领导机关的挽词："光荣的国际主义战士罗盛教烈士永垂不朽！"在纪念碑周围堆满了鲜花，在纪念碑的右前方还修建了八角檐"罗盛教亭"，栋梁上悬挂着"万世流芳"四个醒目大字，在周围挂满了挽联。

主祭的第一四一师副政委代表全师指战员在墓前致辞："罗盛教同志，你生的伟大，死的光荣，你崇高的国际主义精神和伟大的英雄形象激励我们英勇杀敌，直到取得抗美援朝的最后胜利。罗盛教同志你安息吧！"

当人们向烈士献花结束后，石田里村支部书记指着泥栎河，声音沉重地说："就在这条河里，志愿军为了救我们一个孩子献出了宝贵的生命，让我们世世代代都记住罗盛教的名字，从今后，这条河就叫罗盛教河，这山就叫罗盛教山，这路就叫罗盛教路，我们的村就改名叫罗盛教村！……"

绿水青山绕石田，红云碧雾映江川。
地灵人杰民称赞，生息繁衍上百年。
盛世升平生活美，安居乐业艳阳天。
联军插足狼烟起，好景沉沦似火煎。
吾邦领袖兴兵助，志愿雄师半岛开。
恰遇崔莹深水落，欣逢盛教拯生来。
少年获救中朝乐，壮士捐躯异国埋。
元帅题词千载颂，中朝友谊万年青。

朝鲜3000名孤儿在中国山海关修建了一座罗盛教塑像。

在罗盛教烈士的故乡——湖南省新化县人民政府和松山乡桐子村，为纪念这位国际主义战士的丰功伟绩，命名为"罗盛教田、罗盛教小学"，修建了罗盛教纪念馆和纪念亭。烈士生前所在部队第一四一师为纪念伟大的国际主义战士罗盛教，在桂林市奇峰镇师部驻地修建了纪念亭，在现在驻地陕西修建了纪念馆。

在朝鲜作战的日子里，我志愿军官兵始终热爱朝鲜人民，热爱朝鲜的一草一木，不怕牺牲，奋勇杀敌，有力打击了美帝国主义的嚣张气焰，取得了抗美援朝作战的伟大胜利，并与朝鲜人民结下了深厚情谊。

罗盛教的名字，成为中朝两国人民友谊的象征，也是我军国际主义精神的标志。彭德怀元帅在《关于中国人民志愿军抗美援朝工作的报告》中指出："罗盛教烈士的榜样就是我们全军的国际主义觉悟的标志。"

罗盛教烈士的事迹通过报刊、广播电台等各种形式广泛宣传后，在中朝两国军内外很快掀起了学习罗盛教英雄事迹和国际主义精神的热潮。第四十七军政治部立即组织人员，将宣传罗盛教英雄事迹和有关纪念、学习他的报道文章等编成《不朽的国际主义战士罗盛教》一书，印发全军广大指战员学习。大家在罗盛教国际主义精神的鼓舞下，更加英勇顽强地战斗和工作，努力争取尽早实现朝鲜停战谈判签字。在部队随处都可以听到他们怀念与颂扬的歌声：

> 你生长在祖国的资水江畔，
> 安息在朝鲜的无名河边。
> 为了救活掉进冰河的朝鲜兄弟，
> 你把宝贵的生命慷慨捐献。
> 亲密的战友罗盛教，
> 你永远活在我们心间。

为了宣传英雄事迹，颂扬英雄的国际主义精神，志愿军政治部文工团决定创作一部歌舞剧，在部队巡回演出。副团长郭介入担任编剧和导演，他激情满怀地创作了歌舞剧《罗盛教》。由章棣华、魏景智作曲，张健怡设计和编排舞蹈。此剧继承了民族传统艺术，表现罗盛教跃入冰河救崔莹的场面，采用京剧的虚拟手法，歌唱形式吸收了河北梆子的韵味，独唱、对唱、合唱形式有机地穿插运用，成功地表达了剧情与主题。歌舞剧演出后，在军内军外产生了强烈反响，几乎每次演出即将结束，台上台下都哭成一片。

祖国人民深切怀念人民军队的优秀战士罗盛教，把他的事迹编入小学课本，供亿万人民世代学习纪念……

1952年5月，第四十七军遵照上级指示，在志愿军政治部的统一部署下，进行了清理内部和整顿党组织、评定级别工作。

为了彻底清除反动分子，纯洁部队，第四十七军继"三反"之后，开展了清理工作。遵循"和风细雨、稳步前进"的方针，在干部战士中进行深入动员，反复交代党的政策，使大家端正认识，打消顾虑，并号召大家忠诚老实地向党交代问题；对个别问题严重、思想顾虑较大的人员，则组织思想互助，采取个别谈心与检举揭发相结合，做到不留遗案。为了确实做到不冤枉一个好人，也不漏掉一个坏分子，各级党委本着实事求是的原则，严格区别思想问题与政治问题、历史问题和现实问题的界限，进行反复甄别，对情节较轻，并愿意接受改造的，及时作出结论，使其放下包袱，安心工作；对问题严重的，经过反复调查核实，适时予以处理。经过清理内部，不仅清出了一些坏人，而且解决了一些悬案，对一些人的历史问题，作出了符合事实的结论。

为加强党的建设，更好地发挥各级党委的核心领导作用和党支部的战斗堡垒作用、党员的模范作用，带领广大群众努力完成作战及其他各项任务。在清理内部结束后，开展了整顿党的工作。这次整党，是在党的内部采取以自我教育为主的方法进行的。首先组织党员和党的干部认真学习了整党有关文件和党的基本知识，提高全体党员对整党目的、意义的认识，克服消极情绪，在此基础上发动党员广开言路，给党的各级组织和党员提意见、摆问题，针对揭露出来的问题，开展批评与自我批评，检查对照自己，提高广大党员的共产主义觉悟，树立为共产主义事业奋斗终生的理想和信念。同时，对少数蜕化变质分子和犯有严重错误的党员进行了严肃处理。通过整党，使全体党员受到了一次共产主义理想的教育，增强了为共产主义事业而奋斗的胜利信心；进一步纯洁了各级党的组织，提高了党在群众中的威信。

在整顿党的组织的同时，遵循"以教育为主，现职定级"的原则，进行了评定级别工作，对14828名干部骨干逐个评定公布，通过评级，对广大干部是一次全面的考察，增强了领导对所属人员的了解，为正确使用干部打下了基础。

整训期间，各级紧密结合朝鲜作战的实际，积极进行了战术、技术训练。训练中，突出了以干部为主的原则。1952年1至9月，军、师、团三级共举办各类集训140期，培训各级干部和专业骨干10621人。此外，位于辽宁省黑山县之军教导大队亦同时举办第二期集训，设军事、通信、工兵、参谋、会计、护士、卫训、技术8个队，共有学员648人。通过训练，取得了较好的效果，为部队下一步作战打下了基础。

第四十七军入朝作战以来，认真贯彻了上级的作战指导方针和原则，战胜一切困难，圆满完成了以作战为中心的各项任务。为宣扬英模事迹，吸取宝贵经验，推动作战与各项工作的完成，10月5日，第四十七军在朝鲜间洞之龙凤里组织了授旗授勋。

整训期间，为了进一步宣传胜利，第四十七军召开党委扩大会议，对入朝以来的工作进行总结，军长曹里怀在会上代表党委作了总结讲话。讲话中肯定了部队受到初步锻炼、防御作战寸土未失，还局部推进了5至10公里；抓紧一切时间进行军事学习、虚心学习并接受友军的经验；调整了编制，补充了装备，以适合朝鲜作战的需要；思想领导抓得紧，及时地扭转了部队在入朝初期的某些思想波动，不断进行教育，因而使部队一直保持着高涨的情绪；司令部入朝以来工作有生气；后勤工作每时期都能根据任务做好计划，而且能很快实现计划；干部部门对干部的普查了解和战时干部代理人的规定做了适当的调整和准备，干管部门的组织与制度开始建立起来等七点成绩。分析了取得这些成绩是志愿军、兵团党委的正确领导，各级坚决执行了上级的命令指示等五个方面的原因，对存在的缺点也客观地进行了分析。重点对作战和军事教育进行了总结，特别是对彭德怀司令员关于"坚持防御，节节抵抗，反复争夺，消灭敌人"的指示，作为整个防御作战的思想指导的贯彻落实，对今后作战形势及大打、中打、小打分别进行了分析，目前执行小打任务，时刻消耗敌人，杀伤敌人，守住阵地，并对今后的突击任务也做了明确。

这次会议，进一步宣传了胜利，鼓舞了士气，明确了任务，为下一步再次接防奠定了基础。

李奇微在其"夏季攻势""秋季攻势"作战失败之后，又发动了所谓的空中"绞杀战"，也因志愿军顽强打击和国内的坚强支持被粉碎了。上任半年恶战数场，"联合国军"损失几近20万人、数百架飞机。历时半年的来凤庄谈判，刚就停战线问题勉强达成协议，又在俘虏问题上出现严重分歧，一时很难达成协议。李奇微自认为自己是受命于军败如山倒之际，须力挽狂澜，扭转战局危局，现在战场上形成对峙状态，谈判桌上又没得到任何好处，想要打破僵局又无计可施。为此，他在美军远东空军司令斯特拉斯迈耶的建议下，决定不顾国际公约，发动细菌战争，企图以此摧毁中国，达到征服中国的目的。

1952年3月3日，这是个极其普通的日子，但历史记住了这个日子。此时的中国东北全境，冰封雪飘，银装素裹，气温在零下十几度。在辽宁省宽甸县附近的一个小村，村中一名学生，在上学的路上，发现雪地上有一支自来水笔，这在当时可是稀罕货，便兴奋地捡起来，如获至宝，赶往前走，各种物品撒得满地都是，想起了老师的叮嘱：美国人有各种花样的武器，路上碰到什么小物件，不得乱捡乱拿，要立即报告。想到这便扔掉书包，跑回学校向老师报告。老师又报告政府。

细菌炸弹已炸开投放

政府立即派人查看，在雪地上，密布着蜘蛛、苍蝇、蚊虫及各种不知名的昆虫。凡被叮咬过的人或畜，轻则发烧呕吐，重则昏迷不醒，甚至死亡。这名学生当夜就不幸去世。前后数十日，东北各地都上报发现大面积的不明昆虫，人畜开始流行时疫。在朝鲜各地，也是如此。不过半个月，军民感染伤寒、鼠疫者众多，给人们造成恐慌。

当情况上报到周恩来总理那里后，他既吃惊又愤怒，没想到美军在战场上不能获胜，在谈判桌上也没得到什么好处，竟采用细菌战。于是立即成立中央防疫委员会，周恩来任主任委员，发动群众开展反细菌战的斗争。一场轰轰烈烈的防疫运动在全国，在朝鲜战场迅速开展起来。

中朝两国政府皆发表声明，严重抗议美军进行细菌战。美国政府最初百般抵赖，但中国掌握证据，并俘虏了驾机投掷细菌弹的美军飞行员奎恩和领航员伊纳克，一时世界舆论大哗。世界著名科学家居里在法国巴黎发表声明，痛斥美国罪行。世界工会联合会7800万会员、妇女联合会10万会员、青年联盟7200万会员、学生联合会500万会员和各国政府，皆发表声明、宣言，谴责美国发动细菌战。

此时，第四十七军正在进行整训。据有关资料统计，在第四十七军各部队驻地，美军投掷细菌弹就多达107次之多。

第一三九师某连驻地，一连几天发现许多特制的空飘纸盒、纸箱，异常华丽诱人。有些战士好奇，曾手摸或脚踢，有的战士还好奇地拾起来带到驻地玩耍，结果这个连队突然产生许多病号，接触过纸盒、纸箱的人，皮肤出现了红肿或溃烂。

这一情况立即引起各级领导的重视，军领导下达紧急指示，各师、团组织有医务人员参加的工作组，深入基层进行查疾病、查水源、查驻地环境卫生、查指战员生活习惯、查敌特破坏的"五查"活动。

面对美军的细菌战，志愿军总部及时发出了反细菌战的指示，第四十七军向部队下达了四项紧急命令：

一、迅速对全体指战员进行广泛的反细菌战宣传和反细菌战常识教育；二、组织军民进行预防药物的注射；三、大搞卫生防疫运动，严格销毁带有细菌的污染物；四、发动群众，消灭老鼠、苍蝇等可能带菌的动物或昆虫。

营以下基层部队广泛开展了以反细菌战为中心的防疫卫生运动，进行了广泛的宣传和反细菌常识的教育。各级都成立了防疫卫生运动委员会，组织了反细菌战侦察组、化验组、防治组和保卫组，成立了传染病临时收容所，连队设立了隔离室，对病因不明的病人进行观察与治疗，组织军民进行预防药物注射，发动群众消灭老鼠、苍蝇等各种昆虫。在粉碎敌人细菌战的斗争中，涌现出了许多可歌可泣的模范事迹，特别是第四二二团二连成绩更为突出，该连代表光荣地参加了全国第二届爱国卫生运动会议，被大会命名为"全国爱国卫生运动模范连"，并荣获毛泽东主席题词的"动员起来，讲究卫生，减少疾病，提高健康水平，粉碎敌人的细菌战争"的奖旗一面。第四一七团三营机枪连、第四一九团迫击炮连，被第四十七军和志愿军总部评为"卫生模范连队"。

美军用空投的方式向中朝投放细菌武器

美军投放的带有鼠疫病菌的物品

反细菌战是一场特殊的战役，像迎着敌人的炮火进攻一样激烈、紧张，它同样考验着各级指挥员的智慧和决心，考验着全体指战员的意志和战斗力。

有一天早晨，已升任第四十七军参谋长的叶建民，发现坑道口不远的山坡上，有一片野花已含苞欲放，望着那一朵朵的透着朝霞颜色的花苞，叶建民不由心一动：多美的花！多美的土地！它不仅承受着侵略者的炮火考验，也承受着侵略者的细菌考验。让全世界爱好和平的人民都来谴责侵略者的暴行吧！

这时，他的警卫员走过问："首长，你喜欢这花？"叶建民不解地答："当然喜欢了。""那我给你采回来……"说着就在向山坡走。"不不不，不要采。"叶建民急得直喊。警卫员还以为是首长怕花上有细菌呢，这下把叶建民逗笑了："小鬼，你想到哪里去了！这花是为我们反细菌战的胜利而开的，让它在这里展现我们的战斗豪情吧！"

在中朝军民的积极斗争下终于控制住了疫情，彻底地粉碎了侵略者的企图。

美国政府在世界舆论的一片谴责声中，再也无法抵赖，只得令李奇微停止细菌战。

谁是爱好和平的国家，世界人民已一目了然。

第十二章
一营强攻老秃山获辉煌胜利
哥伦比亚营被打得一败涂地

第二次接防，坚守临津江东西两岸；开展小分队活动，积极打击敌人；强攻100高地，全歼守敌；高旺山西南夜袭战，歼敌150人；敌人吹嘘的"铜墙铁壁"老秃山，第四二三团仅用5分钟就突破敌前沿；滕明国率爆破组搭起"人桥"，为把红旗插上老秃山而英勇牺牲；三连英勇战斗攻占主峰，二连顽强战斗气壮山河；志愿军总部、第十九兵团来电祝贺，迫使美军在交换战俘上达成协议；老秃山战斗的胜利加剧了侵略者的内部矛盾，相互指责推脱责任。

到 1952 年 10 月底，第四十七军按照志愿军总部的命令，已完成了 10 个多月的整训任务，做好了再次接防的准备工作。

11 月 5 日，第四十七军奉命接替第三十九军的防御作战任务，第二次开赴临津江，在北起内朔谷、南至内基谷 23.5 公里的正面上，执行防御作战任务。按照双方联合换防命令，第一四〇师配属炮兵第二十七团一营、二营和战车第六团三连，接替临津江西岸马良山、内基谷、注意洞地域防务；第一四一师配属炮兵第一一五师之炮兵，接替临津江东岸上浦坊、榆岘、犁木洞地域防务；第一三九师接替上古井、武陵洞、右城里地域防务；军指（直）、军后接替寺洞、新星里指挥及后方配置地域。11 月 6 日，部队进入阵地。

此次接防，是在与敌直接接触的情况下进行的，前沿战斗时有发生。第四十七军遵照兵团"行好军、接好防、打好仗、爱护有生力量，把部队圆满带到战场"的指示，进行了深入细致的动员，号召部队树立持久作战思想；同时组织一线营、连、排长和部分战斗小组长共 1190 余人，提前赴兄弟部队，了解情况、熟悉阵地，进行交接准备。交接过程中，双方在"妥交稳接，严己宽人"的思想指导下，交出了风格，交出了团结，使换防工作顺利完成。

第四十七军接防后，敌人虽未发动大规模战役性的进攻，但战术性的进攻共达 32 次，其中营以上规模的进攻 4 次。11 月 7 日和 1953 年 1 月 23 日，敌先后以 1 个连至两个营的兵力向我 121 高地进攻，我第四二〇团和第四一六团（1 月 10 日第四一六团接替第四二〇团 121 高地防务）依托坑道防御工事，以坚守与阵地前反冲击相结合，打退敌人的进攻，两次毙敌 600 余人，守住了阵地。此后敌人向我上浦防南山、143 高地的进攻等，均遇我顽强抗击，有时敌虽一度占领我表面阵地，我则利用坑道抗击敌人，适时组织反击，使敌始终未能前进一步。

此时，第四十七军领导做了调整，张天云接任军长、刘贤权任政治委员、叶建民任参谋长。

张天云，湖北黄安（今红安）县人，1913年12月出生，1929年参加红军，历任排长、指导员、团政委、营教导员、营长、团参谋长、团长、副旅长、副司令员、旅长、师长、纵队副司令员、副军长、军长等职，是一位战功卓著、智勇双全的指挥员。部队接防后，军长张天云根据敌我对峙逼近，缓冲地带缩小，双方为保障各自阵地的安全而争夺缓冲区的斗争逐步激烈的实际，决定采取积极的行动，组织小分队以伏击、偷袭等手段，在缓冲地带主动打击歼灭敌人，不断消耗疲惫敌人，确保我阵地安全。各级迅速采取措施，以小分队战术坚决打击敌人。11月6日，第四二一团一连组织3个战斗小组在143高地附近巡逻时发现敌人，经2分钟战斗，歼敌6名。第四一九团一连两个班，利用夜暗偷袭高栈下里南山，仅战斗7分钟，毙敌16名，俘敌1名。两次小分队的活动成功，坚定了部队的胜利信心，在一线坚守部队掀起了积极求战的热潮，有时在我之正面阵地前小分队活动每晚达五六起，迫使敌班以下小分队不敢轻易脱离其阵地活动。

11月13日，第四二三团三连七班进至上浦防东无名高地组织伏击，敌以1个连的兵力分三路向我接近，当敌进至我七班伏击圈附近，该班择其一路，突然开火，打敌措手不及，毙敌20名，余敌逃窜，我仅轻伤1人。翌日，第四一八团二连七班正向基谷里东山158.7高地巡逻，发现敌约1个排的兵力在该高地伏击，该连立即组织4个班隐蔽接敌，反敌伏击，歼敌大部。敌不甘心失败，又以两个排的兵力向其增援，该连以7个班先敌占领阵地，以突然猛烈的火力杀伤敌人，全歼增援之敌。

在这次接防后的防御作战中，第四十七军各级组织小分队活动达1114次，与敌战斗136次，歼敌908名，俘敌37名。积极开展小分队活动，不仅是贯彻积极防御、以攻为守、争取主动、寻机歼敌的战术思想，而且保证了我阵地安全与稳定，消耗疲惫了敌人，同时也锻炼与提高了部队独立作战能力，改变了新上阵地时敌我小分队活动的形势，迫敌处于被动地位。

接着，军指挥所决定：为进一步消耗敌人的有生力量，一线部队选择大批有战斗经验、射击技术优秀的特等射手，在阵地上开展了狙击手和游动炮

（即冷枪冷炮）活动，积极有效地打击了敌人的嚣张气焰，迫使敌人白天不敢在其阵地上活动。自接防以来，共组织游动火炮46门，发射炮弹4804发，毙伤敌615名，击毁敌坦克29辆。步机狙击手共发射子弹759发，毙敌267名。不仅消耗了敌人的有生力量，打击了敌人的士气，而且给部队以较大的锻炼，使我逐步获得了防御作战的主动权。

敌人遭遇我不断打击后，士气低落，不断调整部署，加强工事，企图与我长期对峙。第四十七军当面之敌除韩军第一师在本师内几次换防外，12月29日，美军第七师接替了美军第二师；1953年1月28日，又由美军第二师换防英联邦师；其余团营换防达12次，并加强了工事。第四十七军指挥所决定，为更有效地消灭敌人，各部队在熟悉地形、掌握情况、把握时机的基础上，组织战术性反击，夺取敌人的要点。采取"以攻为守，反复争夺，攻必克，战必歼"的作战原则，稳步向前，由小到大，先歼敌1个班、1个排的小仗逐步发展到歼敌连以上单位，并在夺取阵地上与敌反复争夺，以达大量歼灭敌人。共毙伤敌3730余人，缴获坦克4辆、各种炮（筒）11门、各种枪430余支。同时，在100高地和上浦防东山与敌展开争夺战，给敌以沉重打击，歼敌3100余名，夺取了阵地。

100高地位于临津江西岸，是一个长约70米、宽不足50米的小山包，地势险要，韩军第一师十五团九连以两个步兵排、1个火器排和1个炮兵观察班共130余人防守。阵地上构有带盖掩体工事35个，铁轨枕木筑成的地堡8个，坑道式的掩蔽部8个并与堑壕、交通壕连接。阵地前设有铁丝网4道及布雷场，是敌临津江西岸较坚固的支撑点。第一四〇师师长黎原命令第四二〇团攻占该阵地，全歼守敌。第四二〇团团长孙绍荣受领任务后，经反复侦察，周密组织准备，决定以四连、六连各一部及团侦察排共13个班攻歼该敌，各种火炮50门支援作战。战斗打响后，四连、六连在炮火的掩护下，分五路向100高地发起冲击，经17分钟激战，全歼守敌113人，俘敌18名，缴获各种武器80余件；配合四连、六连作战的八连同时向邻近的高阳岱之敌进攻，歼敌40余名，有力地支援了四连、六连战斗。我攻占该高地后，为防敌炮火报复，除留两个班坚守阵地外，其余撤出阵地，做好反冲击准备。是日8时，敌开始向我反扑，双方展开激烈的争夺战，韩军第一师先后投入了师预备队第十一团全部及第十五团三营两个连，在坦克、飞机和炮兵的掩护下，向我发动疯狂反扑。第四二〇团先后以一营全部、二营及团直警侦工连各一部共5个连队，与敌展开激烈争夺，经三天四夜激战，打退敌连营反扑23次，并趁势向敌反冲击12次，阵地先后9次易手，但在我步炮的密切配合下，坚持阵地阻击与阵地前反冲击相结合，挫败了敌人的进攻。计歼敌1170余人，击毁击伤敌坦克8辆，击落敌机5架、击伤4架，击毁汽车3辆，缴获六〇炮、九〇火箭筒3门（具）及各种枪150余支。100高地争夺战，我以牺牲230余人的代价，取得了较大的胜利，鼓舞了士气，打击了敌人，取得了争夺战的经验，给部队以较大的锻炼。

看到友邻部队打得热火朝天，第一四〇师四一八团团长陈友明按捺不住了，命令四连、五连各5个班组成夜袭队，对高旺山西南山脚的敌人阵地实施袭击。

2月16日晚上，天不但黑，而且很沉静，忽然，在马良山阵地出现了几行人影，一个个小心翼翼地放轻脚步，迅速向对面高旺山西南山脚敌人阵地运动。

第四一八团曾在2月1日晚上，在此处消灭了美军第二师九团二十五连的1个加强排，共83人。在撤离时，破坏了阵地上的工事，以后又用猛烈的火力封锁这个山头，不准敌人来抢修工事。接着又组织第二支夜袭队，去侦察了解敌情、地形和道路等情况。

天空凝聚着乌云，漆黑一片，我炮弹在远处敌人阵地上闪着火光，夜袭队员分成四路，轻捷如燕，越过战壕，溜下山坡，横过满是泥浆的稻田，涉过涨满春水的小溪，沿着上次夜袭队炸开的铁丝网缺口，朝敌人阵地爬过去。解冻后的稀松泥土陷住了脚，他们双手攀住树枝，轻轻地拔起来，在泥泞中艰难前进。

30分钟后，由四连副连长杨德民率领的二排，首先摸近了高旺山的延长线一个山峰，当敌人的哨兵发现刚要开枪时，副连长杨德民一声喊："冲！"战士们打出一排冲锋枪，迅速冲过铁丝网，向山头上的两个地堡里甩出一串手榴弹，炸掉还没有来得及还手的敌人，仅1分钟时间，青年团员刘先明就把红旗插上了山峰，占领了敌人的地面工事。

与此同时，其他三路部队正朝另外的3个山峰勇猛冲击，数分钟后，第二面红旗便飘扬在第二个山峰上。四连红旗手朱步仁先把红旗插上山顶，再回过头来消灭地堡里的敌人。10分钟后,另外两处敌人阵地也被攻占。

表面阵地占领后,战士们迅速堵住洞口,逐洞消灭倚洞顽抗的敌人。战士们按照预定战法,先朝洞里扫射一排子弹,再用钩子钩起挂在洞口的雨布,投进去一个炸药包,趁敌人震昏过去,打亮电筒冲进去,消灭了敌人。四连七班长肖议芳带领一个小组,直扑敌人的指挥所,当手榴弹炸药包在里面爆炸过后,洞里的电话机还在哇啦哇啦地叫个不停。这是一个马蹄形洞子,敌人正躲在休息室内,七班长命令方万才在外面监视,自己领着姚奉如紧贴洞壁,相互掩护冲进去,伸手向里面扔去一颗手榴弹,轰隆一声,敌人的指挥官连同电话机一起炸掉了。接着他们回过头来,又解决了5个洞子里的敌人。有一个洞子里的敌人重机枪正要射击,一颗手榴弹就炸得他面目全非。战士姚奉如冲进一个洞中,敌人端起刺刀朝他刺了过来,他猛地跳起,伸手压过刺刀,这个敌人只好乖乖地当了俘虏。此战,共歼敌150余人,缴获重机枪2挺、轻机枪5挺、自动步枪和卡宾枪20支。

兄弟部队纷纷传来胜利的消息,既鼓舞着第一四○师全体指战员,也激励着他们主动歼灭敌人的积极性。黎原师长经过反复思考,决定由第四二三团攻歼老秃山之敌,并得到了军指挥所的批准。

老秃山由几个高低起伏的小山包组成,原本并没有名字,当地群众称它为小山包,因在上浦防经东,又叫上浦防东山。它位于驿谷川东岸,是我军346.6高地和278.2高地防御纵深之屏障,敌人称它为通往汉城的北方门户,距我上浦防南、北山防御阵地仅三四米。该山地势较高,敌人占领该高地,可瞰制我军防御纵深和释谷川以东10平方公里的地面,对我威胁极大。因此,兄弟部队在此防御时曾5次攻占该高地,后来又被敌人不惜一切代价地夺了回去。

战争爆发前这里环境优美如画、树木成荫、鸟语花香,是牧童放牛、小姑娘采蘑菇的好地方。但战争一开始,美军为夺取该高地动用大批飞机投掷大量的炸弹、凝固汽油弹,小山包上的植被被炸、被烧,由原来的绿色变成了黑色,黑土变成了一片焦(红)土,"老秃山"便由此而得名。

第一四一师接防后,为稳定防御态势,早就准备拔掉这个钉子,只是等待合适的战机。

根据情报、侦察和俘虏供称得知,敌人为了坚守该高地,在正面约500

米、纵深不到100米的阵地上，以"联合国军"哥伦比亚营1个加强连、美第七师第二十团两个排及两个搜索班、1个坦克连、1个一〇七化学迫击炮连，共450余人组织防守，并有数个炮兵群和航空兵及1个坦克营火力支援其战斗。

敌人为了坚守高地，在阵地上修筑了大量的堑壕、交通壕、掩体、掩蔽部。为了增强防御的稳定性，修筑地堡时，在地堡与堑壕之间修筑了小型地堡，前沿主要防御方向和两侧修筑了双层地堡，在山头上及鞍部、平坦地段修筑了地堡群，而且相互用交通壕连接，火力可相互支援，在重要地堡内还挖有坑道，地堡的射孔外用铁丝网罩住，内有活动钢板，以防我军进攻时向里塞手榴弹、手雷及爆破筒。这些地堡一般都能抗得住122毫米以上口径大炮的直接轰击，工事非常坚固，这样的明碉暗堡共筑有200余个。同时，还修筑了单例式、屋顶型、蛇腹型、西瓜滚动性铁丝网7道，布置有混合雷场。形成了以明暗碉堡为主体，与堑壕、交通壕相连接的支撑点式的坚固环形防御体系和密集的火网，既可以每个高地组织单独防御作战，又可以互相支援。其特点是：兵力足、工事坚固、火力强、障碍物多，因此敌人吹嘘老秃山阵地固若金汤，是攻不破的铜墙铁壁。"联合国军"总司令克拉克视察后曾兴奋地说："这个门关得紧、顶得牢，共军攻不动、打不烂，十分保险，你们能否保住就由上帝保佑。"

为了确保战斗的胜利，师、团指挥员反复到现场勘察，组织班以上干部轮流到现地侦察地形，熟悉进攻道路，研究如何在雷区、铁丝网中开辟通道等准备工作。

为了减少在战斗中的伤亡，战前，第四二三团在老秃山的山脚下秘密挖了两个连的屯兵洞和小坑道，将弹药、炸药和各种作战物资及器材秘密地运进坑道内，做好了各项准备工作。进攻部队进行了科学的编组，规定每班编8至9人，有机枪1挺、冲锋枪3支，携带爆破筒5根、炸药包3个，每人携带手榴弹8枚、反坦克手雷1个，每班带破坏剪1把。

针对敌人工事坚固的实际，战前组织主攻连队专门进行了打敌地堡的战术、技术训练，在相似的地形上构筑与敌人工事相同的地堡，在铁丝网前进行了反复的模拟训练，沙盘上又进行了反复的推演，练指挥、练协同、练战术、练动作、练技术等。组织了严密的指挥机构、通信联络和观察所，布置了窃（监）听仪器和翻译人员，制订了作战、协同、后方供给等方案与计划,为了指挥方便,对敌人的阵地按照高低依次编为15、16、17号高地。

为了达成战斗的突然性,3月23日夜幕时分,担任主攻任务的第四二三团一营二连、三连和九连,分别神不知鬼不觉地进入屯兵坑道。屯兵坑道条件极差,坑道高不足1.5米,低处连头都抬不起来,面积小,人员拥挤,只能是人靠人地坐着;坑道内空气不流通,闷得人透不过气来,由于距离敌人阵地太近,人员不能出去活动,一切生活譬如大小便都只能在坑道内解决。指战员们不但要耐得住寂寞,而且还要忍受呛人的气味,在狭窄的坑道内要待上整整一天。为了打发时间,有的同志背靠背坐着睡觉,有的同志议论此次战斗的打法,有的在聊天。有的同志不耐烦地说:"真不如现在就打个痛快,免得受这活罪。"也有的同志说:"要冷静,不能图一时痛快而增大伤亡,要耐心,就是几个小时嘛!"这时有个小伙子突然说了声:"我提议是否小声唱首歌呢?"指导员一看是战士藤明国,便说:"这个提议好,我赞成,但有个条件,别忘了我们是在敌人的鼻子底下,一定要小声唱。说打就打,唱!"唱完,有的人说:"这首歌都老掉牙了,我提议请陶指导员给大家讲个故事好不好?"此言一出就得到所有人员的赞同,陶指导员也知道在坑道内蹲一天是很寂寞难熬的,进入坑道前就做好了准备,便给大家讲起了烈火烧身纹丝不动的英雄邱少云的感人事迹……

故事讲完了,屯兵洞内一片静寂,静,还是静,似乎能听到空气流动的声音,广大指战员们个个胸口起伏不平,紧握着拳头……三连三排长突然打破沉寂说:"同志们,指导员讲的既是故事又是邱少云同志的光辉事迹,这件事就发生在去年的10月,平康前线第八十七团攻打391高地的实际情况。我想邱少云同志的革命英雄主义精神是我们学习的榜样,对我们每个同志都是个深刻的教育和极大的鼓舞。我坚信我们每个同志遇到这种情况都会那样做,在危险面前都会挺身而出。我们要向邱少云同志学习,坚决消灭敌人,宁肯前进一步死,决不后退半步生!"大家异口同声地说:"宁肯前进一步死,决不后退半步生!坚决消灭敌人,为牺牲的战友报仇!"副班长滕明国说:"指导员所讲的邱少云事迹,对我教育很大,我们班什么都不说了,就看今天的行动吧!"指导员最后说:"我代表连队党支部同意,就按三排长、滕明国和大家的决心去做,一定会打胜今天这一仗!"

讲故事变成了加深战斗动员的誓师会,指导员说:"大家再相互检查一下各项准备工作，好好休息一会儿。"

1953年3月23日，抗美援朝已进入第三个春天，也是第四十七军一四一师四二三团在朝鲜最后一个难忘的春天。这一天，第四二三团一营营长郝忠云率领突击部队进入屯兵坑道，等待着夜幕降临。到那时，他们将要对老秃山发起攻击，攻占那个镶嵌在我防御体系前沿的阵地，使其变成插入敌人心脏里的一把利剑。

大家静静地、耐心地等待着那一刻的到来。天渐渐地暗了下来，郝忠云营长亲自到各屯兵坑道做最后的检查和嘱咐，在坑道中他和指战员们逐个握手，并语重心长地说："看到你们高昂的战斗情绪我非常高兴，我们营拿下老秃山不成问题，关键是如何打得更好，尽量减少伤亡，要很好地协同，要讲战术，一切按计划打，一切为了胜利！同志们！我们要同心协力打下老秃山，届时为你们庆功！"

指战员齐声回答道："请营长放心，我们一定为祖国、为毛主席争光，坚决拿下老秃山，争取更大的荣誉！"

郝忠云营长到各屯兵点做了最后的检查和嘱咐之后，立即向团指挥所做了报告："进攻战斗准备一切就绪，可以按计划发起进攻。"郝营长看了他那块随他南征北战的老表，仍像他的心情一样不慌不忙按照它自己的规律一秒一秒地向前跳动。郝营长最关心的是7时55分，这也是全部进攻部队所关心和期待的时刻。

时针终于走到了7时55分，郝忠云营长下达炮火急袭开始的命令，顷刻间百门大炮同时整齐地发出轰鸣，愤怒的炮弹像冰雹一样准确地砸在了敌人的阵地上，敌人阵地上瞬间被火光、硝烟、尘土所笼罩。进攻部队的指战员们高兴地跳了起来，高喊："打得好！打得好！打得真准，也让侵略者尝尝志愿军炮兵的厉害！"

敌人被打得鬼哭狼嚎、四处乱窜，我方监听到敌人正向他的上级报告："敌军的火力太猛了，他们的火箭炮太准了，我们的阵地已变成了火海，工事也都完蛋了，快压制敌军的炮兵阵地，赶紧派飞机来支援，来慢了我们就都完了……"

经4分钟的急袭射击，敌人的工事有50%左右被摧毁，铁丝网大部分被破坏，为突击部队开辟了一条通道。

突击部队发起进攻。各屯兵点上的突击部队早已憋足劲儿,听到冲锋的命令后,迅速有序地冲出坑道,兵分五路就像出水的蛟龙一般,向各自攻击的目标冲去,指战员们不顾敌人的炮火拦阻袭击,个个奋勇向前冲锋,仅仅用了5分钟就突破了敌人的前沿阵地。

郝忠云营长接到攻击部队已占领了敌人的前沿阵地的报告,立即命令炮火延伸射击,摧毁突破口两翼的目标压制敌人的炮兵火力,支援攻击部队纵深战斗。三连连长率1个排向16号高地(老秃山主峰)冲去,该连三排长率1个排同时向另一个方向冲去。担任开辟道路的三排十一班,被敌人的第七道铁丝网拦住了前进的道路。当即,爆破组长说了声:"我去把它炸开。"说时迟那时快,他举起爆破筒正要拉火时,突击排已冲至铁丝网前,这时将爆破筒拉响,铁丝网是可以炸开,但爆破组和突击排都会出现伤亡,让爆破组和突击排后撤再爆破,不但会增加伤亡,甚至会失掉战机,将给整个战斗造成无法挽回的后果。此时,敌人的炮弹不断轰击,阵地上敌人的火力点也不断地射击,已出现了伤亡,在这种关键时刻,没有时间让人多想,更没有时间让你去商量办法,就在这一瞬间,副班长滕明国一边喊:"同志们,跟我来!"一边毫不犹豫地跃身爬到了近2米高的铁丝网上,紧随其后的李高彪、吴二华、丁兆贵、张福祥也都迅速地以同样的方式跃到了铁丝网上,他们用自己的身躯迅速搭起了通往胜利的5座"人桥"。爬上铁丝网的同时喊道:"战友们,赶快从我们身上冲过去。"三排长本能地喊道:"快起来爆破。"滕明国厉声地说:"你再不冲过去是要犯错误的,为了胜利,求你们了,快!快点!快冲过去!"战友们含着痛苦、敬佩的眼泪,在排长的带领下,踏着战友流着血的身躯神速通过了铁丝网。突击排在爆破组英勇行为的鼓舞下,怀着愤怒的心情向主峰16号高地冲去。

搭起人桥的5位英雄,只有张福祥一人幸存下来,其他4位英雄都牺牲在那铁丝网上。由第四十七军政治部秘书科长毛烽执笔编剧的《英雄儿女》电影,就真实地再现了这一幕。

这5位英雄在战前做了充分准备,但排长告诉他们,老秃山敌人的正面防御设有7道铁丝网,你们班就是全排的开路先锋。张福祥抢着说:"排长,不要说他有7道铁丝网,就是10道20道我们也要把它炸个稀巴烂,叫它飞上天。"排长笑了笑问:"你们都准备好了?一点儿问题没有?"张福祥满怀信心地说："那当然了，准备那么长时间还准备不好像话嘛！"说着把准备炸铁丝网的炸药包、爆破筒当面拿给排长看，排长点了点头瞥了一眼说："你能完成任务我不怀疑，可是你们全班完成开辟道路的任务是十分艰巨的，你明白吗？同志。你是战斗小组长，虽有副班长指挥，但你必须明白，你要带领全组去完成，有些情况是难以预测的，希望你不要把任务想得那么简单。"张福祥干脆回答："是。"这时副班长接过话说："他们小组里吴二华是个新同志，经过张福祥同志手把手细心地教，现在对反坦克手雷和其他爆破器材都会使用了，全班战术、爆破技术都已很熟练，同时决心也很大，完成任务应该不成问题，请排长指示。"排长高兴地说："很好，小伙子就看你们的行动了。"

爆破班都在红旗上签了名，向毛主席、向祖国人民、向红旗宣了誓，张福祥和丁兆贵挑了战，并表示看谁在战斗中能更漂亮地完成爆破任务。

出发时，张福祥再次对吴二华说："今天是我们实现誓言的好机会，要争取立功。"吴二华紧紧握住张福祥的手说："组长，我不会让你失望的，请放心好啦，你叫我怎么打我就怎么打，让我炸哪里我就炸哪里，决不当孬种！"在炮火急袭的时候，张福祥带领小组距离敌人第一道铁丝网只有100来米。当他们冲到第七道铁丝网前，被挡住了冲锋的道路，在副班长藤明国的带领下，搭起了5座"人桥"，英雄们趴在铁丝网上感到身上压得透不过气来，被铁蒺藜扎得胸部、腹部钻心地痛，他们咬紧牙关坚持不吭声，一直坚持到突击部队全部通过……当张福祥醒过来时，全身发软，强打着精神从铁丝网上挣扎下来，身上到处流着血，已变成一个血人，他左右巡视了一下，发现副班长藤明国、吴二华他们4个人还趴在铁丝网上一动不动。张福祥挣扎着爬过去挨个摸他们的身体，都流尽了最后一滴血，壮烈牺牲了，也许是伤痛，也许是看到战友牺牲后心痛，张福祥一下子又昏厥了，当他再次醒来时已在医院里了。

后来，每当张福祥回忆起这次战斗，都会这样说："每当我回忆起曾在一起战斗、训练和生活过的战友，就想念他们，连续几天饭也吃不下，觉也睡不着，我们的胜利就是他们用鲜血和生命换来的！我胸前的军功章应该属于他们！"

…………

英雄壮举还在不断上演。在战斗打响前，虽然指战员们知道老秃山上敌人修了大大小小的明暗地堡群 200 余个，每个地堡都十分坚固，但当他们冲上山后，坚固和复杂的程度还是超出了他们的预料。敌人为了增强工事的坚固性，在修筑地堡时，一般先用方木铺两层，再用麻袋装土在上面覆盖 4 层，可容纳一个战斗小组人员；而一些较大的地堡一般铺设一层方木，两层钢板，再在上面加盖 6 层土袋，可容纳一个班的战斗人员，而每个母堡的四周都修有数个子堡，子堡与母堡用交通壕相连，这些地堡既能生活又能战斗，而且可以相互支援战斗。这种坚固的野战工事，给战士们的进攻带来了极大的困难，使我攻击分队不得不逐个地堡地攻歼，如同蛇蜕皮一样，增大了我军的伤亡和攻击的时间。因此，攻打敌人的地堡群就成了我攻击分队突破敌人前沿后的重点战斗，也是啃骨头的战斗，直接关系到这次战斗能否取得全胜的关键。

战士高家善，1951 年入伍，还不满 16 岁，个子不高，身体很瘦，因家境贫寒没有读过书，从小就跟着父母吃糠咽菜，参加体力劳动。抗美援朝战争爆发后，他死缠硬磨地报名参了军，你可别看他个头不大，身子骨单薄，却是个很机灵的小兵，大家都亲切地称他为"娃娃兵"。

高家善入伍后在第四二三团一营三连当司号员，跟随部队很快就适应了战争环境生活。他分配到连部后十分勤快，又机灵又有眼神，每天除练习吹号外，就是打饭、打开水、扫地、送信，帮助连队干部和战友们洗衣服，从早到晚总是忙个不停。干完分内的工作后，他就跑到战斗班跟着老战士们学技术、练战术，军事素质提高很快，但他还是不满足，又跟着卫生员学会了战场救护，把自己练成一个多面手、小能人。虽然年龄不大，但胆子却很大，心又很细，又有农村孩子的几分野性，真是初生牛犊不怕虎。

高家善补充到连队后还没有参加过战斗，这使他心里很不痛快，常常想如果有一天和全连战友一起到战场上和美国兵面对面地干一场，那才让人痛快呢，那才能称得上是一名真正的志愿兵。由于他的年龄小，大家有时叫他"小鬼"，这使他十分反感，常想这不是看不起我吗？尤其是连长经常说他还小，别天天唠叨打仗的事。他一说去打仗，连长就说："人不大还真像个'好战分子'呢！"

高家善是日也盼夜里想，终于盼来了能真正上战场和美国兵干一仗的机会。老秃山打响战斗前的那几天，全连上下都在忙碌着战前的各项准备工作，正当大家忙得不可开交的时候，连长本来就忙得昏天黑地，这时却偏偏来了麻烦事。高家善得知连队是担任攻打老秃山的突击连，任务非常艰巨，他想这正是锻炼自己的好机会，便开始缠住连长，软缠硬磨地要参加战斗，连长考虑再三，虽然他有着炽热的爱国杀敌之心，有股子可敬的革命英雄主义气概，但他还是个孩子，从头到脚都没有一支枪高，这次战斗任务又非常艰巨，子弹可没长眼睛，万一要是光荣了……连长最后便狠下心，不管他怎样磨，就是不答应。连长不答应，可高家善却不气馁，全连人人都在写请战书、挑战书，高家善也请文书代写了一份请战书，趁连长不在时偷偷地放在他的枕头边。吃饭时连长李志棠对陶指导员说："司号员小高要求参加突击队，你看怎么样？"陶指导员仔细端详正在忙着打开水的小高，突然说："小高还是留守看家的好。"这突如其来的声音，对高家善来说好像晴天霹雳，当头浇了一壶冷水，从头凉到了脚。小高像一个孩子在大人面前受了委屈一样，他十分不满地把几个水壶往地上一放，嘴噘得可以挂住油瓶，说："指导员为什么不让我参加战斗？你要知道，我也是来抗美援朝的，打美国鬼子的，你们能打美国鬼子，为什么我就不行，我就不能和敌人拼杀一场？"

李志棠连长揉了揉布满血丝的双眼，慢条斯理地说："吵什么吵，为什么，为什么，哪里来那么多为什么！这是组织决定，懂吗，'小鬼'？夜间攻打老秃山，我们是以秘密的方式进行的，不需要吹号，所以你不必去，现在连队决定要你留守，需要时你可作为补充梯队参加战斗，这样你可以满意了吧？""又要我留守，又是要我看家，什么补充梯队，你就是在骗我。连长，你要是真的关心我就让我去打一仗行吗？我求求你啦！"他执拗起来，连长严肃地说："好了，不要磨了，不准就是不准。"陶指导员也在一旁说："小高，连队决定了的事是不能更改的，下次一定让你参加。"

"又是下一次。你们都说了多少遍了。连长，你说我小，是个孩子，打起仗来怕我跟不上，你又没让我参加战斗，怎么知道我跟不上呢？我都快17岁了，还说我是孩子，这不公平。请连长指导员放心，我打仗要是当孬种你就枪毙我，要不信咱们比比看谁跑得快。再说了，咱们连所有的武器哪样我不会使用？战斗中遇到个紧急情况，我还可以送信嘛，不是可以节省战斗人员吗？"

李连长和陶指导员被小高连珠炮般的话语给打动了，他们完全相信他是真心实意的，小伙子有股子劲头，不比战斗班的战士差。李连长想了想说："好吧，那你就参加这次战斗，不过不能到战斗班去，仍然在连部当通讯员。战场上可不比平时，是真枪实弹的较量，碰上什么任务就完成什么任务，到时候绝不能叫苦，明白吗？"连长同意了，小高又转身看指导员，陶指导员说："连长都同意了，那好吧，就按连长刚才说的办，不能超越这个任务，只能在连部当通讯员。"指导员也同意了，真有点儿出乎他的意料，当时就激动得半天说不出话来，他本想对连长、指导员说句"是"或"明白"，可他激动得没有说出来，只是瞪着满含泪水的双眼发呆，然后突然向连长、指导员敬了个标准的军礼，转身就跑，可没跑几步又返回来了，原来他只顾高兴把水壶给忘了。回来拾起水壶连蹦带跳地向连部跑去。连长、指导员看着他高兴的样，相互看看对方，都笑了。

战斗打响之后，随着我军炮火的延伸，突击部队随即发起冲锋。此时跟在连长后面的高家善既激动又紧张，心跳不由自主地加快了许多。突击队像出水的蛟龙冲向敌人阵地。冲锋急促的脚步声伴随着炮弹的爆炸声向前冲。高家善第一次尝到了苦涩呛人的硝烟和尘土味，让人感到呼吸都很困难。正当他们向前猛冲时，敌人不停地打照明弹，把黑夜照得如同白昼一般，这时，约1个排的敌人从山头上往山下运动。李志棠连长回头一看自己身边只有6名战士，他当即命令战士宋德清带两名战士从敌人左翼迂回到侧后，越快越好，到位后向敌人发起攻击，自己带着高家善和另外两名战士快速地向右翼山头插过去。高家善一步不离地紧随连长，见敌人距他们越来越近，眼看敌人就要抢占那条距他们仅有10多米远的交通壕了。就在敌众我寡十分紧急的时刻，高家善灵机一动拿起军号，吹起了响亮的冲锋号，这突如其来的号声把敌人蒙住了。敌人误认为我们的大部队冲上来把他们包围了，走在前头的敌人不知所措地就地卧倒了，并向连长和高家善射击，走在后面的敌人便呆若木鸡地站在那里发愣。宋德清他们趁势连续向发愣的敌人投出手雷和手榴弹，从右翼插上山头的战士在连长的指挥下也投出一排手榴弹。敌人遭到突然的两面夹击，死的死、伤的伤，再加上摸不到我军实情，剩下的敌人乱成一团往山头上跑，又遭突击队的两面夹击，这股敌人没弄清情况，有的便当了俘虏，有的"灵魂"便回哥伦比亚去了。

这股敌人被歼灭后，李志棠连长带领高家善和其他几名战士继续前进，在照明弹的光照下，高家善发现张挺孝躺在地上，他双腿负了重伤，手里持着那面签有全连指战员姓名，象征着全连指战员的决心和荣誉的红旗，在誓师大会上，全连指战员面对它曾庄严宣誓："不怕牺牲，英勇顽强，把红旗插上老秃山，坚决消灭侵略者！"连长将扛红旗的光荣任务交给了张挺孝，他保证一定把红旗插到16号高地的主峰。此时，红旗已被敌人的子弹和炮弹炸得像筛子底一样，张挺孝因伤势太重，已经无法完成这个光荣的任务。高家善见此情景，迅速爬到张挺孝身边，张挺孝喘着气，艰难地拉住高家善的手说："小高，你是我信得过的好战友，这面旗帜就交给你了，不管情况有多么险恶也要把它插上16号高地的主峰，拜托了，就看你的了小高！"

高家善紧紧地接过张挺孝手中的旗帜，他一下子感到手里似有千斤重担，本能地想安慰他几句，但战斗此时异常紧张，不允许他那样做，握了握战友冰凉而颤抖的双手，爬起来向16号高地主峰冲去！

要是在平时，十几米远的距离高家善连蹦带跳的几步就能蹿上去，可是在战场上却没有那么容易。小高接过旗帜刚向前跑了两步，地堡内的敌人借助照明弹的光亮，用火力封锁住了他前进的道路。他只好迅速卧倒压低了身体，刚想借助敌人的照明弹，观察一下地形，刚一抬头，地堡里射出的子弹"嗖嗖"地从头顶上掠过，他只好利用敌人射击的间隙跃进几步或快速地向前爬去，越向前敌人的火力越猛烈，他只好一点一点地往主峰挪动。就这样用勇敢和机智绕到了主峰，迅猛地将旗帜插上了主峰，紧接着按连长的指示发出了占领主峰的信号弹。

占领16号高地后，连长立即组织攻打15号阵地。在攻打15号阵地时，李志棠连长不幸负了重伤，肠子流到了体外，他紧咬牙关将肠子塞进腹腔，叫小高帮他包扎好，仍坚持指挥战斗。小高帮连长包扎完后，看到连长那样坚强，他从内心里感到无限的钦佩。李连长对小高说："你不要管我，快把前面的地堡打掉。"一边说一边继续向敌人射击，掩护小高，就在这一刹那，敌人的子弹又打中了李连长刚包扎好的伤口。小高爬到地堡的侧后，再也忍不住为连长报仇的怒火迅速把手雷塞进了地堡的射孔。只听一声闷响，地堡被炸掉了。他迅速返回，继续给连长处理伤口。连长因伤势过重，虽用了几个急救包和几卷绷带仍然止不住血。这时小高和卫生员都不知该如何处理连长的伤势。突然，连长说："小高，你们俩快扶我起来，让我再看看15号阵地。"这位英勇善战的连长在两个孩子架扶下最后看了一眼15号阵地的硝烟和火光。此时，一排、三排正在猛攻15号阵地，连长紧咬着颤抖的嘴唇坐着，嘴里念叨15号倒了下去……高家善大声喊："连长，连长，你醒醒！"但任凭他怎么叫，李连长再也没有睁开眼睛，他永远闭上了那双血红的双眼。小高擦了一把泪水，像一头发狂的雄狮，大吼一声冲了出去……

李志棠连长牺牲后，高家善、汪焦华继续向15号前进，他们对数不清的地堡要逐个把它炸掉。开始时，小高还摸不清打地堡的要领，遇到复杂的敌情就不会处理，当他打掉几个地堡后，才真正深刻认识到要消灭顽抗之敌并不容易，是要付出极大牺牲的，他便自我安慰，要沉住气，不要急躁，要认真地对付每一个地堡。仗已打到这个份儿上了还能说什么，必须与敌人拼智慧，拼勇气，必须全歼敌人，必须应用机动灵活的战术，坚决消灭敌人。

这两个孩子越打越勇、越打越精、越打越巧。可是，在汪焦华打着手电筒沿交通壕寻找伤员时，3个哥伦比亚兵便偷偷地从他背后摸了过来，当那3个家伙刚要冲上去时，小高突然出现，用冲锋枪打了一个点射，走在前头的那个家伙应声倒下，跟在后面的那两个家伙见势不妙回头就跑，小高和小汪想抓两个活的，就紧随其后追了下去。

在追击中，突然那两个敌人在交通壕拐弯处不见了，小汪仔细搜索发现他们钻进了一个地堡，并开始向他们射击。高家善乘敌人射击的间隙，一个手榴弹投向地堡的出口处，但敌人仍在射击。小高详细察看，发现地堡的钢板门已关上，从天窗向四周乱甩手榴弹，高家善便在一个小土包前趴着不动，等待战机，心想只要不被敌人发现，早晚要把他们的"灵魂"送回哥伦比亚去。果然战机来了，敌人向外甩完手榴弹就缩回去把天窗关了起来。高家善抓住这个机会爬到地堡的顶部，刚要往里塞手榴弹，就听"哐啷"一声，一块钢板把天窗盖上了。这回可把小高急坏了，他只好又爬下来，围着地堡寻找射击孔，找了半天才发现所有的射孔都有活动钢板堵得严严实实的。这时，这个不满17岁的孩子急得抓耳挠腮，不知所措。他想，如放弃不打，那不知会增加多少伤亡，要从外面爆破，只凭手里那几个手雷和手榴弹是无济于事的。他自言自语地说："不管有多艰难也要想法把它打掉。"在困难中他想起了指导员说过的话："当遇到困难的时候头脑一定要冷静，绝不能蛮干，要多动脑筋，多想办法战胜敌人，这是一个革命战士应具备的素质。"

他再次爬上地堡，灵机一动。有了，来个打草惊蛇、引蛇出洞的办法，于是他在地堡顶上用枪托向下推石、土使其哗哗啦啦往下落，还使劲敲打堵在射击孔上的钢板。这一招还真灵，敌人打开射击孔向外观察时，高家善眼疾手快，接连从射孔里塞进两个手榴弹，未等他们转过神来，"乌龟壳"就坐土飞机上了天。

此次战斗，司号员高家善协助连长消灭敌人1个排，将红旗插上"老秃山"的主峰，又打掉几个地堡。这个17岁的孩子拖着疲惫的身体，背着他那把军号，以及信号枪和缴获的枪支，沿着进攻时的路线往回走，他一边走一边想，他那可亲可敬的连长、指导员和全连众多战友都回不来了！再也见不到他们了，不由感伤起来，眼泪顺着满是硝烟、尘土的脸颊向下流，虽然付出代价，但把老秃山打下来了，完成了任务，歼灭了敌人……

三连在打下16号阵地后继续向15号阵地进攻。这时，16号阵地两翼的战斗仍在激烈地进行着，美军约有1个连的兵力在大炮、坦克的掩护下向16号阵地反扑，企图夺回16号阵地，进而夺回老秃山阵地，郝忠云营长立即要求我炮兵向反扑之敌实施袭击射击，大量杀伤反扑之敌，使反扑之敌企图未能得逞。而此时，15号阵地正在进行激烈的战斗。

五班机枪手金珍标，在副班长的带领下与何贵堂用机枪火力掩护本班冲锋。正当他们全力掩护战友冲锋时，副班长被敌人的子弹击中负了伤，青年团员金珍标挺身而出对何贵堂说："由我来代理副班长指挥，继续完成战斗任务。"当他们占领敌人的阵地后，金珍标突然感到一阵麻木，立即明白自己负伤了，此刻战斗打得正十分激烈，正需要火力掩护，机枪一旦停止射击，不但突击部队会增加伤亡，整个战斗可能会因此受到影响，作为一名志愿军战士，在关键时刻负点儿伤算得了什么，他强忍伤痛继续坚持射击……

当他们冲到主峰与另一个山头之间的马鞍部时，金珍标的双腿第二次负伤，倒在了血泊之中，他用力挣扎着，连续几次想站起来都因伤势太重失败了，豆大的汗珠不断地从额头上往下流。他虽几次负伤但头脑仍然十分清楚，战前在团支部大会上的誓言还在耳边回荡："我只要还有一口气就要坚持完成战斗任务。"尽管他想继续战斗，实现战前的誓言，可负伤的双腿这时已完全失去了知觉，不管他怎样努力双腿就是不听指挥，他感到再这样下去不但会造成更大的伤亡，而且还会贻误战机，影响整个战斗进程，便决定把机枪交给何贵堂，并对他说："贵堂同志你不要担心我的伤，更不要怕，我保证和你在一起，一直战斗到最后胜利，你听我指挥，好好打，战斗结束后我帮你请功！"何贵堂说："我相信你，听你指挥。"他边说边看着金珍标向前爬，刚爬到小山头的山脚下，突然翼侧地堡里的敌人甩出一颗手榴弹，在他俩的身边爆炸，何贵堂负了重伤，金珍标也再一次负了伤，随身带的几个急救包都用完了，血还在不停地流着，他们便把衬衣撕成布条，两人互相包扎伤口，可是血仍然流个不停，金珍标两眼直冒金星，摇摇晃晃的有些坚持不住了，他想找个地方先隐蔽起来，观察一下周围的敌情，再准备下一步怎样行动，此时，有几个敌人开始向他们占领的小山头进行反扑。金珍标听到坚守在小山头上的机枪在打单发，他判断不是机枪出了故障就是子弹不多了，急得他恨不得一步跨上那个小山头去，可是他一动伤口就疼痛得使他全身颤抖，他抹了一把额头上冒出的冷汗，转身对何贵堂说："不管有多大的困难，我们一定要爬上山头，支援战友战斗。"一边说一边用负了伤的手拖着机枪向山头爬去，他们靠顽强的毅力和斗志终于爬上了小山头，在何贵堂的帮助下，架起机枪，向正在反扑的敌人猛烈地进行射击，一串串仇恨的子弹射向敌人的躯体，成片的敌人倒了下去，在他们火力的掩护下，坚守分队打退了敌人的反扑，守住了阵地。

三连副连长刘文超，在攻打老秃山战斗前，奉命到友军部队去作报告。1953年3月20日，逢天降大雨，他作完报告返回到军部，听到机关的同志讲：他们营最近要攻打老秃山，拔除这个钉子。得知这个消息，他再也没有心思停留了，便冒雨当天赶回了连队。

第二天，刘文超副连长便同连队一起进了屯兵坑道，到屯兵坑道后，再次检查了每个人的战斗准备情况，简短地向连队其他领导介绍了到友军作报告的情况："去友军报告我立功事迹时，受到友军首长的接见，所到之处都受到热烈的欢迎，给了我很大的鼓舞，我的荣誉就是咱们连的荣誉，这次战斗争取立新功，和大家一起为咱们连创造新的荣誉！"

强攻老秃山的战斗打响后，刘文超带领1个排向老秃山的右翼攻击，攻占16号阵地后转兵向15号阵地发起进攻。从16号阵地到15号阵地要通过一片洼地，敌人为了阻止我军的进攻，早在那片洼地处构筑了各种地堡、火力点，然后用交通壕相连，构成相互能够支援战斗的交叉火网，对我攻击极为不利。15号阵地上有哥伦比亚营1个排在防守，以密集的火力网，严密封锁从16号阵地到15号阵地的通道。当我突击分队通过洼地时，立即遭到敌人的火力杀伤，使突击部队出现了重大的伤亡，三连指导员陶瑞亮就牺牲在通过洼地的途中。在这十分紧张和困难的情况下，副连长刘文超义不容辞地挑起了指挥的重担，他十分清楚只有尽快拿下15号阵地主峰，才能掌握战场主动权，才能取得此次战斗的胜利，如果胆怯、犹豫，不但会给全连造成更大的伤亡，甚至会造成整个战斗的失利，那么烈士们的血就白流了，自己也就会成为革命的罪人。他立即重新把现有人员收拢组织起来，在敌人火力威胁下进行动员，鼓舞士气，他说："同志们，我们不要忘记咱们连的光荣历史、战前的誓言和决心，当前的任务是我们必须尽快拿下15号高地，为牺牲的战友们报仇！"在他的鼓励之下，负伤的同志积极主动要求继续投入战斗。刘文超看到大家积极请战，心里头一热，多么好的战士啊！但时间不允许他分心，他环视了一下大家，继续说道："咱们人员不多，不能操之过急，更不能蛮干，打敌人的地堡并不是人越多越好，而是要二三个人为一组，巧妙地运用战术，灵活机动才能把地堡逐个打掉，打掉一个少一个，打掉它几个，敌人就会动摇。同志们按我划分的任务分头行动。记住，一定不能蛮干！"战士们按照副连长的吩咐，灵活机动地逐个歼灭地堡内的敌人，一直打到15号阵地主峰的山脚下，发现敌人约两个班的兵力从15号阵地向他们压下来。刘文超副连长面对极为不利的情况，沉着指挥大家打退了敌人的反扑。霎时，敌人的阵地出现了混乱，刘文超抓住战机，带领仅剩的十几名战士（含伤员）一鼓作气攻占了15号阵地，全歼守敌1个排。

占领15号阵地后，刘文超副连长再次清查人数，仅剩9个人了。除他之外8名战士全部是伤员，其中有的同志已3次受伤，仍坚持战斗到占领敌人阵地。此时，15号阵地外围之敌尚未肃清，15号阵地上的残敌又组织向他们反扑上来。刘文超一边组织战斗，一边用简易联络方法与营长联络。同时，他对战士们说："同志们，我们一定要守住用鲜血和生命换来的阵地！咱们要做最坏的打算，做好与敌人拼到底、与阵地共存亡的准备，就是剩下一个人也要守住阵地！"大家互相鼓励着、互相支援着，运用灵活的战术动作，又一次打退了敌人的反扑。在打退敌人几次反扑后，他们的子弹、手榴弹、手雷、爆破筒等弹药都打完了，便用缴获的武器弹药准备做最后的拼杀。在危急时刻，营长派来的支援部队赶到了，剩下的8名伤员与支援上来的战友又一次打退敌人的反扑之后，才依依不舍地被换下阵地。在下阵地前，他们向用鲜血换来的阵地、向牺牲的烈士们敬了一个礼，8名战士才相互搀扶着撤下阵地。这是这个加强排仅剩的幸存者。

刘文超副连长战后荣立一等功，被选为志愿军"五一"归国观礼代表团成员，回国向全国人民作汇报。

配属三连执行主攻任务的一连三排，在攻占老秃山主峰16号高地和15号阵地后，奉命立即肃歼残敌，坚守阵地。为了坚守阵地，战士们积极改造和抢修工事，准备打击敌人的反扑。排长在阵地上高声鼓励大家道："同志们加油干，只有修好工事才能很好地保存自己，只有保存自己才能消灭敌人，只有消灭敌人才能保住阵地。二连、三连打下来的阵地，决不能在我们的手里丢掉，我们的口号是死打硬拼不怕难，不当英雄不下山，把无名高地打成名扬四海的高地！"在排长的鼓励下，瞬间高地的表决心声伴随着炮弹的爆炸声此起彼伏，照明弹像行星一样挂在空中。敌人炮兵不停地在射击，炸起的弹片、土石块雨点般地往下落，有的战士风趣地说："美国人真够朋友，怕我们修工事看不见就不停地给我们打照明弹。"有的说："美国人给咱照明，我们可不能给他们油钱。"还有人编出了打油诗："我修工事他点灯，修好工事把他等，咱们杀敌当英雄……"

正当大家抢修工事干得热火朝天时，突然"嗒嗒嗒"几声枪响，敌人射来的子弹"嗖嗖"地从他们头顶上擦过去。代理副排长赵志诚仔细察看后发现，原来是从右前方交通壕旁边地堡里打出来的。他自我埋怨道："只顾得高兴了，还没有认真地搜索歼灭残敌就修开工事了，险些造成重大伤亡。"他马上命令："九班，用机枪火力来压制敌人火力，陈觉带唐清海、唐怀德从侧翼插过去干掉它。"他们利用地堡的死角悄悄地摸到地堡跟前，唐清海不慌不忙从敌人射击的射孔塞进一颗手榴弹，随后就看到两名受了伤的敌人慌慌张张地从地堡里向外跑，唐清海一看，大喊一声："想逃跑，没门儿！"迅速跳进了交通壕，堵住了逃敌的去路，这两个敌人一看逃跑的道路被堵，只好乖乖地举起枪当了俘虏。正当大家为此胜利高兴的时候，左前方不远处地堡内的敌人，不断地向他们射击。还没等赵志诚下命令，十二班共青团员董承跃向赵志诚说一声："副排长，我去把它干掉！"话音未落董承跃已经冲了出去，赵志诚当即命令该班副班长去配合，十二班用机枪掩护，他俩一前一后顺交通壕向地堡运动，当距地堡十几米处时，突然敌人从地堡用火焰喷射器喷出一股烈火，小董瞬间衣服被点燃，他急忙爬上交通壕就地一滚，火被熄灭了，但脸被烧伤了。他忍着剧痛，顽强地向前爬去，接近地堡后以迅雷不及掩耳之势，将两颗手榴弹从射孔塞了进去。随着"轰、轰"两声爆炸，地堡被炸塌一角，董承跃一弯腰就要往地堡里钻，从后面冲上来的赵志诚一把拉住他说："慢！别上敌人的当。"赵志诚先用手电筒试探性地照了一下，见没动静，钻进去一看，地上躺着5个正在流血的敌人，其中有一个看到志愿军战士进来，便挣扎着直往死人堆里钻，赵志诚喊了声："哈喽！发罗朱！"那个敌人一听，就缓缓地高举双手……

　　打掉敌人的第三个地堡后，三排长冯贵负了重伤，赵志诚到排长身边对他说："排长，你的伤势很重，快到包扎所去，这里你放心吧，由我代你指挥，让陈觉代理我。"冯排长说："志诚同志，一定要守住阵地。"便很不情愿地被抬下去了。赵志诚看到排长被抬走后，立即把全排仅存的11名同志组成一个班，由陈觉任班长，进行了简短的动员，又迅速地投入到战斗中去。

　　这时，营参谋长命令他们到东南山下阻击敌人的反扑。当他们刚到一个山坡时，就发现有两个排的敌人分两路朝他们扑来，一路在坦克的掩护下正向前运动，另一路从东南山压了过来，赵志诚与三连副连长带领的9名同志在此会合，在副连长的统一指挥下，选好地形，部署好兵力与火器，准备迎敌，当敌人进到距他们还有三四十米处时，我指战员以猛烈的火力将从东南山压过来的那股敌人给打了回去，紧接着另一股敌人也被打退了，并击毁了敌人的1辆坦克。

　　正当他们再次调整兵力准备阻击敌人的反扑时，又接到营指挥所的命令，由三排掩护后运伤员和烈士，要彻底打扫战场。赵志诚正忙着安排转运伤员和烈士，几个残存的地堡火力复活了，不断地向他们射击，直接威胁后运工作。赵志诚当机立断，指挥战士分头快速打掉残存在地堡里的敌人火力点。他带领两名战士运动到一个地堡的一侧，用冲锋枪挑掉挂在地堡门上的雨布，突然从里面丢出1颗手榴弹，落在交通壕内并未炸到赵志诚，他当即向地堡内扔了1颗手榴弹。唐清海、董承跃跟上去向地堡出口处投了两颗手榴弹，停了一下不见地堡里有动静，赵志诚又用冲锋枪向地堡里打了两个点射才往里钻，唐清海先进去用手电筒一照，发现几个敌人已经是死的死、伤的伤。

唐清海、董承跃两个人又去打另外一个地堡，唐清海摸到地堡前，先往出口投了一个手雷，炸死炸伤4个敌人。在地堡内搜索时发现东墙壁上挂了一块布门帘，唐清海刚用枪一挑门帘，从里面就丢出1颗手榴弹炸伤了他。原来布帘遮的是个坑道口，魏志坚急忙把唐清海救了出来，给他包扎好伤口。后来他们几个人与赵志诚研究了打坑道的办法，又摸进地堡，没等敌人反应过来，就不容分说先向坑道内打了两个点射，随后又丢进两颗手榴弹，随着手榴弹的爆炸声又冲进坑道的一个拐弯处，扔进1颗手榴弹，紧跟在魏志坚后的邓兴政用手电筒一照，里面是个3米长、2米宽的房间，房间里倒着两个即将断气的敌人。三排的同志在赵志诚的指挥下，逐段搜索，逐段歼灭，把几个地堡内的敌人全部肃清干净。至此，这几个胆大心细、有勇有谋的毛头小伙，共摧毁敌人11个地堡和堡内的坑道，打死、打伤、俘虏60多个敌人，自己有4名同志负伤。

三排在掩护后运和彻底肃清敌人之后，即转为防守，在防御中又打退了敌人几次小规模反扑。他们是在敌炮火下忍受着常人难以忍受的饥渴、疲劳，坚持边战斗边抢修工事，一直坚持到25日4时。该排在几天的战斗中，共歼敌100余人，缴获重机枪5挺、火焰喷射器3具、其他战利品1部。

三连指战员打得英勇顽强，二连的同志同样打得气壮山河。

二连在打下15号阵地后继续向17号阵地发动进攻时，四班火箭筒射手李海清带着两名弹药手正按指定路线向前运动，被地堡里敌人的火力封锁住了前进的道路。敌人为了阻止我军进攻，不断地打照明弹，就像星星一样挂满了天空。李海清对两名弹药手说："天黑我们正犯愁不好找目标，美国大兵却不惜代价地给我们照明，还真够朋友，应该感谢这帮可耻的家伙！给他们的同伙照亮了前往西天的道路。"李海清边说边迅速跳进交通壕，两名弹药手背着沉重的弹药紧随其后，李海清借照明弹的光亮瞄准地堡的射孔打了一发，随着一声闷响，地堡被击中了。连续发射两发就打掉两个敌人的地堡，这位"神筒手"果真名不虚传，为连队冲锋扫除了拦路虎。李清海提着火箭筒沿交通壕继续搜寻射击目标，正走着听见山背后有"哗哗啦啦"的响声，他立即停下了脚步，仔细倾听后，说："你们听，小山背后的'铁王八'

（敌人的坦克）来了，快装弹药。"他们飞快地登上小山头，找好射击位置，等待敌人的"铁王八"靠近了再揍它。李海清最大的特点是遇事不慌张、冷静，但在这个时候他一点儿也不敢懈怠，调整好射击角度，先瞄准后面那辆"铁王八"的要害部位，"嗖"就是一发穿甲弹，咔嚓一声打在了炮塔上，"铁王八"颤抖了几下就没了动静；走在前面的那辆坦克一看不妙便转头往回跑，李海清瞄准了想逃跑的坦克又是一发穿甲弹，打中了油箱，敌人的坦克立即起了火，坦克内几个美国兵被烧得像木炭窑里的炭。李海清接着又发射了两发穿甲弹，第二辆"铁王八"就像钻到灶坑里的乌龟，烧焦了爪子爬不动了。打掉敌人的坦克后，李海清感到身上不舒服，一看才发现自己趴在一堆铁丝网上，身上多处被铁蒺藜刺伤，血流不止。正在包扎伤口的李海清听到有人急促地喊他："李海清、李海清。"他回头一看是连部通讯员上气不接下气地说："副连长让你赶快到他那里去，那里遇到两个大地堡封锁住了去17号阵地的路，三排受阻。"李海清他们三个人随通讯员迅速跑到副连长身边，副连长用负伤的手抓住李海清说："快，快把前面那两个地堡干掉！"李海清二话没说，只点头示意就跃进交通壕，定神一看，他倒吸了一口凉气，好家伙真险啊！地堡距他不到10米，地堡内不断向他射击，枪口都清晰可见，那两个地堡修得特别，在交通壕的分岔处一左一右卡住两条交通壕，可用火力封锁周围。他想："看来这两个东西还真不好对付，里面重机枪不停地射击，其火力就像一张网，严密地封住交通壕和通往17号所有的通路。"

　　李海清正在琢磨怎么打和先打哪一个时，弹药手彭三元在他背后小声提醒说："副班长，你过去不是说，火箭弹爆炸的杀伤半径是40米吗？在这里打是否太近了，有危险。"李海清说："我明白。"此时，他心里非常矛盾，如果往后撤一撤再打可能会安全些，撤远了那是个洼地无法射击，爬到高处再打最有利，可是敌人火力封锁得根本过不去，他正在左右为难之际，副连长急得一边握着拳头直往地上砸，一边说："这个李海清也太慢了。"刚要叫通讯员去催他快打，又怕伤亡，只好再等一等。在紧急关头彭三元说："快，我蹲下，你站在我肩膀上射击行不？"李海清说："好，你俩快趴下，看我的好了。"说着，他左脚踏在交通壕的一侧，右脚踏在另一侧，身体悬在空中，把火箭筒扛在肩上瞄准地堡就是一发杀伤弹，同时自己滑跳到交通壕内，一声闷响地堡里的重机枪哑巴了，自己被炸起来的土落了一身，他爬起来抖抖身上的土说:"三元,装弹。"然后换了个姿势用同样的方法又打掉了第二个地堡。此时,副连长出了一口气说:"好小子!打得好,李海清就是李海清,这下又该我给你请功了!"

二连攻占17号阵地后,发现该高地山腰处有一个大母堡和几个小子堡,正疯狂地向该连三排射击。他们几次爆破只炸掉了几个子堡,大母堡里的敌人仍在顽抗,三排的爆破器材已经消耗完了,三排长急得抓耳挠腮,一时想不出打掉母堡的好办法。他不顾敌人的火力亲自爬到地堡跟前,听到地堡里叽里呱啦的像是个指挥官在打电话,可惜排长手中只剩下一个手榴弹,他深知一个手榴弹投在地堡上就像在乌龟盖上弹了一下一样无济于事,向射孔里塞手榴弹吧,其射孔内设有铁丝网和挡板,根本塞不进去。

三排长正在为难之中,李海清带着他的两名弹药手赶到了三排,三排长看到李海清他们扛着火箭筒来了,高兴得泪水都流下来了,激动地说:"这下可有办法了,真是雪中送炭啊!"这时,副连长带着部队和弹药也赶到了,三排指战员看到支援的战友上来,顿时战斗情绪更加高涨。当即,三排长向副连长简单地报告了当前敌情,指着大地堡说:"我们为打掉这个大家伙已伤亡十几个同志了,可仍未打掉它,我的意见用火箭筒快把它打掉。"副连长未等三排长说完,就命令李海清说:"还等什么?快设法给我把它端掉。"其实李海清早就做好了射击准备,随着副连长的命令声,弹药手三元早就把弹药装好了。李海清看了看地堡,选择跪姿射击,迅速往那一跪像座泰山,瞄准敌人地堡的射击孔就是一发,只把地堡炸掉一块,副连长迫不及待地说:"再来两发彻底摧毁它。"李海清按照命令连续发射两发火箭弹,随着"轰、轰"的两声,敌人的大母堡像个被砸烂的泡菜坛子,瞬间便粉身碎骨了。原来那个大母堡里是美军的1个排指挥所,炸塌的地方发现一个脑袋与身子分家的军官。

李海清和他们的助手在此次战斗中共摧毁敌人地堡18个、坦克5辆,荣立特等功。

二连和三连并肩突破,攻占了16号高地后向17号阵地发起进攻时,营参谋长命令二连派一个小分队插到敌后,切断其退路和前后的联系,达到全歼守敌之目的。二连立即命令六班副班长肖汉臣带领5名战士去执行此任务,肖汉臣受领任务后冒着敌人的炮火向敌后迅速运动到达指定位置,立即组织打敌地堡。

地堡内之敌正在疯狂地向我攻打17号阵地的部队射击，子弹像飞蝗般地乱飞。肖汉臣带领的小分队灵活地避开敌人火力阻击，冒着敌人密集的火网，迅速运动到一个交通壕的拐弯处，战士于学章不幸中弹牺牲。肖汉臣愤怒地对战友说："同志们，我们一定要消灭敌人的地堡，为于学章同志报仇！"战斗小组长谭正公说："我是青年团员，一定要把地堡打掉，为于学章同志报仇！"说着便迅速地从侧翼贴近了地堡，对着正在射击的地堡出口处连续扔进去两颗手榴弹，随着手榴弹的爆炸声，地堡里便没有了任何动静。他们继续由交通壕向前搜索，在前进中又端掉了两个敌人的地堡。这时有个新战士对谭正公说："小组长，前面不会再有地堡了吧？"话音刚落，小组长说了声："注意！前面有情况。"大家立即就地隐蔽，这才发现有几个方向拉的电线都拉到那个地堡里去了，肖汉臣悄悄地对谭正公说："这会不会就是营参谋长交代任务时说的敌人的连部？"谭正公说："管他什么部哩，你们掩护我将它干掉！"随即他摸到大地堡出口处的侧翼连续投了几颗手榴弹，爆炸声过后，他满以为地堡已完蛋了，便迅速往里冲。这时，地堡内的敌人向外射击，肖汉臣胸部右侧中了一弹。原来这个地堡与其他地堡不一样，地堡入口处有个挡墙，手榴弹根本投不进地堡内，因此地堡内的敌人根本就没有受伤。肖汉臣负伤后，他未在乎，他十分清楚敌人决不会蹲在地堡里等死，一定会向外冲，想到这里他刚向地堡侧翼一闪，一个敌人就冲了出来，明晃晃的刺刀迎面刺来，已躲闪不及，只听"咔嚓"一声，正刺在他胸前冲锋枪的弹匣上。劲还真不小，把肖汉臣刺了个踉跄，他后退了几步，觉得右胳膊麻木抬不起来，但还是咬紧牙关用冲锋枪对准敌人就是一个点射，前后两个鬼子应声倒下。他刚要换弹匣，这才发现自己再次负了伤，有两个敌人趁机爬上交通壕就跑。谭正公以为敌人跑了，没来得及请示就顺势追了下去。肖汉臣叫了一声没人回答，又未看到谭正公，他也爬上交通壕，没顾得包扎伤口，向山坡追去。刚跑了二十几米的他突然发现一辆坦克，便悄悄地摸到坦克附近，将仅有的一个反坦克手雷投向坦克，那个"铁王八"趴在那里冒着烟再也爬不动了。

打掉敌人坦克后，肖汉臣感到右侧的衣服都粘在了身上，正想处理一下流血的伤口，又想起那个地堡里的敌人指挥所还没有搜索，便咬紧牙关飞快地返了回去，刚想钻进地堡搜索，又停了下来。战场的经验都是用鲜血换来的，他接受了前面的教训，不再盲目冲动，没人掩护不能冒险往里钻。正在盘算怎么往里钻时，突然发现一个黑影飞快地向地堡跑来，他机警地向隐蔽处一躲，把冲锋枪端起大声问："哪一个？你是什么人？"那个来人反问："你是谁？"他听出来了，原来是营机枪连的文书，他俩简单地耳语几句，文书用冲锋枪掩护，肖汉臣钻进了地堡，用手电筒反复地照，突然照到了一个美军士兵的脸。这个敌人知道我军的优待俘虏政策，早已举起了双手。肖汉臣和文书从敌人尸身上收缴枪支、弹药，押着俘虏回到连队。

老战士打敌人的地堡个个是英雄，新战士也不甘落后。二连攻占了17号阵地后，残存的敌人仍躲在地堡里顽抗，二班何锦浩带领两名新战友进到17号阵地左侧一个小山梁的鞍部时，发现一个地堡群，他们只有3个人，既没有火箭筒，又没有机枪掩护，是否能打掉那些"乌龟壳"呢？此刻，何锦浩深知任务的艰巨，他以小组长的口气向两名新战友交代任务说："你们俩一定要按我说的去做，绝不能乱来。"两名新战友都争着去炸地堡，何锦浩说："听我的，我是个老战士，比你们经验多，还是我先去打，别争啦！就这样定了。聂东成，你观察敌人的动静；李少平，用我的冲锋枪来掩护，封锁地堡射孔，我去炸地堡。"他交代完任务后，背上李少平的枪，准备好手榴弹，跃上交通壕，爬到地堡的顶部，对准出口"咚咚"投了两颗手榴弹，地堡报销了，里面的敌人全被炸死，缴获1挺机枪。新兵李少平对小组长打地堡行动看在眼里，记在心里，佩服地说："小组长你真是好样的，打得干净利索，我按你的办法，去打右边那个地堡好吗？把冲锋枪还给你，由你掩护我去炸掉它。"何锦浩说："那好，我掩护，相信你能完成炸地堡任务的。"就这样互相掩护，连续打掉敌人4个地堡。

虽打掉了敌人4个地堡，但仍有一个大地堡不断地向他们射击，子弹在他们四周嗖嗖地乱飞。何锦浩定神查看，发现是从前方交通壕上面那个大地堡里打出来的，自己爬到地堡近处仔细观察，使他大吃一惊，好家伙，所有的射孔都用铁丝网罩着，手榴弹塞不进去，他一时犯了难，心想用什么办法炸掉它呢？正在犯愁之际，观察敌情的聂东成喊："小组长你看，顺着交通壕摸过去，可以摸到地堡的门口。"何锦浩立即命令道："李少平，你用冲锋枪掩护，聂东成继续观察敌情，我去打掉那个猪窝！"说着迅速爬了过去，摸到地堡的门口,"嗖"的一声就投进一个手雷,地堡顷刻间被炸掉一大块,他顺势又投进去两颗手榴弹,李少平上去用冲锋枪打了两个点射,何锦浩冲了进去,大声喊:"哈喽!"没动静,用手电筒一照,敌人都已倒在了地上,其中有个受了伤的敌人吓得身子发抖,何锦浩用不标准的英语喊:"发罗朱",那个鬼子还真老实听话,起来就跟着走。何锦浩小组在执行任务中共打掉敌人的大小地堡11个,而他们小组则无一伤亡。

此次战斗,共进行了1小时30分钟,全歼老秃山守敌,俘敌排长以下20人,缴获大批武器,一营荣立集体二等功,三连荣立集体一等功。

老秃山守敌被全歼之后,敌人并不甘心失败,不惜血本,下了更大的赌注,企图重新夺回老秃山阵地。为此,美军调集其第七师二十一团、三十二团,在40多辆坦克、数十个炮兵群和数百架次飞机的支援下,对老秃山阵地突施疯狂的反扑,企图以强大的火力兵力一举收复阵地,重新夺回其在这一地区的优势。

3月24日3时,敌人开始反扑,战至26日,敌人向老秃山及我炮兵阵地倾泻了760多枚凝固汽油弹和12万余发的炸弹、炮弹,直到29日,进攻的势头才逐渐减弱。我坚守部队岿然不动,敌人损兵折将2000余人,寸土未得。

1953年3月22日,四二三团奉命攻占老秃山阵地,经1个多小时激战,全歼守敌,俘敌排长以下20余人。图为勇士们将胜利的红旗插上主峰

3月24日至28日，美军第七师在48辆坦克、172架次飞机和10余个炮群掩护下，向老秃山阵地发起了20多次集团冲锋，均被第四二三团打退，被歼1914人。图为八连在顽强阻击敌人

24日，第四二三团二营奉命换下第一营，坚守老秃山防御阵地。

第二营受领任务后，决定由第四连、六连和营机炮连执行坚守防御任务。

参加过战斗的人都知道，宁愿打进攻也不愿打防御。这是因为进攻战斗比较灵活，你可以自由运动，发挥最佳的战术技术，活动余地很大，主动性强，而防御战斗往往是被动的，活动空间小。然而，第四十七军就是以打防御战而著称的一支英雄部队，他们往往会把防御战斗打成进攻战，把被动的战斗打成是主动的战斗，因而创造了无数的奇迹，老秃山战斗同样是他们创造的一个奇迹。

四连三排奉命坚守15、16号阵地。三排长率领九班坚守16号阵地，其他两个班坚守15号阵地。九班进入阵地后，迅速派出一个战斗小组实施警戒，其余人员在敌炮火下，迅速改造和抢修工事，排长带领九班正副班长到前沿现地侦察地形、区分任务、明确通信联络。三排长指挥战士紧张地做好各项战斗准备工作，不幸被敌人的炮弹炸伤，卫生员马上给他包扎伤口，发现排长的伤势太重，便对他说："这里是敌人进攻和炮击的重要部位，交通壕大部分被摧毁，无法背你下去，你能否坚持爬到16号阵地后的包扎所去？

到那里就好办了。"三排长坚决不下去,卫生员、九班长再三劝说,排长坚决不下阵地,对他们说:"我死也死在阵地上!"敌人的炮火一阵紧似一阵,情况异常紧急,九班长发火了:"卫生员,我们走!排长是不相信我们能完成任务,我们和排长都死在阵地上算了,看谁来守住阵地!"卫生员说:"你不下去我又没能力救你,求你了排长,快下去争取治疗时间,时间久了会误事的。"九班长命令一名战士将排长送到了包扎所后再迅速回到阵地参加战斗。

三排长看没有办法,只好答应下去,临走时对九班长说:"老战友,由你代理我指挥,不论遇到多大的困难,也要守住这个用生命和鲜血换来的阵地。"然后将自己的冲锋枪交给卫生员施承健,对他说:"你是个老同志了,有战斗经验,一定要协助九班长守住这个生死攸关的阵地……"

在九班坚守阵地的两翼仍有地堡内漏网的敌人不时地向他们打冷枪,直接威胁着九班,九班长观察一阵后,果断决定把它除掉。"芦登连,你带两个人把它炸掉。"芦登连迅速带领战斗小组顺着残缺的交通壕接近到地堡的侧后,在两名战士的掩护下,芦登连突然向地堡投了两颗手榴弹,随后准备冲进去进行搜索。没被炸死的敌人还负隅顽抗,芦登连看了一眼,转身对战友说:"这帮家伙命还挺大,两颗手榴弹都没炸死他们。好,现在就给他们换换口味,来个'大油条'吧!"接着又往地堡内送了一根加重爆破筒,爆炸过后,一听里面仍有动静。芦登连一看便说:"这个地堡可真不简单,我们不能蛮干,要认真对付。"他们一边监视敌人,一边研究如何收拾那个受了伤的庞然大物。卫生员听到几声爆炸后,判断芦登连他们肯定遇到了麻烦,快步赶了过来,听到芦登连说了几句后,他让一个战士担任警戒,自己拿起两个手雷跟在后边,前面的人用冲锋枪掩护,端起枪对准地堡口就是两个点射,随着枪声芦登连以迅雷不及掩耳之势冲了进去,堡内的几个敌人已是死的死、伤的伤,只有一个活的乖乖当了俘虏。随后他们迅速运动到另一个地堡处,为了减少伤亡,施承健他们换了一种打法,先是展开政治攻势,在隐蔽处用英语对着地堡喊:"你们被包围了,跑不了了,没有出路了,没有人再会救你们啦!快投降吧!缴枪不杀……"经反复喊话后,有6个敌人举枪走出了地堡。

3月24日黄昏,老秃山阵地上仍然是炮声隆隆,硝烟弥漫,敌人为了夺回"老秃山"阵地,连续不断地发起冲锋,妄图以优势火力和兵力重新占领已丢失的阵地。而坚守在阵地的第六连的勇士们，个个斗志昂扬，信心百倍地准备歼灭来犯之敌。六连三排长带领两个班坚守老秃山右前方突出的山头，那里有敌人修的环形防御工事，稍加改造就可利用，此处距离敌人只有300多米，敌人的每次反扑都要从这里开始，因此地位十分重要。

排长把扼守山头的任务交给了八班。八班班长是一个有着丰富战斗经验、精干、有独立完成战斗任务能力的骨干。他接受任务后，当即向全班交代和明确每个人的具体位置和相互支援战斗的任务，指定第二战斗小组在右，第三小组在左，自己带第一组和机枪组在侧后，形成一个前重后轻的后三角战斗防御队形。然后说："各小组都要守住自己的阵地，用生命和鲜血换来的阵地决不能丢失在我们的手里。只有守住阵地才能实现我们为祖国、为毛主席争光的誓言。"

25日，东方的天际刚刚擦亮，整个阵地鸦雀无声，寂静得有点儿让人毛骨悚然。有经验的战士都知道，每当大战前，都会出现这种一片静悄悄的情况，这预示着激烈的战斗即将开始，必须加倍警惕和格外小心。观察哨尚立志一遍一遍地搜索着敌情，观察敌人的动静，他隐隐约约发现山脚下有1个多排的敌人，正在悄悄地向自己的阵地运动。

尚立志喊了声："班长，敌人摸上来了。"班长侯安急忙跑过去，顺着尚立志手指方向看去，低声说："准备战斗，要沉住气，一、二组隐蔽，三组和机枪组准备迎敌，一定要等敌人靠近了再打。"敌人缩头缩脑地往上爬，爬到离阵地前沿还有30多米时，侯安大喊一声："打！"一排排手榴弹投向敌群，紧接着轻武器一阵猛打。妄想偷袭的美国大兵遭到迎头痛击，死的死，伤的伤，生还者连滚带爬地败退了下去，八班又用火力追击杀伤一部分敌人，敌人死伤大半，不得不草草收兵，偷袭宣告失败。

敌人第一次反扑以失败而告终。八班把敌人打痛了，也打残了，使敌人发了疯。为了报复，敌人对整个"老秃山"实施焦土政策，数个炮兵群百余门重炮开始炮火轰击，航空兵轮番轰炸，似把这个小小的山头一下子夷为平地。工事全部被摧毁，炮火、航空兵轰击后接着步兵发起进攻。敌人始终迷恋自己的火力，总认为经过这样的轰击，阵地上不会再有生命存在，所以，敌人发起攻击后，一边射击一边冲锋，子弹像蝗虫般在头顶乱飞。班长大声喊："利用弹坑卧倒。"话音未落副班长唐相林便中弹牺牲。就在敌人猛攻的同时，连长请求我炮火支援，很快我炮兵以猛烈火力压制敌炮兵，以几十门迫击炮轰击进攻的敌人步兵，炮弹在敌群中开花，炸得敌人哭爹喊娘，死伤一片，敌人不得不退了下去。敌人的指挥官很是无奈地说："中国军队把迫击炮当刺刀用，太厉害了。"在战斗间隙，尚立志悲愤地说："同志们，副班长牺牲了，我们赶快做好战斗准备，消灭来犯之敌为班副报仇！"郑相满一边拧着手榴弹盖一边说："我们一定要守住阵地，美国大兵来多少，我们就消灭他多少，为牺牲的战友报仇！"经过两个多小时的准备，敌人第二次反扑又开始了。坚守部队先是投出一排排手榴弹，随后就是轻武器一阵猛打，再加上敌人运动途中被我炮火杀伤一部分，敌人第二次反扑又被打退了。乘着战斗间隙，勇士们积极抢修工事，清点和整理弹药，准备迎接更加激烈的战斗。

为了保持指挥的连续性，侯安指定曹武乔代理副班长，并动员大家做好战斗准备，敌人决不会善罢甘休，肯定还会进行反扑。告诫大家："敌人下次再反扑，会更加猛烈，战斗将会更加残酷，大家一定要做好打恶仗的思想准备，节约弹药。"他的判断是正确的。敌人又组织了1个连的兵力进行了第三次、第四次的反扑，这些反扑都被打退了。在第五次反扑时，八班只剩下8颗手榴弹，友邻班支援的子弹也都打光了。在关键时刻，代理排长李世杰匆匆忙忙送来一个写着英文的子弹箱，大家像得了宝贝似的高兴，急忙打开一看当场就泄气了，原来是几颗美军的照明雷，李世杰排长不无后悔地说："我真浑，从堑壕里搜索到这个箱子没仔细看就送来了，太不应该了。"班长说："也好，打不死敌人，我看也能吓唬他们一下。"就是这个主意，当美国大兵冲上来时，他们把手榴弹、照明雷一起往下投，结果"扑哧扑哧"地发出刺眼的强光，美国大兵不知是什么新式武器，吓得就地卧倒不敢动了，有的吓得往回跑。敌人这次反扑稀里糊涂地就被打退了。大家看到美国兵那个熊样，都忍不住地大笑起来，同声说："真有意思，没听说用照明雷打退敌人进攻的，咱们谁把这个记录下来，打完仗写个故事给后人看，搞不好他们还不相信哩。"

第三战斗小组经过连续战斗，只剩下两个人，李世杰从9班调来3名战士补到八班。李世杰说："我们虽然子弹不多，但我们不还有6个人，再加上从九班调来的人和子弹、手榴弹，完全可以守住这个小高地，愈是最困难、最危险的时候就愈是考验我们每个党员、团员的时候。"侯安、郭从章则表示:"我是共产党员,要坚决打到底,请你放心好了,绝不会当孬种,人在阵地在,誓与阵地共存亡,做一个名副其实的共产党员!"曹武乔说:"只要我一气尚存,就是用刺刀、铁锹、石头也要把敌人打下去。实现我在红旗前立下的誓言,争取火线入团。"正在大家准备做最后的决战时,连里送来12箱子弹和手榴弹,大家高兴得话都说不出来了,紧紧握着送弹药战友的手激动地说:"谢谢你们,感谢连首长对我们的关心,请你们告诉连首长,我们一定会守住这个阵地!我们一定能守住这个阵地!"此时,一个新战士大声说:"没啥说的了,干吧!这可好了,敌人就是再来一个连也叫他有来无回!"

排长说:"别只顾高兴了,还是赶快抢修工事,擦拭武器准备打击敌人新的反扑。还是侯安同志那句话,节约弹药,同志们该有体会了吧!弹药就是生命、就是胜利、就是完成任务的保障。分头行动吧!"

敌人的飞机又开始轰炸和扫射了,炮兵又是一阵猛烈轰击,敌人每次进攻都是老一套,没有什么改变。炮击过后,约有1个排的兵力,胆战心惊地、鬼鬼祟祟地、磨磨蹭蹭地爬几步停一下,再往上爬。美军士兵被打怕了,从心理上害怕了,他们不知道在哪个地方又是一顿手榴弹,保不住就回不去了。监视哨喊:"班长,敌人爬上来了。"侯安说:"好!客人来了快给他们准备好吃的,迎接他们。"等了片刻,侯安在敌人靠近后喊了声:"打!"瞬间一排排手榴弹冰雹般砸向敌群。随后,机枪、冲锋枪一齐开火,简短而准确的射击,立即就有十几名美军官兵送了命,其余的敌人立即四散逃跑,连自己同伴的尸体也不要了,只顾自己逃命去了。

在四连、六连指战员们的共同英勇打击下,敌人的反扑再次被打了下去,但美军指挥官硬是不服输,又重新整理残兵50多人再次向我阵地冲来。但这次的进攻不像前几次那么主动和积极了,已是强弩之末、惊弓之鸟了。九班观察哨郭从章大喊一声:"班长,敌人又死皮赖脸地上来了。"班长说:"沉住气,这次等敌靠得更近了再打。50米不打、40米不打,到二三十米再打。"敌人前进得很慢,再加上遭我迫击炮火力的杀伤,待敌人进到距九班20多米处时,坚守部队将几十颗手榴弹投向散乱的敌人。此时,郭从章因站起来用冲锋枪横扫敌人头部负伤,他满脸是血,班长命令他下去包扎,他不下去,仍继续坚持战斗。

三排从东方发亮打到下午4时，共打退敌大小11次反扑，在其阵地前敌横尸遍野。三排幸存下来的勇士们说："哥伦比亚军守不住老秃山，美国大兵照样攻不下老秃山，他们休想从我们手里得到它！"

此次战斗，美军第七师为了夺回老秃山阵地，投入了其师预备队第三十二团和第二十一团，在坦克48辆、飞机172架次和10余个炮兵群的掩护下，向老秃山发动疯狂反扑，3天内飞机投弹700余枚，炮兵倾泻炮弹12万余发，我先后以第四二三团一营和三营八连投入战斗，在阵地前实施反冲击，连续打退敌人集团冲锋20次，共歼敌1914人（含强攻时歼敌数），俘敌28名，缴获坦克4辆（无法开动已炸毁）、六〇炮1门、火箭筒3具、各种枪170余支（挺），击落击伤敌机8架，击毁坦克2辆、汽车2台，巩固了阵地。

知己知彼，百战不殆。骄兵必败，骄而乘之。

在朝鲜战争中，在军事上总的说来是敌强我弱，在军事技术装备上是敌优我劣，在兵力上是我众敌寡，政治上我军是正义之师，敌人是侵略之旅。

敌人飞机、军舰、火炮、坦克、作战器材、指挥手段均占优势，其后方供应也充足。敌之弱点是倚仗其火力、技术优势狂傲不羁，美军在战场上只相信武器，不相信正义和真理；打起仗来总是依赖飞机、大炮、坦克，为了保命怕近战、夜战；战斗意志脆弱，离开火力支援战斗力倍减，战术呆板，小分队单独作战能力差；等等。

我军之优势是正义之师。我军有坚强有力的政治思想工作，有机动灵活的战术，善于近战、夜战，有丰富的作战经验。小分队独立完成作战能力强，我军善于集中兵力打歼灭战，指挥员有高超的指挥艺术。一不怕苦、二不怕死，有顽强的战斗意志。有崇高的爱国主义、国际主义和革命英雄主义精神，这些都是我军的绝对优势。

我军的不足是前线作战部队得不到空军的支援，大炮少、坦克少、指挥手段落后，以及后方供应不足等。总之，在武器装备、后方供应、指挥手段上是敌优我劣。

炮兵是战争之神，它在战争中的地位、作用是其他兵种不能替代的，它具有火力强、机动性好、精度高、射击准备时间短、便于隐蔽等特点。

在抗美援朝战争中，我军的炮兵，不论在数量上、质量上、技术上及指挥手段上，还是弹药供应上都不如美军。为保证战争的胜利，取得局部优势，必须集中使用才能形成局部优势。

在老秃山战斗中，在敌人约两个连的防御阵地，正面 1 公里，纵深不到 300 米，我军就集中了八二迫击炮口径以上的火炮约 100 门。

为了发挥我军近战的优势，弥补我炮兵射程近的不足，所有炮兵阵地都向前推，迫击炮阵地距敌前沿阵地仅 500 米，因此敌方有"中国军队把迫击炮当刺刀用"的说法。

组织严密的观察网，弥补了我军观察手段之不足。组织了多层次、多方向的观察网，有步炮联合指挥观察所、前进观察所、侧方观察所，尤其是敌后观察指挥所，可起到全面监视敌人的作用，适时而准确地指挥炮兵射击。为掌握敌人动态，均给进攻部队加强了通信侦察器材，配备了英文翻译，专门监听敌人指挥、调动部队等情况，收到很好的效果。

为了隐蔽我军的作战企图，一切作战准备都是在夜间进行。为不被敌人察觉，我大口径火炮不用牵引车拉到阵地，完全是用人拽到阵地上的。一个连在泥泞中只能将两门炮推到距敌前沿 3000 米的新阵地上。为达到隐蔽的目的，官兵在很深的泥泞中扛炮，到底摔了多少次跤，谁也记不清了，几万发炮弹都是用人力扛到发射阵地上的。

突然袭击，准、狠、猛地打击敌人。步兵发起进攻之前，集中炮兵进行 4 分钟的急袭射击，将敌人工事摧毁 50% 左右，铁丝网近 70%，给攻击部队开辟通路 5 条。我猛烈的炮火，打得敌人叫苦连天、胆战心惊，被我军俘虏的哥伦比亚营的士兵说："你们的炮火太凶了，我当兵以来第一次遇到这样猛烈的炮火，我们都钻到工事里不敢出来，一动不敢动，吓得直发抖。班长发抖地说：不要说话，真的，我们全都吓蒙了。"我观察指挥所监听人员收到美军军官报告："中国军队的火箭炮太厉害了，我们的工事大都被毁坏了，炮兵快压制敌人的炮兵，空军快来支援我们，再不支援我们就完蛋了……"

突击部队占领 16 号高地后继续向 15、17 号阵地发动进攻时，我炮兵派到敌后观察所报告：在 346.6 高地西南发现约两个连的敌人，正在向老秃山方向运动，我炮兵当即集中火力实施拦阻射击，将敌击退。

3 月 24 日上午 8 时，前方观察所报告，发现敌约 1 个营的兵力，在南山地区集结后，已开始向老秃山方向运动，我炮兵在敌进攻必经之路计划好

炮兵严阵以待，坚决打击侵略者

射击地段，待敌进到该地段后瞬间炮弹雨点般砸向敌群，加上步兵武器的射击，打得敌人乱作一团，向其上司号叫求援："中国军队的火箭炮太猛了，我们这里都要变成火海了！请求空军、炮兵快支援，再不支援我们就全完了。"这是我军监听人员收听到的敌人指挥官的求援呼叫。这时，我们的防御部队高喊："我们的炮兵打得好，真棒，炮弹都像长了眼睛，专往敌人堆里落，打得痛快，真过瘾。也让美军、哥伦比亚军尝尝志愿军炮兵的厉害。"有的同志兴奋地说："这回够美国大兵喝一壶的啦。"

3月26日上午11时，敌人这次反扑下了血本，梦想一鼓作气把老秃山夺回去，集中了1个营的兵力，在其飞机轮番轰炸，炮兵不断轰击，坦克掩护下，趁着硝烟、尘土未散，由石砚洞快速运动到老秃山东北的山脚下。敌人的行动始终处在我敌后观察所的监视之下，观察人员不时向指挥所报告敌人位置的坐标，为炮兵精确射击提供了可靠的依据，当敌人进到我火力控制区后，先由几十门迫击炮进行拦阻射击，组成一道不可逾越的火墙，远射程、大口径火炮实施猛烈的覆盖射击，数千发炮弹击中敌群，仅2分钟急袭就把此次反扑之敌的集团冲锋砸了个稀巴烂。

我军在老秃山防御战阶段，3月26日之后，为减少伤亡，夜间部队上阵地守，白天派少数部队监视敌人。主要是由炮兵火力控制几个高地，在防御阶段我军消耗炮弹2万余发，为大量消灭敌有生力量，减小我军伤亡，巩固阵地，打出了威风，也打出了威信，起到了重要作用。战后，步兵分队战士写诗赞美我炮兵部队。诗云：

炮兵集中显神威，巧歼顽敌坚可摧。
打得天昏地又暗，支援勇士攻秃山。
强大炮火威力大，炮兵能撑半边天。
打得敌人苦不迭，鼓舞我军赞不绝。

第四十七军组织的老秃山战斗大量地歼灭了敌人的有生力量，大大地挫败了敌人的锐气，打击了敌人的嚣张气焰，促进了板门店的和谈，鼓舞了我军的士气，同时也加深了敌人内部之间的矛盾。

3月31日，联司（志愿军和朝鲜人民军组成的联合指挥部）在通报中说："这次战斗，我们认为打得很好，给了美第七师二十一、三十二团及哥伦比亚营一个沉重的打击。"据美国通讯社报道：哥伦比亚营被打得一败涂地。美联社也承认：美七师遭到惨重的损失。此次反击作战的成功，主要是该部队战前做了周密准备，班以上干部都分批摸熟了地形；挖了两个连的屯兵坑道，做了打、炸敌地堡和坑道的组织战术、武器及器材的准备。炮火提前摧毁了敌方的地堡和工事，步炮协同密切，支援步兵战斗火力及时。步兵打得英勇顽强、战术灵活，因而大量地歼灭了敌人，取得了辉煌的成绩，特此通报表扬。

第十九兵团司令部、政治部也发出通报表扬，通报中说："猛攻部强攻222.9高地东无名高地老秃山及德隐洞西山战斗（配合攻占老秃山的战斗），在攻击和打敌反扑当中，战斗组织细密，步炮协同配合好，打得英勇顽强，大量杀伤了敌人，予以通报表扬。"

第四十七军老秃山的战斗胜利，对并肩战斗的友军也起到有力的互相配合和鼓舞作用。

3月31日，第二十三军发来贺电，电文中说："你们的胜利再次创造了反

老秃山战斗前,上级把一面红旗授予主攻连队

击战的成功范例,是我们学习的榜样,我们特代表全军向你们致以热烈的祝贺,我们于 26 日夜反击敌阵地 4 处,歼敌 300 余人,与你们的支援和鼓舞是分不开的……认真学习你们的宝贵经验,为彻底粉碎敌人的冒险进攻而奋斗。"

老秃山战斗引起的敌人内部的争议并没有就此结束,相互争吵和相互指责不断。

侵朝美军总部发言人不得不承认:"老秃山战斗是继上甘岭后的又一次最激烈的争夺战。"这么一个小小的战斗,竟惊动了时任美国总统的艾森豪威尔,他在答记者问时说:"老秃山的联军撤退与弹药的供应毫无关系。"美军第七师新任师长亚赛龙鲁说:"刚到职仅 3 天就挨了当头一棒。"美国通讯社承认,在朝鲜前线涟川西北被美方称为老秃山的山岭争夺中,美军再一次被英勇的朝中人民军队打得头破血流,并驱逐出了山头。

合众社报道:老秃山被美军认为是"屏障着中线西部铁原到涟川的要道"的一个重要阵地。美军当局派遣了他们认为精锐的第七师——所谓"朝鲜战争中最有经验的一支部队"据守这里。美七师师长特鲁多曾多次吹嘘说:老秃山是最坚固的阵地。

但是，连美国通讯社也不得不承认：美军这个所谓最坚固的阵地，在中朝人民军队23日发起攻击后不久就被占领了。一向被美军放在前面打头阵的仆从军队，哥伦比亚军队被打得一败涂地，他们死的死、伤的伤。甚至哥伦比亚营营长路易斯和美国第八军发言人都不得不承认："哥伦比亚军遭受了惨重损失。"

美军第七师的部队接着进行了疯狂的反扑。24日的几次反扑均告失败。美第八军军长泰勒匆忙赶到前线督战，同时派后备部队去增援，可是美军在25日反扑的结果仍旧同样悲惨。合众社记者写道：美国军队被通宵大雨弄得泥泞满身，慢慢地攻上陡峭的山坡，就遭到中国军队阵地后面的火力群所发射出来密集的迫击炮弹和火炮的袭击，他们碰到了一道铜墙铁壁。在这种情况下，泰勒也似乎对战斗进行的情况表示不安。合众社记者接着写道：美军进攻了10个小时，要想把中国军队赶下老秃山，但是被迫击炮、步兵火器和大炮炮火以及一阵如雨点般的手榴弹打退了。

在粉碎美国侵略军反扑的战斗中，中朝人民军队的强大炮火配合步兵给敌人沉重的打击。美国记者称：中朝人民军队发射的炮弹是自从三角山战斗开始以来中国军队发射最猛烈的炮火。一个美军军官形容当时我军炮火的猛烈和准确情形时说："只要我们有一个人把脑袋伸出壕沟，就会立即招来敌人的猛烈火力打击。"美军的反扑一再遭到失败后，美第八军发言人于26日无可奈何地宣布说："美军撤出老秃山是为了掩盖其惨败。"又笨拙地说："撤退是出于战略上的原因。"

美军在老秃山的激烈争夺战中，美联社承认遭到了惨重的损失。合众社说：美军的伤亡数字虽然不能透露，却是很大的。直升机不断地在空中来回飞，把伤员由第七师的急救站运到后方医院，美军由于受到重大伤亡，战斗力明显地削弱了。可是，为华尔街老板利益服务的美国将军们对于美军的惨重伤亡却无动于衷，美国国际新闻社记者埃勒根特，于3月25日透露：泰勒"冷酷地"巡视伤病医院的伤病员时说明了这一点。记者写道："第八军军长泰勒中将昨晚派出第七步兵师三十二团的士兵去攻打老秃山。一天，在距战线12里的第四十三外科医院中，这位冷若冰霜的将领来计算这次战斗血肉横飞的代价，他慢慢地走到一排排帆布床前，上面放着为战争所破坏的人体——流血的美国人、韩国人、哥伦比亚人。在医院的长排白色帐篷外边，几排折翼的直升机静静地停在那里，等待着装更多的伤兵。远远的炮声嘲弄着白发苍苍的护士长的强颜欢笑。"

泰勒对于他所必须发布的命令造成的后果显然是无动于衷的。两个军官在谈论轮换回家的时间。泰勒说："不要担忧点数，你们要留在这里，在这次战争中帮我打仗。"

肩膀挺直的泰勒阔步走出帐篷，走向他的吉普车。他将坐吉普车赶到一个飞机场去搭飞机去汉城的第八军总部去了。在那里，他可能又得发出命令，派出生力军去送死或把他们变成残废。

老秃山战斗的失败引起了美军与哥伦比亚军之间的相互埋怨。哥伦比亚营的营长指责美军指挥官说："事先没有通知他，援军被调到其他地方去了。"据美国合众社记者报道说："哥伦比亚营部队的败北已经成为'灼热'的政治问题了。"美国政府已要求详细说明哥伦比亚军队失守老秃山的原因。美第七师的人说："这个报告，得到最多的优先权，紧急转给华盛顿。"

不论敌人内部争论也好，相互指责也罢，互相埋怨也好，还是无奈的感叹也罢，总之是攻打老秃山的志愿军部队打赢了，把敌人打败了，而且是彻底地打疼了。

此次战斗再次说明了一个真理：正义必能战胜邪恶；爱国主义和国际主义者，必能战胜侵略者。这是一个永远也不需争辩的真理！

老秃山战斗后不久，板门店重开了战俘问题的谈判。美国国际新闻社报道：在老秃山战斗中挨了打的美国兵欢迎朝中方面关于交换伤病战俘和仲裁解决战俘问题的建议说：很多士兵听到中方提出交换伤病战俘，并恢复停战的和平谈判时，感到异常欢欣。美国士兵说道："但愿这个简短的声明是生命的礼物。"一等兵马洛义代表所有打得精疲力尽的士兵说道："也许我们将活着离开这里，没有任何东西比结束这个战争使我们更高兴的了。"敌人在争夺战中遭到了惨败，士兵又这样厌战的情况下，到7月27日，终于在停战协定上签了字，近3年的抗美援朝战争才画上胜利句号。时任"联合国军"总司令克拉克在他的回忆录中写道："美国有史以来的对外战争都取得了胜利，只有我在朝鲜代表美国，第一次和没有战胜的对手在停战协定上签了字。"

第十三章
老舍慰问前线英雄深受感动
毛烽记录战斗点滴创作剧本

贺龙率第三届赴朝慰问团到朝鲜慰问,接见了攻打老秃山的有关干部和功臣;文学大师老舍先生随贺龙赴朝鲜慰问,任慰问团副总团长;慰问期间听了老秃山战斗情况介绍非常感动,慰问结束时决定留下来战地采风;老舍先生到第四二三团体验生活,与每位英雄逐个交谈,英雄壮举震撼了文学大师,创作了《无名高地有了名》的长篇小说,引起强烈反响;秘书科科长毛烽与电影《英雄儿女》;王成是志愿军千千万万个烈士形象的集中反映。

1953年11月，贺龙率中国人民第三届赴朝慰问团到朝鲜进行慰问，他听了老秃山战斗情况汇报后，亲自到部队进行慰问，还接见了攻打"老秃山"的有关干部和功臣。当代文学大师老舍先生，以中国人民第三届赴朝慰问团副总团长的身份随贺龙到朝鲜前线慰问，听了老秃山战斗情况介绍后非常感动，慰问结束后，他在第一四一师留了下来，进行了5个多月的战地采风，专门采访强攻老秃山的第四二三团一营的英雄事迹。

老舍，原名舒庆春，字舍予，满族，1899年2月3日生于北京一个旗人家庭。次年，八国联军进攻北京，老舍的父亲身为护军永寿镇守正阳门，面对来犯的日本军队力战殉国。八国联军攻入北京后，老舍的家曾遭意大利军

贺龙听取防御情况介绍

人劫掠，当时才一岁半的老舍因为一个倒扣在身上的箱子而幸免于难。由于父亲的阵亡使得老舍与母亲相依为命，过着清贫的生活。直到9岁的时候，由满族贵族刘寿绵资助，老舍才得以入私塾读书。1913年，老舍考入京师第三中学（现北京三中），数月后因经济困难退学。同年考取公费的北京师范学校，于1918年毕业。1918年至1924年间，先后任师公立第十七高等小学校兼国民学校（现方家胡同小学）校长、北京市北郊劝学员、天津南开中学教员、北京一中教员。

1924年秋季，老舍赴英国，在伦敦大学东方学院华语学系任华语讲师，教导英国人学习中国的官话和中国古典文学。业余时间阅读了大量的英文作品，并开始文学创作。1926年，在小说月报上发表了第一部长篇小说《老张的哲学》，立刻震动文坛。1929年夏季，离英途经新加坡并滞留半年，在华侨中学任教，创作以新加坡为背景的小说《小坡的生日》。1930年春季，返回到北京。1930年至1937年间，老舍先后任教于济南的齐鲁大学和青岛的山东大学。此间，他看到第一次国内革命战争失败后的国家状况，创作了长篇小说《大明湖》，为所有蒙受侵略之苦的祖国人民抒发愤慨。在这部小说里，他第一次描写了共产党人的形象。1936年写出长篇小说文学代表作《骆驼祥子》。

1949年12月，应周恩来委托文艺界之邀回到北京。国内工作期间，曾任政务院文教委员会委员、中国文联副主席、中国作家协会副主席兼书记处书记、全国人民代表大会代表、中国人民政治协商会议全国委员会常务委员会委员、北京市人民政府委员、中国民间文艺研究会副主席、北京市文联主席等职。

老舍一生写了计800余万字的作品，长篇小说《赵子曰》和《二马》，奠定了老舍作为新文学开拓者之一的地位。此后陆续发表的著作有：长篇小说《二马》《猫城记》，中篇小说《我这一辈子》，短篇小说集《月牙儿》《赶集》《樱海集》《东海巴山集》《蛤藻集》《火车集》《贫血集》，剧本《龙须沟》《茶馆》《西望长安》。另外还有《老舍剧作全集》《老舍散文集》《老舍诗选》《老舍文艺评论集》和《老舍文集》等。老舍以长篇小说和剧作著称于世。他的作品大都取材于市民生活，为中国现代文学开拓了重要的题材领域。他所描写的自然风光、世态人情、习俗时尚，运用的群众口语，都呈现出浓郁的"京味"。优秀长篇小说《骆驼祥子》《四世同堂》便是描写北京市民生活的代表作。他的短篇小说构思精致，取材较为宽广，其中的《柳家大院》《上任》《断魂枪》等篇各具特色，耐人咀嚼。他的作品已被译成 20 余种文字出版，以具有独特的幽默风格和浓郁的民族色彩，以及从内容到形式的雅俗共赏而赢得了广大读者的青睐。他的作品大量被选入教育课本，如《草原》《北京的春节》《母鸡》《济南的冬天》《养花》《林海》《我的母亲》《祥子买车》《我们家的猫》《想北平》等。

担任强攻尖刀连任务的第四二三团一营三连，听说文学大师老舍先生要来连队采风，指战员们满怀激情地打扫环境，张贴标语，腾出最好的房子，把炕烧得暖烘烘的，敲锣打鼓迎接这位德高望重、仰慕已久的祖国亲人。

老舍先生是个十分谦逊、和蔼、慈祥的长者，对连队的热情接待深感不安，一再申明"我是来向英雄们学习的。对部队的生活我一无所知，我只是个小学生"。"我是被志愿军伟大的爱国主义和革命英雄主义精神所鼓舞，为同志们勇猛杀敌，不怕牺牲，特别是以劣势装备打败世界上最强大的敌人——美帝国主义的壮举所感动，这使我激动得坐卧不宁。作家的良心驱使我要写出这些惊天地、泣鬼神的惊人业绩！向世界宣告人类爱好和平，正义是不可战胜的！"

老舍先生年高体弱，患有坐骨神经痛的病，一条腿行动不方便，连队又都是青年人，生活因战争养成了快节奏，他要像青年人一样参加连队生活是多么的困难啊！但他尽力去做，尽量缩短这个距离。战士们早晨起床出早操了，他也不睡懒觉，起来到外面去看战士们在干什么，怎么做；吃饭时，战士们吃什么他吃什么，有时炊事班看他年龄大，吃太硬的东西不利消化，便单给他做点儿软一点儿的食品，他就找到炊事班，再三要求别给他"开小灶"。晚饭后，他坐在操场边上，看战士们搞文体活动。晚上熄灯号一响，他也解衣就寝。连队干部多次劝他保重身体，他总是严肃地说："我是来体验生活的，应该把我当作一名编外老兵，不能搞特殊。不然，我怎么完成任务，又怎么回去向贺老总和祖国人民交账啊！"并告诉连队干部说他在第四十七军军部时，是"向贺老总立了军令状来采访写作的"。

老舍先生刚到连队，由于他对环境不熟悉，他要到哪里去，都事先有人通知班排，并领着他去。时间稍长一点儿，他对环境熟悉了，便不再要人领着去了，也不要再事先打招呼，独自一人随便到班排去与战士座谈。有一天，他到一排去，事先没人通知，战士们一见老舍先生来了，一时紧张得鸦雀无声，挺拘束的。老舍一看便爽快地一笑："哈！不欢迎我这新兵啊？"战士们顿时"轰"的一声笑了，异口同声地说："欢迎！欢迎！"老战士傅鹏辉随即带领大家高喊："欢迎老舍先生！"老舍摆摆手道："别，别把我当作外人，我是见习战士嘛！"引得战士们又一阵哄堂大笑，紧张气氛一下子全消逝了，顿时拉近了与战士的感情距离。傅鹏辉是个活跃分子，心直口快，张嘴就来了一段顺口溜："哎、哎、哎！说欢迎，道欢迎，老舍先生来军营。大作家，不简单，名声传遍全国全世界……"老舍喜欢讲故事，他有意地讲了"武松打虎"，最后他加重语气说："现在全世界爱好和平的人民都为你们欢呼，感谢你们打败了美帝纸老虎。毛主席说反动派你不打他就不倒，对侵略者要打！狠狠地打！不打就没有和平！"

抗美援朝，保家卫国，是志愿军的誓言。

为了宣扬这些无愧于伟大时代的英雄，为了歌颂这些为世界和平而英勇献身的中华民族的优秀儿女，为了弘扬最可爱的人的优秀品质，老舍先生夜以继日地深入采访，体验生活。

攻打老秃山英雄营所有在部队的英雄、功臣他都一一见了面，认真听取他们对每一个战斗过程的回忆，反复多次地与郝忠云、金珍标、张福祥、汪隽华、高家善、李海清等交谈，生怕漏掉一个故事、一个细节。找刘铁真就谈了10多次，老舍先生喜欢这个机智果敢、顽强不屈，又能说会道的来自洞庭湖边的小青年。他在老秃山上钻进敌人的地堡群里战斗，冲锋枪、手榴弹、手雷、爆破筒都使用了，打掉敌人几个地堡，有的还是双层地堡，抓了俘虏，消灭了数十名敌人，坚持到最后胜利，荣获朝鲜民主主义人民共和国勋章。老舍敬佩地说："这是何等的无私和无畏！"刘铁真激动地站起来说："战前我说过，当年日本鬼子用刺刀戳死我们村里60多个人，为了报仇我参了军。在朝鲜龙岗里我看见一条壕沟里被敌人屠杀的300多具尸体，多是妇女和儿童。为了这些无辜的和平人民，我要报仇，我要敌死我活！"老舍激动地站起来说："对！为了真理正义而战，战必胜！所以你含恨上阵，含笑凯旋！"

当张福祥讲述副班长腾明国扑向铁丝网高喊"为了胜利，让红旗冲过去"时,老舍先生的眼睛早已被泪水模糊得记不下去了,心口一起一伏,他平静了一下自己的情绪,擦擦眼镜激动地说:"胜利和平的光明大道是英雄们的身躯和鲜血铺成的!"年仅17岁的司号员高家善,在15号阵地山头上,当敌人反扑上来,在敌众我寡、千钧一发之际,他突然吹响了冲锋号,把敌人给镇住了,吓得敌人往后跑。老舍听着情不自禁地拍起手来:"好!真机智果敢!古时张翼德喝断桥梁水倒流,今天志愿军军号吹垮美帝联军,妙哉!妙哉!"

冬天到了,大家都穿上新棉衣,而张福祥依然穿的是旧棉衣。老舍先生有些不解地问:"你怎没发新军装?"这位把身体扑在铁丝网上搭"人桥"唯一幸存下来的湘西小伙子,憨厚地一笑说:"那是祖国人民辛辛苦苦送来的,我舍不得穿。"老舍先生伸出大拇指:"说得多好啊!为了祖国,你们爬冰卧雪,不惜流血牺牲;为了祖国,你们把生让给别人,把死留给自己;为了祖国,你们用血肉身躯架起人桥!祖国感谢你们,永远不会忘记你们!"

老舍先生不顾劳累,每天不是和这个战士交谈,就是和那个战士交谈,忙忙碌碌一个多月就过去了,雪下了一场又一场。老秃山英雄营的英雄谱排列成长长的画卷,英雄的名字在老作家的心灵中激荡!

…………

朝鲜停战了,战火硝烟已经熄灭,但把红旗插上老秃山主峰的三连英雄们,并没有躺在功劳簿上,他们依然在练兵习武,时刻准备着。每天出操上课照样唱他们集体创作的《红旗歌》:"光荣的红旗哗啦啦地飘,志愿军英雄举得高。为祖国,为毛主席,为全军增光荣,我们勇敢向前冲。红旗在前面飘,咱们人倒旗不倒。红旗就是号角,红旗就是方向,红旗就是目标!"这铿锵的歌声震撼着这位当代文学大师,眼前仿佛出现了在红旗引导下,无数志愿军战士冲锋陷阵的身影……

在三连,老舍先生不止一次地瞻仰这面光荣的旗帜,他说:"将来要为这面旗帜写一篇最美的赞歌。"在红旗下他和郝忠云、刘铁真等几位英雄拍了照片。每当《红旗歌》在空中飞扬的时候,他总是深情地凝视着远方,仿佛心又飞到战火纷飞的老秃山上,仿佛又看到英雄们搭起的"人桥"、孤身炸地堡的勇士、旗手倒下了但红旗仍然高高飘扬在战场上……朝鲜停战谈判签字后,他曾在第四十七军军部同志的陪同下上过老秃山阵地,他记得那光秃秃的山，记得那被炸弹炮弹犁翻过的深深的浮土，记得志愿军战士在那掺和着无数弹片和鲜血的浮土里种出的茁壮的白菜⋯⋯

1954年的春天来得比往年要早一些，战后的朝鲜大地上生机盎然，老舍先生元旦前离开三连，返回到第四十七军军部，在这里，他住了3个月时间，集中精力进行写作，完成了初稿10万字的著名小说《无名高地有了名》。初稿完成后，他感到有些地方还有欠缺的东西，便决定再次到第四二三团采访。军里领导从他的身体健康和安全考虑，反复劝他不要再去了，需要采访谁让他来军部，但老舍先生说什么也不同意，他崇拜英雄也敬重英雄，不愿意让英雄来回跑，他是一位严谨的作家，追求的是精品，绝不允许粗制滥造，哪怕作品不发表，他的这种品质深深地感动了同志们，并再次派宣传队员李鹰、白岚帮助采访。这样，4月初，老舍先生又回到第四二三团一营，住在朝鲜老乡的两间平房里。通讯员小王活泼可爱，特意采来了一束金达莱花，插在炮弹壳里，摆放在炕桌上，给这小屋增添了春天的气息。老舍先生对此颇有感慨，他看到志愿军对和平的坚定信念和对生活的无比热爱，他说："在师长的防炮洞里，我也曾看到在一个炮弹壳里栽着的白菜花。这是我们志愿军的精神风貌和高尚情操。"

为了节省时间，采访团营领导时间相对比较集中，有时一谈就是半天。老秃山战斗之后，主攻营长郝忠云调到团里任副团长，营团之间还有几里路程，郝忠云为了不让老舍先生跑路，每次都是自己骑一匹白色战马到这里，然后与老舍先生愉快地交谈。

老舍先生对这位英雄营长的传奇经历已经了解了。他出身穷苦，当过矿工，为反抗日本帝国主义，为报家仇国恨，他带着从日军那里夺来的4支枪参加了游击队，打起仗来冲锋陷阵，足智多谋，敢打硬仗，善于攻坚。解放战争中攻打开原县城时，他带领尖刀连以少胜多，誉满全军，是一个身先士卒、屡战屡胜的常胜指挥员。所以，每次听完郝忠云营长的介绍，老舍先生总是钦佩不已，倍加赞誉。在听他讲完战斗胜利结束，红旗在老秃山上高高飘扬的时候，老舍先生长长地舒了一口气，高兴地拿出红葡萄酒，邀请陪同采访的军部同志一道向英雄营长举杯，共祝胜利！

老舍先生在朝鲜战地5个多月的采访，终于开花结果，完成了《无名高地有了名》这部反映志愿军英雄们把红旗插上老秃山的长篇小说，刊登在

《解放军文艺》上，在全国引起了强烈反响。

在第四十七军军部为他举办的欢送会上，他发表了热情洋溢的讲话，谦逊地说道："来到英雄部队几个月的体验生活，受到了教育，了解了平生没经过的军旅生活，虽是难产，最后总算写了十几万字仅仅是回去交个不满意的答卷！说真的，要是你们再打个大仗，我再生活几个月，这本书就好写了，如今，我没很好完成任务愧对英雄，请多原谅！"

一代文学大师，被英雄的中华儿女的壮举深深震撼，创作了不朽的著作，留下了丰富的精神财富！

把老秃山战斗创作成文艺作品的还有一个人，他就是第四十七军政治部秘书科科长毛烽。

毛烽14岁参加八路军太行游击队，后来到延安抗大文工团、东北文工团工作，1947年东北民主联军第十纵队成立，毛烽任纵队宣传队第一任政治指导员，抗美援朝战争期间任第四十七军秘书科科长，朝鲜停战后，调到总政文化部工作，后任昆明军区文化部部长，1985年离休到沈阳。

1953年3月，老秃山战斗的硝烟还未散尽，时任第四十七军政治部秘书科科长的毛烽就到主攻营第四二三团一营参加战评，总结战场政治工作经验，形成了《老秃山攻防战斗的政治工作》，对这场战斗进行了全面系统的总结。

老秃山的军事地位十分重要，美军宣称是"汉城的大门"，因此美军第七师和哥伦比亚营在此拼死据守，高地经过反复争夺轰击，山上草木全无，我军称它为上浦防东山无名高地，美军叫它为老秃山。这次第四二三团把美军"汉城的大门"攻占了，并站住了脚，把哥伦比亚营歼灭殆尽，引起了"联合国军"内部的强烈震撼，侵略者似乎感到自己的末日即将来临。在强攻老秃山的战斗中，第四二三团一营三连十一班副班长滕明国带领4名战士在紧急情况下，趴在铁丝网上搭成"人桥"，让突击排的战友踏着自己的身体去消灭敌人，除张福祥幸存外，其余4个人全部壮烈牺牲。毛烽深受感动，立即写成了《四位不朽的马特洛索夫式英雄》一文，宣扬英雄伟绩。

老秃山战斗深深地震撼了文学大师老舍先生，创作了他一生中唯一的军事题材小说——《无名高地有了名》。同样，也深深地震撼着毛烽，因此他在后来创作的电影《英雄儿女》的过程中，许多场景就选取这次战斗的素材。

毛烽一生中最激烈的战斗岁月是在第四十七军度过的，他对第四十七军有着极其深厚的感情，先后创作的《百团大战》《为谁打天下》《黑山阻击战》等文艺作品，都是以第四十七军部队的战斗素材为基础写成的，教育和鼓舞了几代人。

20世纪60年代，毛烽虽然离开了第四十七军，但他仍然牵挂着这支部队，一直想写一部反映这支部队在抗美援朝战争期间的电影作品，英雄们的形象时刻在他的脑海中出现，多么熟悉的战场，多么熟悉的环境，多么熟悉的人物，多么熟悉的故事，每当他想起都是噙着一眶热泪……他决心写一部电影来歌颂在朝鲜战场上这支部队的英雄们！

社会生活是一切文学艺术创作的源泉，对于有着1000多个日日夜夜朝鲜战地生活积累的毛烽来说，影片所展现的许多情节，简直可以从生活中信手拈来。因此，提笔创作时，仿佛那一个个鲜活的人物就在眼前，在极短的时间内，便完成了故事片《英雄儿女》的剧本创作，被拍成了电影，在全国公开放映，引起强烈反响，教育和激励了几代人，为祖国的繁荣昌盛积极工作，无私奉献。

影片中的主人公英雄王成是毛烽着意塑造的光辉形象，这个形象有广泛的生活基础。1951年，第四十七军在临津江东岸坚守防御，战斗异常激烈。毛烽一直在第四十七军政治部前进指挥所工作，起草军党委主要文件，主编《政治工作通讯》，常常夜以继日地工作。毛烽豪放爽朗，热情关切，常拿文件让文印组的同志刻印。文印组组长刘茂恺20岁出头，其他文印员胡正清、詹承坤、周元森只有十几岁，他喜欢叫他们"文印组小鬼"。有时拿着编好的稿子和起草好的文件来刻印时，总爱忙里偷闲地跟"小鬼"们说说话，遇到捷报和英雄事迹时，说起来总是神采飞扬。国庆节前后，粉碎范弗里特发动的"秋季攻势"战斗打得十分激烈残酷。第四一八团战士滕桂桥，拉响爆破筒与20多个美军士兵同归于尽；第四二二团"天德山英雄连"连长杨宝山，抱起大石头与美国兵同归于尽；第四二一团二营机炮连长王德山，这位抗日战争中曾经在金日成指挥的部队里战斗过的43岁的老英雄，最后握着两颗手榴弹冲入敌群，与美国兵同归于尽……毛烽告诉他们，仅第四一五团在朔宁前线战斗中就涌现出25位与敌同归于尽的英雄。有一天，他拿着一份稿子准备让文印组刻印，表情凝重地说："这是《杨根思式的英雄滕桂桥》的稿子，是个了不起的英雄。滕桂桥是第四一八团七连爆破班战士，1951年10月9日下午，在346.6高地打退敌人10次反扑后，阵地上只剩下他一个人，40多个美军士兵再次反扑上来，他打尽手榴弹之后，拉响最后一根爆破筒扑向敌群，与20多个敌人同归于尽……"他眼含热泪，在场的文印组成员也为滕桂桥的壮烈行为所震撼，全都肃然起敬。

第四十七军到底有多少与敌人同归于尽的英雄？由于年代久远，现有资料很难查找，仅有的当年团级干部的3篇回忆录中，提到有名有姓有单位有职务的还有：第四一五团五连副连长邓文学、通讯员李国财，第四一六团二连反坦克班战士邓应才，第四二〇团五连战士方国发、第二营机炮连重机枪手王子发，第四二一团二连副排长王根生、班长邓维亚，第四二二团五连八班副班长尚玉芝、炮一连一班长尹志杰、二班长李芳安，第四二三团三连战士宋德清。有名者寥寥无几，无名者多如繁星，无论有名无名，都是星光灿烂，英魂永存！功勋永存！共和国的旗帜上闪耀着他们血染的风采！

英雄的形象从哪里来？生活是文艺创作的源泉。血与火拼杀的激烈战斗，感天动地的壮烈英雄，志愿军与祖国亲人之间、中朝军民之间生死与共血肉相连的深情厚谊，编剧在朝鲜战场日日夜夜的生活感悟，电影《英雄儿女》中的人物，是从第四十七军几万将士中走来，从第四十七军成千上万名英烈中走来，从志愿军上百万将士中走来，从志愿军千千万万名英烈中走来……

英雄王成的形象最完整的原型是步话机员于树昌。他被派去参加281.1高地东山的争夺战，经过一整夜的激烈战斗，阵地上只剩下他一个人。他不断地用沙哑的声音呼唤我军炮火同成连成排的敌人进行残酷的战斗，又从早晨坚持到中午，有时来不及调炮火，他就跳出工事用手榴弹打垮敌人。中午12时，敌人从三面拥来，密密层层地向于树昌逼近，他连续呼叫我军炮火："快打我周围50公尺！""打30公尺！""打20公尺！"当孙团长问他"你地堡积土多厚"的时候，他庄严而急切地呼喊："首长，同志，亲爱的同志们！再见啦！万岁！……"用最后一颗手榴弹与成群的敌人同归于尽。影片中王成孤胆作战，呼叫炮火直至最后与敌人同归于尽的情节，几乎就是于树昌事迹的艺术再现，所不同的仅仅是把于树昌的手榴弹换成王成的爆破筒。

1986年，曾是第四十七军文印组成员的周元森，在写《改编贵在创造——从巴金的短篇小说〈团圆〉到毛烽的电影故事片〈英雄儿女〉》的论文时,问毛烽:"向我开炮"的呼叫是从哪里来的?毛烽回答说:"我是从《志愿军一日》上找来的。"1956年9月,军事纪实散文集《志愿军一日》由人民文学出版社出版,其中第四编第170页至176页登载了排长孙绍均记述于树昌烈士事迹的《向我开炮!》一文,于树昌在呼叫"向我开炮"后,在地堡里用最后的手榴弹与闯进来的10多个敌人同归于尽。

1992年10月,周元森到沈阳看望老首长,在谈起王成的由来时,毛烽无限感慨地说:"第四十七军有多少与敌人同归于尽的英雄啊!把杨根思的精神、滕桂桥的爆破筒和于树昌的呼叫结合起来,王成的形象就站起来了。"近几年,某些媒体炒作王成"真原型""假原型",甚至把"受委屈的英雄"当作主要人物渲染,十分热闹,但毛烽并不认可,也不多讲话。有人要带活着的"原型"来见毛烽,被他断然谢绝了。有的军甚至把毛烽说成是他们军的"新闻干事",更是无稽之谈。

影片中王芳的形象塑造得非常鲜明生动、纯朴自然,这与毛烽曾长期从事部队文艺工作是分不开的,而且毛烽的爱人宁敏就是一位出色的女文工团员。毛烽钟爱文艺,才思敏捷,性格豪放,谈吐风趣,具有演说家艺术家的特质。周元森回忆道:"1951年9月,火线战斗正酣,他们埋头工作,毛烽一走进防空洞就大声说:'文印组小鬼怎么不唱歌?国庆节推荐《歌唱祖国》和《全世界人民心一条》两首歌,来!咱们一起唱。'歌声振奋了精神,大家干得更欢了。1953年打坑道,民运组的舒悦一失手打掉了汇款组女组长金霭珧的半颗门牙。"舒悦是湖南沅陵人,金霭珧是清朝皇室后裔。毛烽便编出快板,"小公主的模样长得挺俊,洁白的牙齿如玉琢;蛮小伙蛮劲可不小,把小公主门牙打掉不多不少整半个",把大家逗得一阵欢笑,打锤更来劲了。影片中王芳歌唱炊事员的临场采访、临时创作、现场演唱真人真事,部队进击途中王芳把竹板打得震天响的场面,等等,既是毛烽长期从事部队文艺工作的体验,也是朝鲜战场宣传鼓动工作的再现。甚至像王芳含泪写王成,把英雄行为写得叫人看了"光觉得挺难过,鼓不起劲来"的认识弯路,在现实生活中也能找到它的影子。伟大的国际主义战士、第一四一师侦察连文书罗盛教为抢救朝鲜少年牺牲后,负责行政管理的军务部门个别同志认为是不该发生的非战斗减员,要发通报批评,政治部门却为罗盛教请功,军党委作出开展学习罗盛教的决定。

影片中的王主任是我军的高级干部。毛烽在朝鲜战场的3年时间里，一直在第四十七军政治部前进指挥所工作，正好是王主任的活动环境。硝烟纷飞的战争生活中，他对我军高级干部的言谈举止、道德情操是十分熟悉的。他自己由于贡献突出，是第四十七军政治部第一个获得朝鲜"二级独立自由勋章"的人。这样，王主任在战斗中指挥若定，沉着刚毅，在处理父女之情和阶级之情上老革命有水晶般的心，就在毛烽的笔下自然地淋漓尽致地勾画了出来。

影片中的许多场面，都是现实战斗生活的艺术再现，甚至一个一闪而过的空镜头，也有丰富的现实生活蕴含。在影片快结束时，"王成排"参加大反攻的战斗，战士小刘为了让部队迅速通过障碍，毫不犹豫地趴在铁丝网上，让战友们踏着自己的身体通过。这个镜头的素材取自在第四二三团三连十一班副班长滕明国等5个人的事迹。在强攻老秃山战斗中，他们趴在铁丝网上搭成"人桥"，突击排的战友们含泪从他们身上通过，他们中的4个人献出了生命。在创作中，为了不冲淡主要人物王成的形象，毛烽留了一手，不讲4位"马特洛索夫"，只轻描淡写地作为没有台词的空镜头写一个小刘。

王成，是顶天立地的英雄！是在全国人民和全军将士心目中早已生根开花的烈士形象！我们不能让王成蒙尘，更不能异化王成，也不能争王成的"原型"是自己部队的。其实，王成的形象，是千千万万个志愿军烈士形象的集中表现！在实现中华民族伟大复兴的征程上，王成的豪迈气概必将继续鼓舞全国人民奋勇前进，必将继续鼓舞全军将士在改革的大潮中，勇于担当，在实现强军的目标征程上破浪前进！

第十四章
构筑海防阵地粉碎敌人企图
医治战争创伤英雄凯旋归国

接替海防任务，粉碎敌登陆企图；落实设防部署，完善海防工程；调整部队编制，补充武器弹药；开展文化教育，进行军政整训；第一三九师修建大岭河、松石河水坝；第一四〇师修建龙浦海水防护坝、龙德里贮水池；第一四一师修复见龙贮水池工程；撤离朝鲜，凯旋归国。

1952年年底至1953年年初，美国操纵下的联合国大会非法通过了印度所谓"解决朝鲜问题"的不合理提案，开城停战谈判也由于美国单方面破坏而陷于无限期休会；其正面作战部队不断遭到我军打击，损失惨重。艾森豪威尔在其就任美国总统之前，偷偷地跑到韩国进行所谓的"视察"，并召开在韩高级军事人员会议，搜集朝鲜半岛东西岸的情报，并在其正式就职时发表"国情咨文"，宣称"自由世界不能无限期地处于瘫痪的紧张状态中……我现在下令第七舰队不能再用于保卫共产党中国了"。这就是"放蒋出笼"，采取釜底抽薪的办法来威胁中国，迫我停战。一切迹象表明，敌企图利用其海空优势，从侧翼实施冒险登陆进攻。

针对艾森豪威尔的战争威胁，毛泽东主席以他惯有的非凡气概说："那么好罢，就打下去，美帝国主义愿意打多少年，我们也就准备跟他打多少年，一直打到美帝国主义愿意罢手的时候为止，一直打到中朝人民完全胜利的时候为止！"

已经回国的彭德怀立即电令邓华着手进行反登陆作战准备，毛泽东甚至向邓华说："肯定敌人登陆，肯定要从西海岸登陆，肯定敌在清川江至汉江间登陆。"

志愿军总部根据毛主席和彭总的指示，立即发布命令："我志愿军协同朝鲜人民军有坚决粉碎敌登陆进攻争取战争更大胜利之任务。"要求坚守正面部队，要以积极防御手段，用反击"打点"作战抓住敌人，破坏其登陆计划，并能在自己防御正面抵住敌人3个师重叠进攻，歼灭消耗敌人。

为准备粉碎敌人大规模进攻，第四十七军于1953年1月10日做了部署调整：首先以第一三九师四一六团接替了第一四〇师四二〇团金岘洞防务；2月28日，第一三九师四一七团三营和二营四连接替了第四一九团一营和第

1953年1月10日,第四十七军对防御一线兵力进行了调整,随即集中全力加修工事,构筑既能作战,又能屯兵、储物,打、防、藏融为一体的坑道工事。战士们称之为"克敌坑道"。

四一八团三连防御任务；2月20日，第一四一师四二二团与四二一团换防。通过调整，进一步增大了防御纵深，加强了一线防御力量。

部署调整到位后，立即集中全力加修工事，完善防御设施，从连队到机关，广大指战员发扬吃大苦耐大劳的精神，敌人来了就打，战斗结束后继续作业，夜以继日地连续苦战3个月，新挖地道44410余米，堑壕59930余米，交通壕65900余米，各种掩体7650余个。第四十七军在23.5公里的防御正面、10公里纵深地带内，构成了76050余米的以坑道为骨干和243090米堑壕、交通壕并与火器掩体相连接的65个连、10个排坚固支撑点式的防御阵地，使地下与地面相结合，地面以堑壕、交通壕与明暗火力点相连接，地下以多层多口的作战坑道与生活坑道相依存，既能作战，又能屯兵、储物，使打、防、藏融为一体，从而使我防御阵地真正成为构筑坚固、设施完善、防守严密的铜墙铁壁。在大力加强工事的同时，第四十七军利用已修好的工事储备了弹药和粮食；利用战斗和施工间隙，组织部队阵地练兵，提高指挥与作战水平，为坚持持久作战、彻底粉碎敌可能的冒险行动起到了积极作用。

随着我一线主要阵地坑道或工事的完成，"联合国军"开始使用重磅炸弹、汽油弹及施放毒气，以远程大口径火炮用延期引信等手段，重点对我志愿军和人民军前沿阵地坑道及各种掩体工事进行破坏，杀伤我人员。3月12日，人民军第三军团防守的467高地，1个排坑道式掩蔽部遭到敌人飞机的轰炸，4个洞口被炸塌3个，另1个排则被敌人施放的毒气弹封锁，造成337人伤亡。2月27日至4月9日，"联合国军"向志愿军和人民军一线阵地施放毒气32次，其中飞机投掷4次，炮兵发射毒气弹28次，志愿军和人民军有216人中毒，其中牺牲50人。

根据上述情况，志愿军总部及"联司"于3月中旬至4月中旬，连续发出指示。3月15日，"联司"指示各部队：坑道工事在不影响抗力的情况下，多开洞口和多开通风孔，在出风口加1至2层门防毒气门帘，洞口部内3至5米处多修几道拐弯以防毒气进入。4月13日，志愿军总部向各部队发出指示：各部队工事应严密进行复合地貌的伪装，特别要注意新挖工事洞口取出新土的伪装；坑道工事屯兵处应选择在顶部厚实的坚固部位，或加厚防弹层，以增强抗力……；加强阵地管理……；进行普遍防毒气常识教育，使个人都能熟练使用防毒器材。4月17日，又进一步提出要求：机关部队营舍和掩蔽工

坑道中的士兵之家

事必须严格做到"七防",即:防空、防炮、防雨、防潮、防毒(疫)、防火、防洪。明确要求各单位必须要做到这"七防",而且必须是兼备,缺一不行。

在这种情况下,为总结构筑工事的经验,统一工事标准并符合战术要求,志愿军总部于4月26日至5月1日召开了各兵团和各军参谋长会议,进一步明确了长期作战、阵地防御的思想,探讨了坑道工事的战术运用,强调了技术工程与战术要求相结合,坑道工事必须与各种野战工事相结合,必须与防御兵力相适应,使之成为能打(消灭敌人)、能防(保存自己)、能机动、能生活的完整的阵地防御体系。规定每个连的阵地至少要有两条坑道,也不宜过多反为敌人所利用;每条坑道要有3个以上出风口,并进一步落实

志愿军战士在海防阵地上构筑工事

"七防"要求；坑道顶部厚度要达到 15 至 30 米；指挥所、卫生救护所、仓库和各种生活设施，均要能抗住敌人 155 毫米口径以上火炮的炮弹和重磅炸弹的轰击。对各军结合部的火力支援、兵力接应、交通连接、通信联络、作战指挥等都做了规定，并对第二线工事构筑做了部署。

至 5 月底，志愿军共构筑坑道 7789 条，长达 198.7 公里，人民军构筑坑道 1730 条，长度达 88.3 公里；志愿军构筑各种坑道式、掩蔽部（外是掩蔽部、内在挖坑道），掩盖式、非掩盖式掩体工事（均包括东西海岸构筑的工事）75.29 万个，人民军 3.17 万个，志愿军构筑掩蔽及露天堑壕 3420 公里，人民军为 263 公里；志愿军构筑的避弹所、指挥所、观察所、掩蔽部、地堡 8.5 万个，人民军 1.6 万个。在西起临津江口东至东海岸的干城，正面 233 公里，纵深 15 至 20 公里的第一线阵地上，形成了以坑道工事为骨干，同各种野战工事相结合的支撑点式的坚固阵地防御体系。这是志愿军在抗美援朝战争中的一个伟大创举。

随着坑道工事的构筑，阵地日益巩固，志愿军和人民军的伤亡也大大减少。在 1951 年夏季防御作战中，"联合国军"平均发射 40 至 60 发炮弹即杀伤志愿军或人民军 1 人。而 1952 年 1 月，"联合国军"向志愿军和人民军前沿阵地发射94.5万发炮弹，伤亡为3939人（含人民军874人），约240发炮弹伤亡1人。2月，敌向我前沿阵地发射59.1万发炮弹，即伤亡2239人（含人民军640人），约264发炮弹伤亡1人。到4月，"联合国军"以小部队发动90次攻击，无一次成功，而志愿军和人民军发动16次攻击，10次成功。1至5月，"联合国军"进行袭击活动154次，无一次成功；志愿军和人民军进行120次袭击活动，有73次成功。以坑道为骨干的坚固防御阵地体系经受住了初步的检验，坑道工事的优越性进一步得到体现。

1953年3月24日，志愿军司令部命令：第四十七军于4月5日24时前，将临津江东西两岸防御任务移交志愿军第一军，并留1个师为第一军第二梯队，暂归第一军指挥；配属第四十七军之炮兵、高射炮兵、战车部队均转属第一军指挥。阵地交防后，撤至谷山以东及其东南集结，为志愿军预备队，随时担任机动作战任务。

遵志司命令，第四十七军与志愿军第一军共同签发了交接防务联合命令。自4月2日开始，第一军一师接替临津江西岸马良山地域第一四〇师（欠第四二〇团）、第一三九师四一六团防御任务，配属第一四〇师之炮兵第四十八团、战车第六团之部队及高射炮兵第四十三营均转属步兵第一师指挥；第七师接替临津江东岸上、下浦防、梨木洞地域第一四一师防御任务，配属第一四一师之炮兵第四十八团、战车第六团之部队及高射炮兵第五十六营均转属步兵第七师指挥；第一军指挥所（直）、军后勤分别接替第四十七军指（直）、军后寺洞、新星里之防务；配属本军后勤之掩护营亦转属第一军后勤指挥；第一军之炮兵部队接替我炮兵第十团阵地。

根据志司的命令，第四十七军决定：第一四一师交防后为第一军第二梯队，第一四一师（欠1个团）进至仙女洞、右城里、桃川里地域接替第一三九师二线防御阵地；另1个团进至六开里接替第一四〇师四二〇团防御任务，该团归第一师指挥。各部队均于4月5日24时前交接完毕，四十七军一线部队各级均留一名副职担任"顾问"，协助第一军各级作战指挥。

第四十七军交防后，于4月6日拂晓撤出阵地，第一三九师（欠第四一六团、第四一七团三营）沿右城里、广大洞、黄岱洞于4月2日（该师已于3月28日撤出二线阵地）进至谷山、天仪洞、花溪洞地区集结；第一四〇师及第一三九师之四一六团、四一七团第三营随第一四〇师路线开进，于

4月11日进至谷川里之西林洞、宇洞、大洞地域集结（第一三九师之部队归建）；军指挥所（直）、军后勤经仙女洞、小岘里、开莲里和市边里、支下里、谷山，于4月6日进至月来洞、松田洞地区集结；炮兵第十团经市边里、新化、谷山，于4月12日进至武陵洞集结；第一四一师于4月25日将阵地移交第一军，即集结于仙女洞地域。

第四十七军完成集结后，根据志司赋予的机动作战任务，军党委提出了"住下来，准备走，练好本领，打好关键仗，争取新荣誉"的号召，总结了5个月防御作战经验，召开了军党代表会议，进行了军事、文化整训和兵员补充等工作。

1953年5月1至7日，在谷山之月来洞召开了中国共产党第四十七军代表会议。会议的主要议题是：总结5个月防御作战经验，报告开展反对官僚主义斗争的基本情况；研究部署今后一个时期党的建设与部队任务。军政治委员刘贤权代表党委作了《关于执行5个月防御作战任务总结和部队今后任务》的报告。着重指出：在5个月防御作战中，根据志愿军党委关于"持

后勤人员冒着敌人的火力封锁将各种物资运送到坑道里

久的积极的坚守防御，反复争夺，寸土必争，歼灭敌人"的正确作战指导方针，针对美帝国主义具有现代化装备联合兵种进攻的作战特点，第四十七军首先以坚固的阵地为依托，全体指战员英勇作战，挫败了敌人的进攻，守住了阵地；进而积极地有计划、有组织地开展小部队活动，在缓冲区打击、消耗敌人，熟悉了情况，摸清了规律，粉碎了敌人的进攻计划；而后以坚决的反击，与敌反复争夺，以"以攻为守，攻必克、战必歼，由小打到打较大规模的反击战，稳步向前"的作战原则，夺取了敌前沿部分要点，歼灭了敌人；最后为了粉碎敌人企图在正面配合翼侧登陆的阴谋，全体指战员在艰苦困难的情况下，以辛勤的劳动，忘我的工作精神，完成了阵地建设任务，为粉碎敌人可能发动的大规模进攻创造了条件。5个月的防御作战，敌虽未向我发动大的进攻，但战斗始终是紧张、艰苦、频繁而激烈的。在上级的正确领导下，各兵种和兄弟部队密切配合，取得了毙敌9700余人的重大胜利，并夺占敌部分阵地，圆满完成了上级赋予的任务。在谈到今后的任务时，刘贤权着重指出：第四十七军担负着志愿军预备队的艰巨任务，要随时准备机动作战，必须认真教育部队克服轻敌麻痹思想和骄傲情绪，树立持久作战，保持高度警惕，"住下来，准备走，练好本来，打好关键仗，争取新荣誉"。要加强党的集体领导，认真贯彻民主集中制原则，充分发挥党支部的战斗堡垒作用和党员的先锋模范作用，保证作战与各项任务的圆满完成。政治部主任陈发洪就部队开展反对官僚主义的斗争作了发言。指出：部队经过半年多时间反对官僚主义的斗争，领导的思想作风与工作作风都有了很大改进，深入实际帮助指导比过去扎实，官兵关系更加密切，部队组织纪律观念有了加强。存在的主要问题是个别干部的军阀残余尚未肃清，少数同志违法乱纪的现象仍然存在，因官僚主义造成连队工作忙乱。因此，反对官僚主义的斗争必须继续进行下去，决不可松劲。会议还就加强战备训练和党支部建设作出了决议。与会代表对两个报告和决议进行了充分的讨论，一致同意上述决议。

为落实机动作战的准备，针对部队补入新兵多的实际，在总结5个月防御作战经验的基础上，部队利用短暂的休整时间，大力宣扬了在5个月防御作战中涌现的英雄人物和事迹，进行了任务动员。同时开展了战术、技术基础训练，重点训练了射击、投弹、单兵攻防战术、打飞机、打空降等内容，使部队特别是刚补入部队的部分新兵（每师近2000人），在很短时间内，初步掌握了作战本领。

在与装备有现代化武器的侵略者进行大规模的持久坚守防御作战中，必须要构筑有高强度抗力的、以坑道为骨干的系统的坚固工事防御体系。只有构筑以坑道为骨干的坚固防御工事，才能既能发扬自己步兵火力优势，又能保存自己有生力量，达到消灭敌人、长期坚守的目的。因此，构筑坚固工事是持久坚守防御作战的关键。

特别是美军自发动侵略朝鲜战争以来，陆地进攻不断受挫，但仍不甘心其失败，妄图孤注一掷，调动大量的海军和空军，并由正面抽调美军第一师、第七师、第二十四师，准备从海上进行大规模的冒险登陆进攻，妄图切断朝鲜北部东西海岸蜂腰部，从侧背威胁我中国人民志愿军和朝鲜人民军，以扭转其陆地进攻的败局。

志愿军的反登陆作战准备是实实在在地进行的。不但原定回国的3个军调往西海岸反登陆，还将国内第二批轮换的4个主力野战军立即抽调入朝，6个铁道兵师也入朝抢修选用新线路。到1953年3月，在朝志愿军已达19个野战军、8个地炮师、2个坦克师、10个铁道兵师和1个公安师，共达135万人，是时是志愿军在朝鲜数量的最高点，派往朝鲜的野战军数量甚至超过了留在国内的数量。

为彻底粉碎敌人可能冒险登陆的计划，我志愿军总部决定，调整部队部署，加强海岸防御和对空防御，以防敌人搞突然袭击。1953年6月3日，第四十七军接志司命令，将现驻地移交给志愿军第二十一军，而后进至安州、肃川、汉川地区接替志愿军第三十八军西海岸防务和永柔地区之反空降任务。配属第三十八军之炮兵第一师第二十六、第二十七、第四〇二团，步兵第四十七师炮兵团与反坦克营歼击炮兵营，炮兵第四十七团三营，火箭炮兵第二〇三团，海岸炮兵1个连，高射炮兵第六十四师，工程兵第六团，第四十六军所属4个工兵连和步兵第四一二、第四一三团均转隶第四十七军；战车第一师配属四十七军担任反空降和支援第一线作战任务。

第四十七军受命后，及时召开了党委会，传达志司命令，明确了任务，对部队进行了深入动员，严密组织了交防和进行行军准备，于6月7日由驻地出发，分三路开进。右路：步兵第一三九师于7日至9日先后出发，经青松里、松山里、成川至小尼峰地区；左路：步兵第一四〇师经社仓里、平壤、葛山里进至汉川东之五里洞地区；中路：步兵第一四一师于10日至12日先后出发，经揪川里、三登、下二里进至肃川东北之青龙里地区；军指挥所（直）、军后勤分别于10日、12日出发，沿步兵第一三九师路线开进，至肃川以东之云龙里地区；炮兵第十团于11日出发，经坪院里、三登、北斗尾至云龙里地区。

6月10日，双方共同拟发了交防防务联合命令，并组成了交接防务委员会，领导与指挥各部队交接。6月20日24时前，步兵第一三九师接替步兵第一一二师防务；步兵第一四〇师接替步兵第一一四师防务；步兵第一四一师接替步兵第一一三师永柔地区反空降任务；军指挥所（直）接替三十八军军指（直）云龙里指挥与防御地域；第三十八军所有防空哨及防御地域内公路维修等任务亦同时移交四十七军所属各部队担任。在交接过程中，双方发扬了互敬互让、服从大局、团结友爱的精神，使换防工作顺利完成。

为了落实设防部署，完善海防工程，部队接防后，遵照"西海指"关于"为歼灭一切可能向我防御地带登陆与空降之敌，应将主要兵力兵器集中于汰香山至蛇山里、艾山江口至卧龙山地域，以达坚守、抗敌登陆、歼敌于海面滩头"的命令精神，第四十七军根据任务和敌人可能登陆进攻方向，在对防御地域进行全面勘察、分析的基础上，将主要防御地带确定在龙五里、立石里、卧龙山、石秀山、马耳山、美会山等地域；第二防御地带确定在龙三里、鹊山、国寿峰地域。步兵第一三九师防御前沿主要支撑点为汰香山、南浦里、广川里、新里，师预备队阵地在龙山里、元川里、凤鸣里、太子里地域；步兵第一四〇师主要防御地带前沿在卧龙山、石秀山、佛谷山、马耳山地域，师预备队阵地在鹊山、石浦里、国寿峰地域；步兵第一四一师为二梯队，担任肃川、永柔地区反空降和随时支援一线作战。四十七军一线防御正面展开13个步兵营，炮兵平均每公里正面5.5门。

7月27日，停战协议达成后，加强和转隶第四十七军之部队相继解除关系。8月份，根据"西海指"关于"停战后为防止敌人可能的袭击和破坏活动，同时便于部队的建设和训练等工作，在不脱离防御地域能应付可能发生的情况的原则，可以连为单位适当集中"的指示，各部队做了适当的调整，一线大部分散单位，适当地收拢，并封闭了部分坑道工事。至1954年夏季因步兵第一三九师执行改装任务，步兵第一四一师接替步兵第一三九师一线防御任务，步兵第一三九师接替步兵第一四一师任务；同时步兵第一四〇师四一九团接替朝鲜人民军炭浦至北漕鸭地区之防御任务。第四十七军在 15 个月的防御中，出动近 20 万个劳动日，加修海防工程，共筑有坑道 966 条，全长 50415 米，堑壕 164920 米，交通壕 141350 米，反坦克壕 832 米，各种火炮掩体 6260 个，指挥、观察所 59 个，防炮洞 165 个，掩蔽部 590 个，各种地堡、火力发射点 197 个，使西海岸防御构成完整坚固的永备防御体系。

据有关资料记载，从 1952 年年末到 1953 年春，180 万中朝联军连朝鲜的广大百姓日夜施工，到 1953 年 4 月底，北朝鲜除背对志愿军的鸭绿江一线外，从正面战线一直延伸到东西海岸，都形成了一个以坑道、地道和钢筋水泥工事为骨干的弧形防御体系，修筑了一条纵深 20 至 30 公里、总长竟达 1100 公里的钢铁防线。

中朝军队在美军可能登陆的东西海岸设置了纵深 10 公里的两道防御带，此外还有堑壕、交通壕 3100 余公里和不计其数的火力点和掩体。此外，志愿军还储备了够全军吃 8 个半月的 2.5 亿斤粮食和 12.38 万吨的弹药。

面对如此强大的防御体系，美军没敢妄动半步，在朝鲜战争中出足了丑

小分队攻取敌人前沿支撑点，使敌人经常处于被动、恐慌之中

的美国中央情报局,这次终于给出了较为准确的情报:

"目前在朝鲜的部队,大约有19个志愿军军和5个朝鲜军团。其中大约有30万人部署在可能发生登陆作战的海岸地区,可立即投入海岸地区的作战……一旦'联合国军'按计划在朝鲜发动进攻,志愿军将展开最大限度的地面防御,来抗拒'联合国军'的进攻并实施坚决的反击。"

这样坚固的防御体系,连制订登陆作战计划的"联合国军"总司令克拉克也彻底泄了气。他认识到贸然发起进攻的可怕后果:"志愿军沿海岸的防御体系和前线的防御体系一样,纵深的距离很长,并且它的效力大部分依靠地下设施。除地下工事外,还有一道道有明壕从滩头向后分布。因此,任何从海上攻击的部队,一旦他们在岸上获得立足点,即被迫去攻击一道又一道的战壕。雷区到处都是,大部分稻田地区被水淹没,使它们变成战车的大陷阱,使我们的装备在泥泞中寸步难行。"

在中朝军队强大的威慑下,美军未敢扩大战争,也未敢轻举妄动。

1953年秋,中央军委发出精简机构、减少非战斗人员和严格执行编制的指示,第四十七军在做好抗敌登陆作战的同时,按照"国防军编制表"进行了整编。从11月1日开始,首先进行思想动员,提高认识,明确目的意义,而后按中央军委颁发之"国防军编制表"宣布整编命令,调整兵员,补发武器装备,至11月20日完成了整编任务。这次整编,新增营以下战斗单位159个;撤销营、连单位89个。通过整编,扩大了作战单位,改善了武器装备,使部队作战能力有了进一步提高。

朝鲜停战后,第四十七军在高度戒备、严防敌人挑衅和破坏的同时,抓紧时机进行了文化教育和军政整训。

1953年12月至1954年4月,进行了5个月以文化为主的冬季整训。整训中,根据中央军委规定"速成的、联系实际的,但又是正规的"教育方针和部队实际情况,采取重点和普训相结合。开办了文化速成学校,先后抽调911名干部和功模人员回国到文校集中轮训;各师办好军事教导营,集中轮训初小语文未毕业的干部共760名;抓好干部的在位学习。通过学习取得较好成绩,基本上完成了扫盲任务,使部队文化结构发生了变化。初小语文毕业生由原来的20.5%,上升到45.4%,其中排以上干部由64%上升到85%。原来语文未达初小毕业的1820名干部下降到790余名。参加考试的干部、战士共31690余人，总评为90.6分，其中及格以上31370余人，占考核人数的99%。文化的普及与提高，为进一步学习科学技术、掌握知识、搞好军政训练，提供了有利条件。

中华人民共和国成立后，我国进入了社会主义革命和社会主义建设的崭新时期。党中央和毛泽东总结革命的理论，结合我国的具体情况，在1953年8月提出了党在过渡时期的总路线，指出："从中华人民共和国成立，到社会主义改造基本完成，这是一个过渡时期。党在这个过渡时期的总路线和总任务，是要在相当长的一个时期内，基本上实现国家工业化和对农村、手工业、资本主义工商业的社会主义改造。"在这条总路线的指引下，我国的社会主义革命和社会主义建设蓬勃发展。随着革命的不断深入，在干部战士中出现了一些消极思想。根据中央军委、志愿军党委的统一部署，在文化整训后，组织部队反复深入地学习了毛泽东1949年3月《中国共产党第七届中央委员第二次全体会议上的报告》和《党在过渡时期的总路线》等文章，使广大指战员比较深刻地理解毛泽东提出这条总路线产生的历史背景和基本内容、精神实质和党在过渡时期的基本政策，提高了执行党的基本路线和各项政策的自觉性。广大干部战士从不理解到积极关心和支援国家社会主义建设；个别同志从抱怨到坚决拥护，动员教育家庭走社会主义道路，积极参加相互合作。为了帮助国家减轻负担，在开展轰轰烈烈的增产节约运动中，指战员厉行节约，积累资金支援社会主义建设。通过教育，使部队进一步认识到过渡时期阶级斗争的复杂性和尖锐性，人民军队在社会主义建设时期的地位和责任，树立了远大的理想，激发了练兵热情。

在政治、文化训练的同时，部队开展了军事训练。训练分两个阶段：第一阶段1953年12月至1954年4月底，军事训练占训练总时间的30%，主要训练共同条令、武器常识、射击技能和化学防护等基础内容。第二阶段从5月开始，军事训练占总训练时间的60%，计划安排5个月，因进行归国准备，实际训练34天。以干部为重点，以战术为主。干部主要采取集中轮训的方法，共举办轮训班9期，集训干部2910人，重点研究了坚守防御、反击与阵地争夺战的战术思想与手段，以及反坦克、抗登陆、反空降的组织指挥等。部队主要进行攻防战术基础训练及伏击、反伏击、袭击等战斗勤务和防化学、反坦克的训练以及各专业兵基础训练，而后按作战预案组织抗登陆、反坦克、反空降战术演习，使部队从战术思想、组织指挥、协同作战等得到了进一步提高。

中国人民志愿军第四十七军部队入朝参战3年6个月以来，遵照毛泽东主席"中国的同志必须将朝鲜的事情看作自己的事情一样，教育指挥员战斗员爱护朝鲜的一山一水一草一木，不拿朝鲜人民的一针一线"的指示，一面与敌人在战场上拼杀，歼灭敌人，一面帮助朝鲜人民医治战争创伤，重建家园，恢复和发展生产。

部队入朝后，每到一地都积极帮助驻地群众除草施肥、抢种抢收，尽量使群众能有一个好的收成，减轻战争带来的困难。特别是停战签字后，部队抽出大量兵力投入到朝鲜的重新建设中去，帮助朝鲜人民医治战争创伤、重建家园、恢复和发展生产。第四十七军主要是支援朝鲜人民修建了水利工程。

大岭河、松石河水坝是第四十七军修建的第一个水利工程。两条河流是大同江的支流，是这一地区朝鲜人民田间的主要灌溉用水和电力供应站，但自以美国为首的"联合国军"侵朝以来，不断派飞机对水坝进行轰炸，致使水坝河堤全部被毁。4月份，插秧的季节快到了，可是没有水灌溉，造成12万多坪土地全部变成旱地。据当地面（朝鲜行政单位，相当于区）政府估计，这些土地的年产量是289000多斤粮食，如果改种旱稻，年产量只有76000多斤，当地人民当年就要减少21万斤粮食。但是要把坝修好，至少需要5000个工才能完成。即使动员所有劳动力重新整修，最快也要20天才能完成。农民正忙着春耕，一修坝，哪有人春耕？这是一个难以解决的困难，农民们都焦虑着："今年种不上水田了！"

步兵第一三九师主动向第四十七军指挥部请示，要求承担抢修水坝的任务。经同意后，他们以步兵第四一七团为主，采取最原始的办法，人挑肩抬。工程在4月7日开始，战士们锹镐飞舞，跑到1公里以外，攀着树枝爬上陡峭的山崖，炸石取土。五六个人一起抬着每块几百斤到上千斤重的大石头，双肩压得红肿。在解冻不久的冰水里，他们脱下棉衣跳下去，修砌坝基。为了使引水渠能够顺利引水，他们把密布的弹坑填平，重新挖掘出一条20里长的新水渠。这是一场艰苦的劳动，战士像进行激烈战斗一样，热情地工作着，欢声笑语响彻山谷，鼓励的口号声此起彼伏。第一个跳进冰水里的是共产党员王东山，他说："为了朝鲜人民解放事业，我们可以献出自己的生命，为了朝鲜人民过上好日子，我们再苦再累也没见有什么关系。"

面政府知道部队任务很紧，怕他们过分劳累，告诉他们坝只要3米宽、1米高就可以了。可广大指战员给朝鲜人民作长远打算，他们用几万块石头，在半个月的时间内修成了5米宽、3米高的坚固石坝。

水坝竣工的那一天，当地军民举行盛大的庆祝会。老年人和战士们紧紧地握手，妇女们穿起了节日的盛装，热情愉快地跳着舞蹈，他们以隆重的礼节，把一面写有"最难忘的国际友情"字样的锦旗献给志愿军。74岁的老农民朱礼章拉住战士的手，用激动得发抖的声音说："美李匪帮杀死了我们的人，抢走了我们的东西，炸坏了我们的坝，志愿军赶走了敌人又修起水坝，我要告诉我们的子子孙孙，当他们将来过着幸福生活的时候，要永远记住我们真挚的朋友——伟大的中国人民和他们的志愿军。"

志愿军修坝的消息，很快传到了朝鲜人民的最高领导机关，朝鲜中央内务署协奏团、朝鲜中央文学艺术总同盟、朝鲜文化协会，都先后赶来作慰问演出。朝鲜国家计划委员会副委员长、平安南道领导机关的代表等也赶来慰问，并赠给志愿军一面精工细绣的锦旗，旗上写着："中朝军民大团结万岁！"以表达对第一三九师的感谢之情。

担负谷山郡龙岩里修坝任务的是第一三九师四一六团。

谷山川是大同江的支流，从谷山郡东山里经龙岩里、炳述里流入大同江，是谷山郡境内较大的河流之一。它水流很急，流速平均每秒4米。几十年来，龙岩里人民就希望能修座水坝，使谷山川的水流入田野，灌溉土地。84岁的老农民金兴龙说："我小时候就听说如果在那里修座水坝，我们的日子就会好些。"但是，朝鲜人民长时期处于民族解放战争中，梦想未能实现。朝鲜北部解放以后，他们开始过上幸福生活，美国又发动了侵略战争，因此这座水坝始终未能修成。这里人民守着水却缺水，使2万亩稻田失收。当地人民只能在春耕时勉强修一个临时水坝，一到雨季，山洪暴发，临时水坝就被冲得无影无踪。1952年，龙岩里人民就因缺水，把2万亩水稻田改旱田，致使粮食严重歉收。现在又遇上缺水，有些人又打算忍痛把水稻改成旱田。

这是朝鲜人民生活的重大问题，师团决定帮助他们解决困难。经过认真勘测，决定修建一座36米长的拦水坝，以减弱急流的冲击力量；修一座65米长的漫水坝，雨季山洪暴发时，大水可坝而过，不至造成涝灾；修一条10

米长的顺水坝，使水驯服地流入渠道，灌溉田地。另外，再修一座控制水量的水闸，疏浚一条650米长的水渠。为了施工，第四一六团专门成立了施工指挥所，在1953年五一劳动节正式开工。

开工那天，谷山川沿岸的5个村庄的人民都轰动起来了，拄着拐杖的老年人、背着孩子的妇女和抱着鲜花的儿童都拥向了工地……

工地上，战士们在"纪念五一""为朝鲜人民造福"的口号鼓舞下，忘我地劳动着。朝鲜雨多，战士们冒着大雨，日夜轮班地干，抬石头的人肩头压肿了，手脚碰破了，还高唱着中国人民志愿军战歌。二等功臣杨绣明患疟疾，刚发完一阵寒热，就抢着去搬石头。5月的朝鲜北部早晨还带有寒气，但战士们为修水坝，跳进一米深的冰凉河水里工作，身子被冻得发麻了，还坚持劳动。在修建中，战士们自制了290个抬筐、8个大夯、90根扁担，提高了劳动效率。

建坝任务很快就完成了。5月9日中午12时，举行了水坝竣工典礼。在雷鸣般的掌声里，谷山郡人民委员长剪断了彩绸，战士们打开了水闸，谷山川的清水通过水渠静静地流进了干涸的稻田里。顿时，欢呼声响彻山谷，人们用朝鲜语和中国话高喊："毛主席万岁！""中朝人民团结万岁！"朝鲜群众激动地跳起了舞。第一三九师记者廉祥周兴奋之际，即兴作了一首散文诗：

> 滚滚的流水，高高的坝；
> 青青的秧苗，欢笑的家。
> 大木桩上染着你们双手刺破的血，
> 雄壮的坝上开出了友谊的花。
> …………
> 我们的亲人志愿军哪！
> 纪念碑上刻着"战斗友谊坝"。
> 我们子孙万代还要刻在心坎上，
> 松柏流水要把你们的事迹年年歌唱。

第四十七军其他部队也不甘落后，步兵第一四〇师担负执行西海岸的防御任务，在进行紧张的战备训练中，抽调步兵第四一八团、第四一九团和师直属分队，用了2.5万个劳动日，运土1.7万立方米，采石2650立方米，挖铺草皮1.25万平方米，修建起了全长905米的龙浦川海水防护堤，保证了1万多亩土地免遭海潮的淹没，3000多亩旱地变成了保收的良田，每年可增产180万斤粮食。当地政府和人民群众为了感谢第一四〇师，特将此坝命名为"兄弟坝"，并修建了纪念碑教育后人。与此同时，步兵第四一九团在龙德里修建了面积约880多亩，水池坝周长1100多米，蓄水量为120万立方米，可灌溉农田2000多亩，每年可增产粮食9万斤的龙德里贮水池。为了方便群众通行，还修建了一座12米长的木桥。

美军一方面同我志愿军和朝鲜人民军进行谈判，一方面又不断派飞机进行轰炸，尤其是对朝鲜的基础设施进行毁灭性的摧毁，给朝鲜战后恢复重建制造障碍，引起世界各国人民的愤怒和谴责。5月20日，新华社在平壤发出新闻电："朝鲜民主主义人民共和国代理外务相李东建在19日发表声明，严重抗议美军司令部派遣空军轰炸平安南道贮水池的暴行。"声明全文如下：

最近，美军司令部对朝鲜民主主义人民共和国的和平居民进行空前未有的无耻而残酷的新暴行。

今年5月13和14两日，美空军轰炸了平安南道顺安郡贮存着农田灌溉用水的"见龙贮水池"（即石严贮水池），破坏了贮水池的堤坝和闸门，使顺安郡和大同郡的和平村庄与田野地带被洪水淹没，使该地区居民陷入不幸。到现在为止据查明的结果：被淹没的村庄有70多个，被害和失踪800多人，并有大批家畜和家产被冲毁。同时，这个地区的农田——5000多农民已经播种的耕地，遭到了莫大的损害。不仅如此，敌机为了阻挠恢复工作和救济工作，还投下了大量的定时炸弹，并低空飞行对参加救护工作的居民施行机枪扫射。从这些行为可以看出：敌人这种令人发指的暴行，是多么毒辣，并且是有计划地制造的。美国飞机在5月15日和16日又滥炸平安南道的另一个贮水池——顺川郡兹母贮水池（即兹山贮水池）。这两个贮水池被炸的结果是1万多亩的农田被淹没，许多和平农民被淹死，农民们的财产和家畜遭到巨大的损失。

朝鲜民主主义人民共和国政府特授权我本人，对于美军司令部所制造的这些暴行提出严重抗议。

当天，在板门店恢复停战谈判开始时，中朝方代表对此事件提出强烈抗议，给予了严重谴责。全世界人民与渴望和平的朝鲜人民一致希望结束朝鲜流血的时候，美军司令部对朝鲜和平居民所施的这种新暴行，立即暴露了美帝国主义者的本来面目，引起全世界人民的最大激愤，纷纷发表文章进行谴责。

朝鲜平安南道平原郡交界处的见龙贮水池是朝鲜著名的灌溉水利设施之一，周长30多公里，贮水量达3412万立方米，可灌溉3400多公顷土地，23年来，它一直是这一带农民丰收的保证。可是，这样一个为民造福的和平设施，竟也被美国侵略者说成是军事目标而加以残暴地破坏了。美国侵略者在5月13日、14日，两天出动了100多架次的飞机，向见龙贮水池投下了500多颗重磅炸弹，把巨大的堤坝炸开了一个140多米宽的缺口，流出的大水淹没了顺安、平原、大同3个郡和平壤市郊区的4800公顷农作物，数百公顷的良田顿时变成了沙滩和河流，2000多户人民遭受了灭顶之灾，有800多和平村民被洪水淹死。灭绝人性的灾难制造者——美国侵略者却洋洋得意地夸耀他们屠杀人类的本领高强，宣称："朝鲜3年内无法修复被炸毁的贮水池。"这就是所谓美国标榜的人道？！

但是，美国侵略者给人民制造灾难的卑鄙行为，是无法摧毁英雄的朝鲜人民的坚强意志的。事发之后，朝鲜政府立即采取了紧急措施，发放了大批粮食、种子和农具，帮助灾民安家，生产度荒。驻在附近的中国人民志愿军第四十七军步兵一四一师部队，立即奋不顾身地全力以赴投入了抢险救灾工作之中，抢救人民的生命和财产，并向灾民发放了大批粮食和衣物，救济朝鲜灾民。受灾的人民也坚强地自救和迅速地进行了灾后的恢复工作。

为了帮助朝鲜人民尽快进行生产建设，中朝军队于5月23日开始进行修复见龙贮水池的艰巨工程。步兵第一四一师党委决定积极投入抢修工程，由郑波副师长兼参谋长率领6000名官兵和朝鲜人民军部队2000多人一起组成劳动大军，在朝鲜政府的统一布置下投入这项伟大而艰巨的修复工作。

这是满载荣誉刚下火线的两支英雄部队。中国人民志愿军步兵第一四一师是参加过辽沈战役中的黑山、大虎山阻击战、平津战役、宜沙战役、湘西剿匪的部队，是不朽的国际主义战士罗盛教生前所在的部队，是在朝鲜战场上粉碎敌"秋季攻势"坚守天德山、攻打老秃山的英雄部队，沉重地打击了敌人，创立了辉煌功绩的英雄部队。朝鲜人民军部队是荣获"近卫汉城金策师团"光荣称号的英雄部队。他们曾在汉江南岸使敌人遭受到惨重的打击。现在这两支英雄部队，又并肩战斗在恢复生产建设的战线上了。英雄们相见，分外亲热。朝鲜人民军指战员热情地拥抱中国人民志愿军的指战员，激动地说："祝贺你们在天德山和老秃山战斗中为我们祖国、为和平事业建立的不朽功勋，感谢你们现在又来帮助我们修复关系到万千人民生活的贮水池。"

紧张的劳动开始了。在热火朝天的工地上，中朝军队的战友们亲密地在一起挖土、装车、填土、挖淤泥……他们互相鼓励着，互相学习着，互相帮助和支援着。志愿军指战员见人民军官兵太劳累了，就抢着去帮忙；人民军官兵见志愿军战友在挖淤泥时太辛苦了，便主动地跳下齐腰深的淤泥里去替换。志愿军指战员在劳动中受了伤，人民军官兵就立即过来给伤者包扎。工具缺乏，他们都主动调配。美军飞机来侵扰时，中朝军部队的高射炮协同一致对空作战。他们在3天内就击落敌机7架，保护了施工部队上空的安全。

为了提高作业功效，中朝部队在工地上展开了友谊的劳动竞赛，开展了"创造新纪录"活动。朝鲜人民军"康丙洙模范中队"在4天内作业效率提高了一倍多；志愿军战士陈吉祥创造的"自动装土箱"，使装土效率提高了12倍。

在开工后的头10天，中朝军部队就以最快的速度，修起了一条长2400米、高5米、宽3米的临时挡水坝，阻住了洪水。接着又修复了4条长92公里的水渠干线，适时地灌溉了2800多公顷的稻田。

接着，部队又立即开始重修建永久性堤坝的艰巨工程。在高射炮部队的掩护下，工地上日夜奋战。汽车的喇叭声，劳动的号子声此起彼伏。背土的人群像蚂蚁搬家一样川流不息，满载着各种建筑材料的车队奔驰着……战士们在干部、共产党员、战斗英雄的带头鼓励下每天平均往返70多华里，背土约2吨重。在炎热的天气里，有许多战士晕倒了爬起来继续干，有许多战士背部被磨出了血，脚打了血泡也不吭声继续坚持干；汽车司机们也常常连轴转，昼夜不停地运材料。

雨季给贮水池修复施工带来了极大的困难，不仅道路泥泞难行，而且因为有14条从山上流下来的水入池，使池内水位不断暴涨。有时因狂风暴雨连续几昼夜池水猛涨，很快水位就和水坝持平了。在这紧要时刻，第一四一师副师长、工地总指挥郑波，向部队发出了"和洪水赛跑""不战胜洪水不收兵"的战斗口号，他们就像攻打敌军据点一样，发起猛攻。雨夜视线差，他们就点起火把照明，火把被雨浇灭了，他们就立即把大家的手电筒集中起来，就像一束束探照灯一样照亮了工地，经过紧张地全力奋战，堤坝远远超过了水位，终于战胜了洪水。

在紧张的抢修施工中，中朝军队官兵发扬了英勇顽强的战斗作风。在攻打老秃山战斗中身负重伤后仍坚持战斗而连续打掉敌人4个地堡的勇士张吉祥，在倾盆大雨中拖着重伤初愈的身体，积极地参加劳动，累得全身发抖，领导劝他下去休息都被他拒绝了。他一边拼命劳动，一边喊："为了朝鲜人民幸福的明天，同志们加油干啊！我们多出一份力、多流一点汗，就给朝鲜人民多造一份福！"大家听到后，干劲更大了。

朝鲜停战协定签字的消息传来后，工地上一片沸腾，中朝两国部队互相祝贺，都备受鼓舞，干劲倍增，他们在宽阔的泄洪闸广场上举行了热烈庆祝大会。官兵们在大会上一致表示要进一步提高工作效率，争取在朝鲜人民的伟大解放日——"八·一五"前把贮水池全部修好，作为向胜利的献礼！

官兵们的决心实现了。8月14日，贮水池的全部工程按计划全部胜利完工。80多天来，官兵们付出了他们最大的努力。据统计，步兵第一四一师就出工约16万人次，计130多万个工时，运土2400余万立方米，挖淤泥2300余立方米，筑混凝土坝1.12万立方米，修筑水渠干线长5200米，环池公路47公里。

在80多天的劳动中涌现出了许许多多的感人事迹。一天，劳累了一天的战士们都进入了梦乡，天空黑沉沉的，大雨哗哗地下个不停。二连三排机枪班住的洞子到处都在漏雨，衣服、被子全湿了，洞子里的积水都快涨到炕沿啦！副班长何有洪一个骨碌从炕上跳下来，这时他几乎没有考虑，如果不赶快把洞子里的水排出去抢修好自己班住的洞子，不但晚上无法睡觉，甚至洞子还有可能塌掉。可是，转念一想，我们正在日夜抢修见龙贮水池的堤坝还没有修好，山洪下来堤坝有被冲垮的危险。何有洪来不及多想，冒雨直奔连部去找指导员要求任务。指导员告诉他："水坝有人在抢修，你们在家修理好你们的洞子。"他回答说："修理洞子只是我们一个班的问题，而水坝修不好那问题就大啦！那就是朝鲜3个郡的几十万公顷的稻田，成千上万的朝鲜人民都要遭难了。"最后指导员答应了他的要求，他带领全班飞驰奔跑到施工工地。

这时，兄弟单位正在紧张加高堤坝，水还在不停地上涨，如果再涨30厘米就要漫堤了，雨还在不停地下着，有的地段已经与堤持平了，大家都冒着大雨奋不顾身地背土加高，可以说水高一寸，堤高一尺，官兵们就像在战场上与敌人拼刺刀一样和洪水英勇搏斗。短促有力的口号声、急促的脚步声，混杂着呐喊声在整个工地上响成一片。此时，何有洪背着沉重的土袋子，像百米短跑运动员似的一趟又一趟地运土，他大声地喊："同志们，加油干啊！我们要拿出在战斗中攻山头的精神来战胜洪水！"在他的鼓励带动下，有的同志背着两三个土袋（每个土袋有50至60斤重），向堤坝上奔跑。在泥泞打滑的路上，何有洪滑倒了，脚扭伤了，他忍着疼痛继续背着土奔跑。有的同志心痛地去扶他一把，劝他下去休息，他说："罗盛教烈士为救崔莹，而献出了年轻的生命。我们修堤坝同样是为了成千上万朝鲜人民的幸福呀！"说完仍挣扎着爬起来投入到紧张的运土中去了。

共产党员王景文在战斗、工作、学习中，处处都走在前头，在修复见龙贮水池的劳动中，又是人人赞颂的优秀共产党员。

王景文是步兵第四二二团二连排长，他们排刚参加抢修水池施工时，有个别同志对这个具有伟大现实和长远意义的工程认识不足，干起活儿来劲头不足。王景文发现后，立即组织各班分别座谈，反复说明修复这个水池的伟大意义，使大家逐渐认识到：朝鲜人民遭受美帝国主义侵略军炸毁了水池，使他们的亲人被淹死，家园被毁，田地被破坏。我们是中国人民志愿军不仅要以高度的国际主义精神来帮助他们打败侵略者，而且要尽力帮助人民恢复战争创伤，重建家园，尽快恢复生产。经过教育后，大家端正了态度，提高了施工的积极性，大大提升了工作效率。王景文看到了在劳动中顾不上开展文娱活动，他及时找排里几个文娱骨干研究如何开展这一活动，在休息时他领头拉歌，发现哪个同志劳动积极、工作效率高，文化不高的他却经常写稿或编快板来表扬。王景文知道改善伙食是保持体力和劳动积极性的重要条件，把他了解的意见主动地向连队领导反映，并且发动本排的同志给炊事班写表扬信，鼓励他们把伙食搞好。

王景文对每个同志的进步都十分关心，照顾体贴同志无微不至。在修贮水池的劳动中，他们排机枪班正副班长有时带头作用发扬得不好，对班里的管理方式生硬，作为排长的他不顾工作劳累找他俩多次耐心谈话，使他们俩克服了缺点，提高了积极性。他们排在执行卸车搬运任务时，因工地上人多、车多、路况不好，他们排有的班为抢进度，往往未等汽车到位，就抢着去接车，很不安全。他发现这种只讲快不顾安全的苗头后，就立即进行检查，及时纠正了这种不科学的盲动现象。排里生病的同志大部分是腹泻，王排长及时召集正副班长研究对策：规定大家睡觉前要脱掉外衣盖好肚子，他布置后还亲自检查，给大家盖被子，减少了病号，提高了出工率。

王景文处处勉励自己一定要保持与发扬光荣传统，不辜负党对自己的培养教诲。在修复见龙贮水池的工作中，他不仅要掌握部队，同时还时时刻刻不忘以模范行动来影响战友。用他的话说："一个基层干部一定要少说空话，多干实事，叫破嗓子不如作出样子。" 23 日那天背土的距离最远，他从早到晚和大家一样背土往返 90 多趟，肩膀磨破了衣服被血粘住了，仍不吭声地坚持干。扛木头时，别人两个人抬一根，王景文一个人扛一根。全排的同志都以他为榜样，遇到困难时，互相帮助，互相鼓励说："看看我们排长是怎么工作的，就什么困难都能克服了。"修水池的施工结束了，同志们一致表示给王景文同志请功！

这 80 天，也是中朝人民友谊的再展示。朝鲜人民每天从四面八方涌向工地。他们把蔬菜、香烟和苹果等许多慰问品送给中国人民志愿军和朝鲜人民军劳动部队，许多艺术团体也到工地进行慰问演出。朝鲜内阁副首相崔昌益亲自到工地上慰问部队。全部家产被水冲走的一位朝鲜老农张南山含着热泪说："孩子们，你们辛苦了！请你们转告毛主席和中国人民，就说我们子子孙孙都永远不会忘记你们的恩情，我们将用年年丰收的实际行动来报答你们的大恩大德！"随着贮水池的完工，这一带 10 多个生产突击队相继成立了。

8 月 17 日，贮水池举行了隆重的竣工典礼大会。朝鲜内阁农业相朴文圭在会上宣读了金日成元帅给志愿军施工部队的感谢信，并代表朝鲜内阁献给志愿军施工部队巨幅锦旗。为纪念中国人民志愿军的不朽功勋，平安南道的人民在贮水池畔修建了纪念碑。碑文用朝、中两国文字刻着永垂千秋的词句："……是谁破坏了水库堤坝？是野兽犬般的美帝国主义者。是谁帮助我们修复了它？是兄弟般的中国人民志愿军。水库的修复，朝中两国之间挚固的友谊和无间的团结是又一新的胜利的表现。"

第四十七军在完成水利工程建设任务的同时，还抽出部分兵力进行公路、机场等的修复任务。步兵第一三九师和第一四〇师共同修筑了京义公路、承平公路、新安州飞机场等工程。指战员们以忘我的精神、辛勤的劳动,进一步加强了中朝两国人民和军队的团结和友谊。

朝鲜民主主义人民共和国内阁首相金日成元帅,8月17日写信给中国人民志愿军参加修复见龙贮水池的部队,感谢他们在帮助朝鲜人民恢复生产建设中所建立的功勋。信的全文如下:

中国人民志愿军部队全体将士们:

被美国侵略者野蛮地炸毁了的见龙贮水池,在你们的忘我劳动和积极斗争下,今天又完全恢复了。

我代表朝鲜人民并以我个人的名义,对你们修复在朝鲜农业上有重大意义的贮水池工程中的辉煌功勋,表示崇高的赞扬,并致以战斗的祝贺和深深的感谢。

你们不仅在战斗中打败了朝中人民的共同敌人——美帝国主义武装侵略者,取得了辉煌的胜利,而且今天在朝鲜后方,更发扬了高度的国际主义精神,真诚地协助我们。你们不顾修建中的各种困难,在短短的时间内,完成了贮水池的重建。

我们朝中人民在为了幸福而斗争的恢复贮水池工作中所取得的这个新的胜利,又证明了朝中人民的血肉般的团结,是一种必胜不败的钢铁的力量。你们的业绩将在贮水池的纪念碑上永放光芒。

我预祝你们在为朝中人民胜利与世界和平的共同斗争中,获得新的成就和胜利。

朝鲜民主主义人民共和国内阁首相　金日成
1953 年 8 月 17 日

新华社在朝鲜前线发出新闻电:

中国人民志愿军第四十七军在 8 月 28 日通报表扬在帮助朝鲜人民修复见龙(石严)贮水池的中国人民志愿军部队(第一四一师),通报说:朝鲜平安南道平原郡和顺安郡交界处的见龙(石严)贮水池,在 5 月 13 日、14 日被美国侵朝空军飞机炸毁后,在中国人民志愿军司令部的指示下,我军(第四十七军一四一师)部队立即协助朝鲜政府迅速进行了抢修工作。经过80多天紧张艰苦的作业,见龙(石严)贮水池的巨大修复工程已经在8月14日全部结束。通报说:为了迅速修复水库,使朝鲜人民得以进行生产建设,我施工部队不顾敌机威胁,在天气炎热及阴雨连绵的情况下,以忘我的劳动精神,克服了许多困难,日夜进行抢修,使工程合乎标准并迅速完成。施工部队(第一四一师)这种高度的劳动热情和伟大的国际主义精神,进一步加强了中朝人民的团结和友谊,特予通报表扬。

以美帝国主义为首的侵略者发动的侵朝战争,在我中朝人民和军队的坚决打击下,遭到了无可挽救的惨败。为了向全世界人民表明中朝两国人民的和平诚意,中朝两党和两国政府商议,决定志愿军10万大军撤出朝鲜,公开

1954年8月27日,第四十七军奉志愿军总部命令撤离朝鲜时,驻地群众召开欢送大会,进行慰问演出

返回祖国。1954年8月27日，第四十七军奉志愿军总部命令，将西海岸防御任务移交志愿军第六十八军防守，要求在9月15日前移交完毕，经新义州口岸公开返回祖国。

志愿军总部在命令中指出，此次公开轮换返回，是一项极大的政治任务，是以志愿军代表队胜利之师公开返回，对进一步缓和紧张局势推动世界人民和平运动发展将起到重要作用，对美帝国主义为首的侵略势力是一个有力的打击，对我国人民是极大的鼓舞。志司要求：组织部队公开轮换工作，只能做好，不准丝毫存有侥幸心理。应将此项工作视为复杂细致的重大政治任务，务求各级领导以对国家、对全军负责的态度，以高度的责任心，认真切实做好组织准备，抓好部队返国思想教育，不准出任何漏洞，避免敌人钻空子，造成我军政治上的损失。

遵照志愿军总部的指示，第四十七军对移交防务和组织撤回工作进行了具体部署和安排，在部队中深入进行想大局、爱荣誉、保持光荣、为国争光以及加强组织纪律观念的教育，号召全体指战员以对党、对人民、对我军声誉高度负责的责任感，认真细致地做好移交任务、通过口岸和铁路输送的准

志愿军回撤前向烈士告别

备工作，争取新的荣誉向党中央、向祖国人民汇报。

1954年9月8日，第四十七军遵照志司"一切为了继续完成西海岸防御作战任务，做到交接好、团结好"的指示，双方共同拟发了交接防务合同命令，明确了交接防务的指导思想和要求，规定了交接的时间、顺序和方法，成立了交接防务联合办公室，分军事、政治、后勤、军械四个组。从9月9日开始，第四十七军将西海岸防务逐次移交给第六十八军，将储备的作战物资、营舍、营具、粮秣、被服、车材、油料均移交第六十八军，在一切为了作战、顾全大局、互谅互让、与人方便的思想指导下，保证了移交的顺利完成。

9月17日，第四十七军广大指战员就要离开战斗了1000多个日日夜夜的朝鲜，要向祖国进发了。这一天，所有的指战员都早早起床，打扫完居住群众的院落，5点钟就吃完早饭，开始撤离驻守了两个多月的朝鲜西海岸，房东阿妈妮带领一家人站在门口，老大爷带领全家站在了门口，整个村子的男男女女、老老少少，都站在村子的道路上，他们在依依不舍地送行。有的战士突然发现挎包里不知什么时候塞进了许多鸡蛋，有的战士拿出来给送行的群众，可没有一人去接，战士们看到群众个个眼睛红红地不住流泪，只得把鸡蛋收下。战士们似乎又看到了阿妈妮抢着给他们洗衣服、缝被子，做着各种各样的事情，离别了，一种说不出的惆怅的心情在部队传开来，战士们想把三年来学得最漂亮的朝鲜话说出来，表达对朝鲜人民的感激之情，然而，此时他们怎么也说不出来，憋了半天才蹦出一句人人都会说的"高马司米达"（谢谢），顿时，整个行军队伍便出现一片"高马司米达"的声音，朝鲜群众笑了，当部队已经走出很远了，还能看到群众站在路边不停地挥手……

朝鲜，这片美丽的土地，指战员们生活战斗了3年多时间，他们对每一座山、每一条河、每一个人都觉得可亲可爱。他们曾在这里的山洞里睡过觉，在这里的河里洗过澡，在这里的山头上流过血，有的永远长眠在了这里，永远再回不到他魂牵梦绕的故乡……

在这离别的时刻，指战员们看看身上还有阿妈妮缝补的针线，看看曾经挥洒热血的多情土地，假如战争再起，他们会毫不犹豫地返回这里，誓死捍卫世界的和平与正义，誓死保家卫国，把自己的一切献给世界和平！

祖国啊祖国，您的儿女们凯旋回来了！指战员们日夜思念的祖国，今天真的出现在了眼前。黎明时分，火车离开朝鲜国土的最后一站——新义州，祖国边境的山河城市便历历在目了。看吧，祖国的天空是晴朗的，祖国的山河是俊美的。祖国啊，亲爱的母亲，你的儿女恨不得在此时此刻就把一切都尽收在自己的心里，让你知道儿女们是多么想念你、多么热爱你！

鸭绿江水平静地流向远方，雄伟的铁桥，横跨在江面上，紧密地联结着中国和朝鲜这两块热土。过江之前，第四十七军在新义州停车1个小时，朝鲜政府为志愿军归国举行了盛大的欢送仪式，仪式过后便开始联欢。热情的朝鲜人民群众，拉着战士们一起唱《东方红》和《金日成将军之歌》，一起跳"道拉吉"和秧歌舞，朝鲜人民留恋志愿军，志愿军战士也留恋朝鲜人民，这情景令人终生难忘。猛然间，火车发出巨大的吼声，不得不分别了。于是，一束束五彩缤纷的纸条从中国人的手中拉到朝鲜人的手中，随着火车的开动，纸条被一一拉断了，但是中朝两国人民紧密相连的心却是谁也拉不断的。

火车开上鸭绿江桥，战士们更加激动了。"雄赳赳，气昂昂，跨过鸭绿江，保和平，卫祖国就是保家乡……"的歌声，像山洪暴发一样，从各个车厢里飞奔而出，祖国啊，是你鼓舞了你的儿女，面对武装到牙齿的敌人，雄赳赳、气昂昂地打败了侵略者，今天，你伸出温暖的手迎接自己的儿女凯旋，怎能不让人激动，怎能不让人欢笑！

火车在祖国的第一站——安东停车。车站上高搭着彩门，飘扬着彩旗。安东市的党政机关领导、驻军部队和群众排着长长的队列，热情地欢迎勇士们凯旋！忽然一群师范学校的学生奔上车厢，同战士们亲切握手，互相问候，互相签名留念，很快便成了亲密朋友。此时的战士们，因为踏上祖国的大地，接触到亲人时的那种激动便传遍了整个车站……少先队员来了，他们穿着崭新的衣服，戴着红领巾，将束束的鲜花送上……

祖国，这个神圣美丽的字眼，此时已是全体指战员幸福与欢乐的化身！

10月3日，第四十七军全体指战员顺利到达湖南、广西指定的地区，重新启用了中国人民解放军第四十七军番号，投入到保卫祖国的社会主义建设事业和整军备战任务当中，在新的历史时期谱写了新的辉煌。

主要参考书目

1. 中国人民解放军第四十七集团军. 陆军第四十七集团军军史[Z].
2. 陕西省南泥湾精神研究会. 第四十七军抗美援朝战争[Z].
3. 三年来在朝作战总结[Z].
4. 志愿军第四十七军政治部. 战斗在临津江东岸[Z].
5. 志愿军第四十七军政治部. 猛进报汇编[Z].
6. 军事科学院军事历史研究部. 抗美援朝战争史[M]. 北京：军事科学出版社，2011.
7. 徐林祥，朱玉. 李克农传[M]. 合肥：安徽人民出版社，2003.
8. 柴成文，赵勇田. 板门店谈判[M]. 北京：解放军出版社，1989.
9. 杜平. 在志愿军总部[M]. 北京：解放军出版社，1989.
10. 徐焰. 第一次较量——抗美援朝战争的历史回顾与反思[M]. 北京：中国广播电视出版社，1990.
11. 赵建国，马爱. 朝鲜大空战[M]. 北京：中国人事出版社，1996.
12. 双石. 开国第一战[M]. 北京：中共党史出版社，2004.
13. 夏学华，李效东，等. 美军地面作战部队[M]. 北京：国防大学出版社，1999.
14. [日] 陆战史研究普及会. 日本人眼里的朝鲜战争[M]. 高培，裴山，译. 北京：国防大学出版社，1999.
15. [美] 大卫·哈伯斯塔姆. 最寒冷的冬天——美国人眼里的朝鲜战争[M]. 王祖宁，刘寅龙，译. 重庆：重庆出版社，2010.
16. [韩] 白善烨. 最寒冷的冬天——一位韩国上将亲历的朝鲜战争[M]. 金勇，译. 重庆：重庆出版社，2013.

17. 王树增. 朝鲜战争（修订版）[M]. 北京：人民文学出版社，2009.

18. 王天成，杨凤安. 北纬三十八度线——彭德怀与朝鲜战争[M]. 北京：解放军出版社，2000.

后　记

写完了书稿，似乎意犹未尽。

看着眼前的书稿，我陷入了沉思。

我是谁？作者吗？不不，作者应该是那些亲身参加过朝鲜战争、创造历史的最可爱的人！

那我是什么呢？一位半路出道的历史工作者，历史资料的整理者。甚至，不是一个称职的资料整理者。我清楚地知道，有许多有价值的资料我是无法搜集到的，英雄们创造的辉煌业绩还未能充分记述，那场让中国人民扬眉吐气、荡气回肠的战争还未能被尽情诠释……

可是我知道，第四十七军的老前辈、老首长曾多次提出，想要为第四十七军在朝鲜战场的事迹立传，想把指战员们那种不怕死的血性虎气写出来，以教育今天的军人，让他们传承红色基因，续写历史辉煌。可惜，由于种种原因，这个想法一直未能实现，如今我们只不过是完成了他们的愿望而已。

我的文笔并不优美，才思也不敏捷，描绘的历史画面既不全面，也不震撼人，但我做了一件前人想做而没有来得及做的事情。我想为后人学习光荣传统留下一点儿资料，哪怕是被批评的资料也好。

第四十七军在朝鲜战场创造了许许多多佳绩：首创坑道作战雏形、首次使用喀秋莎火箭炮、首次强攻获得成功、首次相持阶段全歼美军一个加强连、天德山坚守战为粉碎敌人"秋季攻势"作出贡献、正洞西山两次反击获大捷、首次步坦炮联合作战、"老秃山"战斗加剧侵略者内部矛盾、罗盛教勇救朝鲜少年彰显我军国际主义精神……

我真诚地希望通过这本书，让更多的人了解朝鲜战场我军以绝对劣势装备，是如何打败武装到牙齿的敌人的，学习他们那种气壮山河的英雄气概，以便激励今天的军人，在强军兴军的道路上乘风破浪、勇往直前，担当起历史赋予的职责，完成这一代军人应该完成的历史使命！

我真心地希望通过这本书，能够告慰那些在朝鲜战争中英勇献身的先烈，那些至今仍在异国他乡的烈士，让他们的在天之灵知道后人没有忘记他们！告慰那些还健在的参加过那场战争的老前辈，让他们明白自己年轻时候的奉献，将被后人永远铭记……

作　者

2015年12月